元華文創

城牆與戰馬
俄羅斯與18-20世紀初的中亞草原

Walls and Horses – Russia and Central Asian Steppe (c. 1700-1917)

多角度呈現18-20世紀初俄羅斯對中亞草原的征服與統治，關注俄羅斯
建立的統治體制和游牧社會的變遷，探討中亞地區的現代轉型歷程。

施 越 —— 著

凡　例

　　一、本書的研究對象涉及多種外國語言文字，其中文譯名和外文名稱呈現是較為棘手的問題。在中文譯名方面，書中來源文獻為俄文的人名、地名和專有名詞主要依據商務印書館的《俄漢譯音表》選擇譯名的漢字。來源文獻為哈薩克文的術語或參照俄文譯名選字，或參照前人學者作品的通用譯名。其他語種來源的術語譯名參照學界先例。

　　鑒於當前各學科主要以英文文獻為主要的外文資訊來源，筆者嘗試將俄文和哈薩克文術語以拉丁字母轉寫的形式置於中文譯名之後，便於各學科領域的讀者查索本書涉及術語的相關外文資訊。部分地理名詞和已進入英語的術語則直接採用英文文獻通用拼寫方式。因人物名稱相對容易查索，本書直接以拉丁字母轉寫來呈現外文人名。部分較為罕見的俄文和哈薩克文術語則採用中文譯名之後以斜槓附上拉丁字母轉寫的方式呈現。

　　俄文術語的拉丁化方面，本書主要參照美國國會圖書館拉丁轉寫方案[1]。該方案隨著大量英美學界俄國歷史著作的漢譯本而進入中國學界，對於中文學界的人文社科各領域的學者而言相對熟悉。需要注意的是，美國國會圖書館拉丁轉寫方案以符號（′）對應俄文軟音符號（ь），以符號（″）對應硬音符號（ъ），此二者並非衍文。鑒於哈薩克斯坦共和國已經啟動國語文字拉丁化改革，西里爾哈薩克文的拉丁轉寫方案參照 2021 年 1 月 28 日哈薩克斯坦政府公佈的拉丁文字母表。上述外文術語名稱的原文、拉丁轉寫和中文譯名均羅列於本書末尾的「附錄一」。

---

[1]　美國國會圖書館俄文字母表拉丁轉寫方案參見 https://www.loc.gov/catdir/cpso /ro manization/ russian.pdf

二、20 世紀 20 年代中期以前，俄文文獻大多以「吉爾吉斯人」（Kirgiz）或「吉爾吉斯—凱薩克人（Kirgiz-kaisak）」稱呼 1926 年之後世人熟知的「哈薩克人」。哈薩克各玉茲則被稱呼為「大帳吉爾吉斯」（Kirgiz bol'shoi ordy）、「中帳吉爾吉斯」（Kirgiz srednei ordy）、「小帳吉爾吉斯」（Kirgiz mladshei ordy)和1801 年之後由小玉茲分化出來的「布凱汗帳吉爾吉斯」（Kirgiz Bukeevskoi ordy）或「內帳吉爾吉斯」（Kirgiz vnutrennei ordy）。而「喀喇吉爾吉斯」（Karakirgiz）或「野石吉爾吉斯」（Dikokamennyi Kirgiz）等名稱則被用來稱呼 1926 年之後的「吉爾吉斯人」。巴托爾德認為「吉爾吉斯」一詞源自東斯拉夫人對欽察游牧民的稱呼。[2]本書在直譯史料文獻時，為貼近原文，譯為「吉爾吉斯人」；而在一般行文中則使用當代更熟悉的「哈薩克人」譯法，希望讀者能夠諒解。

三、國內學界對俄文行政術語 губерния（guberniia）和 область（oblast'）尚無統一譯名。國內多數著作將 губерния 譯為「省」而 область 譯為「州」。[3]因兩詞的區別在於 губерния 境內沒有或較少駐紮常備軍，而 область 境內駐有常備軍，孟楠認為兩詞可通譯為「省」。[4]為區別兩者，本文在孟楠觀點的基礎上，將 губерния 譯為「州」，область 譯為「省」。

關於俄文術語 округ（okrug）的譯法，孟楠在《俄國統治中亞政策研究》中因將 губерния 與 область 均譯為「省」，故將 округ 譯為「州」。捷連季耶夫《征服中亞史（第一卷）》中譯本譯為「區」。因當下國內學界一般將歐亞地區各國一級行政區 область 譯為「州」，為避免造成誤解，筆者將 округ 譯為

---

2 相關討論參見[俄]巴托爾德著，張麗譯：《巴托爾德文集》第 2 卷第 1 分冊《吉爾吉斯簡史》，蘭州：蘭州大學出版社，2013 年，第 584-585 頁；另見[哈]格奧爾吉·瓦西裏耶維奇·坎著，中國社會科學院絲綢之路研究所等譯：《哈薩克斯坦簡史》，北京：中國社會科學出版社，2018 年，第 2-4 頁。

3 例如，徐景學主編：《西伯利亞史》，哈爾濱：黑龍江教育出版社，1991 年。

4 孟楠：《俄國統治中亞政策研究》，烏魯木齊：新疆大學出版社，2000 年，第 72 頁。該作品在俄文術語譯名方面為筆者提供了極大的幫助，特此感謝。

「區」。

　　四、烏拉爾哥薩克在 1775 年之前被稱為雅伊克哥薩克，得名自雅伊克河（Yaik），即今烏拉爾河。1775 年之前，烏拉爾河在俄文文獻中被稱為雅伊克河。在鎮壓普加喬夫起義之後，因雅伊克哥薩克大規模參與起義，葉卡捷琳娜二世（1762-1796 年在任）下令將河流名稱和對應的哥薩克軍團名稱改為「烏拉爾」。該名稱沿用至今。為便於閱讀，本書中一概以「烏拉爾」指稱相關專有名稱。

　　五、本書中所提到的日期均與史料保持一致，採用儒略曆紀年法。一些書中提及的沙俄時期度量衡與公制轉換如下：1 俄里（верста）=1.067 公里；1 俄丈（сажень）=2.134 米；1 俄畝等於 2400 平方俄丈，約等於 1.09 公頃，合 10925 平方米或 16.35 畝；1 普特（пуд）=16.381 千克。

目　次

導　言

　　本書是一部旨在探索 21 世紀中國國別和區域研究道路的學術作品。中國傳統的國別和區域研究以對象國別或區域的時政動態為關注焦點，以研判重要行為體的意圖和發展趨勢為主要研究內容，以與本國利益的相關性為衡量研究價值的尺度，側重於應用研究而非基礎研究。為推動構建人類命運共同體、推進「一帶一路」倡議走深落實，新時代的國別和區域研究逐漸向歷史、社會和文化等縱深維度延展。本書正是一部嘗試帶入當代國別研究問題意識的歷史研究著作。

　　本書的研究對象是 18-20 世紀俄羅斯與中亞草原的關係。這一選題對於理解中國的重要陸上鄰邦──哈薩克斯坦有著至關重要的意義。對於哈薩克斯坦而言，這一時期中亞草原逐步被捲入近代資本主義世界體系。這一進程始於 18 世紀初，至 19 世紀 60 年代俄國完成對中亞草原的征服，其統治延續了半個世紀。與馬克思筆下英國在印度統治的性質相似，沙俄在草原地區的統治同時帶有「破壞」和「重建」的「雙重使命」。[1]無論是其建立的行政和司法制度、經濟開發活動和文教政策，還是由之引發傳統游牧社會的瓦解、民族解放運動和近代知識份子革新運動的興起，均需置於 18-20 世紀的區域和全球歷史背景下理解。

　　在筆者力所能及的範圍內，本書充分利用外文一手文獻和 20 世紀以來各國學界的研究成果，嘗試對以下問題進行初步探討。其一，在 18 世紀 30 年代，俄國借助哪些條件介入到中亞草原的政治事務中？其二，18 世紀後半期

---

[1] 馬克思：《不列顛在印度統治的未來結果》，《馬克思恩格斯選集》，北京：人民出版社，2012 年，第 857 頁。

至 19 世紀中期，俄國如何分化哈薩克各部落，在籠絡一部分貴族和氏族的基礎上建立草原地區統治體制？其三，自 19 世紀 20 年代以降，俄國的草原統治體制如何演進，如何在制度設計中平衡各方利益？這一統治體制如何滲透基層，對草原游牧社會產生何種影響？其四，19 世紀末至 20 世紀初，俄當局的移民政策如何重構草原地區的族裔結構、生產方式和產業格局？

本書的標題「城牆與戰馬」選取定居與游牧社會中的兩種經典意象。「城牆」既指代 18 世紀中期以降俄國控制草原地區的主要軍事技術「要塞線」，也引申為 19 世紀 20 年代之後依託要塞線建立的草原行政和司法體系，即以定居生產方式為基礎的權力邊界。「戰馬」是古代歐亞大陸上各地游牧社會的象徵，既指代游牧民生產生活和軍事行動最為重要的夥伴，也引申為游牧生產方式中至關重要的「移動性」。[2]筆者將此二者並舉，旨在點明本書的核心議題：近代俄國如何在中亞草原地區建立統治體制，以及草原游牧社會如何在俄國統治之下轉入定居秩序。

一、空間、時間與研究意義

本書所涉及的地理空間「中亞草原」以 1991 年之後出現的中亞地區為基礎。冷戰結束後，以哈薩克斯坦、吉爾吉斯斯坦、烏茲別克斯坦、塔吉克斯坦、土庫曼斯坦組成的中亞（Central Asia/Центральная Азия）成為相對穩定的政治地理概念。這一空間在地理上大致可分為北部的草原地區，以及南部的山地、綠洲和荒漠地區，由此形成北部以游牧為主、南部以農耕和商貿為主的生產方式格局。中亞草原自古以來為歐亞大陸的交通要道，東連準噶爾盆地和蒙古高原，西經裏海和黑海北岸直達歐洲，南臨錫爾河和阿姆河水系

2　關於「移動性」對於游牧生產方式的重要性以及對相應認知觀念的塑造，參見王明珂：《游牧者的抉擇：面對漢帝國的北亞游牧部族》，桂林：廣西師範大學出版社，2008 年，第 247-253 頁。

形成的中亞南部綠洲。

　　中亞草原在當下主要位於哈薩克斯坦共和國境內。哈薩克斯坦地處歐亞大陸腹心，國土面積為 272.49 萬平方公里，位列世界第九。人口規模相對較小，2021 年 6 月哈國官方公佈數據為 1898.5 萬人。[3]1991 年哈薩克斯坦獨立後，中哈兩國迅速建交，本著互惠共贏的精神發展雙邊關係。2013 年 9 月，中國國家主席習近平在哈薩克斯坦納紮爾巴耶夫大學發表重要講話，提出「絲綢之路經濟帶」倡議。2019 年 9 月，兩國元首宣佈將雙邊關係升格為「永久全面戰略夥伴關係」。對於中國而言，哈薩克斯坦的穩定與繁榮對於維護邊疆安全、維繫西向陸上交通、確保能源進口管道多元化等方面均具有至關重要的意義。對於哈薩克斯坦而言，中國是國際和地區秩序的維護者、是最重要的貿易對象國和產能合作的可靠夥伴。

　　1991 年哈薩克斯坦獨立後，中國學界介紹該國基本國情的著作相對而言較為豐富。[4]2013 年「一帶一路」倡議提出以來，哈薩克斯坦外交、中哈經貿合作、大國在中亞博弈等議題受到了更多關注。[5]相比政治經濟現狀，中國學界較少產出以其歷史文化為主題的學術作品，關注其近代發展歷程的著作更

3　Численность населения Казахстана вплотную приблизилась к 19 млн. https://vlast.kz/novosti/45695-cislennost-naselenia-kazahstana-vplotnuu-priblizilas-k-19-mln.html　2021 年 7 月 3 日，最後登錄日期：2021 年 9 月 2 日

4　具有代表性的通識作品為霍加主編《哈薩克斯坦共和國概況》，烏魯木齊：新疆人民出版社，1992 年；趙常慶主編：《列國志：哈薩克斯坦》，北京：社會科學文獻出版社，2004 年；張宏莉：《當代哈薩克斯坦民族關係研究》；北京：世界知識出版社，2007 年。此外，中國學界譯介了一批哈薩克斯坦重要領導人物的文獻，例如[哈]努·納紮爾巴耶夫著，哈依霞譯：《前進中的哈薩克斯坦》，北京：民族出版社，2000 年版；[哈]努·納紮爾巴耶夫著，陸兵、王沛譯：《時代·命運·個人》，北京：人民文學出版社，2003 年版；[哈]努·納紮爾巴耶夫著，徐葵等譯：《哈薩克斯坦之路》，北京：民族出版社，2007 年版；[哈]卡·托卡耶夫：《哈薩克斯坦：從中亞到世界》，北京：新華出版社，2001 年。

5　韋進深、舒景林著：《哈薩克斯坦國家發展與外交戰略研究》，北京：中國出版集團世界圖書出版公司，2016 年；李永全、王曉泉編：《「絲綢之路經濟帶」與哈薩克斯坦「光明之路」新經濟政策對接合作的問題與前景》，北京：中國社會科學出版社，2016 年；李寧：《前蘇聯的遺產：哈薩克斯坦的糧食和能源產業》，瀋陽：白山出版社，2016 年。

是鮮見。而以中亞近代為時空座標的研究作品不可避免地偏向中亞南部綠洲地區，因其人口相對北部草原地區更為稠密，文獻傳統更發達，也因地處「英俄大博弈」的前沿而更受關注。[6]

在空間維度上，本書所關注的區域在俄文文獻中一般被稱為「哈薩克草原」（ киргизская степь/Kirgizskaia step' ）[7]或「草原諸省」（ степные области/stepnye oblasti）。「哈薩克草原」的地域邊界在 19 世紀中期以前並無精確定義，大致包括西起烏拉爾河，東至額爾齊斯河，北抵西伯利亞南緣，南至錫爾河流域中下游的廣袤地域。[8]「草原諸省」則與俄國 19 世紀中期在該地區建立的行政區劃密切相關，包括由 19 世紀 60 年代行政體制改革確定的烏拉爾斯克、圖爾蓋、阿克莫林斯克、塞米巴拉金斯克和七河五省。

在時間維度上，學界傳統上以 1731 年哈薩克小玉茲阿布勒海爾汗臣屬為俄國介入中亞草原的開端，至 1917 年十月革命為近代與現代歷史的分界。以 18 世紀 30 年代為上限，是因為圍繞阿布勒海爾汗臣屬的一系列事件，包括哈薩克各部在內外壓力下西遷、奧倫堡遠征和要塞線修築、俄國對哈薩克小玉茲事務的干涉等為後續俄國強化對草原地區的影響和中亞草原被納入現代世界體系奠定了基礎。獨立後哈薩克斯坦的官修史書基本延續這一分期方

---

[6] 以 1865 年沙俄征服塔什干為標誌，在這一時間點之後傳統的中亞近代史作品多將敘述重點置於沙俄對布哈拉、浩罕和希瓦的征服以及在中亞南部綠洲農耕地區的統治。這一歷史敘述的框架最初由沙俄軍官兼歷史編纂者捷連季耶夫以其三卷本《征服中亞史》開創。例如，王治來所著《中亞通史·近代卷》和藍琪所著《中亞史》（第六卷）均以英俄大博弈為敘述框架，故沿襲上述敘述框架，參見[俄]捷連季耶夫：《征服中亞史》（三卷本），北京：商務印書館，1980-1986 年；王治來：《中亞通史（近代卷）》，烏魯木齊：新疆人民出版社，2007 年；藍琪：《中亞史》（第六卷），北京：商務印書館，2020 年。

[7] 關於沙俄時期俄文文獻中將「哈薩克」稱為「吉爾吉斯」的現象，參見本書「凡例」。

[8] 1801 年從小玉茲分離而建立的布凱汗帳（Букеевская орда）位於烏拉爾河西側。1845 年汗位廢除，但保留由蘇丹和俄羅斯官員共同執政的臨時委員會；1858 年起僅由俄羅斯官員執政；1862 年起由沙俄內務部管轄；1876 年開始併入阿斯特拉罕省。19 世紀 60 年代沙俄當局在哈薩克草原東西兩路陸續建立行政體制後，以沙俄行政體制為基礎的「草原諸省」概念一般不包括布凱汗國屬地，參見 Харузин А.Н. Киргизы Букеевской орды: антрополого-этнологический очерк. М. 1889.

式，但在對時段性質的界定上出現一些變化。[9]本書沿用傳統歷史分期方式，以 18 世紀 30 年代為上限，以 1917 年為下限。

　　從中亞草原歷史的角度來看，18-20 世紀是承上啟下的關鍵時期。首先，這一時期上承 13 世紀初蒙古西征之後形成的政治合法性傳統和 15 世紀中期以降該地區多個游牧部落聯盟並存的政治格局。在這一時期，俄國利用巴什基爾、哈薩克、布哈拉、浩罕和希瓦等各股政治勢力之間的爭鬥，以要塞線軍事力量為後盾，通過籠絡部落精英、調停氏族衝突和設官立制等手段，逐步將中亞草原從「外邊疆」轉為「內邊疆」[10]，再從「內邊疆」轉為行省。其次，這一時期下啟對當代哈薩克斯坦影響深遠的 20 世紀，是該國俄蘇文化傳統形成的關鍵歷史環節。從文獻角度看，中亞草原書面文獻傳統薄弱而口傳文學發達，故本書考察的時段是 15 世紀以降該地區歷史文獻規模的一個高峰：俄國各級軍政機關留下數以萬計的檔案卷宗，俄國東方學家和地方誌編纂者留下了卷帙浩繁的歷史學和民族志著作，而處於古今東西交匯時代的草原本土知識份子則創作了大量詩歌、散文和政論文章。這些文獻成為後世學者重構和闡釋 15-20 世紀歷史脈絡的史料，也成為當代哈薩克斯坦建構國族認同的基礎。

　　從俄羅斯史的角度來看，18-20 世紀俄國與中亞草原的關係也是觀察俄國自身轉變的重要窗口。20 世紀以來的俄國政治史研究有著較為顯著的「政體中心論」傾向，即議題選擇集中在君主制如何逐步向共和制轉變，或為何未能在某一時間點向共和制轉變[11]，而較少討論作為大型跨地域政權的俄國在

9　參見 Акишев А.К. ред. История Казахстана с древнейших времен до наших дней (очерк). Алматы, 1993; Абылхожин Ж.Б. История Казахстана (с древнейших времен до наших дней). Т. 3, Алматы, 2010.

10　[美]拉鐵摩爾著，唐曉峰譯：《中國的亞洲內陸邊疆》，南京：江蘇人民出版社，2008 年，第 156-164 頁。

11　[俄]米羅年科著，許金秋譯：《19 世紀俄國專制制度與改革》，北京：社會科學文獻出版社，2017 年，第 1-5 頁。

不同時期如何處理央地關係、政教關係、軍政關係、族群關係等同樣重要的「憲制難題」。[12]本書探討的議題在共時性維度上有助於理解 18-20 世紀初沙俄央地關係和中亞邊疆的形成。在歷時性維度上，本書將有助於探討俄國在這一時期經歷的兩階段變遷：其一，18 世紀中期沙俄在草原地區北部修築要塞線至 19 世紀 20 年代正式侵吞草原腹地之間存在近一個世紀的「停滯時期」。這一現象的背後是 18 世紀後半期歐洲地緣政治變局、第一次工業革命和法國大革命對俄國內政外交的深刻影響，而俄國征服中亞草原的進程正是在這一背景下逐步展開（參見第二章）。其二，19 世紀 60 年代俄國建立草原統治體制的進程與亞歷山大二世改革同步展開。至 19 世紀末，歐洲資本和第二次工業革命向俄國擴散，俄國成為「帝國主義鏈條上最薄弱的環節」。[13]而草原諸省在新的技術條件下被大規模湧入的移民和資本改造為俄國重要的農業基地之一，逐漸被捲入以歐洲為中心的生產和分工體系。

最後，從中國史的角度來看，18-20 世紀俄國對中亞的影響與近代西北邊疆朝貢體系解體及中國的民族國家轉型歷程密切相關。幾乎與鴉片戰爭同時，俄國從草原東西兩路南下，以修築要塞線和籠絡分化游牧貴族的方式逐漸建立草原統治體制。道光至咸豐年間，清廷疲於應對列強對東南沿海的進犯和太平天國運動的衝擊，無力維繫西北邊疆防務。深入考察俄國與中亞草原地區的關係有助於從更為全面的視角審視近代中國西北邊患的形成與發展，深入思考「百年未有之大變局」下歐亞大陸地緣政治格局重塑的歷史進程。

---

[12] 蘇力：《大國憲制：歷史中國的制度構成》，北京：北京大學出版社，2018 年。

[13] Ленин В.И. Крепость цепь определяется крепостью самого слабого звена ее // Полное собрание статей. T. 32. М. 1969. C. 200.

二、各章內容概述

　　本書涉及的內容大致可分為三個時段：（1）自 18 世紀 30 年代至 19 世紀 20 年代：中亞草原各政治勢力的一系列互動使得俄國借機介入該地區。至 18 世紀中期，俄當局以修築要塞線的形式控制整個草原地區的北部（第一章）。（2）19 世紀 20-60 年代：以要塞線為基礎，俄當局以吸納游牧部落進入其草原統治體制為手段向草原腹地擴張，至 19 世紀 60 年代末控制整個草原地區（第二、三章）。（3）19 世紀 60 年代至 1917 年：在完成征服後，俄國逐步將草原諸省的行政司法體制與其內地省份接軌，並在此基礎上引入資本和勞力大規模開墾草場，客觀上推動了草原游牧社會的歷史性變遷（第四、五章）。

　　18 世紀初，俄國與中亞草原的關係整體上延續了數個世紀以來東歐平原定居政權與游牧部落之間的互動形態。基輔羅斯時代至莫斯科公國時期的文獻均在不同程度上記載了黑海和裏海北岸游牧民群體對農耕村鎮的襲擾。但雙方之間同樣存在貿易和其他形式的交換與合作。[14]16-17 世紀，俄國借助近代歐洲的火器和工事修築技術，依託東歐平原的水系修築要塞線，以阻滯游牧民集團的大規模長途奔襲。至 18 世紀初，俄國已穩固控制伏爾加河流域。本書第一章描述的正是這一背景下，俄當局如何利用關鍵的政治機遇，將自身的政治影響力擴展至烏拉爾河流域和中亞草原西路。本章梳理了 1730 年小玉茲阿布勒海爾汗遣使沙俄的歷史脈絡，展現俄方如何利用阿布勒海爾急於尋求外力支持的處境而在烏拉爾河中游佈局，以要塞線體系和哥薩克軍團為基礎，控馭巴什基爾、哈薩克和卡爾梅克各部落。受限於草原西路的自然環境和游牧生產的分散性，阿布勒海爾家族無力號令各氏族，更無力庇護俄國

---

[14] Halperin, Charles J. *The Tatar Yoke: the Image of the Mongols in Medieval Russia*. Bloomington: Slavica, 2009.

商旅安全過境。儘管如此，俄當局仍主要以該家族為介入小玉茲內政的重要
依靠。18 世紀後半期，俄方一度改變此前的政策，嘗試在草原西路建立行政
管理體制，將部落首領吸納為領取薪俸的官員。但受草原西路的自然地理條
件和政治形勢所限，上述嘗試終告失敗。這一時期俄當局通過吸收部落精英
子嗣進入其軍政和文教機構，培養了一批熟諳歐俄和草原兩種體系的帝國代
理人，為 19 世紀 20 年代之後俄軍大舉深入草原地區奠定基礎。

　　19 世紀初，取得拿破崙戰爭勝利的俄國調整了政策，於 19 世紀 20 年代
邁出吞併草原地區的步伐。其開始的標誌是 1822 年《西伯利亞吉爾吉斯人條
例》的頒佈。本書第二章以這一條例的文本為中心，分析俄國在草原東路建
立統治體制的進程和具體策略。這一條例由時任西西伯利亞總督斯佩蘭斯基
起草並推行，其核心在於創設一套適用於草原地區的統治體制。在宣佈廢除
哈薩克中玉茲汗位基礎上，這一條例首先設計一套由俄當局監督的區—鄉—
阿吾勒三級主官選舉制度，形成由汗王后裔和氏族首領組成的草原官僚機
構。其次，以要塞線軍力和草原官僚機構為基礎，俄當局根據氏族游牧範圍
劃設疆界，限制越界游牧，並向牧民灌輸行政邊界觀念。再次，條例設計土
地利用、稅收、文教和社會階層等制度吸引各階層牧民轉入定居。19 世紀
20-40 年代，鄂木斯克當局在草原東路相繼開設八個外區，使得該地區各氏族
分化為親俄和抗俄兩派。後者在 19 世紀中期草原地區的複雜政治局勢下逐漸
衰亡。

　　19 世紀中期，在清廷西疆武備廢弛、俄軍向草原腹地大舉擴張、俄國開
啟資產階級改革的三重背景下，俄當局組織跨部門委員會，重組整個中亞地
區的統治體制。本書第三章以 19 世紀 60 年代沙俄正式制定草原地區統治體
制的過程及其關鍵文本 1868 年《草原地區臨時管理條例》為中心，呈現制度
設計背後的部門利益之爭及時代觀念的影響。在亞歷山大二世改革的時代思
潮下，1868 年臨時條例以在草原地區建立「文明秩序」為名，為草原東西兩
路設計統一的行政和司法體制，並奠定此後半個世紀草原地區的行政區劃格

局。該條例擴充省級機構，廢除此前由哈薩克部落精英充任半數職位的「區」，改為由俄軍官主政的「縣」，以強化草原各省對基層的統治。該條例將游牧社會的基層仲裁者「畢」制度化為「民族法庭」，負責依習慣法審理哈薩克人之間的民事案件，將其整合入俄國的司法體制。在社會經濟方面，該條例帶有鮮明的資產階級改革特徵，包括推行以貨幣稅替代實物稅，鼓勵哈薩克官員和部落精英將牧地以俄當局認可的方式變更為私人佔有的土地等。其第 210 條宣佈作為哈薩克人牧場的土地為國家所有，由哈薩克人集體使用。[15]1868 年臨時條例的頒佈不僅標誌著草原統治體制的正式確立，也預示著 19 世紀末 20 世紀初歐俄移民向草原地區的大規模遷徙浪潮。

　　第四章從宏觀的歷史敘事轉入微觀的制度考察，從地方財政視角管窺草原統治體制的運作狀況。該章以各省歷年省公署年度報告為主要數據來源，從各省財政收支狀況來考察草原諸省自 19 世紀 60 年代至一戰前的財稅汲取能力，由此探討俄國的草原統治體制是否能有效運轉。這一時期，向牧民徵收的帳篷稅是各省財政收入的最重要且最穩定的來源。其次，通過對比帳篷稅預算和實際徵收額度可以推測，19 世紀 60-90 年代草原諸省能有效地向各省游牧人群中的絕大多數民眾徵收稅款。而 19 世紀末歐俄移民湧入之後，帳篷稅的重要性逐漸下降，土地稅和商稅在財政收入中的占比逐漸上升。最後，從財政支出部門分類分析，中亞部分省份的財政赤字主要來自軍事開支和移民事務開支。如單獨計算各省行政和司法機構的開支，則本省的財政收入可完全覆蓋。由此可見，19 世紀 60-90 年代俄國的草原統治體制對草原游牧社會有著較強的財政汲取能力。而在 20 世紀初交通和通訊條件大幅現代化之後，草原諸省的財政收入對本地稅源的依賴程度便不如此前時期。

　　第五章則回歸地區層面的宏觀敘述，關注 19 世紀 90 年代草原地區統治體制的改革及沙俄末期移民政策的深刻影響。1868 年臨時條例頒佈後僅兩

---

[15] Масевич М.Г. Материалы по истории политического строя Казахстана. Т. 1, Алматы, 1960. С. 337.

年，俄當局便重新組織委員會對其進行修訂，最終形成 1891 年頒佈的《阿克莫林斯克省、塞米巴拉金斯克省、七河省、烏拉爾斯克省和圖爾蓋省管理條例》。新條例的核心目標是促進草原諸省的規章制度與俄內地省份接軌，同時進一步推動草原地區牧地的私有化，降低大規模向草原地區遷入移民和注入資本的制度障礙。1891 年條例頒佈的同時，在俄當局積極調整移民政策、鐵路和電報擴展至中亞、草原諸省制度內地化、歐俄地區人地矛盾尖銳等多重因素作用下，19 世紀末至 1916 年，超過一百萬歐俄農民湧入草原諸省。這一運動極大改變了草原地區的族裔結構、生產方式和產業格局，且形成了一系列推動游牧民定居化的社會經濟機制。這一進程一方面引發地方政府與牧民之間、移民與牧民之間、新移民與老移民之間等的衝突，另一方面也推動了整個草原地區農牧業生產的市場化和全球化。在這一進程中，傳統游牧社會的以血緣為基礎的權威逐漸瓦解，依附於俄國的行政、司法和文教體系的新興知識份子，以及在變局中獲取財富的新地方精英成為草原社會的新權力中心。

三、史料和文獻綜述

（一）沙俄時期的檔案文獻

　　需要承認的是，受到史料的限制，本書多數章節難免以俄國一方為敘述的主體。一方面，自 18 世紀以降，俄羅斯的官員、探險家和知識份子留下大量關於中亞草原及其民眾的記載。這些文獻成為後世學者重構這一時期歷史的史料基礎。這些史料不可避免地帶有同時代俄軍政官員和文人墨客的立場、視角和偏見。另一方面，19 世紀 60 年代之後，俄國成為草原地區的主權者，故而壟斷了對地方事務的解釋權。在俄文文獻之外，這一時期的基層法院司法判決文件和草原知識份子留下的作品均為後世研究者提供了更為豐

富的視角。

　　本書相關的沙俄時期檔案文獻規模龐大。根據檔案收藏機構的類型，沙俄時期的檔案可分為中央和地方政府檔案兩類。與本書相關的中央政府檔案主要收藏於俄羅斯聯邦國家檔案館（GARF）[16]、俄羅斯國家歷史檔案館（RGIA）和俄羅斯國家軍事歷史檔案館（RGVIA）。俄羅斯聯邦國家檔案館和俄羅斯國家歷史檔案館收藏沙俄時期各中央政府部門行政卷宗和與本書相關重要軍政官員的個人檔案卷宗。俄羅斯國家軍事歷史檔案館收藏沙俄陸軍部檔案卷宗。其第 400 號卷宗「參謀總部」保存各邊疆地區軍政單位（總督區、各省軍區、各哥薩克軍團）與參謀總部的往來公文。因陸軍部下轄機構長期主導中亞地區事務，該卷宗第一目錄「亞洲司」收藏參謀總部參與亞洲各地軍事行動的檔案文獻，以及各邊疆省區軍政建制和人口經濟統計資訊。

　　地方政府檔案較為集中地收藏了涉及本書的文獻，其中最為重要的機構包括位於阿拉木圖市的哈薩克斯坦中央國立檔案館（TsGA RK）、位於塔什干市的烏茲別克斯坦中央國立檔案館（TsGA RUz）、位於俄羅斯聯邦鄂木斯克市的鄂木斯克州歷史檔案館（IAOO）。上述檔案館所在地均為沙俄時期重要的邊疆軍政中心，因此收藏軍政機構在該地所轄省份的軍事、行政、司法、社會經濟乃至部分宗教事務管理檔案。以哈薩克斯坦中央國立檔案館為例，該機構不僅收藏了相對完整的沙俄時期七河省內機構，包括省公署、省軍區、七河哥薩克軍團以及司法部門案卷；因阿拉木圖在 1929-1997 年間為該國首都[17]，該機構作為國家級檔案館收集了國內各處 19 世紀草原諸省各級

---

[16] 本節提及各檔案館的外文名稱參見書末「參考文獻」。

[17] 哈薩克共和國（全稱為「哈薩克蘇維埃社會主義共和國」）實際成立於 1936 年，此處為行文便利，概稱為「哈薩克共和國」。此前各時期該行政單元的沿革如下：1919-1920 年俄共布建立隸屬於俄羅斯蘇維埃聯邦社會主義共和國的吉爾吉斯邊區（Киргизский край），首府位於奧倫堡；1920 年更名為「吉爾吉斯自治社會主義蘇維埃共和國」；1925 年更名為「哈薩克自治社會主義蘇維埃共和國」，同年首府遷至克孜勒奧爾達；1927 年首府遷至阿拉木圖；1936 年行政單元升格為

機構的檔案。草原總督區卷宗（1882-1917 年）及重要總督的個人檔案卷宗同樣收錄其中。因此，該檔案館無疑是研究近代中亞草原歷史最為重要的機構之一。因 1867-1882 年和 1899-1917 年間的七河省和 1867-1917 年間的錫爾河省在行政上隸屬於土爾克斯坦總督區，其檔案大多保存在總督區首府塔什干。此部分檔案主要為烏茲別克斯坦中央國立檔案館所收藏。因鄂木斯克自 18 世紀中期以降長期為草原東路的軍政中心，1868-1917 年間阿克莫林斯克省首府也設於此地，所以鄂木斯克州歷史檔案館收藏西西伯利亞總督區、西伯利亞軍區、西伯利亞哥薩克軍團以及司法、關稅、文教、銀行、西伯利亞大鐵路及各類地方機構檔案卷宗。

　　20 世紀中後期，上述檔案文獻逐漸為史學界按照研究主題彙編為檔案資料集。與本書相關的主要檔案資料集如下：（1）馬謝維奇（M. G. Masevich）編纂的《哈薩克斯坦政治制度史資料集》第 1 卷，涵蓋從 18 世紀初至 1917 年的時段，主要收錄哈、烏、俄三國上述檔案館一系列未經刊布的檔案，包括 18 世紀初外交文書、草原東路設立外區的重要文件、建立草原統治體制的重要管理條例文本等。[18]（2）《16-18 世紀哈薩克─俄羅斯關係：文書與資料集》和《18-19 世紀（1771-1867 年）哈薩克─俄羅斯關係：文書與資料集》分別收錄 16-18 世紀和 18-19 世紀中期的檔案史料。前者主要涉及早期俄哈交涉、1730 年阿布勒海爾汗遣使及臣屬沙俄、18 世紀沙俄干預哈薩克小玉茲和中玉茲內部事務等主題。後者包含沙俄外交部亞洲司與奧倫堡和鄂木斯克軍政機構的往來公文、各要塞線司令關於轄區政治經濟狀況的呈文、1822 年管理條例文本及落實的相關報告等。[19]這兩部資料集所收錄的部

加盟共和國，相應更名為「哈薩克蘇維埃社會主義共和國」。

[18] Масевич М.Г. Материалы по истории политического строя Казахстана. Т. 1, Алма-Ата, 1960.

[19] Академия наук КазССР. Казахско-Русские отношения в XVI-XVIII веках: сборник документов и материалов. Алма-Ата, 1961; Академия наук КазССР. Казахско-Русские отношения в XVIII-XIX веках: сборник документов и материалов. Алма-Ата, 1964.

分檔案條目與馬謝維奇主編資料集重合。（3）10 卷本《俄羅斯史料中的哈薩克斯坦歷史》[20]為獨立後哈薩克斯坦「文化遺產」專案下哈薩克斯坦歷史多語種史料整理工程中的一部分，反映當代哈薩克斯坦歷史學界的在史料整理方面的成就。該資料集所收錄史料的時段覆蓋 15-20 世紀，類型包括早期編年史、俄國官方公文、西人以俄文記載的遊記、科考報告、俄學者所採集的民間文學以及集體人物傳記等。

（二）沙俄時期出版文獻和重要人物著述

　　作為歐洲列強之一，18-20世紀初俄國出版了大量與中亞草原歷史相關的著作。與本書相關的出版文獻主要包括各中央和地方政府機構出版物、近代學者和作家的研究文獻和文學作品以及報刊雜誌。在官方機構出版物方面，與本書主題直接相關的首先是 19 世紀 80 年代之後草原諸省政府刊印的年度報告和地方名錄（adres-kalendar'）。[21]各省年度報告一般包含各省人口統計、財政收支和社會經濟數據，以及當年的省內大事記，是後世重構地方政治經濟狀況的重要史料。地方名錄由總督區或省的統計委員會負責編製，一般每年刊印一版，旨在公佈轄境內各軍政單位和商業機構的人員和地址資訊。地方名錄對於後世考證地方軍政機構歷史沿革具有重要價值。此外，俄國各中央機構也會印製一些介紹地方省份的出版物。19 世紀末至 20 世紀初俄當局鼓勵向草原諸省移民時期，此類概述移民目的地省份經濟地理資訊的出版物數量激增。例如，移民政策的關鍵執行機構「土地規劃和農業總署」（前身為國家財產部）在各移民區的分支機構出版年度農業報告，統計當年

---

[20] Койгелдиев М.К. ред. История Казахстана в русских источниках. Т. 1-10. Алматы, 2005.

[21] 例如，七河省年度報告參見 Обзор Семиреченской области, Верный, 1882-1917；1898 年七河省地方名錄參見 Семиреченский областный статистический комитет. Памятная книжка и адрес-календарь Семиреченской области на 1898 год. Верный, 1898.

該省自然地理狀況、人口、產業、商貿、農作狀況、土地開發和交易狀況等
資訊。[22]一些歐俄省份的出版社也會刊印針對農民代表（即受雇先行前往移
民目的地塊考察的人員）和移民的對象省份介紹手冊，提示移民可能面臨的
各類困難和建議。[23]此外，諸如帝俄地理學會之類的官方學術機構的出版物
中也有一些涉及本書研究對象的部分，如謝苗諾夫（P. P. Semenov-
Tianshanskii）主編《俄羅斯：我們祖國的地理概覽》第 18 卷《吉爾吉斯邊
區》收錄 9 篇涉及中亞草原地理氣候、歷史文化、人口、產業、交通等主題
的論文。[24]最後，19 世紀後半期俄參謀總部和各地方軍區均委託專人編寫哥
薩克軍團的統計資料和歷史，例如霍羅什欣編纂的《哥薩克軍團：軍事統計
概述的嘗試》、鮑羅金著二卷本《烏拉爾哥薩克：統計概覽》、斯塔裏科夫
著《奧倫堡哥薩克軍團歷史統計綱要》和《奧倫堡哥薩克史》、列堅涅夫著
《七河哥薩克軍團史》等。[25]鑒於烏拉爾、奧倫堡、西伯利亞和七河哥薩克
在俄國與中亞草原關係中的重要作用，上述作品均有史料價值。

　　其次，自 18 世紀初以降，隨著俄國與中亞草原的交流日益加深，部分俄
官員和學者在當局的支持下或對草原地區進行考察，並編纂草原地區的地
理、歷史和民族志著作。儘管此類考察的首要目標為勘察自然地理和動植物
狀況，但受到同時期歐洲自然史和地理學研究傳統的影響，民族志包含在考
察內容之列。例如，曾擔任俄國皇家科學院院士的普魯士博物學家帕拉斯

---

[22] 例如，七河省 1914 年農業報告參見 ГУЗиЗ. Семиреченский Переселенческий район. Сельскохозяйственный обзор Семиреченской области за 1914. Верный, 1915.

[23] 例如 Купласть А. Семиреченская область. Полтава, 1912.

[24] Семёнов Тянь-Шанский П.П. ред., Россия. Полное географическое описание нашего Отечества. СПб., 1899-1914.

[25] Хорошхин М. П. Казачьи войска : опыт военно-статистическаго описания. СПб., 1881; Бородин Н. Уральское казачье войско. Статистическое описание. Т. 1-2, Уральск, 1891; Стариков Ф.М. Историко-статистический очерк Оренбургского казачьего войска. Оренбург, 1891; Леденев Н.В. История Семиреченского казачьего войска. Верный, 1909.

（P. S. Pallas）曾到訪伏爾加河下游。[26]18 世紀 30 年代隨同基裏洛夫參加奧倫堡遠征的彼·伊·雷奇科夫（P. I. Rychkov）及其子尼·彼·雷奇科夫（N. P. Rychkov）均留下與草原西路相關的著作。[27]畫家約翰·卡斯爾（John Castle）更是在其遊記中留下了一幅 18 世紀小玉茲阿布勒海爾汗的珍貴畫像。[28]進入 19 世紀，更多俄當局支持的科考隊伍深入草原地區考察，謝苗諾夫和拉德洛夫等人均在此列。[29]至 19 世紀後半期草原統治體制建立後，為推動各省區的經濟開發和制度改革，各類來自首都的考察團出於不同的政策目的對草原地區進行大範圍的科考或調研，並留下相應的著作。其中具有代表性的是草原委員會考察團（1865-1867 年）、謝爾賓納（F. A. Shcherbina）考察團（1896 年）、魯緬采夫（P. P. Rumiantsev）考察團和 20 世紀初參政官帕倫（K. K. Palen）對中亞的巡察。[30]19 世紀後半期，為宣示統治成果，俄當局歡迎同時期的歐美外交官和旅行者到訪中亞草原。尤金·斯凱勒（Eugene Schuyler）、亨利·蘭斯代爾（Henry Lansdell）分別於 1873 年和 1879 年完成在中亞草原的旅行，留下了相對豐富的文字記載。[31]

---

[26] Паллас П.С. Путешествие по разным провинциям Российского государства. СПб., 1773-1788.

[27] Рычков П.И. История Оренбургская по учреждению Оренбургской губернии. Уфа, 1759; Рычков Н.П. Дневные записки путешествия капитана Николая Рычкова в киргиз-кайсацкой степе, 1771 году. СПб., 1772.

[28] Castle. Jomal von der Aog. 1736 aus Orenburg zu dem Abul- Gheier Chan der Kirgis-Kaysak Tartarischen Horda // Matcrialen zu der Russischen Geschichte seit dem Tode Kaiser Peter der Grossen. Riga, 1784; Castle, John. *Into the Kazakh Steppe: John Castle's Mission to Khan Abulkhayir*. Signal Books, 2014.

[29] [俄]謝苗諾夫著，李步月譯：《天山遊記》，烏魯木齊：新疆人民出版社，2001 年；Radloff W. *Aus Sibirien*. Leipzig: T.O. Weigel, 1883.

[30] 這些考察活動存留的檔案和出版文獻較多，此處僅列舉一部分。草原委員會相關記錄參見 Гейнс А.К. Собрание литературных трудов. СПб., 1897; 謝爾賓納考察團的調研報告參見 Щербина Ф. А. ред. Материалы по киргизскому землепользованию в 12 томах. СПб., 1898-1909 ；魯緬采夫考察團相關記錄參見 Румянцев П.П. Киргизский народ в прошлом и настоящем. СПб., 1910; 帕倫巡察相關文獻參見 Пален К.К. Отчет по ревизии Туркестанского края. СПб., 1910.

[31] Schuyler, Eugene. *Turkistan, Notes of a Journey in Russian Turkistan, Khokand, Bukhara, and Kuldja*. London: Sampson, Low, Marston, Searle, & Rivington, 1876-1877; Lansdell,Henry. *Russian Central Asia,*

在歷史編纂和回憶錄方面，重要的作品至少包括：（1）廖夫申所著三卷本《吉爾吉斯—哈薩克各帳及各草原的敘述》。該作品為俄國學界首部系統性描述哈薩克草原地理、歷史和社會民俗的作品。作者廖夫申是帝俄地理學會的創始人之一，兼具外交部任職履歷和前線工作經驗。他利用俄外交部亞洲司檔案文獻和實地考察所獲資訊完成這一著作。[32]（2）捷連季耶夫所著三卷本《征服中亞史》。該作品為俄參謀總部委託的官修戰史，作者親歷一系列中亞地區的戰役，於 1869-1899 年間利用各地收藏文獻陸續完成全書，於 1906 年以三卷本形式出版，其中第一卷詳述 18-19 世紀俄國與中亞草原的關係。[33]（3）巴布科夫所著回憶錄《我在西西伯利亞服務的回憶（1859-1875 年）》。作者自 1857 年起於草原東路的軍政中心鄂木斯克長期任職，累遷至鄂木斯克軍區（即 1882 年之前的西西伯利亞軍區）總參謀長並一度代理草原總督區總督，1890 年以步兵將軍軍銜退役。該作品詳細記述了 1822 年管理條例頒佈以來草原東路所經歷的變遷以及沙俄在 19 世紀中期強佔中國西北邊疆大片領土的歷程。[34]此外，杜波羅斯梅斯洛夫、邁爾、克拉索夫斯基等和克拉夫特等專家著有草原諸省的地方誌、地理和人口統計以及游牧民習慣法相關作品。[35]維利亞明諾夫—澤爾諾夫、巴托爾德、阿裏斯托夫、哈魯津等東方學家對草原各民族的族源進行了考察。[36]而阿尼奇科夫和謝列達等

Including Kuldja, Bokhara, Khiva and Merv. London: S. Low, Marston, Searle, and Rivington, 1885.

[32] Лёвшин А.И. Описание Киргиз-Казачьих или Киргиз-Кайсацких орды степей. Т. 1-3, СПб., 1832. 可能是將廖夫申姓氏第一音節母音ë誤認為 e，部分前人學者譯為「列夫申」。該作品標題譯名參考孟楠：《俄國統治中亞政策研究》，烏魯木齊：新疆大學出版社，2000 年，第 15 頁。

[33] Терентьев М.А. История завоевания Средней Азии. СПб., 1906.

[34] Бабков И.Ф. Воспоминания о моей службе в Западной Сибири (1859-1875 г.). СПб., 1912.

[35] Добросмыслов А.И. Тургайская область: исторический очерк. Тверь, 1902; Мейер Л. Киргизская степь Оренбургского ведомства. СПб., 1865; Красовский М. Область сибирских киргизов. СПб., 1868; Крафт И.И. Сборник узаконений о киргизах степных областей. Оренбург, 1898.

[36] Вельяминов-Зернов В.В. Исследование о касимовских царях и царевичах. Т. 1-4. СПб., 1863-1887; Бартольд В.В. Очерк истории Семиречья, Верный, 1898; Аристов Н.А. Опыт выяснения этнического

作者則較早記載了這一時期草原游牧民的抗俄運動。[37]

　　再次，隨著 19 世紀後半期電報、鐵路和現代印刷工業傳播到草原諸省，官方和民間的報刊雜誌相繼出現。19 世紀 70 年代，草原諸省省公署均刊發以各自省份為名的官方報刊。部分省份的官方報刊發行針對本地居民的多語種版本，其內容包括官方政令和佈告、本地商貿、公共衛生、生產生活技能等實用資訊，以及本地各族歷史和民族志等。[38] 20 世紀初，近代草原本土知識份子也積極創辦報刊雜誌，刊登時事新聞、本地歷史文化和文學性質更強一些的詩歌散文。以瓦裏漢諾夫、阿勒廷薩林、阿拜和布凱汗諾夫等人為代表的近代知識份子借助上述報刊雜誌發表帶有近代科學性質的論文和詩歌、散文、小說等體裁的文學作品，為當代哈薩克斯坦的語言、文學和文化的形成以及國家歷史的建構奠定了不可或缺的基礎。[39]

（三）當代哈薩克斯坦的通史和史學研究著作

　　自 20 世紀初，哈薩克斯坦及其前身的歷史學者們積極發掘地方歷史檔案和民間文學素材，嘗試以新政治空間為主體展開歷史敘事。在 20 世紀 20 年代和 30 年代，丘洛什尼科夫對草原地區封建關係的研究以及梁贊諾夫對 19

состава киргиз-казаков Большой Орды и кара киргизов. СПб., 1894; Заметки об этническом составе тюркских племен и народностей и сведения об их численности // Живая старина, 1896, шестой, вып. III-IV. С. 277-456; Харузин А.Н. Киргизы Букеевской орды: антрополого-этнологический очерк. М., 1889.

[37] Аничков И.В. Киргизский герой (батыр) Джанходжа Нурмухамедов // ИОАИЭК. 1894. Т. 12, Вып. 3; Середа Н.А. Бунт киргизского султана Кенесары Касымова// Вестник Европы. No. 8-9, 1870; No. 9, 1871; Из истории волнений в Оренбургском крае: Материалы для истории последнего киргизского восстания, 1869—1870 // Русская мысль. Т. 13, вып. 8. М., 1892.

[38] 例如，阿克莫林斯克省發行的《吉爾吉斯草原報》報刊樣例參見 Субханбердина У. Киргизская степная газета: литературные образцы. Алма-Ата, 1990.

[39] Валиханов Ч.Ч. Собрание сочинений в 5 томах. Алма-Ата, 1984-1985; Алтынсарин И. Киргизская хрестоматия. Кн. 1, Оренбург, 1879; Кунанбаев А. Избранное стихотворения, поэмы, слова-назидания. М. 1981; Букейхан А. Тандамалы: Шығармалар жинағы. Алматы, 2002.

世紀前中期民眾起義的研究均為後續草原地區歷史書寫開闢了新的傳統。[40]
1943 年，首部哈共和國通史在第二次世界大戰的背景下出版。二戰期間，莫
斯科的歷史學家們疏散到阿拉木圖，在當時哈共和國的委託下編寫這一部時
段自遠古至 1917 年的通史作品，由此開闢了現代意義上哈國的官修通史傳
統。[41] 1977-1981 年間，標誌著二戰後哈學界研究水準和學術立場的五卷本
官修通史陸續出版。[42]而在專題研究層面，學界對 18-20 世紀初中亞草原的人
口問題、政治和社會結構、土地和移民問題、工農業歷史、地方史、左翼運
動和民眾起義，以及族群關係、中亞地區國際關係等議題上均有專題研究成
果。[43]

---

[40] Чулошников А.П. Очерки по истории казак-киргизского народа в связи с общими историческими судьбами других тюркских племен. Оренбург, 1921; «К истории феодальных отношений в Казахстане XVII – XVIII вв. // Известия АН СССР. Отделение общественных наук, № 3. 1936; Рязанов А.Ф. Сорок лет борьбы за национальную независимость Казахского народа (1797-1838 г.): Очерки по истории национального движения Казахстана. Кзыл-Орда, 1926; Восстание Исатая Тайманова. Ташкент, 1927; Батыр Сырым Датов // Советская Киргизия. 1924.

[41] Абдыкалыков М. и Панкратова А.М. ред. История Казахской ССР с древнейших времен до наших дней. Алма-Ата, 1943.

[42] Нусупбеков А.Н. История Казахской ССР с древнейших времен до наших дней в 5 томах. Алма-Ата, 1977-1981.

[43] 人口問題相關著作參見 Бекмаханова Н.Е. Многонациональное население Казахстана и Киргизии в эпоху капитализма. 60-е годы XIX в.-1917 г. М., 1986; 政治和社會結構參見 Зиманов С.З. Общественный строй казахов первой половины 19 в. Алма-Ата, 1958; Зиманов С.З. Политический строй Казахстана конца 18 и первой половины 19 в. Алма-Ата, 1960; Толыбеков С.Е. Кочевое общество казахов в 17 - начале 20 в. Алма-Ата, 1971; Шахматов В.Ф. Казахская пастбищно-кочевая община. Алма-Ата, 1964；土地和移民問題相關著作參見 Галузо П.Г. Аграрные отношения на юге Казахстана в 1867-1914 гг. Алма-Ата, 1965; Сулейменов В.С. Аграрный вопрос в Казахстане в последней трети 19 - начале 20 в. Алма-Ата, 1963; 工農業史著作參見 Еренов А. Очерки по истории феодальных земельных отношеений у казахов. Алма-Ата, 1960; Дильмухамедов Е.Д. Из истории горной промышленности Казахстана. Алма-Ата, 1977; 地方史著作如 Герасимова Э.И. Уральск. Исторический очерк (1613-1917) Алма-Ата, 1969; Касымбаев Ж.К. Семипалатинск в канун Октябрьской революции. Алма-Ата, 1970; 左翼運動和民眾起義相關著作參見 Асылбеков М.Х. Железнодорожники Казахстана в первой русской революции. Алма-Ата, 1965; Маликов Ф. Февральская буржуазно-демократическая революция в Казахстане. Алма-Ата, 1972; Сулейменов В.С. Революционное движение в Казахстане в 1905-1907 гг. Алма-Ата, 1977; Сулейменов В.С.,

　　獨立後，重述歷史成為哈薩克斯坦在新形勢下構建國族的重要政策抓手。上世紀 90 年代，1993 年出版的阿基舍夫主編《哈薩克斯坦歷史：從遠古至今（綱要）》確立了獨立後哈薩克斯坦官方歷史的基本框架和觀點。[44] 世紀之交，哈科學院仿照先例，出版以當代哈薩克斯坦史觀書寫的五卷本通史。[45]進入新世紀後，隨著哈薩克斯坦經濟秩序的恢復，學界在專題研究上也一些新的進展。葉若菲耶娃借助歷史人類學方法對阿布勒海爾汗的研究展示了新時代哈國學者結合傳統史料和前沿方法的努力。[46]蘇丹加利耶娃的研究團隊將傳統的檔案文獻研究與歐美學界「俄帝國史」的視角相結合，產出了一系列對 18-19 世紀俄軍政體系與草原社會各階層人群關係的微觀研究。[47]此外，從多語種史料翻譯和彙編，到具體歷史人物和事件資料整理，再到以議題為導向的專著，哈國學界均取得了不同程度的進展。

Басин В.Я. Восстание 1916 года в Казахстане. Алма-Ата, 1977；哈俄關係著作參見 Аполлова Н.Г. Присоединение Казахстана к России в 30-х годах 18в. Алма-Ата, 1948; Аполлова, Н.Г. Экономические и политические связи Казахстана с Россией в 18 - начале 19 в. М., 1960; Басин В.Я. Россия и казахские ханства в 15-18 вв. Алма-Ата, 1971; Бекмаханов, Е.Б. Казахстан в 20-40 годы XIX века. Алма-Ата, 1947; Бекмаханов, Е.Б. Присоединение Казахстана к России. М., 1957; Шоинбаев Т.Ж. Прогрессивное значение присоединения Казахстана к России. Алма-Ата, 1973; 沙俄時期國際關係著作如 Басин В.Я. Казахстан в системе внешней политики России в первой половине 18в// Казахстан в 15-18 вв. Алма-Ата,1969.

[44] Акишев А.К. ред. История Казахстана с древнейших времен до наших дней (очерк). Алматы, 1993.

[45] Абылхожин Ж.Б. История Казахстана (с древнейших времен до наших дней). Т. 1-5, Алматы, 1997-2010.

[46] Ерофеева И.В. Хан Абулхаир: полководец, правитель, политик. Алматы, 2007; Ерофеева И.В. и др. Аныракайский треугольник: историко-географический ареал и хроника великого сражения. Алматы, 2008.

[47] Султангалиева Г.С. Казахское чиновничество Оренбургского ведомства: формирование и направление деятельности (XIX) // *Acta Slavica Iaponica*, 27 (2009): 77-101; Sultangalieva, Gulmira. "The Russian Empire and the Intermediary Role of Tatars in Kazakhstan: The Politics of Cooperation and Rejection," in *Asiatic Russia: Imperial Power in Regional and International Contexts*, 2012, pp. 52-80.

（四）20 世紀中後期以降的中文、俄文和西文研究文獻

　　自新中國成立以來，中國學界前人學者已從不同角度對中亞近代史進行探索。首先，上世紀 60-90 年代中國高校和科研機構曾開展大規模的外文文獻譯介工作，翻譯出版了一批重要沙俄軍政官員的回憶錄和歷史編纂作品，如巴布科夫的《我在西西伯利亞服務的回憶》（1973 年）、塔格耶夫的《在聳入雲霄的地方》、杜勃羅文的《普爾熱瓦爾斯基傳》，以及捷連季耶夫的三卷本《征服中亞史》。[48]另一項重要的文獻編纂和譯介工程是上世紀 70 年代由聯合國教科文組織授權編寫的《中亞文明史》。該專案最終完成涵蓋從遠古至 20 世紀末歷史的巨著。其第六卷部分章節與本書主題密切相關，反映獨立後中亞國家學者對近代歷史的觀點。[49]此外，自上世紀 80 年代開始，貴州師範學院項英傑教授團隊以《中亞史叢刊》為平臺，貢獻了諸如奧爾沃斯《俄國統治中亞百年史》和哈爾芬《中亞歸併於俄國》等重要研究文獻的節譯。[50]蘭州大學中亞研究所則組織翻譯了哈薩克斯坦學者哈菲佐娃的《十四—十九世紀中國在中央亞細亞的外交》和馬薩諾夫主編的《哈薩克斯坦民族與文化史》等研究作品。[51]

　　其次，在大規模編譯外文文獻的基礎上，中國學者也在各個專題領域積極開展研究。自上世紀 80 年代開始，王治來先生陸續撰寫《中亞史》《中亞

---

[48] [俄]伊·費·巴布科夫著，王之相譯，陳漢章校：《我在西西伯利亞服務的回憶》，北京：商務印書館，1973 年；[俄]塔格耶夫著，薛蕾譯：《在聳入雲霄的地方》，北京：商務印書館，1975年；[俄]尼·費·杜勃羅文著，吉林大學外語系俄語專業翻譯組譯：《普爾熱瓦爾斯基傳》，北京：商務印書館，1978 年；[俄]捷連季耶夫：《征服中亞史》（三卷本），北京：商務印書館，1983-1986 年。

[49] C. 阿德爾編，吳強等譯：《中亞文明史：走向現代文明：19 世紀中葉至 20 世紀末（第 6卷）》，北京：中國對外翻譯出版公司，2013 年。

[50] 項英傑主編：《中亞史叢刊》（第一至七期），貴陽：貴州師範大學，1983-1988 年。

[51] [哈]哈菲佐娃著，楊恕、王尚達譯：《十四—十九世紀中國在中央亞細亞的外交》，蘭州：蘭州大學出版社，2002 年；馬薩諾夫等著，楊恕、焦一強譯：《哈薩克斯坦民族與文化史》，北京：民族出版社，2018 年。

史綱》《中亞國際關係史》等專著的基礎上，並將上述成果最終提煉為四卷本《中亞通史》的前三卷。[52]吳築星的《沙俄征服中亞史考敘》對要塞線相關術語進行了細緻的考辨。[53]孟楠的《俄國統治中亞政策研究》一書與本書涉及主題密切相關，全面地概述了俄國在中亞地區的軍政、移民、宗教和教育政策。[54]本書在俄文和中亞史地術語的譯名方面主要沿用《中亞通史》和《俄國統治中亞政策研究》等作品所開先例。此外，中國學者對族群歷史文化、哈俄關係、俄國在草原地區的經濟政策、1916 年中亞起義均有專論。[55]上述作品在論點、史料和研究文獻等層面均為本書提供了指引。

　　在歐美學界，隨著二戰之後區域研究的興起，俄國與周邊地區的關係逐漸受到關注。歐美學界研究中亞近代歷史問題意識主要在於梳理當時中亞各加盟共和國和各族群的形成歷程，並意在塑造各族群之間的相互認知。其史料大多來自歐美學術機構收藏的沙俄時期報刊雜誌和出版文獻。與本書相關

---

[52] 王治來：《中亞史（第一卷）》，北京：中國社會科學出版社，1980 年；王治來：《中亞國際關係史》，長沙：湖南出版社，1997 年；王治來：《中亞通史（古代卷）》，烏魯木齊：新疆人民出版社，2004 年；《中亞通史（近代卷）》，烏魯木齊：新疆人民出版社，2007 年；丁篤本：《中亞通史（現代卷）》，烏魯木齊：新疆人民出版社，2004 年。

[53] 吳築星：《沙俄征服中亞史考敘》，貴陽：貴州教育出版社，1996 年。

[54] 孟楠：《俄國統治中亞政策研究》，烏魯木齊：新疆大學出版社：2000 年。

[55] 蘇北海：《哈薩克族文化史》，烏魯木齊：新疆大學出版社，1989 年；李琪：《中亞維吾爾人》，烏魯木齊：新疆人民出版社，2003 年；王國傑著：《東干族形成發展史——中亞陝甘回族移民研究》，西安：陝西人民出版社，1997 年；吳宏偉：《中亞人口問題研究》，北京：中央民族大學出版社，2004 年；藍琪：《16-19 世紀中亞各國與俄國關係論述》，蘭州：蘭州大學出版社，2012 年；阿拉騰奧其爾，吳元豐：《清廷冊封瓦裏蘇勒坦為哈薩克中帳汗始末——兼述瓦裏汗睦俄及其緣由》，《中國邊疆史地研究》（第 3 期），1998 年，第 52-58 頁；厲聲：《哈薩克斯坦及其與中國新疆的關係》，哈爾濱：黑龍江教育出版社，2004 年；張保國：《蘇聯對中亞及哈薩克斯坦的開發》，烏魯木齊：新疆人民出版社，1989 年；王希隆、汪金國：《哈薩克跨國民族社會文化比較研究》，北京：民族出版社，2004 年；萬雪玉：《1916 年中亞各民族起義原因探討》，《新疆大學學報（哲學社會科學版）》，1997 年第 4 期，第 78-82 頁；徐海燕：《清朝在新疆與沙俄在哈薩克斯坦的「軍政合一」管理體制比較》，《俄羅斯中亞東歐研究》，2005 年第 3 期，第 75-79 頁；汪金國：《1916 年中亞起義的性質及其歷史意義》，《蘭州大學學報（社會科學版）》，2000 年第 6 期，第 98-102 頁。

的代表性著作包括奧爾沃斯（Edward Allworth）主編的合集《中亞：俄羅斯統治一百年》。其中法國學者埃萊娜・卡萊爾・達科斯（Hélène Carrère d'Encausse）負責 18-19 世紀相關章節的寫作。[56]奧爾科特（Martha Brill Olcott）於 1987 年出版的《哈薩克人》一書收錄於胡佛研究所贊助的「民族研究」（Studies of Nationalities）系列叢書。該作品主要借助 19 世紀的期刊雜誌、出版文獻和 20 世紀學者的研究著作。[57]皮爾斯（Richard Pierce）於 1960 年出版的《俄屬中亞，1867-1917 年》一書以政府和行政管理、殖民政策、經濟發展、文化衝突等角度展開，較為完整地敘述了 18 世紀至 20 世紀初俄國與中亞地區關係的諸多方面。[58]本尼格森（Alexandre Bennigsen）、派普斯（Richard Pipes）和劉金（Michael Rywkin）等所著作品對中亞地區族群關係和宗教問題有所涉及。[59]整體而言，冷戰時期歐美學界對相關議題的研究在史料佔有方面並無顯著優勢，其研究方式以評述前人觀點、勾勒歷史脈絡為主，意在為政策研究界提供粗線條的文史背景知識，而較少深入微觀層面開展主位研究的旨趣。[60]受限於當時歐美區域研究界與主流文史學界的隔閡，上述研究也並未引起其他學術領域的關注。

1991 年之後，以中亞為地域對象的歷史學和人類學研究迎來新的機遇。俄羅斯和哈薩克斯坦各中央和地方檔案管理機構的開放為域外歷史學家提供了深入微觀層面考察歷史問題可能。對於人類學家而言，這一地區也成為研

---

[56] Allworth, Edward. *Central Asia: A Century of Russian Rule*. New York: Columbia University Press, 1967.

[57] Olcott, Martha. *The Kazakhs*. Stanford, C.A.: Hoover Institution Press, 1987.

[58] Pierce, Richard A. *Russian Central Asia, 1867–1917*. University of California Press, 1960.

[59] Bennigsen, Alexandre, and S. Enders Wimbush. *Mystics and Commissars: Sufism in the Soviet Union*. University of California Press, 1985; Pipes, Richard. *The Formation of the Soviet Union. Communism and Nationalism, 1917-1923*, Cambridge: Harvard University Press, 1954; Rywkin, Michael. *Russia in Central Asia*, N.Y.: Collier, 1960; Michael Rywkin, ed. *Russian Colonial Expansion to 1917*. London: Mansell Publishing Limited, 1988.

[60] 關於中亞問題研究中的主位和客位研究區分，參見曾向紅，楊恕：《中國中亞研究 30 年來進展評估──基於觀察視角與研究主題的評估框架》，《國際觀察》，2020 年第 6 期，第 66-98 頁。

究經濟和社會轉型、部落政治、宗教與現代等各類議題的新田野。因此，13
世紀蒙古西征以降至 20 世紀初的中亞歷史一度成為俄羅斯研究、中東研究、
歷史學、人類學、等學科的前沿交叉研究領域。在本書涉及的議題方面，冷
戰後歐美學界較有代表性的是佛吉尼亞・馬丁（Virginia Martin）對 19 世紀
哈薩克習慣法與俄國司法體制關係的研究。其作品《草原上的法律與習慣》
充分利用多語種檔案文獻，以基層司法案例從微觀層面呈現 19 世紀後半期俄
國草原統治體制對於游牧社會帶來的衝擊。[61]坎貝爾（Ian Campbell）關於俄
國在草原地區「中間人」的研究充分關注俄國建立統治所需要的人力、組織
和資訊供給。以瓦裏漢諾夫、阿勒廷薩林及其他近代知識份子焦點，該作品
深入分析其與俄國官員和學者之間的互動，探討這些「中間人」所提供的知
識和視角對於維繫草原統治體制的重要意義。[62]此外，部分學者對宗教政
策、國族建構、草原地區近代政治思潮、中亞地區的跨地區人口流動及中亞
與南亞、西亞的交流等議題的研究均為本書提供了啟示。[63]

　　日本的俄蘇研究學界在蘇聯解體後調整研究方向，開始重視對中亞近代

[61] Martin, Virginia. *Law and Custom in the Steppe: the Kazakhs of the Middle Horde and Russian Colonialism in the Nineteenth Century*. Curzon, 2001.

[62] Campbell, Ian W. *Kazak Intermediaries and Russian Rule on the Steppe, 1731-1917*. Ithaca, N.Y.: Cornell University Press, 2017.

[63] Frank, Allen J. *Muslim Religious Institutions in Imperial Russia: the Islamic World of Novouzensk District and the Kazakh Inner Horde, 1780-1910*. Leiden: Brill, 2001; Werth, Paul. *At the Margins of Orthodoxy: Mission, governance, and Confessional Politics in Russia's Volga-Kama Region, 1827-1905*. Cornell University Press, 2002; Bustanov, Alfrid K. and Michael Kemper, "Russia's Islam and Orthodoxy beyond the Institutions: Languages of Conversion, Competition and Convergence." *Islam and Christian–Muslim Relations* 28, no. 2 (2017): 129-139; Morrison, Alexander. *Russian Rule in Samarkand 1868-1910: A Comparison with British India*. Oxford University Press, 2008; Sabol, Steven. *Russian Colonization and the Genesis of Kazak National Consciousness.* Springer, 2003; Kane, Eileen. *Russian Hajj: Empire and the Pilgrimage to Mecca*. Cornell University Press, 2015; Papas, Alexandre, Thierry Zarcone, and Thomas Welsford, eds. *Central Asian Pilgrims.: Hajj Routes and Pious Visits between Central Asia and the Hijaz*, vol. 308. Walter de Gruyter, 2020; Campbell, Elena I. "Global Hajj and the Russian State." *Kritika: Explorations in Russian and Eurasian History* 18, no. 3 (2017): 603-612; Levi, Scott C. *The Rise and Fall of Khoqand, 1709-1876: Central Asia in the Global Age*. University of Pittsburgh Press, 2017.

歷史的研究。其代表人物為小松久男、松裏公孝、宇山智彥和長繩宣博等。受同時期歐美學界在選題和研究方法上的影響，宇山智彥和長繩宣博均選擇 19 世紀中後期興起的近代草原知識份子為研究重點，探究俄羅斯帝國的多元複合統治結構和技藝、制度與思想的互動、跨地區網路和文化交流等議題。[64]兩位學者所在的北海道大學斯拉夫研究中心培養了一批關注中亞現當代問題的青年研究人員。具體而言，與本書相關的議題上，日本學者在軍政管理制度、文教政策、草原地區本土知識傳統與知識份子網路等方面均有建樹。[65]

[64] Uyama, Tomohiko, "The Geography of Civilizations: a Spatial Analysis of the Kazakh Intelligentsia's Activities," in Matsuzato, Kimitaka ed., *Regions: A Prism to View the Slavic-Eurasian World*. Sapporo, 2000, pp. 70-99; Naganawa, Norihiro, "Transimperial Muslims, the Modernizing State, and Local Politics in the Late Imperial Volga-Ural Region." *Kritika: Explorations in Russian and Eurasian History* 18, no. 2, 2017, pp. 417–436.

[65] Uyama, Tomohiko, "A Particularist Empire: The Russian Policies of Christianization and Military Conscription in Central Asia." In Uyama, Tomohiko ed., *Empire, Islam, and Politics in Central Eurasia*. Sapporo: Slavic Research Center Hokkaido University, 2007, pp. 23-63; 本文中譯版參見宇山智彥：「個別主義帝國」，莊宇、施越主編：《俄羅斯國家建構的道路選擇》，北京：商務印書館，2021 年; Naganawa, Norihiro, "The Hajj Making Geopolitics, Empire, and Local Politics: A View from the Volga-Ural Region at the Turn of the Nineteenth and Twentieth Centuries," in Alexandre Papas, Thomas Welsford, and Thiery Zarcone, eds., *Central Asian Pilgrims: Hajj Routes and Pious Visits between Central Asia and the Hijaz*. Berlin: Klaus Schwarz Verlag, 2012, pp. 168–198; Nishiyama, Katsunori. "Russian Colonization in Central Asia: A Case of Semirechye, 1867-1922," in Hisao Komatsu, et al. eds., *Migration in Central Asia: its History and Current Problems*. Osaka: The Japan Center for Area Studies, National Museum of Ethnology, 2000; Noda, Jin. *The Kazakh Khanates between the Russian and Qing Empires: Central Eurasian International Relations during the Eighteenth and Nineteenth Centuries*. Leiden: Brill, 2016; Akira, Ueda. "How did the Nomads Act during the 1916 Revolt in Russian Turkistan?" *Journal of Asian Network for GIS-based Historical Studies*, vol. 1, (Nov. 2013): 33-44.

第一章　阿布勒海爾汗臣屬與 18 世紀俄國對草原西路的政策

18-20 世紀初俄國與中亞草原的關係與這一地區的生態環境及游牧社會的組織形態有著密切的聯繫。前人學者往往以 1730 年哈薩克小玉茲阿布勒海爾汗遣使俄國作為臣屬關係建立的關鍵事件。本章將表明，這一事件的主要意義在於為俄國介入草原西路事務提供歷史性機遇。利用與小玉茲的交涉，沙俄當局於 1734 年派遣「奧倫堡遠征軍」，在烏拉爾河中游建立據點，依託哥薩克軍團建立要塞線，形成沙俄與草原西路的邊界。與此相似，俄當局利用額爾齊斯河、托博爾河、伊希姆河等重要水系修建西伯利亞要塞線。草原東西兩路北部的要塞線構成這一時期俄國與草原地區的邊界。而在近一個世紀後，要塞線也成為俄國深入草原腹地、進而征服中亞南部定居政權的跳板。本章首先將介紹中亞草原的生態環境、哈薩克各部的社會結構及 18 世紀初草原地區的政治格局，其次論述 1730 年阿布勒海爾汗遣使俄國事件及其歷史意義。在此基礎上，本章將重點分析 1734 年「奧倫堡遠征」和要塞線體系的建立，並評述 18 世紀晚期俄國在草原西路建立統治體制的失敗嘗試。

一、19 世紀末之前中亞草原：游牧生產方式與社會文化

中亞草原從阿爾泰山和額爾齊斯河流域向西一直延伸至黑海西岸。大致以烏拉爾河為界，以東地區在近代俄文文獻中被稱為「哈薩克草原」（Киргизская степь/Kirgizskaia step'），其地域範圍與中世紀波斯文文獻所稱「欽察草原」（Dasht-i Qipchaq）部分重合。該地區西起裏海和烏拉爾河下

游。北部大致以烏拉爾河中上游、烏伊河（Ui）、托博爾河（Tobol）、額爾齊斯河為界，東至阿爾泰山和天山，南至錫爾河（Syr-Darya）中下游。中亞草原冬季寒冷而漫長，夏季乾旱炎熱，呈現較強的大陸性氣候。草原多數地區全年降水量低於 400 毫米，主要的河流由烏拉爾山、阿爾泰山、天山等山脈攔截來自大西洋和北冰洋水氣形成。1991 年之後，這一地區今主要位於哈薩克斯坦共和國境內，部分位於俄羅斯聯邦、吉爾吉斯斯坦和烏茲別克斯坦境內。

　　根據自然地理特徵，幅員遼闊的中亞草原可分為東西兩路。草原東路北起托博爾河和額爾齊斯河，南至天山西部和錫爾河中游。東路的阿爾泰山和天山山脈接收大西洋水氣，形成該地區較為豐沛的水源，且有較多適於避風放牧的冬牧場。草原西路北起烏拉爾河、恩巴河（Emba）、圖爾蓋河（Turgai）和伊爾吉茲河（Irgiz），南至錫爾河下游和鹹海。草原西路氣候的大陸性特徵較東路更強，水土條件較為惡劣。西路北部尚有山谷河流分佈，而南部主要為荒漠地貌，人口稀少。東西兩路地理特徵的差異不僅塑造了 18-19 世紀俄國與兩地人群交涉的方式，也深刻影響俄國了向草原腹地擴張的進程。

　　希羅多德和斯特拉博等古希臘作家記載了古波斯與阿姆河（Amu Darya）以北游牧民政權征戰的歷史片段。[1]自古波斯時代以降，游牧是中亞草原地區的主要生產方式，部分河谷和南部錫爾河中游存在農耕聚落和城市。游牧是畜牧業的一種形態。其本質是人類借助食草動物的移動力，季節性地利用稀缺的水草資源，維持人類在草原地區的生存。[2]游牧生產方式的核心是實現牧團規模、牲畜數量和水草資源之間的動態平衡。生活在不同區域

---

[1]　[希]希羅多德著，王以鑄譯：《歷史：希臘波斯戰爭史（上冊）》，北京：商務印書館，1997 年，第 101-108 頁；[希]斯特拉博著，李鐵匠譯：《地理學（下）》，上海：上海三聯書店，2014 年，第 760-764 頁。

[2]　王明珂：《游牧者的抉擇》，桂林：廣西師範大學出版社，2008 年，第 3 頁。

的牧團根據本地環境選擇各自的游牧路線。對於中亞草原的哈薩克部落而言，牧團至少會區分適於躲避冬季風雪災害的冬牧場（қыстау/qystau）和水源相對豐沛的夏牧場（жайлау/jailau）。此外，在條件允許之下，牧團會開闢春、秋牧場（көктеу/kökteu 和 күзеу/küzeu），但駐牧時間相對較短。此外，根據所處的區域的環境條件，游牧民開展包括小規模的灌溉農作、狩獵和貿易在內的「輔助性生業」。[3]

　　中亞草原上牧團的遷徙方式主要分為兩種。第一種是平原地區的南北方向遷徙，即冬季在南部氣溫較高的草場避風過冬，夏季向北遷至水草條件較好的草場。冬夏牧場之間往往相距數百甚至上千公里。例如，19 世紀末，俄國官員觀察到，草原東路奈曼部落巴加納勒氏族的部分牧團冬季在楚河流域活動，夏季則轉場至額爾齊斯河流域。至 20 世紀初，草原西路仍有哈薩克牧團冬季在錫爾河下游駐牧，夏季遷徙至北部的圖爾蓋河流域。[4]但並非所有牧團均以如此長的距離游牧。一般草原北部的氏族的季節性遷徙距離在 20-50俄里（約 21-53 公里），草原東南部的氏族約 200 俄里（約 213 公里），而東部地區一些氏族則在平原與山谷之間轉場。[5]

　　季節性轉場的目的是避免過度消耗單一草場的水草資源。因此，19 世紀的民族志學者瓦裏漢諾夫指出：「看上去哈薩克人使用很多土地，但其實他們只佔用（各片土地的）一部分時間。」[6]此種土地利用形式所衍生的財產觀念與農耕社會的觀念大相徑庭：游牧民關注的是某一地塊在特定時段的牧草品質和水資源的可及性，而非對某一地塊的排他性永久佔有權。因此，在和

---

[3]　關於「輔助性生業」在游牧生產方式中的重要地位，參見王明珂：《游牧者的抉擇》，桂林：廣西師範大學出版社，2008 年，第 33-39 頁。

[4]　Добросмыслов А.И. Тургайская область // Известия оренбургского отдела Императорского Русского географического общества, вып. 17, Тверь, 1902. С. 424.

[5]　Потанин Г.Н. О рукописи капитана Андреева о Средней киргизской орде, писанной в 1785 году // ИзИРГО. Т. 9, вып. 2, 1875. С. 108.

[6]　Валиханов Ч.Ч. О кочевках Киргиз // Собрание сочинений. Т. 4. Алма-Ата, 1985. С. 107.

平時期，氏族和家系的首領會根據牧團規模、畜群數量以及氏族間關係等因素分配各牧團的游牧路線。而當惡劣氣候（尤其是風雪災）、戰爭或疫病襲來時，各氏族和牧團之間容易圍繞牧場的分配爆發激烈的競爭。

除水源和草場，牲畜是另一項至關重要的生產資料。以牧團為單位，牲畜通過牧戶間的互助和交換等形式為集體所有，並打上共同的氏族徽記（тамға/tamǧa）。哈薩克人以牲畜為主要的財富衡量標準。結為姻親時需要的聘禮和處罰重罪時的「命價」（құн/qūn）均以牲畜來計量。[7]例如，根據 19 世紀俄國學者廖夫申（A. I. Lëvshin，生卒 1798-1879 年）記載，當時草原地區習慣法中，在涉事雙方同意的情況下，殺害男性須賠償 1000 頭羊，殺害女性須賠償 500 頭羊；致人傷殘則根據部位確定賠償的羊隻數量，致大拇指傷殘須賠償 100 頭羊，小拇指須賠償 20 頭羊。[8]

哈薩克傳統游牧社會內部以血緣和擬制血親關係為基礎，分為若干層次的社會集團。首先，自 16 世紀以降，哈薩克游牧民分為大、中、小三個「玉茲」（жұз/jūz，各玉茲的地域分佈範圍於下一節討論）。[9]這一劃分方式可能源自 17 世紀末頭克汗（Tauke Khan）統一哈薩克各部落後採取的地域和軍事區劃。[10]延續 13 世紀蒙古西征之後在歐亞大陸各地建立的黃金家族法統，各

---

7   蘇北海：《哈薩克族文化史》，烏魯木齊：新疆大學出版社，1989 年，第 497 頁；Martin, Virginia. *Law and Custom in the Steppe: the Kazakhs of the Middle Horde and Russian Colonialism in the Nineteenth Century*. Curzon, 2000, p. 23; Лёвшин А.И. Описание Киргиз-Казачьих или Киргиз-Кайсацких орды степей. Т. 3, СПб., 1832. С. 170-172.

8   Лёвшин А.И. Описание Киргиз-Казачьих или Киргиз-Кайсацких орды степей. Т. 3, СПб., 1832. С. 171.

9   「玉茲」一詞在哈薩克語中意為數字「一百」，亦有學者解讀為「方面」，參見 Нусупбеков А.Н. История Казахской ССР с древнейших времен до наших дней в 5 томах. Т. 2, Алма-Ата, 1979. С. 248-249.

10 Нусупбеков А.Н. История Казахской ССР с древнейших времен до наших дней. Т. 2. Алма-Ата, 1979. С. 248-249. 佐口透提出，「大玉茲」的「大」指代的是其起源古老而非力量強大或人口眾多，含有先輩之意。參見[日]佐口透著，章瑩譯：《新疆民族史研究》，烏魯木齊：新疆人民出版社，1993 年，第 294 頁。

玉茲推舉「汗」（Khan）作為其政治和軍事領袖，汗的男性後裔被稱為「蘇丹」（Sultan）。在 19 世紀 20 年代俄當局廢除中玉茲和小玉茲汗位之前，三玉茲各自推舉汗，且一個玉茲中可能存在多為汗。汗僅能從被認為是成吉思汗男性後裔的人群，即「托熱」（тøре/töre）中推選。有別於定居社會的統治者，汗在名義上對推舉他的部落掌握統治權，但因缺乏制度性的強制力保障，實際上未必能干涉氏族乃至牧團的生產活動。其權力大小往往與外部環境的壓力以及個人的社會聲望和政治技藝有關。

其次，在玉茲之下，哈薩克人分為若干依照血親和擬制血親關係劃分的社會集團層級。蘇北海先生將哈薩克社會劃分為玉茲、烏魯斯、烏魯、塔衣甫、愛衣馬克和阿吾勒六級，而將哈薩克汗國的社會組織分為七層：汗國、玉茲、兀魯思、阿洛斯、露烏、阿塔阿衣馬克和阿烏爾。[11]廖夫申將玉茲以下的層級分為支系（поколение/pokolenie）、氏族（род/rod）、氏族分支（отделение/otdelenie）、氏族分組（отрасль/otrasl'）、分組的部分（часть отраслей/chast' otraslei）五級，但他明確指出，不同受訪者對於分類的層級和數目並不具備整齊劃一的認知，如「同一個氏族內，有人說分為 5-6 個部分（часть/chast'），有人說 12 個部分。」[12]由此可見，結構功能主義視角下的親屬關係層級概念未必能嚴格對應歷史人群的社會組織方式和觀念。在哈薩克人的社會層級概念中，高層的玉茲和底層的阿吾勒範疇相對穩定。阿吾勒一般包括 3 至 15 帳牧民。在兩者之間，哈薩克人使用露烏（ру/ru）、愛衣馬克（аймак/aimaq）等內涵相對模糊的辭彙指稱人類學領域的部落、氏族甚至氏族分支等概念，其實際的邊界和人群規模取決於語境，且各層級之間不一定存在從屬關係。[13]因此，俄文和英文學界基本形成以部落（племя/tribe）、

---

[11] 蘇北海：《哈薩克族文化史》，烏魯木齊：新疆大學出版社，1989 年，第 36 頁、第 332-333 頁。

[12] Лёвшин А.И. Описание Киргиз-Казачьих или Киргиз-Кайсацких орды степей. Т. 3, СПб., 1832. С. 5.

[13] Martin, Virginia. *Law and Custom in the Steppe: the Kazakhs of the Middle Horde and Russian Colonialism in the Nineteenth Century*. Curzon, 2000, pp. 173-174.

氏族（род/clan）、家系（отделение/lineage）和次家系（подотде ление/sub-lineage）來劃分哈薩克人社會層級的共識。[14]

　　相比規模更小的家系，氏族的構成存在更多擬制血親成分，因此對應的制度建構和文化符號體系更為發達。對於個體而言，氏族歸屬涉及安全保障、婚姻關係建立、財產繼承、債務償付、過錯罪責擔保、社會救濟提供以及集體儀式參與等。同一氏族的游牧民被認為可以上溯到共同的七代父系祖先（Жеті ата/Jetı ata），並被要求背誦世系（шежіре/şejıre），使用共同的氏族徽記（тамға/tamğa），呼喊共同的氏族戰鬥口號（ұран/ūran），以及參加氏族內部的各類互助，以此來強化擬制血親觀念。[15]游牧政治體往往依託氏族間的聯合而建立。較為穩定的部落內部往往存在描述各氏族權力關係的民間傳說，以塑造契合游牧生產方式的共同體觀念。同一部落的氏族之間往往會存在「英雄祖先與弟兄民族」的神話信仰。[16]例如，中玉茲阿爾根部落下的六個主要氏族認為「阿爾根」是自己共同的祖先，而各自氏族的名稱源自阿爾根正妻（бәйбіше/bäibışe）所生諸子的名字。各氏族權位的排序則以阿爾根正妻生子的順序來解釋。[17]

　　在血親關係層級之外，哈薩克傳統社會分為白骨（ақ сүйек/aq süiek）和黑骨（қара сүйек/ qara süiek）兩階層。白骨指代有資格成為汗和蘇丹的成吉思汗後裔（即「托熱」），以及自稱伊斯蘭教先知後裔的「和卓」（қожа/qoja）。白骨階層在哈薩克社會中享有諸多特權，侵犯其名譽或身體將遭到比一般命價更為嚴厲的懲罰。[18]黑骨則指稱並無特殊身份的平民。在

---

[14] Krader, Lawrence. *Social Organization of the Mongol-Turkic Pastoral Nomads*. The Hague: Mouton& Co. 1963, pp. 179-286.

[15] Bacon, Elizabeth. *Obok: a Study of Social Structure in Eurasia*. N.Y.: Wenner-Gren Foundation for Anthropological Research, 1958, pp. 71-75.

[16] 王明珂：《英雄祖先與弟兄民族：根基歷史的文本與情境》，北京：中華書局，2009 年。

[17] Востров В.В., Муканов М.С. Родоплеменной состав и расслеиеие казахов. Алма-Ата, 1968. C. 71-72.

[18] Лёвшин А.И. Описание Киргиз-Казачьих или Киргиз-Кайсацких орды степей. Т. 3, СПб., 1832. C.

白骨與黑骨之外，尚有因戰爭或饑荒而淪為奴隸的人群。汗和蘇丹的扈從則被稱為「托連古特」（төленгіт/töleŋgit）[19]。

　　在現代人口普查技術大規模應用之前，準確計算人口數量極為困難。19 世紀之前哈薩克各部的歷史人口數字主要來自俄國方面的估算。廖夫申根據布隆涅夫斯基（S. B. Bronevskii）、安德烈耶夫（I. G. Andreev）等人的記載，估算 19 世紀初大玉茲約 10 萬帳，中玉茲 21 萬帳，小玉茲 19 萬帳，總計約 50 萬帳。[20] 別克馬漢諾娃估算 1840 年前後草原西路和內帳共計 15 萬帳約 65.5 萬人，草原東路共計約 63 萬人。但這一數據並不包括草原南部的游牧人群。[21]

二、18 世紀初中亞草原的政治格局

　　18 世紀初的中亞草原存在多個政治集團。1715 年頭克汗（Tauke Khan）去世後，哈薩克各玉茲中存在著多位汗王，三玉茲互不統屬：大玉茲主要活動於巴爾喀什湖流域、楚河流域和錫爾河中游地區。中玉茲部分游牧於額爾齊斯河到烏伊河流域，部分與大玉茲雜居於錫爾河中游。小玉茲分佈於草原西路的烏拉爾河、伊爾吉茲河、恩巴河和錫爾河流域下游。

　　此外，18 世紀初的中亞草原地區尚有其他一系列重要的游牧部落集團。其中政治影響力最大的是準噶爾部。17 世紀初勃興的準噶爾部控制了草原東路的額爾齊斯河流域，並時常征伐巴爾喀什湖流域和錫爾河流域的游牧民群

171-172.

[19] 國內學界前人學者也有翻譯為「鐵鏈格提」，參見編寫組：《哈薩克族簡史》，北京：民族出版社，2008 年，第 176 頁。

[20] Лёвшин А.И. Описание Киргиз-Казачьих или Киргиз-Кайсацких орды степей. Т. 3, СПб., 1832. С. 2.

[21] Бекмаханова Н.Е. Многонациональное население Казахстана и Киргизии в эпоху капитализма. 60-е годы XIX в.-1917 г. М., 1986. С. 256-270.

體。在西西伯利亞南部，準噶爾部遭遇俄國勢力。雙方爭奪對額爾齊斯河左岸巴拉賓草原游牧民的徵稅權和額爾齊斯河附近鹽湖的採鹽權。[22]17 世紀末至 18 世紀初，準噶爾部的兵鋒一度抵達錫爾河中下游，之後至 18 世紀中葉長期維持對中亞草原的政治影響。[23]

在準噶爾部的擠壓下，衛拉特土爾扈特部聯合和碩特和杜爾伯特的一部分於 17 世紀 30 年代遷徙到伏爾加河下游，以「卡爾梅克人」之名出現在俄文和中亞語言文字史料中。[24]卡爾梅克人所佔據裏海北岸伏爾加河和烏拉爾河之間的草場此前為金帳汗國後繼政權之一的諾蓋部控制。諾蓋在 16 世紀中期分裂為大、小兩部。而卡爾梅克人則於 17 世紀 30 年代從諾蓋部手中奪取裏海北岸牧場，此後成為哈薩克小玉茲的西鄰。卡爾梅克人自 17 世紀中期起與俄國保持較為密切的往來，包括 17 世紀 70 年代發兵支持俄國對奧斯曼和克里米亞汗國聯軍作戰、18 世紀初輔助俄軍參加大北方戰爭和庫班河遠征等。在阿玉奇汗（生卒 1669-1724 年）統治時期，卡爾梅克人一度征服從北高加索到裏海東部的廣袤地域。[25]

在中亞草原以南，18 世紀初錫爾河和阿姆河流域的綠洲農耕地區主要為布哈拉汗國所控制。阿姆河下游綠洲則存在著相對獨立的希瓦汗國政權。以希瓦汗國以南以西的荒漠地帶分佈著卡拉卡爾帕克和土庫曼部落。18 世紀末，以烏茲別克明格部為主體的浩罕依託費爾幹納盆地的地緣條件崛起，一度與布哈拉爭奪中亞南部綠洲地區的控制權。[26]

---

[22] 王治來：《中亞通史（近代卷）》，烏魯木齊：新疆人民出版社，2007 年，第 97-98 頁。

[23] 馬大正、成崇德編：《衛拉特蒙古史綱》，烏魯木齊：新疆人民出版社，2006 年，第 93-94 頁。

[24] 17 世紀以降俄文文獻中的「卡爾梅克」主要指稱 17 世紀 30 年代西遷至伏爾加河下游的分支。為稱呼便利，本作以「卡爾梅克」稱呼與沙俄往來更為密切的伏爾加河下游衛拉特各部。參見馬大正、成崇德編：《衛拉特蒙古史綱》，烏魯木齊：新疆人民出版社，2006 年，第 215-216 頁。

[25] Бакунин Б.М. Описание калмыцких народов, а особливо из них торгоутского, и поступков их ханов и владельцев. Элиста, 1995. С. 25-27.

[26] 關於浩罕汗國興起對於中亞地區政治局勢的衝擊，參見 Levi, Scott. *The Rise and Fall of Khoqand:*

　　沙皇俄國源自於偏居伏爾加河西側支流的莫斯科公國。13 世紀初蒙古西征以降，該地區長期處於金帳汗國統治之下。14 世紀初，莫斯科大公尤裏·丹尼洛維奇（1303-1325 年在位）與金帳汗聯姻，借汗國包稅人的身份籠絡或征伐周邊政權，由此逐漸發展為伏爾加河西側的主要政治力量。15 世紀中期金帳汗國分裂為喀山、阿斯特拉罕和克里米亞汗國等地方政權，莫斯科公國由此崛起為區域強權。16 世紀中期，伊凡四世攻克喀山（1552 年）和阿斯特拉罕（1556 年）之後，以葉爾馬克（Yermak Timofeevich）為首的哥薩克借助伏爾加河、烏拉爾河以及西伯利亞諸水系迅速控制各重要交通節點，建立托博爾斯克（1590 年，即原西伯利亞汗國的汗帳）、秋明（1586 年）、蘇爾古特（1594 年）、塔拉（1594 年）等軍鎮，以開發皮毛和礦產等重要資源維繫其西伯利亞軍政力量。同一時期，莫斯科公國於 1574 年建立烏法（Ufa）要塞，沿伏爾加河東側水系深入烏拉爾山的巴什基爾人地區。

　　18 世紀初以前，俄國影響西伯利亞和中亞草原的重要憑藉正是分佈於烏拉爾河和鄂畢河流域的哥薩克群體。「哥薩克創造了俄羅斯。」[27]托爾斯泰此言可能會引發爭議，但對於 18-19 世紀俄羅斯與中亞草原的關係而言，哥薩克軍團（казачье войско/kazach'e voisko）的重要性毋庸置疑。因早期歷史缺乏文獻記載，哥薩克的起源眾說紛紜。對於本章而言，較為重要的是探討 18 世紀初草原鄰近地區烏拉爾、奧倫堡和西伯利亞哥薩克軍團的形成。18 世紀初，彼得一世（1682-1725 年在位）效仿西歐改革統治體制，以向西北爭奪波羅的海沿岸地區為戰略方向，同時也熱衷於拓展通向東方的商路和在亞洲的勢力範圍。而各哥薩克團體則是俄國向亞洲擴張首先要籠絡的力量。

　　烏拉爾哥薩克[28]分佈於烏拉爾河中下游，以漁獵、採鹽和農耕為生。早

Central Asia in the Global Age, 1709-1876. Pittsburgh, Pa., University of Pittsburgh Press, 2017.

[27] Толстой Л.Н. Полное собрание сочинений в 90 томах (1928-1958). Т. 48. М., 1952. С.123。

[28] 在中古至近代歐亞大陸腹地的游牧民普遍稱烏拉爾河為「雅伊克河」（Yaik）。1775 年以前，生活在這一流於的哥薩克也被命名為「雅伊克哥薩克」。1773 年，烏拉爾河流域爆發普加喬夫起

在 17 世紀中期，部分哥薩克沿烏拉爾河南下，在其中游修築雅伊茨克要塞
（始建於 1613 年，1773-1775 年普加喬夫起義被鎮壓後更名為烏拉爾斯
克），在下游修築古裏耶夫要塞（始建於 1647 年，今哈薩克斯坦阿特勞）。
16 世紀末至 17 世紀初，烏拉爾哥薩克接受莫斯科公國庇護。沙皇將烏拉爾
河口至中游的土地均封予烏拉爾哥薩克，並允許其接納逃亡農奴。其族裔構
成較為多元，既包括逃亡的俄羅斯農奴，也有少數韃靼人、卡爾梅克人、巴
什基爾人、米舍爾亞克人、捷普佳爾人和哈薩克人等。1718 年，俄當局介入
烏拉爾哥薩克的阿塔曼（Ataman）任命，並要求其歸還一些逃亡農奴。大北
方戰爭（1700-1721 年）後，沙俄當局將一批瑞典戰俘送到烏拉爾哥薩克領地
充實人口。奧倫堡哥薩克的前身為烏法、薩馬拉一帶形成的哥薩克聚落。
1734 年奧倫堡遠征之後，這些人群由俄當局歸併為奧倫堡哥薩克。1748 年，
奧倫堡要塞線各據點的哥薩克被統編為奧倫堡哥薩克軍團，在編哥薩克約
5,000 人。[29]同一時期，為控制阿爾泰山的至巴拉賓草原的礦產和土地，俄軍
沿額爾齊斯河修築要塞，而西伯利亞哥薩克成為主要的守備力量。西伯利亞
哥薩克據稱是葉爾馬克所率哥薩克的後繼者，通過吸納歐俄地區的逃亡農
奴、流放者和農民形成。

　　18 世紀初，彼得一世在草原東西兩路分遣兩支軍隊南下，探索通往亞洲
腹地的道路。在草原東路，布赫戈勒茨（I. D. Bukhgol'ts，生卒 1671-1741
年）於 1715 年率領約 3,000 人的軍隊溯額爾齊斯河而上。在遭到準噶爾部阻
擊和圍困後，布赫戈勒茨所部從亞梅什湖附近的要塞撤退，並在撤回西伯利
亞總督府衙托博爾斯克的途中，在鄂木河與額爾齊斯河交匯處修築鄂木斯克

義。作為對普加喬夫起義的事後處置措施，俄當局取消了雅伊克哥薩克和頓河哥薩克的自治地
位，並將所有涉及「雅伊克」一詞的地名和機構名稱替換為「烏拉爾」。因「烏拉爾」一名對於
當代讀者而言更為熟悉，為避免專有名詞混淆，本書以「烏拉爾」替代「雅伊克」。

[29] 馬薩諾夫等著，楊恕、焦一強譯：《哈薩克斯坦民族與文化史》，北京：民族出版社，2018 年，
第 130 頁。

（Omsk）要塞。鄂木斯克後來成為沙俄控制額爾齊斯河流域和草原東路的關鍵據點。而在草原西路，貝科維奇－切爾卡斯基（Aleksandr Bekovich-Cherkasskii）同樣於 1715 年率軍從裏海東岸向希瓦汗國進發。這支軍隊主要由烏拉爾哥薩克組成。此次遠征未能如布赫戈勒茨一般在草原西路建立據點，且全軍為希瓦汗國所消滅。[30]即便如此，在 18 世紀 30 年代奧倫堡遠征之後，俄軍以西路的奧倫堡和東路的鄂木斯克為中心，逐漸沿著烏拉爾河和額爾齊斯河構築要塞線，奠定後續深入草原東西兩路的軍事力量。

最後，在烏拉爾河中上游，定居於此的巴什基爾人自 16 世紀中期開始在名義上臣屬於莫斯科大公國。但在 17-18 世紀，俄當局強徵土地賦稅和強行傳教導致巴什基爾人多次起義。1662-1664 年、1681-1684 年和 1704-1711 年的三次起義延緩了俄國向草原地區擴張的進程。18 世紀 30 年代俄國介入草原西路政治的部分原因也是為加強對巴什基爾人活動地域的控制。

概言之，在 18 世紀初，影響中亞草原政治態勢的主要力量是東部的準噶爾部和北部的俄羅斯。準噶爾部儘管有具備遠征錫爾河中下游的軍事實力，但其主要戰略意圖在於與清廷爭奪在漠北、青海和西藏的影響力。與此相似，儘管這一時期沙皇已經有向草原腹地派遣軍隊的嘗試，但俄羅斯以其西北為主要的戰略方向，意在控制波羅的海沿岸地區以融入北歐的經貿體系。值得注意的是，在 18 世紀初，烏拉爾山南部的巴什基爾人和裏海北岸的卡爾梅克人在名義上均臣屬於沙皇。在 18 世紀 20 年代準噶爾部與哈薩克各部數次交戰之後，小玉茲首領阿布勒海爾汗遣使俄國。這一事件拉開了 18 世紀 30 年代俄國介入草原西路事務的歷史帷幕。

---

[30] 此次遠征的具體細節為諸多通史作品記載，此處不再贅述，可參見王治來：《中亞通史（近代卷）》，烏魯木齊：新疆人民出版社，2007 年，第 112-118 頁。

三、1730 年阿布勒海爾汗遣使俄國考敘

　　阿布勒海爾（Abul'khair Muhammed Gazi Bahadur Khan，生卒?-1748 年）
出自一個地位相對較低的蘇丹家族。此前家族內並無男性成員出任汗王。阿
布勒海爾大約在 17 世紀 80 年代出生於草原西路錫爾河下游。據 19 世紀俄羅
斯學者克拉夫特（I. I. Kraft）考證，阿布勒海爾幼年失去父母和叔叔，被迫
自幼獨立謀生。據民間傳說，他在年輕時偶遇黑骨出身的富人巴特爾賈尼別
克，後者將其收留為牧人，並成為阿布勒海爾未來的岳父。[31]青年時代
的阿布勒海爾曾在卡爾梅克的阿玉奇汗手下任職，熟悉當時卡爾梅克
人相對高效的軍事技術和組織。1708-1709 年間，哈薩克各部與準噶爾
部爆多次戰爭。阿布勒海爾此時已脫離卡爾梅克，在上述戰爭中嶄露
頭角。1709 年，阿布勒海爾甚至應巴什基爾人首領阿勒達爾（Aldar
Isyangeldin，生卒？-1740 年）的邀請，參與巴什基爾人反抗沙皇當局
在烏拉爾山南部的統治。[32]

　　阿布勒海爾在 18 世紀 20 年代被推舉為哈薩克小玉茲汗，以錫爾河中游
為主要牧地，並自稱為哈薩克各玉茲的大汗。但以頭克汗子嗣以及中玉
茲、大玉茲的汗為代表的哈薩克各部首領並不承認其權威。他參與 1714 至
1720 年間多次哈薩克各部對準噶爾、卡爾梅克、巴什基爾、烏拉爾哥
薩克和俄羅斯村鎮的襲擊行動，成為哈薩克各部主要的軍事首領之
一。

　　1722 年 12 月，清朝康熙帝病逝。雍正繼位後與準噶爾首領策妄阿拉布
坦和談，雙方暫時停戰。東部的軍事壓力減小後，準噶爾首領將目光投向西

---

[31] Невольник. Предание о киргиз-кайсацком хане Абулхаире // Тургайские областные ведомости. 1899. No 52. С. 7-8.

[32] Ерофеева И.В. Хан Абулхаир: полководец, правитель, политик. Алматы, 2007. С. 144.

部的中亞草原。1723 年 2-3 月，準噶爾部抄掠楚河和錫爾河流域。根據當時沙俄駐布哈拉使節弗洛裏奧・貝內韋尼（Флорио Беневени/Florio Beneveni）的記載，準噶爾部劫掠此前為哈薩克人所佔據的錫爾河中游城市，兵鋒直抵苦盞。哈薩克大玉茲向西、向南逃散，遷入人口相對稠密的南部綠洲地區，引發當地尖銳的人地矛盾。此後十多年，撒馬爾罕和希瓦等城市人口銳減，經濟形態一度從商品經濟倒退到以貨易貨的原始經濟。[33] 此次突襲在哈薩克民間傳統中留下深刻印記，形成以「大災年」為主題的歌謠和傳說。[34]

　　活動於錫爾河下游的小玉茲則退散至希瓦汗國和烏拉爾河流域。阿布勒海爾的長妻、繼母和弟弟的妻子均在準噶爾部突襲期間被俘虜。遷徙至烏拉爾河流域的小玉茲各部落時常與鄰近的巴什基爾、卡爾梅克、烏拉爾哥薩克等人群爭奪牧場。1723 年、1724 年和 1726 年，哈薩克各部多次襲擊卡爾梅克牧地，雙方互有勝負。1727 年，準噶爾部策妄阿拉布坦暴斃。利用準噶爾內部權力過渡的機遇，哈薩克各部組織多次對準戰役。其中規模較大的包括 1727 年的布蘭德河（Bulanty-Belyauty）戰役和 1730 年的昂阿剌海（Anyrakai）戰役。阿布勒海爾汗領導了上述戰役，獲得了相對顯赫的聲望。[35]

　　即便如此，阿布勒海爾汗仍不具備統治三玉茲的權威，也沒有完全得到小玉茲各部落的認可。小玉茲和部分中玉茲部落推舉卡伊普（Каип/Kaip）為汗。另一部分中玉茲部落推舉圖爾遜（Tursyn）為汗。圖爾遜汗在 1717 年去

---

[33]　Койгелдиев М.К. ред. История Казахстана в русских источниках. Т. 2. Алматы, 2005. С. 341-344; Аполлона Н.Г. Присоединение Казахстана к России в 30-х годах XVII века. С. 174-178.

[34]　Абдыкалыков М. и Панкратова А.М. ред. История Казахской ССР с древнейших времен до наших дней. Алма-Ата, 1943. С. 223-226; 關於「大災年」的歷史編纂學研究，參見 Hancock-Parmer, Michael. "The Soviet Study of the Barefooted Flight of the Kazakhs." *Central Asian Survey*, no. 3 (2015): 281-295.

[35]　Ерофеева И.В. Хан Абулхаир: полководец, правитель, политик. Алматы, 2007. С. 188-207. 關於哈薩克斯坦學界對昂阿剌海戰役細節的考證，參見 Ерофеева И.В. и др. Аныракайский треугольник: историко-географический ареал и хроника великого сражения. Алматы, 2008.

世後，頭克汗的子嗣博拉特（Bolat）和塞梅克（Semeke，俄文文獻記載為 Шемяка/Shemiaka）相繼被推舉為汗王。而大玉茲在這一時期則有伊曼、魯斯捷姆、阿蔔杜拉和卓勒巴爾斯等汗王。[36]

在這一背景下，阿布勒海爾汗早在 1726 年便嘗試聯絡俄國，希冀借助其支持應對內外挑戰，但並無成果。[37]1730 年春，在轉場至烏拉爾河流域期間，小玉茲與巴什基爾和烏拉爾哥薩克發生多次衝突。鑒於他們均為沙俄屬民，在 1730 年 5 月中玉茲與小玉茲的氏族大會上，雙方的汗王和首領共同決定遣使沙俄，尋求達成和平的方案。[38]但需要注意的是，此次會議將遣使的目標定位為尋求由沙俄調和哈薩克與其近鄰的關係，而非成為沙俄的臣民。但阿布勒海爾汗有自己的考慮：他希望效仿卡爾梅克的阿玉奇汗，在沙俄的支持下成為小玉茲乃至哈薩克各部的實權君主，推動游牧社會的中央集權，並建立由其家族男性子嗣世襲汗位的制度。

1730 年 6 月，巴什基爾人首領阿勒達爾赴伊爾吉茲河會見阿布勒海爾，意在勸說其臣屬於沙俄女皇。阿勒達爾是 1707-1709 年巴什基爾起義的領袖。俄軍與其達成妥協後，他率領其部眾臣屬沙皇，但保持較高程度的自主權。與阿布勒海爾一樣，阿勒達爾以及支持他的巴什基爾首領都希望各方能達成相對穩定的牧地分配方案，以免長期陷入無休止的衝突之中。同時，借助拉攏小玉茲汗王，阿勒達爾也能提升其在沙皇眼中的地位。1734 年，阿布勒海爾臣屬的相關交涉基本完成後，俄當局授予阿勒達爾子嗣世襲巴什基爾塔爾汗（Tarkhan）的權力，並贈予大量財貨。[39]

---

[36] Ерофеева И.В. Хан Абулхаир: полководец, правитель, политик. Алматы, 2007. С. 136-137.

[37] Абдыкалыков М. и Панкратова А.М. ред. История Казахской ССР с древнейших времен до наших дней. Алма-Ата, 1943. С. 226; Акишев А.К. ред. История Казахстана с древнейших времен до наших дней (очерк). Алматы, 1993. С. 179.

[38] Ерофеева И.В. Хан Абулхаир: полководец, правитель, политик. Алматы, 2007. С. 216.

[39] Ерофеева И.В. Хан Абулхаир: полководец, правитель, политик. Алматы, 2007. С. 257-259.

　　按照上述會議精神，阿布勒海爾於 1730 年 8 月派出由科伊達古魯勒
（Seitkul Koydagul-uly）和科什泰吾勒（Kotlumbet Koshtai-uly）率領的使
團。他們在阿勒達爾陪同下首先赴烏法會見烏法總督布圖爾林（Buturlin）。
在後者的安排下，這個使團攜阿布勒海爾汗的文書赴彼得堡會見女皇安娜
（1730-1740 年在位）。[40]

　　早在 16 世紀末，莫斯科公國與哈薩克人已經有外交往來[41]，因此俄方對
這一人群並不感到陌生。阿布勒海爾所派使團攜帶的信件以阿拉伯文書寫的
韃靼語記載，因當時草原西路的識字階層主要使用此種書面語言。經俄外交
衙門翻譯為俄文後，信件於 1730 年 9 月 8 日呈遞女皇。在信件的俄譯本中，
阿布勒海爾汗聲稱他代表哈薩克中玉茲和小玉茲。在信件開頭，他首先陳述
道，作為沙俄屬民的巴什基爾人與他所代表的哈薩克人之間關係並不親密。
他希望「完全臣屬於陛下」（быть совершенно подвластным Вашему
величеству），希望得到陛下的庇護（покровительство）和幫助（помощь），
以便與巴什基爾人和諧相處。[42]前人學者在對比韃靼文版本與俄文譯本後，
認為上述關鍵語句的譯文與原文存在出入。「完全臣屬於陛下」所對應的原
文應準確譯為「向陛下尋求保護」。[43]韃靼文版本原意與文末「希望得到陛
下的庇護和幫助」更加契合。

　　10 月 21 日，使團會見女皇。阿布勒海爾的使者宣稱，阿布勒海爾汗希

[40] 關於此次訪問的細節，參見 Лёвшин А.И. Описание Киргиз-Казачьих или Киргиз-Кайсацких орды степей. Т. 2, СПб., 1832. С. 93-94.

[41] 例如，《16-18 世紀哈薩克—俄羅斯關係：文書與資料集》最早收錄的文件年份為 1594 年，參見 Академия наук КазССР. Казахско-Русские отношения в XVI-XVIII веках: сборник документов и материалов. Алма-Ата, 1961.

[42] Академия наук КазССР. Казахско-Русские отношения в XVI-XVIII веках: сборник документов и материалов. Алма-Ата, 1961. С. 35.

[43] Noda, Jin. *The Kazakh Khanates Between the Russian and Qing Empires: Central Eurasian International Relations During the Eighteenth and Nineteenth Centuries.* Leiden: Brill, 2016, pp. 56-57.

望按照與巴什基爾人相同的條件成為沙皇屬民,即承諾為俄羅斯女皇服務,支付實物稅(yasak,或譯為「皮毛稅」),並歸還前幾年被他們俘虜的所有俄羅斯臣民。與此同時,沙皇政府將承擔保護哈薩克人免受其他俄羅斯臣民侵犯的義務,尤其是調解哈薩克人與巴什基爾人的關係。[44]

沙俄外交衙門根據文書和與使團成員的交涉,於 1730 年 10 月 30 日向女皇呈交一份分析報告。報告稱,隸屬於阿布勒海爾的小玉茲約為 4 萬帳游牧民,活動於錫爾河、薩雷蘇(Sary-su)和圖爾蓋河之間,且小玉茲尚有巴拉克(Barak)和阿布勒曼別特(Abulmambet)兩位汗。阿布勒海爾向俄方提出五項條件:(1)向沙皇繳納等同於巴什基爾人繳納額度的實物稅;(2)不受臣屬於沙皇的各部落侵擾;(3)如哈薩克人遭到任何敵人進攻,均可得到沙皇和沙皇屬民的保護;(4)希望與卡爾梅克人和巴什基爾人和平相處;(5)希望沙皇和臣屬於沙皇的各部落交還被俘的哈薩克人質,也會交還劫掠的沙皇屬民人質。根據以上資訊,外交衙門建議安娜女皇在以下四項條件的基礎上採納阿布勒海爾的提議:(1)要求阿布勒海爾及其屬民對沙皇和繼承者永遠忠誠;(2)與巴什基爾、卡爾梅克人一樣執行沙皇的調令;(3)與巴什基爾、烏拉爾哥薩克和卡爾梅克等沙皇臣民和平相處;(4)不得侵擾來自阿斯特拉罕等地的俄國屬民商旅。女皇同意了報告的意見。[45]

1731 年 2 月 19 日,女皇簽發詔書,明確在以下四點條件基礎上接納阿布勒海爾汗所代表的哈薩克人為臣屬人群:(1)宣誓效忠沙皇並繳納實物稅;(2)承諾保護其不再遭受俄羅斯臣民或其他敵人的侵擾;(3)下令其與巴什基爾、卡爾梅克等人群相互交換俘虜;(4)保護俄羅斯及其臣民所組成的商

---

[44] Ерофеева И.В. Хан Абулхаир: полководец, правитель, политик. Алматы, 2007. С. 264.

[45] Академия наук КазССР. Казахско-Русские отношения в XVI-XVIII веках: сборник документов и материалов. Алма-Ата, 1961. С. 35-37.

旅通過。[46]儘管從史料中分析，至此沙皇與阿布勒海爾汗尚未直接接觸，哈薩克使團與俄國翻譯和官員在溝通中扮演了重要角色，但俄方已經認定阿布勒海爾汗所尋求的是與巴什基爾和卡爾梅克類似的臣屬地位。此外，儘管已瞭解到即便在小玉茲內部阿布勒海爾也不是唯一的汗，但俄方默認阿布勒海爾為哈薩克各部的代表。這一策略為後續沙俄聲稱對所有哈薩克人的宗主權奠定基礎。

沙俄當局在詔書頒佈後，迅速派遣外交衙門的譯員捷夫克列夫（A. I. Tevkelev，生卒 1674-1766 年）率團攜帶詔書、徽標、長袍、軍刀等禮品，於 1731 年 4 月陪同使團返回，並會見阿布勒海爾汗。捷夫克列夫使團的任務是傳達女皇詔令，確認阿布勒海爾汗履行宣誓效忠的程序。從聖彼得堡出發時，隨同捷夫克列夫出使的還有兩名負責記錄沿途地形的測繪員和若干哥薩克護衛。1731 年初，外交衙門向捷夫克列夫下達一份指示文件，詳述與小玉茲進一步交涉的一系列談判條款。文件顯示，如哈薩克汗及其臣民希望宣誓成為沙皇屬民，則須承諾庇護俄羅斯商隊、每年支付皮毛稅、交納汗王和貴族子嗣作為人質，以及與其他俄羅斯臣民和平相處，並遵守俄羅斯的基本法律。[47]文件中還詳盡地羅列了捷夫克列夫出使途中須調查的資訊：

> 往返途中，捷夫克列夫須記錄日誌。從烏法出發後，首先須描述巴什基爾人：他們有什麼樣的住所、牧地、城市或村莊，以及什麼樣的政府、產業和財產；第二是那些巴什基爾人相距吉爾吉斯人有多遠？那裏有什麼樣的住所、河流和其他水域的大小、以及有哪些渡口、森林和草原、以及各地之間距離幾何，是否有防禦工事？第三是關於吉爾

[46] Академия наук КазССР. Казахско-Русские отношения в XVI-XVIII веках: сборник документов и материалов. Алма-Ата, 1961. С. 40-41.

[47] Академия наук КазССР. Казахско-Русские отношения в XVI-XVIII веках: сборник документов и материалов. Алма-Ата, 1961. С. 42-43. No. 30. Инструкция Коллегии ин. дел – переводчику М. Тевкелеву, отправленному во главе посольства к хану Абулхаиру для принятия от него присяги на подданство России (1731 г. фев.)

吉斯人，特別是關於他們的首領阿布勒海爾汗的情況，在他治下是否有城市以及多少定居和農耕人口？是否還有其他汗王，他們是否有自己的城市或草場？以及在城市或駐牧地中是否有耕地、花園或其他手工作坊？這些汗王及其下屬的牧場或城市是否服從阿布勒海爾汗？這些財產是通過世襲繼承的還是掠奪獲得的？他們從臣民那裏如何收取貢賦？每年給阿布勒海爾交納多少貢賦？他們所有人是否僅信仰伊斯蘭教？抑或他們實際上遵守其他類型的法律？以及阿布勒海爾汗是否在獲得其他汗王和民眾同意的情況下向我們派遣了使者？他們與周邊人群有著何種商貿關係？汗王是否從中獲得收入？他們掌握何種工藝，尤其是是否掌握火器製造或硝石和火藥加工技術？他們是否能製造火炮或槍械？如果不能，那如何獲得火器？是通過採購，還是以物易物？他們的牧地與哪些人接鄰？他們現在與哪些人處於和平、與哪些人處於戰爭狀態？以及是否還有其他道路通向俄羅斯的城市？[48]

因此，捷夫克列夫同時承擔著查探草原西路政治格局及勸誘更多哈薩克首領成為俄國屬民的雙重任務。

捷夫克列夫原名骨咄祿—穆罕默德（Kutlu-Mukhammed），是奧卡河流域卡西莫夫汗國（Касимовское ханство/Qasimov Khanate）貴族捷夫克列夫家族後裔。捷夫克列夫在俄文文獻中以阿利克謝·伊萬諾維奇為名，以譯員身份供職於俄外交衙門。此人兼具沙俄官員職位和韃靼貴族血統，既熟諳官僚流程，也能保持與中亞和西亞人群在信仰習慣和語言上的親緣性。捷夫克列夫曾以譯員身份隨彼得一世參加 1711 年的普魯特河戰役、1715 年希瓦遠征和 1722-1723 年的波斯遠征，熟悉俄國周邊鄰近地區的政治事務。因此，

---

48 Академия наук КазССР. Казахско-Русские отношения в XVI-XVIII веках: сборник документов и материалов. Алма-Ата, 1961. С. 43-44.

1731 年安娜女皇頒佈詔書之後，他成為處理哈薩克小玉茲事務的理想人選。在 18 世紀 30 至 40 年代，他長期活躍在草原西路的政治舞臺上，是俄哈關係早期的重要人物。

　　1731 年 7 月 4 日，捷夫克列夫使團抵達烏法，並在此逗留約一個月，為前往小玉茲牧地作最後準備。為確保使團安全，烏法督軍布圖爾林為捷夫克列夫挑選了一支 70 人的衛隊，包括 10 名龍騎兵、10 名烏法貴族、10 名烏拉爾哥薩克和 30 名巴什基爾貴族，並配備 200 匹馬和 10 頭駱駝。巴什基爾人首領阿勒達爾派遣其子曼蘇爾、其親密夥伴馬拉卡耶夫（Kidrias Mallakaev）和哈薩克人雷斯拜（Rysbai）前赴阿布勒海爾汗帳，安排途中的安保事宜。8 月 22 日，以巴特爾速雲久克（Siyundiuk）為首的 4 名阿布勒海爾的代表隨馬拉卡耶夫返回烏法。他們帶來一封阿布勒海爾致捷夫克列夫的信。信中聲稱，布哈拉、希瓦、塔什干城等地的君主都承認阿布勒海爾是他們的最高統治者，也都希望隨同阿布勒海爾一同成為俄羅斯屬民。[49]

　　1731 年 10 月 3 日，捷夫克列夫抵達伊爾吉茲河畔的汗帳附近，會見由阿布勒海爾長子弩喇麗蘇丹（Nurali）、女婿巴特爾蘇丹率領的約一千人。10 月 6 日，阿布勒海爾派人轉告捷夫克列夫，要求其夜間喬裝打扮秘密地在野外會見阿布勒海爾，以避人耳目。見面後，阿布勒海爾便向他透露了此前雙方交涉中並未坦白的實情：臣屬沙俄的請求並未得到所有哈薩克汗王和首領的支持。反對阿布勒海爾決定的汗王和首領們還不知道捷夫克列夫的到來。執意提出這樣的請求，主要是出於以下原因：（1）準噶爾部奪取了阿布勒海爾祖先們此前佔有的塔什干、塞蘭等錫爾河中游城市，且其妻子和繼母仍被準噶爾囚禁，對抗準噶爾需要俄羅斯的支持。（2）此外，儘管已經與布哈拉和希瓦和解，但阿布勒海爾領導的部落尚未穩定卡爾梅克和巴什基爾人

[49] Академия наук КазССР. Казахско-Русские отношения в XVI-XVIII веках: сборник документов и материалов. Алма-Ата, 1961. С. 45. No. 32. Донесение М. Тевкелева в Коллегию ин. дел. О приезде его к хану Абулхаиру для переговоров о подданстве казахов（1731 г. августа 26）.

的關係，故希望由沙皇調停其與上述兩者的長期衝突。（3）卡爾梅克和巴什基爾人均受到沙皇的保護，所以阿布勒海爾須通過申請獲得同樣地位來實現前述目標。此外，阿布勒海爾稱其同族部落民「是野人，不可能一下子馴化他們，必須像熟練地捕捉野獸一樣對待他們」。[50]他請求捷夫克列夫不要公開強迫哈薩克首領們宣誓效忠，以免引發騷動。他希望捷夫克列夫之後陸續向其他汗王和首領分發財貨，逐一籠絡，以勸誘他們共同效忠女皇。

10 月 7 日，捷夫克列夫率隊首次參加哈薩克首領會議，宣佈了來意，並要求阿布勒海爾和哈薩克首領們完成臣屬沙皇的儀式。然而，阿布勒海爾請捷夫克列夫先行返回。會場上，哈薩克各部首領之間爆發流血衝突。反對派首領們聲稱要殺死捷夫克列夫，瓜分其隨行財貨和隨從人員。他們認為，儘管阿布勒海爾聲稱尋求與俄國結成軍事聯盟，實際上沙皇的立場是要求各部首領宣誓臣服。因此，捷夫克列夫一行的目的是查探行軍條件，為俄軍的進攻做準備。

捷夫克列夫在其同行巴什基爾貴族的建議下，主動聯繫以布肯拜（Bukenbai）為代表阿布勒海爾派哈薩克首領以求自保。[51]為確保隨行人員的安全，捷夫克列夫遣返了其中的大部分，僅留以泰瑪斯（Taimas Shaimov）為代表的熟悉小玉茲情況的巴什基爾貴族，以便開展交涉。

10 月 10 日，捷夫克列夫出席哈薩克汗王和首領大會，準備於此次會議上要求阿布勒海爾履行臣屬儀式。在他的發言環節，他首先指出，哈薩克人面臨來自卡爾梅克人、巴什基爾人、西伯利亞諸要塞的俄軍以及烏拉爾哥薩克人的多方面威脅。反對派戕殺俄使並不會對俄羅斯造成任何傷害，反而會

---

[50] Академия наук КазССР. Казахско-Русские отношения в XVI-XVIII веках: сборник документов и материалов. Алма-Ата, 1961. С. 49-50. No. 33. Из журнала переводчика М. Тевкелева, ездившего в Малый жуз для переговоров о подданстве казахов (1731 г. окт. 3 – 1733 г. янв. 14).

[51] Лёвшин А.И. Описание Киргиз-Казачьих или Киргиз-Кайсацких орды степей. Т. 2, СПб., 1832. С. 102.

招致俄羅斯及其屬民的全面報復。其次，他高傲地宣稱沙皇接受哈薩克人的臣屬請求是一種屈尊俯就的行為，「就好像是與草原上的野獸在一起，是不體面的」。[52]俄羅斯對哈薩克人沒有任何需求。如果首領們不願效忠，那沙皇也不會賜予哈薩克人屬民身份，他本人也「不會為俄羅斯帝國（российская империя）帶來任何恥辱」。[53]捷夫克列夫的演講起到了一定的作用，當日會議上，以布肯拜為首的 27 名哈薩克貴族隨同阿布勒海爾汗進行了宣誓儀式，並領取了捷夫克列夫饋贈的禮品。

　　儘管如此，反對派勢力與日俱增。在處理與反對派關係的問題上，阿布勒海爾起初直接要求捷夫克列夫將其隨行財貨全部轉交，以便由阿布勒海爾用於收買反對派首領。捷夫克列夫一度認為阿布勒海爾是假借反對派威脅之名巧取豪奪，因此堅持不向汗王移交。但出於安全考慮，此後捷夫克列夫長期跟隨汗帳活動。儘管如此，1731 年 10 月中下旬，幾乎每天都有反對派的人馬夜襲捷夫克列夫的營帳，劫掠其馬匹和財物。其中，10 月 22 晚 9 點，首領卓勒巴斯‧拜穆拉特（Dzhalbas Baimurat）率部圍攻汗帳，但直到半夜尚未分勝負。阿布勒海爾不得不向拜穆拉特提交兩名手下作為人質，捷夫克列夫損失 15 匹馬。類似的襲擊在 11 月 3 日、11 月 13 日多次發生。在屢次遭受反對派威脅之下，阿布勒海爾於 11 月 19 日再度要求捷夫克列夫交出財物，以由他來收買反對派。在權衡利弊之後，捷夫克列夫判斷侵吞財貨並非阿布勒海爾的主要意圖，如果沒有汗王保護，那無論是汗王一派還是反對派都可以輕易得手。因此他連同自己的私人物品一併送給汗王。可能是財物轉移的成效，11 月 21 日，反對派中的 30 名首領轉變立場，自願加入到臣屬效忠的隊伍中。11 月末，在捷夫克列夫的賄賂和阿布勒海爾的拉攏下，反對派首領

---

[52] Академия наук КазССР. Казахско-Русские отношения в XVI-XVIII веках: сборник документов и материалов. Алма-Ата, 1961. C. 54.

[53] Академия наук КазССР. Казахско-Русские отношения в XVI-XVIII веках: сборник документов и материалов. Алма-Ата, 1961. C. 54.

瑟爾勒拜（Sarlybai）以及巴特爾蘇丹相繼放棄敵對立場。

　　但汗王派和反對派的鬥爭並未因此而結束。捷夫克列夫在小玉茲一直駐守到 1732 年 11 月底，最終與阿布勒海爾達成臣屬沙皇的所有細節條件。阿布勒海爾借護送捷夫克列夫返回俄都覆命的機會，派遣其次子葉拉雷蘇丹（Erali）為首的使團一同出訪俄國。使團中包括幾名大玉茲出身但生活在小玉茲之中的首領。他們的出現為俄方留下阿布勒海爾汗有能力代表其他玉茲向沙俄提出臣屬請求的印象。1733 年 1 月 2 日，捷夫克列夫抵達烏法，後輾轉返回聖彼得堡，結束為期近一年半的出使活動。

　　葉拉雷蘇丹使團與沙皇的會談涉及後續俄哈關係中的一系列實質性問題。根據葉拉雷蘇丹轉述，阿布勒海爾汗作出四點承諾：（1）維持沙俄與小玉茲接鄰地區的治安；（2）保護各方對俄貿易過境商隊的安全；（3）必要時候像卡爾梅克和巴什基爾人一樣提供武力支持；（4）繳納獸皮作為實物稅。與此相應，他提出兩點新的要求：首先，俄當局須保證支持汗位由阿布勒海爾家族後裔世襲；其次，俄方須在烏拉爾河中游的奧裏河和烏拉爾河交匯處建立一座要塞，供阿布勒海爾汗過冬，並在危急時刻作為庇護之所。19 世紀俄國史學家廖夫申認為，當時的阿布勒海爾汗無力兌現上述任何一條承諾，因為他在自己的屬民中尚且缺乏足夠的權威。但其請求使俄當局看到了構建東南邊疆新戰略佈局的機遇。[54]

　　廖夫申簡明扼要地概括了這一事件的兩方面意義。首先，阿布勒海爾汗的臣屬至少為俄國介入小玉茲內政和草原西路的地區政治提供了合法性，為構建烏拉爾哥薩克、巴什基爾、卡爾梅克和哈薩克小玉茲四方相互制衡格局提供了條件。其次，小玉茲在名義上的臣屬有助於將俄國的影響力擴展到整個草原西路，吸引中玉茲、大玉茲以及鹹海周邊的卡拉卡爾帕克人和希瓦汗

---

[54] Лёвшин А.И. Описание Киргиз-Казачьих или Киргиз-Кайсацких орды степей. Т. 2, СПб., 1832. С. 109-111；因要塞原定建於奧裏河口，最初定名為「奧倫堡」（Оренбург）。該名稱由奧裏河（Орь）與表示城市名稱的尾碼構成。

國向俄國尋求保護。而打通經錫爾河流域至南亞的商路正是彼得一世遺留的願景。[55]對於阿布勒海爾汗而言，俄國的支持首先有助於提升其在小玉茲內部的影響力，進而使其家族長期把持汗位；其次可穩定小玉茲與巴什基爾、卡爾梅克和烏拉爾哥薩克的關係，甚至可能讓阿布勒海爾汗獲得統攝中玉茲和大玉茲的威望。哈薩克斯坦歷史學家耶若菲耶娃（I. V. Erofeeva，生卒1953-2020 年）認為，阿布勒海爾汗是 18 世紀哈薩克斯坦歷史上最重要的政治人物之一。因為他試圖把握沙俄擴張帶來的歷史機遇，即利用沙俄的支持和先進的火器和築城技術推動游牧社會的中央集權，克服游牧社會的分散性。

　　當然，18 世紀中後期的歷史表明，雙方的期望大多未能實現：阿布勒海爾汗及其後裔並無能力統合小玉茲各部，自然也不可能成為俄國通向中亞腹地的跳板。而 18 世紀初的俄國尚不具備足夠軍事投射能力來整合其亞洲邊疆人群，制止其相互攻伐，遑論在小玉茲遭到襲擊之際及時提供庇護。1730 年阿布勒海爾遣使沙俄時，一定程度上高估了沙皇對卡爾梅克、巴什基爾和烏拉爾哥薩克的約束能力。

　　但在反復試探與鬥爭之後，真正長期維繫的是俄國與阿布勒海爾家族的共生關係：18 世紀中期以降，阿布勒海爾汗的後裔長期充當俄國在中亞草原西路的代理人；而在俄當局的支持下，這一家族至 1824 年長期把持汗位，汗位廢除後則繼續以俄羅斯貴族身份出任軍政官員，或直接轉型為俄羅斯社會的政治和文化精英。同樣具有長期影響的是阿布勒海爾關於修建要塞的請求：奧倫堡要塞不僅僅成為阿布勒海爾家族與俄當局交涉的重要場所，以奧倫堡為中心、沿烏拉爾河修築的要塞線體系成為 18 世紀中期俄國控制巴什基爾、卡爾梅克和小玉茲的有力工具。

---

55 Лёвшин А.И. Описание Киргиз-Казачьих или Киргиз-Кайсацких орды степей. Т. 2, СПб., 1832. С. 96-97.

四、18 世紀 30 年代的奧倫堡遠征與要塞線體系的建立

　　歐亞大陸歷史上農耕和游牧兩種生產方式的長期互動下，農耕聚落一方往往以草木、夯土或石材構築圍牆和更為複雜的防禦設施，以應對游牧民的機動性，並相對穩定地控制和開發牆內的土地和資源。在東歐平原上，自基輔羅斯時代以降，定居政權留下大量與游牧人往來的記錄。[56]即使在 16 世紀中期征服喀山汗國和阿斯特拉罕汗國之後，莫斯科公國仍長期遭受黑海和裏海北岸游牧部落的侵擾。因此，莫斯科公國同樣借助土木工事阻滯騎兵的長距離奔襲。較為重要者是 16 世紀中期伊凡四世時期為對抗克里米亞汗國而修築的「大防線」。該防線距離莫斯科市中心約 300 公里，穿越今天的奧廖爾、圖拉、梁贊等州。這些防線隨著沙俄在 16 世紀以後的迅速擴張而逐漸向東、南、西方向推進。[57]對於俄國而言，17 世紀末以降其主要戰略方向為西方。因此，依託山川地形，將多個要塞（крепость/krepost'）以規模較小的崗哨、兵站和木質或土質長牆連接形成「要塞線」（укреплённая линия/ukreplёnnaia liniia）[58]是控制東方和南方廣袤地域的有效軍事手段。18 世紀初，以別爾哥羅德線、辛比爾斯克線、外卡瑪河線和坦波夫線等工事為基礎，沙俄當局逐漸在其南部形成一套以土牆、木質尖刺和壕溝連接的要塞為基礎的防禦體系。在 18 世紀中期，俄國逐步升級邊疆地區的防禦工事，強化其軍事守備和領土拓殖功能。這一時期建成的烏拉爾線、奧倫堡線、苦水線、伊希姆線和額爾齊斯線等事實上形成中亞草原與烏拉爾—西西伯利亞地

---

[56] Мавродина Р.М. Киевская Русь и кочевники: историографический очерк. Ленинград, 1983.

[57] 關於此類土木工事要塞線對於沙俄南向擴張的歷史意義，參見 Moon, David. "Peasant Migration and the Settlement of Russia's Frontiers, 1550-1897." *The Historical Journal*, vol. 40, no. 4, 1997, pp. 859-893.

[58] 「要塞線」一詞曾在中國學界前人文獻中譯為「堡壘線」「碉堡線」「防線」「工事線」「進攻線」等。吳築星在權衡後譯為「要塞線」，本書沿用這一觀點。相關譯名的討論參見吳築星：《沙俄征服中亞史考敘》，貴陽：貴州教育出版社，1996 年，第 128-137 頁。

區之間的「邊界」。本節將首先從奧倫堡遠征開始討論，考敘俄國構建草原北部要塞線體系的過程。

（一）奧倫堡遠征與奧倫堡要塞的建立

　　奧倫堡遠征（Orenburg Expedition）源自阿布勒海爾汗在臣屬交涉過程中向俄方提出的請求，即在烏拉爾河與奧裏河交匯處建立要塞，供其過冬並接受沙俄的軍事庇護。俄當局重視這一提議，派遣五等文官（статский советник/statskii sovetnik）基裏洛夫（I. K. Kirilov）以護送小玉茲葉拉雷使團返程為名，率遠征軍擇地修築要塞[59]，並沿烏拉爾河構築要塞線體系。

　　基裏洛夫在呈遞女皇安娜的報告中明確指出此次遠征的戰略意義。首先，預計修築的要塞位於巴什基爾、哈薩克小玉茲和卡爾梅克各部活動範圍之間，配合烏拉爾河要塞線，可有效分割上述各部，使其相互牽制。烏拉爾河全長 2428 公里，發源於烏拉爾山南部，上游流向為自北向南，至奧裏河匯入處折向西流，最大支流薩克馬拉河（Sakmara）接入之後繼續向西，至烏拉爾斯克處轉折向南，最終注入裏海，河口附近形成三角洲。奧裏河河口至烏拉爾斯克段為烏拉爾河的中游，該地區屬森林草原和草原之間的過渡帶，年降水量在 300-400 毫米之間。中游以北為巴什基爾人分佈地區，以南為小玉茲牧地。烏拉爾斯克以南為下游，流經荒漠地區，年降水量小於 200 毫米。下游西側為卡爾梅克人牧地，東側為小玉茲牧地。烏拉爾河每年 11 月到 3 月和 4 月間為結冰期。小玉茲和其他游牧民群體時常借助結冰的河面穿越烏拉爾河，襲擊另一側的農耕聚落或冬牧場。因此，如俄軍能沿烏拉爾河修

---

[59] 關於奧倫堡建設的相關歷史背景，參見捷連季耶夫著，武漢大學外文系譯：《征服中亞史（第一卷）》，北京：商務印書館，1980 年，第 62-63 頁；另見 Donnelly, Alton. "The Orenburg Expedition: Russian Colonial Policies on the Southeastern Frontier, 1734-1740," Ph. D. dissertation, University of California, Berkeley, 1960.

築要塞線，則相當於在巴什基爾、卡爾梅克和哈薩克小玉茲之間打入楔子，可通過貿易、軍援和武力施壓等手段同時對三者產生影響。

　　其次，奧倫堡可作為「通往東方的大門」，成為聯絡中亞南部乃至南亞和東亞的商貿節點。基裏洛夫在報告中提到：「如果俄國猶豫，則中亞可能被衛拉特人、波斯人甚至荷蘭人控制。正如西班牙人和葡萄牙人從美洲獲得大量財富，俄國人也可以從這些富饒的土地獲得鉛、鹽、黃金、白銀、紅寶石、藍寶石和其他金屬。」[60]基裏洛夫在報告中設想俄國商旅從希瓦、布哈拉甚至印度帶回奇珍異寶，期望世界各地的商人來奧倫堡交易。

　　在對基裏洛夫報告的答覆中，女皇期待奧倫堡遠征軍達到以下三方面目標。其一是擴展俄羅斯在烏拉爾河流域的政治影響力。遠征軍須依靠阿布勒海爾汗，爭取邀請中玉茲的塞梅克汗、大玉茲以及卡拉卡爾帕克人首領均至奧倫堡會面，並誘導其效忠沙皇。在宣誓效忠後，須採用靈活手段保持各部的服從，並以奧倫堡為中心，監視北部的巴什基爾、南部的哈薩克、西部的卡爾梅克和東部的準噶爾，引導各方相互牽制。[61]此外，以奧倫堡為節點，遠征軍須以武裝船隊控制烏拉爾河流域，並在各部合作下在鹹海建設港口，組建鹹海艦隊。其二是引導各部首領定居。根據阿布勒海爾汗和其他首領意願，遠征軍可在奧倫堡周邊劃設牧場，修建房舍和禮拜寺，並在奧倫堡設立法庭，邀請部落首領任職審案。其三是開發經濟和商貿潛力：在阿布勒海爾汗的配合下測繪周邊地區，勘探礦藏，採購臣屬游牧部落的馬匹，並擇機向布哈拉派遣商隊。[62]

---

[60] Khodarkovsky, Michael. *Russia's Steppe Frontier: the Making of a Colonial Empire, 1500-1800.* Bloomington: Indiana University Press, 2002, pp. 156-158.

[61] Лёвшин А.И. Описание Киргиз-Казачьих или Киргиз-Кайсацких орды степей. Т. 2, СПб., 1832. С. 116.

[62] Лёвшин А.И. Описание Киргиз-Казачьих или Киргиз-Кайсацких орды степей. Т. 2, СПб., 1832. С. 113-114.

　　於是，1734 年 6 月 15 日，基裏洛夫攜帶一封安娜女皇致阿布勒海爾汗和一封致中玉茲塞梅克汗的信從聖彼得堡出發。基裏洛夫是一位地理學家，以擅長繪製地圖而聞名。輔佐他遠征的正是此前出使小玉茲的核心人物捷夫克列夫。完成首次赴小玉茲的使命後，捷夫克列夫已被擢升為陸軍上校。基裏洛夫率領的隊伍主要包含兩類專業人員：首先是要塞修築和水陸作戰人員，包括工程師、炮兵軍官、海軍軍官、造船工程師、引航員和水手。其次是各專業的調查人員，包括測繪員、採礦工程師、植物學家、藥劑師、畫家、醫生、歷史編纂員和若干斯拉夫—拉丁學校學生等。基裏洛夫專門選調幾名武備中學的士官生學習亞洲的語言和風俗習慣，為未來赴奧倫堡任職做準備。此外，他從喀山和烏法徵調部分步兵、炮兵和哥薩克，組建奧倫堡邊區軍事力量。女皇特許基裏洛夫以烏法省的財政收入補貼遠征軍的經費，並授權他處理與東方人群的交涉事務。

　　沙俄當局的上述計畫並未順利實現。在基裏洛夫出發後，烏拉爾山南部的巴什基爾人爆發起義（1735-1740 年）。起義軍數次襲擊基裏洛夫的遠征軍，遲滯了其行軍速度。1735 年 8 月 15 日，在離開彼得堡一年多之後，基裏洛夫抵達奧裏河與烏拉爾河的河口，開始修築要塞。巴什基爾起義使基裏洛夫認識到，作為未來要塞線中心的奧倫堡必須更靠近伏爾加河流域的軍政中心。他還建議女皇下令修築從薩馬拉城至奧倫堡的要塞線，確保新據點得到伏爾加河流域軍力的支持。但基裏洛夫本人於 1737 年 4 月去世。他在去世之前尚未實現會見哈薩克各部首領這一基本目標。

　　奧倫堡要塞最初選址存在三方面問題：（1）烏拉爾河與奧裏河交匯處距離伏爾加河流域相對遙遠，與俄核心區聯絡不便；（2）該處位於草原地區，周邊人口稀少，且缺乏燃料和石材，不利於後續建設；（3）烏拉爾河與奧裏河每年 4 月和 5 月汛期水量集中，故要塞容易為春季汛期暴漲的河水侵蝕。由此，奧倫堡二易其址，最終於 1743 年定址於薩克馬拉河與烏拉爾河交匯處，仍沿用奧倫堡之名。而 1735 年最初建立的要塞則更名為奧爾斯克

（Orsk）。1743 年確定的奧倫堡要塞位於奧爾斯克西向約 250 公里處。奧倫堡西北方向可沿薩馬拉河（Sakmara）行約 400 公里至伏爾加河畔的薩馬拉城，進而利用伏爾加河水系與喀山和莫斯科保持聯繫。

　　1744 年，沙俄當局以奧倫堡要塞為基礎，撤銷原先的奧倫堡遠征軍名稱，改設正式的行政單元奧倫堡省（Оренбургская губерния/Orenburgskaia guberniia），下轄車裏雅賓斯克、上烏拉爾、烏法和奧倫堡等縣（уезд/uezd），為同時期俄國面積最大的行省之一。省長（губернатор/gubernator）為其軍政首腦。該行政單元名稱和邊界此後幾經變更，但始終為俄當局處理草原西路事務的軍政中心。

表 1-1　奧倫堡所屬行政單元行政長官年表[63]

歷任長官	俄文人名	人名拉丁轉寫	任職時間
奧倫堡遠征軍司令（1734-1744 年）			
基裏洛夫	Кирилов, Иван Кириллович	Kirilov, Ivan Kirillovich	1734-1737 年
塔季謝夫	Татищев, Василий Никитич	Tatishchev, Vasilii Nikitich	1737-1739 年
烏魯索夫	Урусов, Василий Алексеевич	Urusov, Vasilii Alekseevich	1739-1742 年
涅普柳耶夫	Неплюев, Иван	Nepliuev, Ivan Ivanovich	1742-1744 年

---

[63] 18 世紀至 19 世紀中期，奧倫堡所屬行政單元沿革情況如下：1734-1744 年稱奧倫堡遠征軍（Оренбургская экспедиция），1744 年設奧倫堡省（Оренбургская губерния）；1780 年奧倫堡省併入辛比爾斯克和烏法總督區（Симбирское и Уфимское наместничество），1796 年重設奧倫堡省（Оренбургская губерния），1850 年升格為奧倫堡總督區（Оренбургское генерал-губернаторство）。1868 年《烏拉爾斯克、圖爾蓋、阿克莫林斯克和塞米巴拉金斯克省臨時管理條例》頒佈後，草原西路分為烏拉爾省和圖爾蓋省，仍由奧倫堡總督管轄；1891 年《條例》頒佈後，草原西路的烏拉爾斯克省和圖爾蓋省直屬於內務部，但圖爾蓋省的省會設於奧倫堡，故不再羅列奧倫堡軍政主官資訊。參見孟楠：《俄國統治中亞政策研究》，烏魯木齊：新疆大學出版社：2000 年，第 66 頁。

歷任長官	俄文人名	人名拉丁轉寫	任職時間
	Иванович		
奧倫堡省省長（1744-1780 年）			
涅普柳耶夫	Неплюев, Иван Иванович	Nepliuev, Ivan Ivanovich	1744-1759 年
達維多夫	Давыдов, Афанасий Романович	Davydov, Afanasii Romanovich	1759-1763 年
沃爾科夫	Волков, Дмитрий Васильевич	Volkov, Dmitrii Vasil'evich	1763-1764 年
普佳京	Путятин, Авраам Артамонович	Putiatin, Avraam Artamonovich	1765-1768 年
賴因斯多普	Рейнсдорп, Иван Андреевич	Reinsdorp, Ivan Andreevich	1769-1780 年
辛比爾斯克和烏法總督區總督（1781-1796 年）			
亞科勃	Якоби, Иван Варфоломеевич	Yakobi, Ivan Varfolomeevich	1781-1782 年
阿普赫金	Апухтин, Аким Иванович	Apukhtin, Akim Ivanovich	1783-1784 年
伊戈利斯特羅姆	Игельстром, Осип Андреевич	Igel'strom, Osip Andreevich	1785-1790 年
佩烏特林格	Пеутлинг, Александр Александрович	Peutling, Aleksandr Aleksandrovich	1790-1794 年
維亞茲米京諾夫	Вязмитинов, Сергей Козьмич	Viazmiitnov, Sergei Koz'mich	1795-1796 年
奧倫堡省督軍（1797-1851 年）			
伊戈利斯特羅姆	Игельстром, Осип Андреевич	Igel'strom, Osip Andreevich	1797-1799 年
巴赫麥捷夫	Бахметев, Николай	Bakhmetev, Nikolai	1799-1803 年

歷任長官	俄文人名	人名拉丁轉寫	任職時間
	Николаевич	Nikolaevich	
沃爾康斯基	Волконский, Григорий Семёнович	Volkonskii, Grigorii Semёnovich	1803-1817 年
埃森	Эссен, Пётр Кириллович	Essen, Pёtr Kirillovich	1817-1830 年
戈洛文	Головин, Евгений Александрович	Golovin, Evgenii Aleksandrovich	1830-1830 年
蘇赫捷林	Сухтелен, Павел Петрович	Sukhtelen, Pavel Petrovich	1830-1833 年
佩羅夫斯基	Перовский, Василий Алексеевич	Perovskii, Vasilii Alekseevich	1833-1842 年
奧勃魯切夫	Обручев, Владимир Афанасьевич	Obruchev, Vladimir Afanas'evich	1842-1851 年
奧倫堡總督區總督（1851-1881 年）			
佩羅夫斯基	Перовский, Василий Алексеевич	Perovskii, Vasilii Alekseevich	1851-1857 年
卡捷寧	Катенин, Александр Андреевич	Katenin, Aleksandr Andreevich	1857-1860 年
別紮克	Безак, Александр Павлович	Bezak, Aleksandr Pavlovich	1860-1865 年
克雷紮諾夫斯基	Крыжановский, Николай Андреевич	Kryzhanovskii, Nikolai Andreevich	1865-1881 年

（二）以奧倫堡為中心的草原西路要塞線體系

18 世紀中期至 19 世紀初修建的草原西路要塞線體系西起烏拉爾河，東至額爾齊斯河，主要由烏拉爾線、奧倫堡線、烏伊河線和西伯利亞線構成。

此類要塞線由要塞（крепость/krepost'）、多面堡壘（редут/redut）、武裝崗哨（форпост/ forpost）、兵站（станция/stantsiia）和示警塔樓（сигнальный маяк/signal'nyi maiak）等類型的工事組成。要塞為其中規模最大的永備建築，大多兼用木料和石料構築，依據規模在城牆各處設置不同數量的棱堡，外部由塹壕、拒馬和城外哥薩克據點形成防禦體系。要塞內外往往居住從事工商業的居民，建有教堂、軍事設施、軍火庫、營房、辦公室、醫院、監獄、學校、庫房、水井。還有商鋪、馬廄、穀倉，以及交易場（меновой двор/menovoi dvor），供來自草原和河中地區的商人開展貿易。[64]

　　多面堡壘、武裝崗哨和兵站為 18 世紀俄文術語中對不同規模防禦工事的稱呼。多面堡壘一般為邊長 20 俄丈（約 42.7 米）的正方形，由土基加高，四角修築棱堡，在各個進攻方向佈置交叉火力，四周設有塹壕和拒馬。多面堡壘內部設有兵營、穀倉、馬廄、軍械庫和瞭望臺等設施。武裝崗哨在規格上一般小於多面堡壘，為邊長 10 至 20 俄丈（約 21.3 至 42.7 米）的正方形，而兵站則為邊長 10 俄丈（約 21.3 米）的正方形建築，兩者所配備的設施相應簡化。除了部分要塞有條件建築石質城牆外，上述多數工事為利用土料加固的木質建築，因此經常需要修繕。

　　最初隨基裏洛夫出征的奧倫堡地方史編寫者雷奇科夫（P. I. Rychkov）[65]記載了奧倫堡要塞的城防工事細節：奧倫堡要塞長約 1444 米，寬約 1216 米，周長約 4.88 公里，呈南北略長的橢圓形；最初設有九個棱堡和二個半棱堡，配置 77 門要塞炮，後逐漸增多。城牆高約 3.7 米，寬約 12.6 米，根據地勢起伏略有調整。城牆週邊繞有深約 3.7 米、寬約 10.7 米的護城河。

　　除修築奧倫堡要塞以外，俄軍沿烏拉爾河向上下游延展要塞線。奧倫堡

---

[64] Муратова С.Р., Тычинских З.А. Фортификационные особенности пограничных крепостей Урала и Западной Сибири XVIII в. // Проблемы востоковедения. Т. 77, no. 3, (2017). С. 33-38.

[65] Рычков П.И. История Оренбургская по учреждению Оренбургской губернии. Уфа, 1759.

要塞沿烏拉爾河向東向北的工事被稱為「奧倫堡線」，經奧爾斯克要塞至烏拉爾河上游的上烏拉爾斯克（Верхнеуральск/Verkhneural'sk）。從上烏拉爾斯克向東延伸則稱為烏伊河線（Уйская линия/Uiskaia liniia，長約 770 俄里）。該線沿烏伊河而下，經過特羅伊茨克要塞，最終抵達位於烏伊河與托博爾河交匯處的茲維林諾戈洛夫斯克（Звериноголовск/Zverinogolovsk）要塞。奧倫堡要塞向西向南被稱為「烏拉爾線」。烏拉爾線以烏拉爾斯克為節點，分為西側的下烏拉爾線和東側的上烏拉爾線。下烏拉爾線長約 460 俄里（491 公里），由 7 座要塞和 15 座武裝崗哨構成，連接兩端的烏拉爾斯克和古裏耶夫。每座要塞輪換駐防 60 至 80 名烏拉爾哥薩克，配備一門火炮；而武裝崗哨輪換駐防 20 至 30 名烏拉爾哥薩克。上烏拉爾斯克線沿烏拉爾河右岸修築，連接烏拉爾斯克和奧倫堡。其要塞和武裝崗哨的修建和人員配置與下烏拉爾線相似。在烏拉爾線和奧倫堡線的各要塞、武裝崗哨和哨所之間，俄軍修築了一系列示警塔樓，並用樺樹、柳樹的枝條和塹壕構築簡易邊牆。至奧倫堡省督軍沃爾康斯基（G. S. Volkonskii）在任時期（1803-1807 年），烏拉爾線和奧倫堡線基本成型。

（三）以鄂木斯克為中心的草原東路要塞線體系

草原東路的西伯利亞要塞線則主要由西伯利亞總督修築。與草原西路的烏拉爾線和奧倫堡線相似，西伯利亞要塞線有著戍守農耕區和工礦區、阻滯游牧部落侵襲和圈占牧場三方面意義。西伯利亞要塞線以額爾齊斯河流域要塞為基礎，全長 2,149 俄里 345 俄丈（約 2,293.3 公里），包含西側的托博爾─伊希姆線（Тобол-Ишимская/Tobol-Ishimskaia, 1752-1755 年修建），向南延伸的額爾齊斯線（1745-1752 年修建）和東側的科雷萬─庫茲涅茨克線

（Колыван-Кузнецкская/Kolyvan-Kuznetskskaia, 1747-1768 年修建）。[66]相較於草原西路的烏拉爾線和奧倫堡線，草原東路的西伯利亞線各防禦工事之間的距離更遠，且並未修設簡易邊牆。要塞線的守備力量主要由正規軍和西伯利亞哥薩克構成。18 世紀末期，西伯利亞要塞線僅有 7 個步兵營駐防。[67]各防禦工事之間的空間佈置西伯利亞哥薩克定期巡邏。1808 年，俄當局頒佈《西伯利亞要塞線哥薩克條例》，正式組建西伯利亞要塞線哥薩克軍團，下轄 10 個哥薩克騎兵團和 2 個騎炮連，軍官和士兵總數約 6,000 人。

　　西伯利亞要塞線的核心為連接東西兩翼的額爾齊斯線。該要塞線沿額爾齊斯河右岸而建，控制沿途諸多河口與鹽湖，意在庇護處於其東側的阿爾泰工礦區。額爾齊斯線以 1716 年布赫戈勒茨遠征失敗後修建的鄂木斯克為起點。此後，俄軍再次侵入額爾齊斯河上游，於 1716 年重修亞梅舍夫要塞，且分別於 1717 年、1718 年和 1720 年修築熱列津斯克、塞米巴拉金斯克和烏斯季卡緬諾戈爾斯克要塞。額爾齊斯線於 1752 年初步完工，長達 930 俄里，主要包括（自北向南）鄂木斯克、熱列津斯克、亞梅舍沃、塞米巴拉金斯克和烏斯季卡緬諾戈爾斯克 5 座要塞，期間的 12 座武裝崗哨和 20 個兵站組成。因額爾齊斯河上游深入草原東路，沿線的要塞的貿易功能逐漸顯現。早在 18 世紀下半葉，塞米巴拉金斯克即成為俄羅斯商人、鄰近游牧民和定居人群商旅的商貿中心。

　　位於額爾齊斯線西側的托博爾河和伊希姆河地區早在 17 世紀末已開始修築防禦工事，旨在保護該地區以北托博爾河流域的秋明和托博爾斯克等農耕定居點。1752 年，俄參政院下令在原有防禦工事的基礎上修繕此前分佈於托博爾河和伊希姆河的諸多工事，形成托博爾—伊希姆線。該要塞線所過地帶

---

[66] Муратова С.Р. На страже рубежей Сибири // Национальные культуры региона. Тюмень, 2007. С. 32-46.

[67] 吳築星：《沙俄征服中亞史考敍》，貴陽：貴州教育出版社，1996 年，第 128 頁。

為西伯利亞森林帶以南的草原地區。春夏河水解凍後，多地因河水氾濫會形成無法穿行的沼澤，人畜易患疫病。該地區多鹹水湖，因此部分地段被稱為「苦水線」（горькая линия/gor'kaia liniia）。[68]1755 年完工後，該要塞線包含 9 座要塞和 16 個多面堡壘，貫通西側的烏伊線和東側的額爾齊斯線；全長為 509 俄里 200 俄丈（約 549.9 公里），平均每 22 公里設有一座防禦工事。但由於大部分工事所處地區的自然環境較為惡劣，難以開發農業，故該要塞線主要通過輪換駐防軍隊維繫。

位於額爾齊斯線東側的科雷萬─庫茲涅茨克線建設較早，旨在保護阿爾泰北麓工礦定居點。在 18 世紀中期額爾齊斯線基本成型後，俄當局試圖將原先分佈在阿爾泰山北麓的防禦工事與之聯結。1747 年，參政院下令修繕科雷萬─庫茲涅茨克線的工事，主要包括 4 個要塞、7 個武裝崗哨和 4 個兵站。但在 18 世紀 50 年代末，該要塞線逐漸失去軍事功能，因為處於阿爾泰山西南側的烏斯季卡緬諾戈爾斯克足以充當前線要塞。因此，相比草原東西兩路的各條要塞線，1768 年完工的科雷萬─庫茲涅茨克線所配置的軍力較少，軍事意義較弱。

至 19 世紀初，俄國基本完成草原東西兩路的要塞線建設。大致以烏伊河線與托博爾─伊希姆線的連接點茲維林諾戈洛夫斯要塞（今俄羅斯聯邦庫爾幹州南部）為界，其西由奧倫堡當局管轄，其東至額爾齊斯河由西西伯利亞當局管轄。值得注意的是，從烏拉爾河到額爾齊斯河，俄當局多將要塞線佈置於河流之後，即以河流為第一道屏障，借助要塞線監視游牧部落的大規模集體行動。

要塞線體系對俄國控制烏拉爾山到草原西路的政局起到了至關重要的作用。例如，廖夫申記載，1755 年 5 月巴什基爾人再度起義，時任奧倫堡總督

---

[68] Муратова, С. Р. Географическое описание Тоболо-Ишимской линии // Известия Российского государственного педагогического университета им. АИ Герцена. Т. 13, no. 36 (2007).

涅普柳耶夫從喀山、頓河哥薩克和伏爾加河下游的卡爾梅克人徵調援軍，並武裝了捷普佳爾人和米舍爾亞克人，以懸賞首領的方式分化起義軍。此外，因預見到起義軍可能向南突破烏拉爾要塞線以尋求小玉茲庇護，涅普柳耶夫刻意製造小玉茲首領與巴什基爾人之間的敵意，擇機放鬆要塞線守備，誘導兩部相互攻伐；而在雙方均損失慘重後，俄軍則以調停者姿態再度強化管控，禁止雙方渡河。[69]儘管 1771 年東歸的土爾扈特部順利突破了烏拉爾要塞線的阻攔，1773-1775 年普加喬夫起義更是沉重打擊了沙皇的統治，但對於巴什基爾人和小玉茲而言，要塞線是俄國控制該地區政局的基石。

綜上所述，要塞線的功能並不僅限於防禦來自某一特定方向游牧民團體的侵襲。近代火器、要塞線和哥薩克軍團的結合使俄當局能以有限的軍力影響西至伏爾加河下游，東至阿爾泰山，南至裏海北岸，北至烏拉爾河以北廣袤土地上的游牧和半游牧人群。例如在草原西路，南北向的烏拉爾河下游段分割卡爾梅克和小玉茲牧地，東西向的烏拉爾河中游段阻隔小玉茲和巴什基爾人。掌握駐防優勢軍事力量的俄軍可根據整個草原地區的政治形勢控制各部的渡河通行許可權，利用各游牧集團對草場資源的競爭，選擇性地製造矛盾，阻止各地區的游牧部落形成成吉思汗時代的跨地域聯盟，由此抑制其軍事潛力。同時，俄當局利用鄰近游牧部落對農牧物產交換的剛性需求，通過建設大型貿易集市加深其對俄軍政中心的依賴。

五、從冊封到設官：18 世紀中後期建立草原統治體系的 最初嘗試

在奧倫堡要塞建成後，第二任奧倫堡遠征軍司令塔季謝夫繼續基裏洛夫

---

[69] Лёвшин А.И. Описание Киргиз-Казачьих или Киргиз-Кайсацких орды степей. Т. 2, СПб., 1832. С. 214-215.

未竟的事業，即推動阿布勒海爾汗履行其效忠誓詞上的承諾。18 世紀 30-50 年代，俄國與小玉茲的交涉主要圍繞誓詞涉及的四方面問題展開，即停止各部之間的攻伐、保護過境商旅、為沙皇提供軍事支持、繳納實物稅。除此之外，按照俄國與巴什基爾和卡爾梅克等「東方人群」交涉的慣例，阿布勒海爾汗在宣誓之後須向奧倫堡遣送子嗣作為人質。圍繞上述問題，歷任奧倫堡當局主官逐漸介入到小玉茲內政中，並以阿布勒海爾汗家族作為主要的合作者。下文將首先從 1738-1739 年塔季謝夫和烏魯索夫對小玉茲交涉切入，理解俄當局與阿布勒海爾家族特殊關係形成的過程。其次，本節將分析 18 世紀晚期伊戈利斯特羅姆改革的思路。這一時期，奧倫堡當局儘管已具備干預小玉茲內部事務的能力，但受制於草原西路的自然條件和 18 世紀後半期的國際形勢，伊戈利斯特羅姆所建立的行政機構只是曇花一現。相較之下，草原東路在 1822 年《西伯利亞吉爾吉斯人條例》框架下建立的統治體制則更為持久（參見第二章）。

（一）俄當局對阿布勒海爾和弩喇麗汗的冊封

1737 年出任奧倫堡遠征軍司令後，塔季謝夫邀請阿布勒海爾汗和小玉茲其他首領在奧倫堡附近會面，代表沙俄當局完成正式的冊封和宣誓效忠儀式。1738 年 8 月，塔季謝夫率領俄軍安排隆重的歡迎儀式。俄方首先派遣一位少校率一個連的龍騎兵、兩個排的擲彈兵和軍樂隊出城迎接。城內軍隊全副武裝列隊於道路兩側，炮兵在汗經過時鳴放 9 響禮炮。雙方會見的營帳中掛有女皇的畫像。阿布勒海爾汗首先表明臣屬之意，而塔季謝夫則建議阿布勒海爾汗再度履行宣誓效忠儀式。

於是，在奧倫堡的營帳內，阿布勒海爾汗在一位穆斯林長者引導下，跪在金色地毯上聆聽臣服宣誓的誓詞和經文，並親吻古蘭經。與此同時，作為司令助手的捷夫克列夫在另一個營帳中為其他部落首領主持宣誓儀式。宣誓

儀式結束後，塔季謝夫贈予汗一把鑲金軍刀，並為所有賓客舉行宴飲和賽馬。次日，阿布勒海爾汗的長子弩喇麗蘇丹（Nurali）完成臣屬宣誓儀式。塔季謝夫以女皇名義授予弩喇麗蘇丹鑲銀軍刀。[70]

臣屬儀式之後，塔季謝夫與阿布勒海爾汗會晤多次，達成包括上繳實物稅在內的一系列協議。阿布勒海爾汗再次承諾為過境沙皇臣民商旅提供保護，且保證交還哈薩克各部扣押的俄羅斯俘虜。但他提出新的請求，希望俄當局以其子霍加艾買提（Khoja Akhmet）交換當時作為人質居住在奧倫堡的次子葉拉雷蘇丹（Erali），並請求俄當局護送汗後帕派（Papai）赴彼得堡遊歷觀覽。[71]

1738 年 8 月阿布勒海爾汗會晤塔季謝夫標誌著小玉茲汗和首領第一次在俄國的控制軍鎮內完成冊封儀式。相比 1732 年捷夫克列夫在小玉茲為阿布勒海爾舉行的宣誓效忠儀式，此次阿布勒海爾汗以效忠儀式爭取俄國支持的意圖更加明顯。作為接受臣屬關係的一部分，阿布勒海爾汗向俄方質押子嗣，並繳納貢賦。但除此之外，保護商旅遠非阿布勒海爾汗力所能及，遑論要求哈薩克各部交還俄羅斯俘虜和逃人，抑或約束各部不再襲擊要塞線的俄國屬民。儘管如此，俄當局在 18 世紀多數時間中均支持阿布勒海爾及其繼任汗位的家族後裔出任小玉茲的名義首領，以該家族作為干預草原西路事務的憑藉，維持該地區各人群的平衡和俄國政治影響力的存續。

此後，俄國與小玉茲的交涉往往選擇在奧倫堡長官更替或汗位繼承的時機進行。第三任奧倫堡遠征軍司令烏魯索夫親王於 1739 年抵達奧倫堡。隨後，他利用新上任的契機邀請小玉茲和中玉茲的汗、蘇丹和首領舉行會面。值得注意的是，此前儘管阿布勒海爾汗多次自稱代表哈薩克各玉茲與沙俄交

---

[70] Лёвшин А.И. Описание Киргиз-Казачьих или Киргиз-Кайсацких орды степей. Т. 2, СПб., 1832. С. 133-135.

[71] Лёвшин А.И. Описание Киргиз-Казачьих или Киргиз-Кайсацких орды степей. Т. 2, СПб., 1832. С. 136.

涉，但實際上中玉茲首領至此尚未與奧倫堡當局正式交涉。阿布勒海爾汗此次並未親自前往，而是派遣其子弩喇麗和葉拉雷率 75 名小玉茲首領赴會。[72]此次會晤中，烏魯索夫提到，1738 年一支俄羅斯官方商隊從奧倫堡出發赴塔什干貿易，在塔什干附近遭哈薩克人劫掠。故烏魯索夫要求阿布勒海爾汗兌現承諾，查找並歸還商品，並交還在押俄羅斯俘虜。此事並未得到阿布勒海爾一方答覆。

而弩喇麗則要求俄方為阿布勒海爾汗在錫爾河下游建造一座要塞，並為其提供火炮，以支持阿布勒海爾家族控制希瓦汗國以及鹹海周邊地區。烏魯索夫以奧倫堡要塞火炮數量有限為名拒絕提供火器支援，但同意協助修建要塞，並以勘察要塞地形環境為名派遣測繪員穆拉文（Muravin）和工程師納濟莫夫（Nazimov）隨行前往鹹海沿岸考察。此二人考察歷時一年，繪製了沙俄當局獲得的草原西路和鹹海周邊的第一張現代地圖。而阿布勒海爾所希望的要塞則並未建立。[73]

儘管阿布勒海爾汗在 1731 年、1732 年和 1738 年以不同形式向俄當局宣誓臣服，但這並不意味著小玉茲各部就此中止對周邊巴什基爾、卡爾梅克、烏拉爾哥薩克以及俄羅斯移民的劫掠，經草原西路赴中亞南部商旅也並不會因為這些儀式而獲得安全保障。阿布勒海爾汗曾要求俄當局為他配備武裝護衛，允許其下屬部落跨越烏拉爾河使用西側草場，甚至以倒向周邊其他政權為籌碼向俄方施壓。在機遇出現的情況下，阿布勒海爾汗的確曾嘗試引入其他力量介入草原事務。18 世紀 40 年代初，波斯納迪爾沙（Nadir Shah）一度侵入中亞南部，而同一時期，阿布勒海爾汗剛在希瓦汗國立足。阿布勒海爾汗派遣俄國測繪員穆拉文充當使者，向納迪爾沙提請臣服，並請求納迪爾沙

---

[72] Лёвшин А.И. Описание Киргиз-Казачьих или Киргиз-Кайсацких орды степей. Т. 2, СПб., 1832. С. 139-140.

[73] Лёвшин А.И. Описание Киргиз-Казачьих или Киргиз-Кайсацких орды степей. Т. 2, СПб., 1832. С. 141.

冊封其為希瓦汗國的汗王。納迪爾沙熱情接待穆拉文，但委託他轉告阿布勒海爾汗親自前來軍帳會商。阿布勒海爾汗聞訊，擔心納迪爾沙設伏將其暗殺，便從希瓦撤出，返回錫爾河下游牧地以躲避波斯兵鋒。由此可見，阿布勒海爾將對周邊強勢政權的臣屬請求作為生存策略。但除俄國之外，這一時期周邊強權並無介入草原西路的戰略意圖。

表 1-2　沙俄所冊封小玉茲汗王表

汗王名稱	俄文文獻所見名稱	人名拉丁轉寫	在位年份
阿布勒海爾	Абульхаир	Abul'khair	1731-1748 年[74]
弩喇麗	Нурали	Nurali	1748-1786 年
葉拉雷	Ерали	Erali	1791-1794 年
葉希姆	Есим	Esim	1795-1797 年
艾楚瓦克	Айчувак	Aichuvak	1797-1805 年
江托熱	Джантюре /Джантюрин	Dzhantiure /Dzhantiurin	1805-1809 年
希爾加齊	Шергази	Shergazi	1812-1824 年

1748 年，阿布勒海爾汗意外身亡引發沙俄首次介入小玉茲汗位選舉。當年，阿布勒海爾汗在劫掠拉卡爾帕克人的途中遭巴拉克蘇丹（Barak Sultan）襲殺。巴拉克蘇丹是小玉茲另一位相對有威望的貴族首領。此事件意味著 1731 年阿布勒海爾宣誓效忠以來俄當局首次面臨小玉茲汗位繼承問題。當時奧倫堡當局面臨著兩種選擇：或繼續支持阿布勒海爾汗後裔，或嘗試與巴拉克蘇丹合作，支持其從阿布勒海爾家族手中奪取汗位。阿布勒海爾汗的兒子弩喇麗、葉拉雷和艾楚瓦克均多次與奧倫堡當局接觸，且此前作為質子在俄

---

[74] 本表以沙俄冊封阿布勒海爾為汗的年份為時間起點，因此從 1731 年開始計算阿布勒海爾的在位年份。

羅斯社會中生活，故得到奧倫堡方面多數官員的認可。而以捷夫克列夫為代表的一派則認為巴拉克蘇丹更適合作為俄國在小玉茲的代理人，因為巴拉克蘇丹在擊殺阿布勒海爾汗後得到了一些氏族擁戴，相對有能力掌控局面，更有可能落實約束部眾、交還俘虜逃人和保護商旅等俄方長期以來的訴求。時任奧倫堡總督涅普柳耶夫（1744-1759 年在任）則認為，由阿布勒海爾汗的子嗣繼位相對而言風險較小。於是，以總督意見為方針，長期處理哈薩克人事務的捷夫克列夫再次赴小玉茲各部聯絡。最終，在奧倫堡當局的支持下，弩喇麗在民眾大會（народное собрание/narodnoe sobranie）上被推舉為新汗。

除明確汗位人選之外，俄當局同時也在權衡是否繼續以「哈薩克各帳的汗」為頭銜冊封新汗。儘管阿布勒海爾並無統攝各玉茲的權力，但 1731 年他以上述名義自居，向沙皇宣誓臣屬。俄當局亦順水推舟，在詔書中稱呼阿布勒海爾為「哈薩克各帳的汗」，借此聲稱對哈薩克各部的宗主權。[75]阿布勒海爾死後，其繼承人是否應承襲這一頭銜，是奧倫堡當局需要斟酌的第二個問題。

弩喇麗被推舉為汗後，其近臣紮尼別克巴特爾（Жанибек батыр/Zhanibek batyr）率一眾首領至奧倫堡，要求俄當局承認弩喇麗為小玉茲和中玉茲的汗。實際上，在 18 世紀 40 年代，中玉茲和大玉茲仍受準噶爾部控制，僅有阿布勒海爾汗一系與俄國方面保持較為密切的互動。因此，1749 年 2 月 26 日，俄當局向弩喇麗頒發承認其為「哈薩克各帳的汗」的詔書，並邀請弩喇麗赴奧倫堡舉行宣誓效忠儀式。[76]

繼位之後，弩喇麗向俄方提出兩點請求：第一，以向巴拉克蘇丹復仇和約束下屬氏族為理由，請求俄方提供軍力支持；第二，以母親和兄弟均希望

---

[75] Академия наук КазССР. Казахско-Русские отношения в XVI-XVIII веках: сборник документов и материалов. Алма-Ата, 1961. С. 35.

[76] Лёвшин А.И. Описание Киргиз-Казачьих или Киргиз-Кайсацких орды степей. Т. 2, СПб., 1832. С. 180.

厚葬其父為由，希望俄方在適宜地點為阿布勒海爾汗修建陵墓和紀念碑。弩
喇麗的這兩點請求暗含希望俄國向草原西路傾注更多軍政資源的意圖。奧倫
堡總督涅普柳耶夫明確拒絕提供軍事支持。對於第二點，涅普柳耶夫則將其
與發展草原商貿的訴求相結合，提出在將阿布勒海爾汗的遺體遷至要塞線附
近的條件下，俄方可以陵墓和紀念碑為中心修建城市，成為小玉茲首領和民
眾舉行儀式、生活和貿易的場所。此事後來因各方就選址無法達成一致而擱
置。[77]弩喇麗擔任小玉茲汗長達 38 年（1748-1786 年），成為 18 世紀中後期
俄國在草原西路的主要合作者。

　　阿布勒海爾汗死後，草原西路的政治格局更為複雜。除了擊殺阿布勒海
爾的巴拉克蘇丹以外，尚有其他強勢首領覬覦汗位。1750 年，小玉茲另一首
領巴特爾（Batyr）蘇丹被一些氏族擁立為汗，其子卡伊普（Kaip）被希瓦汗
國擁立為汗。巴特爾自認為權勢不低於弩喇麗，便遣使奧倫堡交涉，希望得
到俄方承認。巴特爾並未直接提出臣屬的請求，而是要求奧倫堡方面開闢經
由其下屬牧地至希瓦的商旅路線。這一請求並未得到俄方支持。儘管俄方不
滿於弩喇麗無力庇護商隊，但巴特爾家族同樣未必有能力兌現許諾。故俄方
以傳統商旅路線經過弩喇麗牧地為由，希望巴特爾與弩喇麗和睦相處。[78]

　　此後，阿布勒海爾後裔與巴特爾家族陷入長達數十年的對抗。小玉茲內
部就是否應向奧倫堡歸還俄羅斯、巴什基爾和卡爾梅克各族俘虜，以及是否
應支持俄軍鎮壓巴什基爾人起義等問題出現分裂。以弩喇麗汗為代表的阿布
勒海爾家族多數情況下站在俄國一方，故遭到部分小玉茲氏族首領的反對。
弩喇麗一定程度上兌現了其父阿布勒海爾對沙皇的承諾：他懲戒了一些劫掠
俄羅斯沿邊居民點的游牧民，並將部分在押俄羅斯和卡爾梅克俘虜交還俄

---

[77] Лёвшин А.И. Описание Киргиз-Казачьих или Киргиз-Кайсацких орды степей. Т. 2, СПб., 1832. С. 183-184.

[78] Лёвшин А.И. Описание Киргиз-Казачьих или Киргиз-Кайсацких орды степей. Т. 2, СПб., 1832. С. 201-203.

方。1750 年，作為答謝，俄當局向弩喇麗提出，如能交還所有俄羅斯和卡爾梅克俘虜，則向其發放年俸，並以奧倫堡當局的名義向他贈送禮品。[79]此外，俄當局允許弩喇麗選派親屬、蘇丹或長老每二至三年一次赴彼得堡覲見沙皇。這種赴俄都的朝覲之旅實際上是以當時俄國相對優越的器物條件吸引小玉茲首領傾心於俄歐文化，變相擴大其在草原西路上層貴族中的影響力。

（二）葉卡捷琳娜二世統治時期設官建制的嘗試

18 世紀中期，中亞草原周邊地區發生一系列政治變動。1747 年，波斯納迪爾沙被刺殺，此後伊朗高原的政權不再有能力介入中亞草原地區事務。1755 年，清廷平定準部，並於 1762 年設立伊犁將軍，統轄天山南北。對於小玉茲的汗和首領而言，清廷無意干預草原西路事務，波斯陷入內亂，布哈拉和浩罕尚且無力對抗俄國，因此，周邊並無外力可借用於平衡俄國的影響力。

而在葉卡捷琳娜二世（1762-1796 年在位）執政初期，俄當局的主要精力也在於處理歐洲事務。在七年戰爭（1756-1763 年）之後，俄國一方面強化國內貴族地位，另一方面在波蘭和黑海周邊兩個方向攻城掠地。葉卡捷琳娜二世與普魯士、奧地利合謀三度瓜分波蘭（1772 年、1793 年、1795 年），兩度與奧斯曼展開曠日持久的戰爭（1768-1774 年，1787-1792 年），並積極調動貴族開發新佔領的土地。至 18 世紀 70 年代，在頻繁的戰事和沉重的稅賦壓迫下，1773 年烏拉爾河流域爆發普加喬夫起義。作為對普加喬夫起義的事後處置措施，俄當局取消了雅伊克哥薩克和頓河哥薩克的自治地位，並將所有涉及「雅伊克」一詞的地名和機構名稱替換為「烏拉爾」。[80] 18 世紀末俄當局在哈薩克草原西路設官建制的嘗試，正是在上述歷史背景下展開。

---

[79] 實際上，年俸自 1755 年才開始發放，參見 Лёвшин А.И. Описание Киргиз-Казачьих или Киргиз-Кайсацких орды степей. Т. 2, СПб., 1832. С. 196-197.

[80] 孫成木、劉祖熙、李建：《俄國通史簡編（上冊）》，北京：人民出版社，1986 年，第 343 頁。

　　1782 年，葉卡捷琳娜二世發佈諭令，以奧倫堡為中心設立名為「邊境遠征軍」（Пограничная экспедиция/pogranichnaia ekspeditsiia）的特別管理機構。該機構負責在奧倫堡和西伯利亞邊境修建清真寺、附屬學校和商貿驛站（caravan-sarai），並以軍事和經濟手段支持小玉茲中持親俄立場的氏族首領。[81]上述政策的前提假設是政治經濟利益能夠使哈薩克各部首領與俄羅斯人產生更為緊密的聯繫。此類以經貿手段籠絡草原游牧部落的政策在 18 世紀中期涅普柳耶夫主政奧倫堡期間（1742-1759 年）已有嘗試。涅普柳耶夫認為，動用正規軍難以對活動在廣袤荒漠地區的游牧民造成實質性威脅；要塞線附近游牧的哈薩克人已經與要塞線民眾產生共存關係，鼓勵他們發展與俄羅斯城鎮的貿易能「軟化」他們。而在對待汗裔人質方面，涅氏建議將他們送至聖彼得堡接受教育，而非長期扣押在邊境小鎮，以更好地培養未來的代理人。[82]

　　葉卡捷琳娜二世的諭令主要由兩度出任奧倫堡地區軍政主官的伊戈利斯特羅姆（O. A. Igel'strom，1785-1790 年和 1797-1799 年在任）執行。伊戈利斯特羅姆首次上任時，弩喇麗汗正陷於內外交困的局面。1783 年冬，草原西路遭受風雪災，大量牧民陷入破產。弩喇麗向奧倫堡當局提請渡過烏拉爾河，依靠烏拉爾河西側裏海北岸牧場維持生計。這一提議遭到俄方拒絕。作為報復，對弩喇麗汗不滿於的部分氏族追隨瑟熱姆（Сырым/ Syrym）[83]劫掠烏拉爾哥薩克領地。1784 至 1785 年間，小玉茲牧民襲擊要塞線的事件頻發。伊戈利斯特羅姆由此認為，阿布勒海爾家族已經無力統治小玉茲，並將葉卡

---

[81] Лёвшин А.И. Описание Киргиз-Казачьих или Киргиз-Кайсацких орды степей. Т. 2, СПб., 1832. С. 276-277.

[82] Академия наук КазССР. Казахско-Русские отношения в XVI-XVIII веках: сборник документов и материалов. Алма-Ата, 1961. С. 341-348.

[83] 哈薩克斯坦歷史學界稱之為瑟熱姆‧達托夫（Сырым Датов）。

捷琳娜二世的戰略意圖解讀為根據 1775 年《全俄帝國各省管理體制》[84]將草原西路納入俄國領土，建立行政管理體制。因此，在上任後，他試圖利用阿布勒海爾家族、巴特爾家族和瑟熱姆這三支力量並存的狀態，在草原西路嫁接沙俄統治體制。

改換小玉茲統治體制的首要問題是如何處理長期由阿布勒海爾家族把持的汗位。在啟蒙思潮的影響下，改造君主專制體制、建立「文明」政體一度成為 18 世紀後半期俄國貴族中的流行思潮。而在這一話語影響下，阿布勒海爾和弩喇麗的統治被認為是亟待改造的「東方」和「專制」形態。於是，伊戈利斯特羅姆借機向葉卡捷琳娜二世提出大膽的改革方案，其內容至少包括以下五方面：（1）廢除小玉茲汗位；（2）將小玉茲牧地劃為三部分，各自推舉一名首領；（3）建立鄉法院（расправа/rasprava）；（4）在要塞線選址修建城市、禮拜寺、貿易集市和學校，加強與游牧社會的經濟和文化聯繫；（5）建議從喀山韃靼人中招募毛拉，作為籠絡哈薩克貴族的「中間人」。

伊戈利斯特羅姆首先向小玉茲的蘇丹和首領發佈公告，要求他們召開民眾大會，討論如何維護地區秩序。反對阿布勒海爾家族的首領們抓住機遇，由瑟熱姆牽頭兩次召開民眾大會，呼籲以能力和功績推舉首領。自認為得到俄當局支持的瑟熱姆於 1786 年公然襲擊弩喇麗汗帳，掠其妻兒，迫使後者逃亡到烏拉爾斯克。伊戈利斯特羅姆順勢將弩喇麗護送到奧倫堡，後軟禁於烏法。而將其弟艾楚瓦克扣押於烏拉爾斯克要塞。

在暫時限制阿布勒海爾家族的權力之後，伊戈利斯特羅姆與瑟熱姆一派達成協議，設立新的行政管理機構。首先，伊戈利斯特羅姆下令禁止烏拉爾哥薩克劫掠小玉茲，並允許小玉茲各部遷徙至烏拉爾河與伏爾加河之間的草場放牧。其次，奧倫堡當局以小玉茲下屬三個部落聯盟[85]各自的牧場範圍為

---

[84] 關於葉卡捷琳娜二世 1775 年地方行政管理制度改革，參見孫成木、劉祖熙、李建：《俄國通史簡編（上冊）》，北京：人民出版社，1986 年，第 344-345 頁。

[85] 小玉茲三個主要的部落為阿裏木吾勒（哈薩克文：Әлімұлы；俄文：Алимулы），拜吾勒（哈薩

基礎，將草原西路劃分為三個行政單元，每部各立一首領。1787 年，伊戈利斯特羅姆進一步改革首領統治制度，要求各部落聯盟推舉一名首領（главный/glavnyi）和若干名長老（старейшина/stareishina）形成統治機構，管理民眾。瑟熱姆被選為拜吾勒支系的首領。所有當選的首領和長老須集會宣誓效忠，經女皇諭准後，由奧倫堡當局支發薪俸。[86]

在三個行政單元的基礎上，伊戈利斯特羅姆要求各每個部落聯盟的首領根據牧戶數量設立鄉法院：阿裏木吾勒和拜吾勒各設兩所，傑特魯設一所。每所鄉法院設主席一人，成員二人，負責文書工作的毛拉或書吏一人，外加助理一人，每日集會審案。書吏和助理均由奧倫堡當局公費聘任，依照奧倫堡當局制定的規章流程起草和管理司法文書。[87]在設立基層司法機構的同時，伊戈利斯特羅姆派人搜集哈薩克民俗、道德和司法習慣相關素材，準備將哈薩克習慣法文本化，為編纂草原地區的法典做準備。在搭建行政和司法機構的框架之後，伊戈利斯特羅姆著手修建城市、禮拜寺、貿易集市和學校。奧倫堡當局以經濟利益引導部落首領佔有和開發臨近要塞線的土地，以公費辦學吸引哈薩克各階層子弟入學。

然而，與眾多無視物質基礎的上層建築改革相似，伊戈利斯特羅姆設置的行政和司法機構並未起到預想的作用。首先，因鄉法院的運作方式與游牧社會傳統差異較大，其主席和成員長期缺席，法院難以正常運作。其次，草原西路的國際政治環境出現複雜變化：1788 年，奧斯曼帝國為制衡俄國，通

克文：Байұлы；俄文：Байулы）和傑特魯（哈薩克文：Жетіру；俄文：Семиродский）。

[86] Лёвшин А.И. Описание Киргиз-Казачьих или Киргиз-Кайсацких орды степей. Т. 2, СПб., 1832. C. 299.

[87] Лёвшин А.И. Описание Киргиз-Казачьих или Киргиз-Кайсацких орды степей. Т. 2, СПб., 1832. C. 298. 因該機構名稱最初指葉卡捷琳娜二世執政時期歐俄省份為國家農奴設立的基層司法機構，故孟楠書中譯為「農民特別法庭」。考慮到 18 世紀後半期小玉茲以游牧生產方式為主，這一譯法可能引起誤解。譯為「鄉法院」更能體現該機構設立所包含的建立行政區劃的目標，參見孟楠：《俄國統治中亞政策研究》，烏魯木齊：新疆大學出版社，2000 年，70 頁。

過布哈拉埃米爾聯絡哈薩克各玉茲，鼓動其威脅俄國後方。布哈拉與阿布勒海爾之子葉拉雷和瑟熱姆分別取得了聯繫。儘管瑟熱姆並未聽令，但奧倫堡當局知悉此事後對其不再信任。[88]最後，1789 年法國大革命的爆發迫使俄國從維護君主制的角度重新權衡廢除小玉茲汗位的利弊。

1790 年，弩喇麗汗去世。小玉茲汗位繼承的問題再次擺到俄當局面前。在這一背景下，伊戈利斯特羅姆廢除汗位的嘗試與俄國上層迅速抬頭的保守主義思潮相悖。為避免引發對君主制正當性的質疑，俄當局迅速指定了弩喇麗汗的兄弟、阿布勒海爾汗後裔中年齡最長的葉拉雷繼位（1791-1794 年在位），並為其倉促辦理宣誓儀式。在這一形勢下，此前伊戈利斯特羅姆以部落聯盟首領為基礎建立的行政和司法機構便名存實亡，伊戈利斯特羅姆本人也於 1790 年卸任總督。

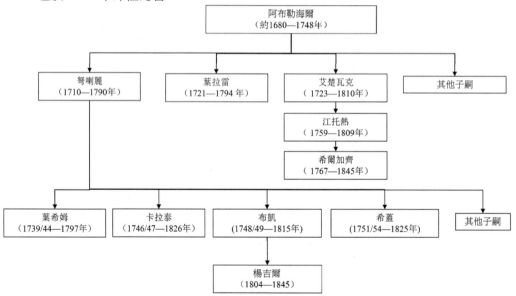

圖 1-1　18 世紀至 19 世紀初哈薩克小玉茲阿布勒海爾汗家族部分成員系譜[89]

---

[88] 廖夫申在其作品中收錄布哈拉埃米爾致小玉茲首領的信件譯文，參見 Лёвшин А.И. Описание Киргиз-Казачьих или Киргиз-Кайсацких орды степей. Т. 2, СПб., 1832. С. 301-303.

[89] Ерофеева И.В. Хан Абулхаир: полководец, правитель, политик. Алматы, 2007. С. 244-245.

俄當局重新扶持阿布勒海爾家族的舉動使得巴特爾家族和瑟熱姆極為不滿。巴特爾家族的卡伊普去世後，其子阿布勒加齊（Абульгазы/Abul'gazy）繼續與阿布勒海爾家族為敵，因此與瑟熱姆合作襲擾要塞線。伊戈利斯特羅姆的繼任者佩烏特林格（A. A. Peutling）回歸到以扶持阿布勒海爾家族為中心的政策路線。他下令重新封鎖烏拉爾要塞線，禁止小玉茲跨河游牧，並允許烏拉爾哥薩克劫掠哈薩克人。同時，他調動正規軍和烏拉爾哥薩克進剿巴特爾家族和瑟熱姆，並以 3000 盧布懸賞後者。

1794 年 6 月，葉拉雷汗去世。俄當局指定弩喇麗之子葉希姆（1795-1797 年在位）繼任為汗。葉希姆在 1795 年 9 月 15 日於奧倫堡附近完成宣誓效忠儀式。瑟熱姆指責葉希姆投靠俄國，反對其向奧倫堡當局移交劫掠要塞線定居點的哈薩克人，要求葉希姆以 2000 頭羊的命價（кұн/qūn）賠償。[90]俄當局一改此前拒絕向小玉茲汗提供軍事支持的慣例，派遣一支哥薩克衛隊保護葉希姆汗，並協助其打擊瑟熱姆一派。此外，奧倫堡當局支持葉希姆汗成立汗諮議會，推舉有聲望的蘇丹和首領作為成員，輔佐汗處理各部落事務。

然而，出乎俄當局意料的是，1797 年 11 月葉希姆汗被瑟熱姆的下屬襲殺。葉希姆的叔叔，即弩喇麗和葉拉雷的弟弟艾楚瓦克暫時代理汗諮議會主席。諮議會成員由三大部落聯盟中各挑選二人組成。後經討論，沙俄當局支持艾楚瓦克繼任汗位。但艾楚瓦克年邁體衰，不但無力領導汗諮議會，更無暇管束小玉茲各部。部分拒絕效忠艾楚瓦克的部落向南部和東部遷徙，或退居錫爾河下游，或攻取土庫曼人位於烏斯特尤爾特高原（Ust'-Yurt plateau）和曼吉什拉克半島（Mangyshlaq peninsular）的牧地，或進入中玉茲領地混居。瑟熱姆最後被迫出逃希瓦，於 1802 年去世。

1799 年，弩喇麗汗的另一名子嗣布凱蘇丹（Букей/Bukei，生卒 1742-

---

90 Лёвшин А.И. Описание Киргиз-Казачьих или Киргиз-Кайсацких орды степей. Т. 2, СПб., 1832. С. 313-316.

1815 年）抓住小玉茲汗連續更替、草原西路政局動盪的時機，向當局提請永久遷徙其部眾到烏拉爾和伏爾加河之間的草原地帶（即土爾扈特部東歸之前的牧場），並請求沙皇派遣 100 名哥薩克官兵維持地方秩序。上述請求得到沙皇保羅一世（1796-1801 年在位）的支持。1801 年秋，布凱蘇丹帶領約一萬帳牧戶遷入該地區，其中大多來自拜吾勒和阿裏木吾勒部落聯盟。俄當局試圖將這一部分哈薩克人打造為游牧集團臣服的樣板，故於 1812 年冊封布凱蘇丹為汗，其屬民被稱為布凱汗國或「內帳」（внутренняя орда/vnutrenniaia orda）。

結　語

在 18 世紀 30 年代，以阿布勒海爾遣使沙俄、捷夫克列夫訪問小玉茲、奧倫堡建城以及要塞線修築等一系列事件為此後俄國介入草原西路事務拉開序幕。儘管阿布勒海爾並未獲得小玉茲所有首領和民眾的支持，實際上也不具備號令哈薩克各部落、庇護俄國商旅的能力，但俄當局抓住了其臣屬帶來的政治機遇：以奧倫堡為中心修築要塞線，以烏拉爾和奧倫堡哥薩克軍團為控制烏拉爾河流域的人力基礎，進而得使小玉茲、希瓦、巴什基爾、卡爾梅克等部之間相互牽制。18 世紀後半期，俄當局逐漸改變此前的羈縻統治，嘗試在草原西路引入行政管理體制，將各部落首領轉為俄當局發放薪資的官僚。然而，一方面俄當局在 19 世紀中期之前尚無力在自然環境相對惡劣的草原西路腹地建立常設軍事據點，故而難以對小玉茲各部形成日常的控制；另一方面，歐洲和俄國國內的政局和政治思潮也影響著俄當局對小玉茲的政策。因此，除了伊戈利斯特羅姆的短暫調整外，直至 19 世紀 60 年代，阿布勒海爾家族始終是俄當局在草原西路的主要代理人。

除了介入各部之間關係之外，奧倫堡當局在 18 世紀後半期逐漸吸收阿布

勒海爾家族後裔以及其他首領子嗣進入俄國的學校和軍政官僚體系，由此逐漸形成一批熟諳草原和歐俄、游牧與城市兩種文化的仲介人群。這一批部落精英子嗣與同樣熟悉兩個「世界」的各哥薩克軍團在 19 世紀成為俄國向草原腹地擴張、建立和維繫草原統治體制的骨幹力量。

第二章　1822 年《西伯利亞吉爾吉斯人條例》與草原東路統治體制的建立

　　18 世紀末，奧倫堡省督軍伊戈利斯特羅姆在草原西路廢除小玉茲汗位和建立行政機構的嘗試因法國大革命爆發而倉促廢止。此後俄國忙於歐陸戰事而無暇東顧。拿破崙戰爭結束後，俄國向周邊地區的擴張一度不受歐洲列強的限制，而加強對草原地區的控制是向中亞南部投射影響力的前提。在 18 世紀，俄國與中亞草原關係的主要舞臺在草原西路。但在 19 世紀 20-60 年代，草原東路成為觀察俄國重塑與草原地區關係的焦點。本章將結合全球史研究者提出的「歐亞革命論」，探討 18 世紀 30 年代至 19 世紀 20 年代俄國何以止步於要塞線，以及為何在 19 世紀 20 年代開始深入草原腹地。本章的主體內容是對 1822 年《西伯利亞吉爾吉斯人條例》（下文簡稱「1822 年條例」）[1]文本的分析。這一條例明確提出了建立吸納本土精英的行政機構、劃分疆界和引導牧民定居的三方面政策，勾勒了 19 世紀中葉以降俄國草原統治體制的基本框架。最後，本章將考證 19 世紀 20-40 年代上述條例的落實情況，從政治機構設置的視角觀察俄國向草原腹地擴張的進程。

---

[1]　條例的俄文名稱、來源及全文譯文參見附錄二。

一、「歐亞革命」與 19 世紀 20 年代俄國與中亞草原的關係

受 19 世紀英俄大博弈期間俄國知識份子的自我認知和英國宣傳的影響，20 世紀各國知識界往往以生命體發育的比喻來想像俄國擴張的進程，強調其擴張總體規模之巨大和進程之連續：「從十五世紀中葉到十九世紀末的四百年間，沙皇俄國約以每天五十平方英里的速度向外擴張」[2]，從偏居伏爾加河一側的莫斯科公國「成長」為領土面積超國 2,200 萬平方公里的大國。按照此種刻板印象，18 世紀 30 年代奧倫堡遠征和 18 世紀中期修築要塞線之後，俄國理應繼續沿草原東西兩路南下。但實際上，俄軍在草原地區以建立統治體制為目標的擴張肇始於 19 世紀 20 年代。那麼為何中間存在近一個世紀的「停滯」？

近期的全球史研究為上述問題提供了思考的進路。英國歷史學家約翰·達爾文（John Darwin）提出了 18 世紀後半期「歐亞革命」的概念。[3]「歐亞革命」實際上是這一時期歐亞大陸上地緣政治、經濟和文化三個領域相互交織的革命性變化。在地緣政治層面，18 世紀後半期歐洲列強相繼捲入七年戰爭（1756-1763 年）、北美獨立戰爭（1776-1783 年）、法國大革命和拿破崙戰爭。此前（18 世紀上半葉）法國精心維繫的大西洋、歐陸和近東的均勢格局相繼崩塌，改為 1815 年之後形成的英法俄普奧「大國協調」（Concert of Powers）。這一系列戰爭之後，法國不再能阻礙英國成為全球的海上霸主。而缺少了法國的制衡，俄國以波蘭和奧斯曼等法國盟友為代價，在東歐和巴爾幹地區進一步擴張。「五強共治」局面形成後，歐洲大陸進入所謂「百年和平」，即一戰之前歐陸本土沒有再出現將所有列強都捲入的全面戰爭。同

---

[2] [美]亨利·赫坦巴哈等著，吉林師範大學歷史系翻譯組譯：《俄羅斯帝國主義：從伊凡大帝到革命前》，北京：三聯書店，1978 年，第 1 頁。

[3] [英]約翰·達爾文著，黃中憲譯：《帖木兒之後：1405 年以來的全球帝國史》，北京：中信出版集團，2021 年，第 159 頁。

時，英俄兩國各自向「東方」的擴張則不再受其他歐洲列強掣肘，英俄大博弈的格局由此顯現。在經濟層面，第一次工業革命、歐陸戰爭以及全球化的貿易活動共同促成了達爾文所謂「軍事─財政國家」的形成。國家、資本和工業更為緊密地結合在一起，資本主義生產關係逐漸取代封建主義，軍事技術和戰術在戰爭刺激之下迅速迭代。物質層面的劇烈變動自然也促成文化層面的變遷。以商業、理性和文明等概念為中心的各類學說逐漸支撐起「歐洲人」的共同身份和所謂「文明使命」的普遍信念，並借助新興的世俗知識生產體系將歐洲以外的空間納入以歐洲為演化終點的線性發展時間序列中。[4]

「歐亞革命」之後，俄國所面臨的內外條件與 18 世紀 30 年代大相徑庭。在地緣政治層面，俄國向亞洲內陸地區的擴張與英國在南亞和東亞的擴張呈現競爭與模仿。在經濟層面，19 世紀 20 年代以後俄國本土的紡織工業逐漸興起，槍械、火炮、交通和通信技術也在西歐影響下發展。在文化層面，拿破崙戰爭的勝利使俄國貴族和軍官確認了「歐洲人」的身份，吸納啟蒙思潮的一系列觀念。值得注意的是，參加 19 世紀中期征服中亞草原重要戰役決策的高層官員和前線軍官大多經歷過拿破崙戰爭，往往難以容忍俄軍在「亞洲人」面前的軍事失敗，故傾向於默許前線人員的軍事冒險行為。[5]

「歐亞革命論」有助於理解 19 世紀初俄國在中亞草原面臨的新內外條件，而一系列本地的因素則為 19 世紀 20 年代俄國向草原腹地擴張提供了便利。18 世紀後半期清廷平定準部之後，草原東路形成相對穩定的政治格局，哈薩克中玉茲、大玉茲以及東西布魯特各部均上表歸附。1757 年夏，緝捕阿睦爾撒納的清軍在愛呼斯河（今稱阿亞古茲河）與中玉茲實權首領阿布賚（Ablai Khan）會面，接受阿布賚所獻表文及馬匹。1757 年秋，參贊大臣富

[4] [澳]佈雷特・鮑登著，杜富祥、季澄、王程譯：《文明的帝國：帝國觀念的演化》，北京：社會科學文獻出版社，2020 年。

[5] Morrison, Alexander. *The Russian Conquest of Central Asia: A Study in Imperial Expansion, 1814-1915*. Cambridge, U.K.: Cambridge University Press, 2021, pp. 24-28.

德在追捕阿睦爾撒納叛黨途中進入大玉茲牧地，在塔什干附近與大玉茲首領吐裏拜會面，亦接受其所獻表文和馬匹。[6]分佈在伊塞克湖至外伊犁阿拉套北麓的布魯特各部（即今吉爾吉斯族）也向清朝稱臣。清廷於 1762 年設伊犁將軍統轄天山南北事務，下分駐塔爾巴哈臺和伊犁兩處參贊大臣分管伊犁谷地至阿爾泰山轄境，並以羈縻藩部、城防駐兵、設置卡倫、沿邊巡查等措施維繫天山北路的政治格局。[7]

但進入 19 世紀初，中玉茲內部的汗權的衰落為俄國擴張提供可乘之機。1781 年阿布賚汗去世後，其長子瓦裏（Vali）被推舉為汗。同年，部分中玉茲氏族推舉達伊爾（Dair）為汗，反對瓦裏的汗權。1816 年，俄當局直接冊封達伊爾之弟布凱（Bukei，生卒 1737-1817 年）為汗。1819 年瓦裏去世後，時任西伯利亞總督斯佩蘭斯基於 1821 年宣佈廢除中玉茲汗位，強行推動他所設計的草原行政管理制度，即 1822 年頒佈的《西伯利亞吉爾吉斯人條例》。

二、1822 年條例所見新統治體制

斯佩蘭斯基（M. M. Speranskii，生卒 1772-1839 年）是沙皇亞曆山大一世（1801-1825 年在位）的近臣。斯氏受法國啟蒙思想影響深刻，長於立法，試圖參照同時期法國的政治制度在俄國推動變革。然而，1812 年俄法戰爭爆發之後，斯佩蘭斯基為國內保守勢力所排擠。1816 年，他被任命為奔薩省長，後於 1819 年轉任西伯利亞總督。亞曆山大一世意圖派遣斯佩蘭斯基系統性地改革西伯利亞廣袤地域上的統治體制。[8]當時中亞草原東路事務由西伯利

---

6 《平定準噶爾方略》正編，卷四一，轉引自王治來：《中亞通史（近代卷）》，烏魯木齊：新疆人民出版社，2010 年，第 134 頁。

7 關於清代伊犁將軍府的巡邊制度，參見厲聲：《哈薩克斯坦及其與中國新疆的關係》，哈爾濱：黑龍江教育出版社，2004 年，第 143-149 頁。

8 關於斯佩蘭斯基在西伯利亞總督任內的改革措施概述，參見徐景學主編：《西伯利亞史》，哈爾

亞總督通過鄂木斯克管轄。因此，斯佩蘭斯基也參與到由外交、財政和內務三部大臣加上陸軍總參謀長組成的亞洲委員會，協助制定和執行對中亞地區的政策。

1822 年 7 月 22 日，沙皇諭令正式頒佈《西伯利亞吉爾吉斯人條例》，強行規定草原東路中玉茲地區（即額爾齊斯河以西以南至巴爾喀什湖以北）的管理體制。1822 年條例旨在將「蘇丹」「畢」（бий/bii）等游牧社會精英轉化為基層官吏；在草原上劃分和維持行政邊界，推動從血緣到地緣的社會治理結構轉變；建設醫療、防疫和荒年糧食供應等基礎設施，吸引游牧民適應定居的農耕和工商業生產方式。實際上，該條例以要塞軍力為後盾，以草場劃分和邊界管控分隔各游牧氏族，以俄國法律壓縮傳統游牧社會習慣法的適用範圍，以商貿、文教和社會服務吸引游牧人棄牧從農，最終消解游牧生產方式所蘊含的軍事潛能。在部分吸納草原游牧政治和社會傳統的基礎上，該條例為俄國深度介入和改造草原地區提供了一套系統方案，為後續對中亞南部農耕區大規模用兵奠定了政治和軍事基礎。

（一）草原上的官和吏：1822 年條例所見草原統治體制

《西伯利亞吉爾吉斯人條例》的正文共計十章 319 條。其中，第一至六章（第 4 條至第 253 條）為條例的主體部分，規定新管理體制的機構組成和職權範圍。這一新體制由俄羅斯政府和土著（туземный/tuzemnyi）政府組成。俄羅斯政府由西西伯利亞總督區和鄂木斯克省[9]兩級構成。地方政府則由

濱：黑龍江教育出版社，1991 年，第 235-239 頁；Raeff, Marc. *Siberia and the Reforms of 1822*. Seattle: University of Washington Press, 1956, pp. 39-128.

[9] 該時期以鄂木斯克為中心的行政機構變更多次，羅列如下：鄂木斯克要塞建於 1716 年，十八世紀末至 1822 年之前隸屬於托博爾斯克州（Тобольская губерния）；1822 年鄂木斯克省（Омская область）設立，為統轄哈薩克中玉茲事務的行政機構；1838 年西西伯利亞總督區（1822-1882 年）的總督駐地由托博爾斯克遷至鄂木斯克，此後鄂木斯克成為西西伯利亞的軍政中心；1854 年鄂木斯克省調整為西伯利亞吉爾吉斯省（Область сибирских киргизов）；1868 年西伯利亞吉爾吉

俄當局監督下哈薩克人選舉產生。根據同在 1822 年由斯佩蘭斯基起草的《西伯利亞諸省機構建制章程》[10]，此前單一的西伯利亞總督區被劃分為西西伯利亞和東西伯利亞兩個總督區。西西伯利亞總督區下轄托博爾斯克、托木斯克和鄂木斯克三個省。托博爾斯克省與托木斯克省名義上管轄兩地省府至北冰洋的廣袤區域。鄂木斯克省則管轄包括沿額爾齊斯河修築的要塞線，以及即將在草原東路建立的諸多行政機構。

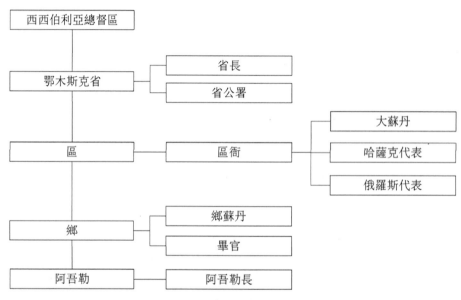

圖 2-1　1822 年《西伯利亞吉爾吉斯人條例》設計行政管理層級和機構

鄂木斯克省下設區（округ/okrug）、鄉（волость/volost'）和阿吾勒（аул/aul）三級行政機關。以要塞線為基準，鄂木斯克省下轄的區為內區

斯省廢除，鄂木斯克成為新設立阿克莫林斯克省省府，且繼續為西西伯利亞總督區駐地；1882 年西西伯利亞總督區廢止，鄂木斯克成為新設立草原總督區（1882-1918）總督駐地。

[10] 該條例俄文名稱為 Учреждения для управления Сибирских губерний（Uchrezhdeniia dlia upravleniia Sibirskikh gubernii），中文譯名參考徐景學主編：《西伯利亞史》，哈爾濱：黑龍江教育出版社，1991 年，第 236 頁。

（внутренний округ/vnutrennii okrug）和 外 區（внешний округ/vneshnii okrug）。外區設在草原東路要塞線以外的游牧地區，為俄羅斯政府和土著政府之間的樞紐。區由血緣上較為親近或地緣上相鄰的 15 至 20 個鄉組成。各外區的管理機關為區衙（окружный приказ/okruzhnyi prikaz），設置固定駐地。外區依據區衙駐地名稱命名。區衙由大蘇丹（старший султан/starshii sultan）擔任主席，另有由鄂木斯克省長指定的二名俄羅斯人代表（заседатель/zasedatel')[11]及二名選舉產生的哈薩克人代表為區衙成員。區衙按照編制配備書吏、翻譯和口譯員。區衙以書面公文處理日常案件，以俄語和韃靼語為書面語言登記簿冊。在處理日常事務時，如區衙成員出現分歧，案件依大蘇丹意見處理，但各方意見須登記在冊，提交省公署（第 71 條）。大蘇丹、區衙哈薩克代表、鄉蘇丹以及區衙和鄉蘇丹隨從文員均根據編制從俄當局獲得薪金。區衙另有省公署支發的辦公經費，以及用於賑災、醫療和教育的專用撥款（第 117-119 條）。區衙配備有作為員警力量的哥薩克衛隊（отряд/otriad）。哥薩克衛隊由要塞線上的哥薩克調撥，常駐於在區衙所在地，特殊情況下作為區衙執法力量分撥駐紮到鄉。

　　鄉由 10 至 12 個阿吾勒組成。鄉的劃分往往對應某一氏族（род/rod），且名稱大多與鄉內主要氏族的名稱對應。各鄉的主官為「鄉蘇丹」（волостной султан/volostnoi sultan）。鄉蘇丹可指定一名助手，並配有通曉俄語和韃靼語的書吏。鄉下分阿吾勒。阿吾勒由 50 至 70 帳（кибитка/kibtka）游牧戶組成。每個阿吾勒由其內部哈薩克人推舉產生的阿吾勒長（аульный старшина/aul'nyi starshina）管理，以數字編號命名。鄉和阿吾勒兩級的主官在日常行政中主要以口頭方式下達政令，但涉及國家經費開支的活動，區、鄉和阿吾勒三級均須以簡便方式依照相關法律記帳。

---

[11] 關於此處對區衙之 заседатель 的譯法，孟楠著作譯為「代表」；捷連季耶夫《征服中亞史（第一卷）》中譯本譯為「陪審官」。因區衙成員所承擔職能不僅限於司法，譯為「陪審官」可能產生歧義，故本文取孟楠一書譯法。

　　新統治體制的核心在於以俄當局監督下的基層選舉實現對游牧社會的滲透。受同時期歐陸啟蒙思潮影響，斯佩蘭斯基嘗試將基層選舉制度應用到草原邊疆，並將其改造為介入游牧社會的有效手段。1822 年條例規定了大蘇丹、區衙哈薩克人代表、鄉蘇丹和阿吾勒長的選舉規則、任期和核准機構，將游牧社會推舉首領的習慣納入俄國統治體系之下，以選舉制度介入游牧社會，使其內部的權力關係可視化。條例規定，區衙建立之前，須先舉行阿吾勒長和鄉蘇丹選舉。阿吾勒長每三年選舉一次，可連選連任。阿吾勒長的選舉以口頭方式進行，以簡單多數原則投票選出。得票最高者當選阿吾勒長。得票第二者當選「阿吾勒長候補」（кандидат аульного старшины/kandidat aul'nogo starshiny），僅在阿吾勒長無法履職時代理。當選人的名單須呈報區衙核准，但區衙無權更改選舉結果。如區衙對某一阿吾勒選舉的人選有異議，可呈報省長覆議。[12]

　　鄉蘇丹的選舉規則和任期與阿吾勒長選舉類似。一旦當選，鄉蘇丹頭銜可依照嫡長原則世襲。如果蘇丹沒有子嗣，則鄉社（волостное общество/volostnoe obshchestvo）從其兄弟或近親中推舉候選人。如果整個蘇丹的支系絕嗣，則鄉社另選蘇丹。其人選須經省公署批准。[13]任期結束而未能連任的鄉蘇丹保留「蘇丹」稱號，但不得介入鄉事務的管理。此處需要指出的是，首先，「依照嫡長原則世襲」並非這一時期哈薩克社會中的固有傳統。游牧生產方式下人均壽命相對較短，統治權在同輩男性間傳承相對有利於保證牧團靈活對應自然環境的挑戰和社會資源的競爭，因此，兄終弟及原則在前現代的游牧民群體中存在合理性。1822 年條例在強調「依照嫡長原則世襲」的同時，也為以其他原則推舉繼承人留出空間，即所謂「在鄉社同意的前提下，依照習慣」，最終經省公署批准。其次，條例相關條文並沒有詳

[12]　Масевич М.Г. Материалы по истории политического строя Казахстана. Т. 1. Алматы, 1960. С. 94.

[13]　Масевич М.Г. Материалы по истории политического строя Казахстана. Т. 1. Алматы, 1960. С. 94.

細規定阿吾勒長和鄉蘇丹選舉的具體投票和計票程序。此類細節將在 19 世紀
60 年代之後出台的條例中得到完善。

　　相比鄉層面一旦當選便擁有世襲特權的鄉蘇丹，作為區衙首腦的大蘇丹
則受更為嚴格的選任制度管轄。區衙大蘇丹的人選範圍僅限於「蘇丹」（第
36 條）；而區衙的兩位哈薩克代表則可以從區轄境內的畢或阿吾勒長中推
舉。區衙成員的人選須得到省公署允准。大蘇丹的任期為三年，區衙哈薩克
代表的任期為兩年，均可連選連任。該選舉的時間一般定為每年八月，各鄉
通過選舉產生的鄉蘇丹、畢和阿吾勒長有權參與投票。因疾病或其他原因無
法參與投票者，可以在規定期限內以書面方式寄送選票，後者與普通選票有
同等效力。選舉以簡單多數原則確定人選。[14]

　　值得注意的是，規定區衙大蘇丹人選範圍的第 36 條文本表述存在一定的
歧義：「大蘇丹僅從諸蘇丹中選舉產生」（Старший султан избирается
одними султанами）。在傳統哈薩克游牧社會語境中，「蘇丹」這一稱號與
血統密切相關，指代成吉思汗的男性後裔。而在俄國的草原統治體制下，
「蘇丹」僅指代區和鄉兩級行政機關的首腦。[15]1822 年條例和其他後續相關
法律文本中並無明文規定蘇丹人選的血統或家族出身。從第 36 條的上下文來
分析，上述語句中的「蘇丹」應該指代俄當局監督下鄉級選舉產生的鄉蘇
丹。上文的後半句寫道：「區衙的哈薩克代表從畢官和首領中選舉產生」。
可見，整句所使用的辭彙均為 1822 年條例語境下的職官名稱，而非傳統游牧
社會語境中的身份稱號。從實踐層面看，根據 1822 年條例先後設立的 8 個外
區中，有至少 2 個外區的首任大蘇丹出身黑骨階層。而 19 世紀 60 年代的行

---

[14] Масевич М.Г. Материалы по истории политического строя Казахстана. Т. 1. Алматы, 1960. C. 95.

[15] 哈薩克斯坦學者蘇丹加利耶娃在論述哈薩克官僚群體時曾注意到這一條文，但她將此處的「蘇
　　丹」理解以血統為基礎的身份，而強調俄國政策實踐與法律條文之間的張力，參見 Sultangalieva,
　　G. "Kazahskie činovniki Rossijskoj Imperii XIX v.: osobennosti vosprijatija vlasti." *Cahiers du monde
　　russe*. 56, no. 56/4 (2015): 651-679.

政體制改革更是廢除了大蘇丹職位,改「鄉蘇丹」為「鄉長」(волостной управитель/volostnoi upravitel')。可見,從 1822 年條例開始,俄當局便有意識地推動從血緣到地緣的社會變遷。

　　為強化俄當局作為哈薩克官員權力來源的觀念,1822 年條例獨闢一節規定哈薩克官員的行政級別:大蘇丹在當選之日即獲得陸軍少校軍銜(相當於八等文官),且在服務三個任期之後,有權向當局申請俄羅斯帝國貴族(дворянство/dvorianstvo)身份。區衙中,其他官員均不得獲得高於九等文官的品級。鄉蘇丹的級別相當於十二等文官。阿吾勒長和畢如沒有獲封官銜,則視同俄羅斯內地的村長。條例第 50 條明文規定,「所有被選任的吉爾吉斯人首領,在沒有上級政府的同意下,均不得自行確定權責。他們僅僅是上級政府授權統治民眾的地方官員。」[16]

　　此外,1822 年條例以提倡廢奴為由,否定傳統哈薩克社會中的人身依附關係,強調蘇丹和阿吾勒長等人僅為官僚體制下的官員,不可與普通牧民建立主奴關係。條例明文規定,蘇丹對轄區內的哈薩克人不再有奴役的權力,而僅有當局授予的權力。在區、鄉成立之前既有的奴隸可以保留,且有轉讓、出售和繼承的權利,但禁止奴役作為自然人的哈薩克人。所有哈薩克人均有權擁有不動產,可在遭到壓迫的情形下向蘇丹的上級長官起訴。作為補償,條例規定蘇丹可免於肉刑(第 273-279 條)。

　　除賦予哈薩克基層政府職官品級觀念之外,條例尤其重視建構選舉和授權流程的儀式感。條例試圖將大蘇丹和區衙代表的選舉大會塑造成游牧社會生活的重大儀式。條例第二章以十條的篇幅闡述大蘇丹的選舉流程,甚至明文規定無法到場投票者的選票遞送方式(第 41 條)。條例建議選舉時間為 8 月,即牧團轉向冬牧場之前時間相對寬裕的夏末時分,最好選在哈薩克人的節日,以便各氏族精英和普通牧民都有機會參與到選舉大會之中(第 39

---

[16] Масевич М.Г. Материалы по истории политического строя Казахстана. Т. 1. Алматы, 1960. С. 95.

條）。選舉的地點一般為區衙所在地（第 44 條），而區衙一般設在區轄境的
地理中心（第 70 條）。區衙成員選舉的得票情況甚至要求向全區公眾公佈（第
43 條）。條例要求，選舉流程完成之後，應當加入特殊的儀式，要求當選的哈
薩克官員以傳統方式宣誓任職（第304條）。當局應支持在區衙大蘇丹選舉之後
舉辦特殊慶典，同時為有特殊貢獻的哈薩克人授勳頒獎（第 44-45 條）。

　　基層選舉便於俄國向游牧社會滲透，而權力的觸角則是俄當局向上述各
級土著政府選派的書吏。19 世紀初，哈薩克貴族普遍不識字，遑論掌握草原
地區通行的韃靼文或俄文。這便為俄當局向各氏族派遣書吏提供了最基本的
理由。1822 年條例所附編制規定鄂木斯克省將為每個區配備 1 名書吏、2 名
筆譯員和 3 名口譯員，每個鄉配備 1 名筆譯員和 1 名口譯員。根據條例頒佈
後的實踐來看，這些筆譯員的主要來源是鄂木斯克亞洲學校（Омская
азиатская школа/Omskaia aziatskaia shkola）的畢業生或掌握哈薩克語的哥薩
克。其薪資均由俄當局撥發。在親俄哈薩克貴族的配合下，這些大多在史料
文獻中難以留名的吏員將成為俄當局與哈薩克社會溝通的中間人。到 19 世紀
中後期，在俄羅斯教育體系下成長的哈薩克吏員將逐漸躋身這一行列。

表 2-1　1822 年《西伯利亞吉爾吉斯人條例》附錄所見中玉茲單一外區年度經費
　　　　預算

類別	人數	單位預算（銀盧布）	總額（銀盧布）
大蘇丹薪金	1	1,200	1,200
俄羅斯代表薪金	2	1,000	2,000
哈薩克代表薪金	2	200	400
書吏薪金	1	900	900
筆譯員，兼任科室主任薪金	2	800	1,600
口譯員薪金	3	300	900
醫生薪金	2	1,000	2,000
區衙辦公經費	—	—	2,000

類別	人數	單位預算（銀盧布）	總額（銀盧布）
鄉蘇丹薪金	20	150	3,000
隨從筆譯員和口譯員薪金	40	300	12,000
鄉蘇丹辦公經費	—	100	2,000
區診所經費		—	500
房舍維護經費		—	1,000
校舍維護經費		—	500
福利機構維護經費		—	500
節慶開支			500
總計	73	—	31,000

在區—鄉—阿吾勒三層機構組成的行政部門之外，1822 年條例嘗試初步引入行政與司法分立的原則，以哈薩克社會中掌握習慣解釋權的長老「畢」（бий/bii）[17]為基礎，創制草原統治體制下的基層司法職官「畢官」[18]，進而將依照習慣法審理案件的畢官整合入俄國邊疆司法體制之中。條例規定，在鄉和阿吾勒兩級，哈薩克人之間的所有民事訴訟案件由各鄉的畢官解決，而刑事與行政訴訟案件則主要由區衙受理，鄉蘇丹無權干預司法。[19]

1822 年條例將涉及哈薩克人的司法案件分為刑事、民事和行政訴訟三類。刑事案件包括叛國、謀殺、搶劫及牲畜扣押（барымта/barymta）和抗法等類。此類案件一概由區衙審理，並受省法院監督。行政訴訟涵蓋對阿吾勒長、鄉蘇丹、大蘇丹和區衙會議哈薩克代表等土著官員的訴訟案件。原告須

---

[17] 哈薩克語中的畢（бий）意為法官。該辭彙與古代北方民族官號「匐」勘同，在古突厥語中泛指各類通過軍事權力而獲得民政和司法權力的首領。關於該詞的詞源及前人討論，參見孟楠：《俄國統治中亞政策研究》，烏魯木齊：新疆大學出版社，2000 年，第 79 頁。

[18] 俄當局沿用哈薩克傳統社會的稱號，以此創制職官。為區分哈薩克傳統社會中作為部落和氏族中掌握習慣解釋權的長老和俄國所設立的職官，本作將前者譯為「畢」，後者譯為「畢官」。

[19] Масевич М.Г. Материалы по истории политического строя Казахстана. Т. 1. Алматы, 1960. С. 103.

向高於被告對象行政級別一級的行政主官提起訴訟。盜竊等輕微刑事案件和民事案件則交由畢官處理。此類案件均以口頭方式、依據哈薩克習慣法（адат/adat）處理，並在判決後立即執行。如原告對畢官的判決不服，可以書面方式向鄂木斯克省長提起上訴，請求再次審理。而畢官的資格可因審判不公而隨時被中止。[20]儘管該條例並未明確畢官的選任方式，但第 220 條規定，當局在接到關於某位畢官審判不公，且調查確證後，可臨時終止其畢官資格。[21]

　　區─鄉─阿吾勒三級土著政府除保境安民以外，最核心的職能是徵收實物稅。1822 年條例規定，各部落氏族在加入草原統治體制最初五年可免除各類稅費；但在第六年開始，各牧戶須繳納實物稅（yasak），稅額為對除駱駝以外的牲畜值百抽一。對於已成為納稅對象的區，省公署每年須提前制定預算，徵收的馬匹主要用於補給要塞線哥薩克軍團，而牛羊則優先供給要塞線和各區衙的醫院；多餘的牲畜則在海關轉換為現金，存入國庫。在各徵收牲畜的區，下轄各鄉負責牲畜的清點和徵收，每三年更新一次牲畜數目，每年夏季徵收一次「健康的牛和強壯的馬」（第 133-141 條）。稅收相關條文還重點提及牧民供養蘇丹的傳統。1822 年條例允許哈薩克牧戶供奉蘇丹，但要求區衙監督此類供奉的規模，保證錢款用於正途。而轄境內各宗教的神職人員則要求由蘇丹供奉（第 130-132 條）。[22]

　　1824 年俄當局首次開設區衙後，實際上第一次對各區徵收實物稅的年份是 1832 年。至 19 世紀 50 年代，各區依然長期欠稅。[23]但對比 1822 年之前的

---

[20] Масевич М.Г. Материалы по истории политического строя Казахстана. Т. 1. Алматы, 1960. С. 103–104.

[21] 該條文並未明確哪一級政府有權終止畢官資格，猜測可能是省公署一級，參見 Масевич М.Г. Материалы по истории политического строя Казахстана. Т. 1. Алматы, 1960. С. 103.

[22] Масевич М.Г. Материалы по истории политического строя Казахстана. Т. 1. Алматы, 1960. С. 100.

[23] Martin, Virginia. "Kazakh Chinggisids, Land and Political Power in the Nineteenth Century: a Case Study of Syrymbet." *Central Asian Survey* 29, no. 1 (2010): 100.

政治格局，1822 年條例設立徵稅職能的目的不僅僅著眼於經濟層面。以鄉和區為稅額統計主體，意味著鄉和區的哈薩克官員和書吏在客觀上掌握以武力為後盾的徵稅權。相較之下，俄國草原統治體制下的稅收比傳統社會各氏族對白骨階層的供養更為穩定，較少受到自然條件和氏族間政治鬥爭的影響。但選擇加入草原統治體制，就意味著放棄了獨立自主，將命運和階層特權交由俄當局掌控。

概言之，1822 年條例所規劃的統治體制突破了此前俄國對草原東路的政策框架，試圖將臨近要塞線的牧區納入俄當局的行政管理之下。這一體制以俄國監督下的選舉形成鄉和阿吾勒官員，並以這兩級土著官員為基礎，推舉出區衙大蘇丹和哈薩克代表。這一體系將此前俄當局對哈薩克游牧社會的干預制度化：一方面，當局以選舉之名使得游牧部落社會內部政治精英之間的競爭公開化、可視化。另一方面，在法理觀念上，游牧社會首領掌權的合法性表面上依然來源於氏族和部落的推舉，而俄當局的授權則變得日益重要。

值得注意的是，儘管 1822 年條例的主要目標在於建立一套適用於草原地區的統治體制，但新體制並非徹底另起爐灶。在官號方面，新體制沿用了作為部族和氏族首領的「蘇丹」稱號，但極大地束縛了蘇丹的許可權。「畢」在傳統哈薩克社會的地位因時而異。權位高者，有 17 至 18 世紀初頭克汗時代傳說中分管三玉茲的托列（Tole）、卡茲別克（Kazybek）和艾伊鐵克（Aiteke）。但在 1822 年條例所建立的新管理體制下，畢官成為俄當局的基層司法官員，僅有權受理民事訴訟案件。儘管如此，官號的制度化有利於新制度在草原地區生根，讓部落精英和普通牧民逐漸接受相同頭銜背後大相徑庭的權力內涵。

（二）從血緣到地緣：1822 年條例所見草原行政區劃方案

與建立草原統治體制同樣重要的是對草原東路地理空間的劃分和空間秩

序的維持，推動以地緣性組織逐漸取代傳統游牧社會的血緣性組織。因游牧生產方式要求靈活利用廣袤地域範圍內的水草資源，牧團之間的往往沒有長期劃定的邊界。作為對現實的妥協，1822年條例一方面明確以氏族歸屬來設立阿吾勒和鄉，但另一方面，俄當局要求以氏族的「傳統牧場」為基礎劃分區和鄉的邊界，並通過諸多手段強化內外邊界觀念，進而將區—鄉—阿吾勒的縱向科層組織與橫向的空間劃分結合。1822年條例中諸多涉及行政區劃的條款旨在限制游牧人的移動性，抑制游牧社會跨區域的聯合潛力，將游牧民整合入定居秩序。

　　1822年條例設計了一套劃分草原空間和維持定居秩序的藍圖。條例的第一章標題即為「劃界」（Разделение/Razdelenie），要求依照區—鄉—阿吾勒三級行政單位劃分沿額爾齊斯河西伯利亞要塞線以西以南地區。各區邊界的劃分由俄要塞線軍需官負責。區邊界一經劃定，各區衙「權力不得超越起行政邊界」（第10、60條）。條例強調，「每個區的居民未經地方長官允許不得越界」（第9條）。各區被禁止在其他區衙轄境內自行緝捕罪犯和逃亡者，而須通知逃人所在的區衙以採取措施。在鄉邊界層面，條例同樣強調從屬人原則向屬地原則的轉變：如鄉邊界劃定後，同一氏族被劃入兩個鄉，則鄉蘇丹不可管理兩個鄉的事務。「在鄉社同意的情況下，權利可交給其子或兄弟；否則需要通過選舉產生新的鄉蘇丹」（第35條）。鄉蘇丹不得在轄境以外的鄉行使權力，即使其他鄉的哈薩克人與蘇丹有血緣關係（第107條）。阿吾勒長在沒有通報蘇丹的前提下不允許自行游牧轉場，且只有在蘇丹下令的前提下，才可與其他官員發生職務上的聯繫。上述條文旨在以行政原則取代傳統的血緣紐帶，重新建構各層級的游牧人組織。

表 2-2　1822 年《西伯利亞吉爾吉斯人條例》各章節標題漢俄對照

各章標題	各節標題	各章標題（俄文原文）	各節標題（俄文原文）	條目
第一章　劃界		Глава 1　Разделение		4-14
第二章 管理機構	第一節 機構組織	Глава 2 Управление	Отделение 1 Состав управления	15-24
	第二節 選舉規則		Отделение 2 Порядок выборов	25-50
	第三節 級別和職銜		Отделение 3 Сравнение и чинах	51-55
第三章 政治事務	第一節 區級機關	Глава 3 Наказ полицейский	Отделение 1 По окружному управлению	56-95
	第二節 鄉級機關		Отделение 2 По волостному управлению	96-116
第四章 經濟事務	第一節 政府收支	Глава 4 Наказ хозяйственный	Отделение 1 Казенное хозяйство	117-127
	第二節 稅收和賦役		Отделение 2 Сборы и повинности	128-149
	第三節 內部經濟		Отделение 3 Внутреннее хозяйство	150-187
	第四節 商業		Отделение 4 Торговля	188-204
第五章 司法事務	第一節 刑事案件	Глава 5 Наказ судебный	Отделение 1 Дела уголовные	205-214
	第二節 訴訟案件		Отделение 2 Дела исковые	215-220
	第三節 對基層機		Отделение 3 Дела по жалобам на	221-227

各章標題	各節標題	各章標題（俄文原文）	各節標題（俄文原文）	條目
	關的訴訟		низшие управления высшим	
第六章 特殊規章	第一節 醫務	Глава 6 Особенные установления	Отделение 1 Часть медицинская	228-235
	第二節 防疫隔離		Отделение 2 Карантины	236-242
	第三節 宗教和教育規章		Отделение 3 Установления духовные и по части народного просвещения	243-249
	第四節 福利機構		Отделение 4 Благотворительные заведения	250-253
第七章 各級機關責任		Глава 7 Ответственность управления		254-261
第八章 省級長官特殊事務		Глава 8 Особенный наказ областному начальству		262-267
第九章 吉爾吉斯人的特殊法律和習慣		Глава 9 Особенные права и обычаи киргизов		268-283
第十章 本條例的落實辦法	第一節 總則	Глава 10 Порядок приведения сего устава в действие	Отделение 1 Общие правила	284-300
	第二節 各鄉採納新統治體制流程		Отделение 2 Прием волостей в порядок нового устройства	301-307
	第三節 與尚未採納新統治體制各鄉的關係		Отделение 3 Отношение к волостям, не поступившим на положение нового устройства	308-315

各章 標題	各節 標題	各章標題 （俄文原文）	各節標題 （俄文原文）	條目
	第四節 要塞線的 移動		Отделение 4 Движимость линии	316-319

在確定草原東路內部邊界劃分原則的同時，1822 年條例同樣嘗試明確草原東路新吞併領土的外部邊界。根據距離要塞線的遠近，各區被分為近線區（близ-линейный округ/bliz-lineinyi okrug）和邊境區兩類（пограничный округ/pogranichnyi okrug）。屬於邊境區一類的各區須在遠離要塞線的一側樹立界標，以宣示所謂「主權界線」。同時，邊境各區應配備規模更大的哥薩克衛隊以衛戍邊界。區衙成員應率領哥薩克衛隊巡查邊界，平日由邊境各阿吾勒長負責巡查事務。在重要地塊應樹立永久性界標（第 77-80 條）。條例規定，「禁止俄屬哈薩克人越過此邊界游牧」（第 78 條）。

在俄國的「主權邊界」內，要塞線則有區分內地與內邊疆的功能。近線區承擔限制哈薩克牧民任意越界進入線內省份的義務。在有貿易需求的情況下，哈薩克牧民可以進入要塞線上的據點和附近的村莊進行交易。越界游牧的行為只有在區衙向地方法庭（земский суд/zemskii sud）申請後才可執行（第 88-93 條）。儘管這些關於國界和內外邊界規定在短時間內不易實現，但條文本身和各區開設時宣讀條例文本的儀式均有宣示主權邊界、強化牧民邊界意識的功效。

在劃定邊界的基礎上，1822 年條例設計一系列對跨界移動的管控措施。除上文提到常規的游牧活動以外，條例重點關注的尚有兩類穿越行政邊界的「移動」形態：商貿與牲畜扣押。就商貿而言，條例規定，區衙有義務收集過境商人和商隊的資訊，並提供保護。所有異國人士（иноземец）在進入第一個俄屬邊境區時，區衙負責出具出具書面文件。如異國人士意圖穿越要塞線進入俄內地省份，區衙須護送其至最近的要塞線關卡。異國人士通關須出

示在區衙出具的書面文件。如異國人士或商旅的行進路線未經區衙駐地，則可由邊境某鄉蘇丹處出具書面文件，供要塞線關卡查驗。鄉蘇丹出具的書面文件須上報區衙（第 69、83 條）。所有經要塞線進入內地省份的異國人士和商旅均須經關卡查驗，其書面文件須上報省公署。在處置非法越境的異國人士部分，條例僅提到對清朝臣民的處理方式：扣留後送交省公署，並由省公署遣送至恰克圖（第 86 條）。對旅行者和商隊的管控能有效體現新管理體制空間劃分的意義，並在日常的行政實踐中強化區鄉兩級哈薩克官員對行政邊界的認知，進而強化俄當局試圖塑造的邊界觀念，限制游牧群體的移動性。

　　邊界管控的另一重點是抑制牲畜扣押行為。牲畜扣押是游牧社會常見的一種現象。它指的是某一游牧民或氏族因感到遭受來自另一人或氏族的不公正待遇，通過劫掠並扣留對方牲畜的方式迫使對方談判補償。在完成談判後，扣押牲畜的一方往往會交還全部牲畜，或扣留一部分作為賠償。[24] 然而此類樸素的草原傳統容易誘發氏族乃至部落間的衝突，以致形成長期的紛爭。因此，對於試圖在草原上建立穩固政治秩序的俄當局而言，牲畜扣押不可作為單純的民族習慣對待。1822 年條例第五章將涉及哈薩克人的司法案件分為刑事、民事和行政訴訟案件三類，而牲畜扣押與叛國、謀殺和搶劫一道被定義為刑事案件，須由區衙派人偵查、區衙會議審判且受到省法院監督（第 206-214 條）。鄉蘇丹作為氏族中有影響力的人物，往往與牲畜扣押事件的當事方存在血緣或地緣上的聯繫。故條例規定，「如蘇丹被指控放任搶劫或牲畜扣押，甚至捲入其中，則立即移送法庭」，追究刑事責任（第 256 條）。

---

[24] 關於牲畜扣押的相關描述，國內研究參見蘇北海：《哈薩克族文化史》，烏魯木齊：新疆大學出版社，1996 年，第 363 和 366 頁；英文學界的主要研究參見 Martin, Virginia. *Law and Custom in the Steppe: the Kazakhs of the Middle Horde and Russian Colonialism in the Nineteenth Century*, Surrey: Curzon Press, 2001, pp. 140–155. 但馬丁沒有注意到的是，與草原地區牲畜扣押相關的立法可追溯到 1822 年條例。

除此之外，條例專闢一節，規定草原地區的防疫隔離措施。而這部分措施的設計，則充分借助上述行政區劃，將對病疫的潛在威脅轉變為強化行政區劃的有利因素。條例將應對疫病的主要責任置於區衙。一旦出現牲畜倒斃現象，區衙一方面需要立即通報臨近的要塞線長官；另一方面應以鄉為單位，切斷疫病鄉與無疫病鄉之間的聯繫，並通過草原地區的哨所士兵傳遞資訊。區衙須警告無疫病鄉的哈薩克人儘快轉場，遠離出現疫病的牧區，並針對易感畜群建立隔離措施。而鄉蘇丹和阿吾勒長必須盡向普通牧戶傳播訊息，以防疫病擴散（第 236-242 條）。由此，疫病將成為強化俄國行政機構權威和行政區劃效力的機遇。

1822 年條例所見劃分空間和維繫邊界的條款主要涉及對行政機構轄區的界定和對普通民眾移動行為的限制。需要指出的是，在這一體制完全落實之前，草原地區也並非完全不存在邊界的「自由世界」：游牧部落和氏族之間同樣存在依習慣、協商或暴力劃分的草場邊界。而 1822 年條例首次在草原東路以成文法的形式規定行政層級及對應的行政邊界。與此相應，行政邊界在規範意義上劃定了各級哈薩克官員的權力邊界。結合要塞線海關、司法和防疫隔離等制度，俄當局在 19 世紀後半期通過規制放牧、遷徙、牲畜扣押、疫病防治等行為，使行政邊界逐漸從文本變為普通哈薩克牧戶要面對的生活現實。

（三）從游牧到定居：1822 年條例對游牧民定居的引導計畫

如前文所述，從俄國的角度來看，哈薩克人對於西伯利亞要塞線的威脅源於其游牧生產方式所蘊含的軍事潛能。設官立制和劃分邊界均為抑制大規模游牧政權興起的手段。而要從根本上消弭游牧集團對農耕社會的軍事威脅，最終需要通過引導游牧民轉入定居秩序來實現。斯佩蘭斯基充分理解牧民定居和發展草原地區各類產業對於維持草原統治體制的重要性。因此，

1822 年條例在資訊收集、房舍修建、土地利用和社會服務等方面提出了一系列設想。

要在草原地區建立定居秩序、發展農業和工商業，首先需要準確的人口和土地資源統計資訊。1822 年條例要求各區衙登記本區下轄各鄉蘇丹和阿吾勒長的真實姓名和駐地變動情況；每三年清查一次各鄉和阿吾勒的帳戶數目及異動狀況；如轄區內有建築或不動產，則要求登記所在地塊資訊（第 68 條）。其次，邊疆當局以撥款激勵區衙修建各類房舍，優先將區衙駐地發展為具有商業意義的集鎮。1822 年條例規定，每個區都必須建造以下四類建築：（1）區衙辦公房舍和區衙文員的住所；（2）神職人員的禮拜寺；（3）可服務 150 至 200 人的診所；（4）哥薩克衛隊的兵營（第 124 條）。為此，各區衙必須制定預算，上報省公署，並按照預算執行建築計畫。在引入 1822 年條例的最初五年，執行該條例的各區哈薩克人享受五年的免稅優惠，但鼓勵哈薩克人自願捐贈牲畜、物品或貨幣以支持醫院、學校和福利機構房舍的建設。捐贈物資須由區衙登記造冊，呈報省公署。

相對準確的人口和土地資訊是後續分配土地使用權的基礎，而土地利用政策則明確包含引導牧民定居和參與農耕活動的目標。1822 年條例規定，各區衙須指定地塊，劃分適用於農牧、手工業和商業的土地。大蘇丹有權使用區衙駐地周邊 5-7 平方俄里的土地；每位區衙哈薩克代表有權使用 2 平方俄里土地；每位區衙俄羅斯代表有權使用 1 平方俄里土地。區衙翻譯和文員的土地分配標準等於同級哥薩克軍官。而駐紮在草原地區的哥薩克衛隊士兵每人可分得 15 俄畝份地用於維持生計。此外，如有自願從事農耕的哈薩克人，每人可獲得 15 俄畝土地，由區衙監督其耕種和使用狀況。條例要求，區衙的俄羅斯代表和哥薩克衛隊成員應作為表率，積極參與農耕和建築修造工作；如有可能，應發展園藝、養蜂和其他副業；應吸引蘇丹、阿吾勒長和普通哈薩克人積極利用區衙下轄的各類設施，為他們提供幫助、支持和建議，以吸引更多人適應定居生活。如已分配的土地在五年內未經耕種或使用，則區衙

有權收回並重新分配（第 167-183 條）。

　　值得注意的是，1822 年條例的起草者還嘗試引入包括公共糧食供應、醫療、防疫、教育和社會保障等方面的現代國家社會服務職能。這至少反映條例起草者相信，這些機構將更有利於吸引牧人轉入定居生活。條例以 17 條的篇幅規定公共糧食供應政策。第 150 條開宗明義：「儘管糧食當前不是吉爾吉斯—凱撒克人的主要食品，但為了預防他們因牲口倒斃或染病而陷入饑荒，以及鼓勵他們務農，要在每個區設立官糧鋪（ казённая хлебная продажа/kazënnaia khlebnaia prodazha）。」[25]官糧鋪旨在為牧民提供糧食，尤其是在災荒時期平抑食品價格。為此，鄂木斯克省為每個新開設的外區準備 3 萬盧布貸款。待官糧鋪的資本規模增長至初始資本的 2.5 倍之後，可開始還貸。條例對官糧鋪的利潤、售價和銷售量都作出具體限制。各區官糧鋪的主管和護衛人選由省公署確定，其薪金從官糧鋪營業利潤中支發（第 150-164 條）。值得注意的是，第 160 條規定，官糧鋪以俄國貨幣進行糧食交易。而 1822 年條例規定的對哈薩克牧民徵稅的方式仍然是值百抽一的牲畜實物稅。可見，除維繫基本的糧食供應外，在草原地區開設官糧鋪還有推廣俄國法幣使用、吸引哈薩克人定居農耕的目的。

　　在醫療衛生方面，條例規定，每個區須配備兩名醫生（ лекарь/lekar' ），為官兵和居民提供醫療服務。每個區須建設固定的診所，為區內貧窮和重病的哈薩克人提供診療場所。可雇傭貧窮的哈薩克人擔任診所內的勤雜人員，其開支由各鄉和阿吾勒承擔。區衙管理其日常運營。醫生應該為患者的需求在區內巡診。此外，醫生應該盡可能勸說哈薩克人接種天花疫苗，由當局提供物質激勵（第 229-235 條）。

　　在文化和教育方面，1822 年條例起草者認為哈薩克人當時的信仰狀況接近於原始多神崇拜而非正統的伊斯蘭信仰，故存在吸引大多數哈薩克人改宗

---

[25] Масевич М.Г. Материалы по истории политического строя Казахстана. Т. 1, Алматы, 1960. С. 100.

東正教的可能性。條例鼓勵省公署聯繫東正教會，向草原東路派遣傳教士。如果某個區皈依東正教的人數達到一千人，那麼鄂木斯克省必須撥款建造教堂，並要求東正教會分配牧師。如牧師順利進駐，應與省教育部門長官配合，盡力籌款建立教會學校，教授哈薩克學童俄文讀寫、算術和法律。條例規定，每個哈薩克人都有權送子嗣到俄羅斯學校接受教育。鄉蘇丹和阿吾勒長的子嗣如自願進入俄羅斯學校學習，可由當局公費支持。學童在接受俄文讀寫和算術訓練後，如家長同意，可擔任公職。除上述待建的教會學校以外，其他俄羅斯學校均應以各種方式支持哈薩克人就學（第 243-249 條）。在社會福利方面，條例要求各區廳準備 5-10 頂氈帳用於社會救助，為受傷、年長、有精神疾病和喪失勞動能力的人提供幫助（第 252-253 條）。

促進草原地區的土地開發和公共設施建設需要鄂木斯克省長和省公署支持。條例的起草者也充分考慮到了這一方面。條例規定，省長必須關心哈薩克人的受教育和住房建設狀況，並派遣軍需官赴從事農耕的哈薩克人處協助丈量土地（第 264-265 條）。當局可根據需求發放一次性補貼，支持從事農耕的哈薩克人建造和維修房舍（第 120 條）。省長還有義務調查要塞線和鄰近集鎮的農具交易情況，保障農具的供給。哥薩克衛隊在赴草原地區之前，應攜帶鑄造工具，以便在地開設工匠店鋪。此外，省公署應該鼓勵各區向率先在農墾、養蜂或其他事業方面取得成就的哈薩克人頒獎（第 185-187 條）。在商貿方面，條例允許商旅免稅通過草原地區，且不對商旅與哈薩克人之間的貿易行為徵稅，以便吸引更多商旅赴草原地區（第 193-194 條）。條例規定省長每年需親自或派人到草原地區考察一次，巡視秩序（第 267 條）。

1822 年條例甚至考慮到為接受定居生活方式和俄羅斯教育的哈薩克人打開融入俄羅斯社會的通道。條例規定，在鄉社和地方長官允准的情況下，帝國境內的哈薩克人有權赴內地省份謀生。每位哈薩克人均有權申請加入俄羅斯帝國的某一階層（сословие/soslovie），有權登記註冊為某一行會的成員。

在轉入其他階層之後，哈薩克人將脫去異族的階層身份，轉而承擔相應階層的權利義務（第 268-271 條）。

　　綜上所述，1822 年條例嘗試以區衙為政策落實的中堅力量，通過鼓勵定居農墾、引入醫療教育等社會服務、招徠商旅和為哈薩克人提供融入帝國社會主流等手段，吸引部分游牧人接受定居生活方式，逐步實現帝國對草原地區的整合。

三、1822 年條例在草原東路的政策實踐

（一）區衙的開設

　　儘管 1822 年條例全文通篇以主權者的口吻規定草原東路的政治事務，但事實上，草原東路的第一個外區區衙在條例頒佈近兩年之後才開設。1824 年 4 月 8 日，鄂木斯克省下轄的第一個外區正式開設：卡爾卡拉林斯克區（外文名稱參見表2-3）完成大蘇丹和區衙代表選舉。該區實際上由追隨中玉茲布凱汗的阿爾根部落（Argyn）下屬一些氏族構成，估算規模為 2 萬帳游牧民。俄當局於 1815 年冊封布凱為中玉茲汗，以制衡瓦裏汗的影響力。而在區衙開設之際，下轄各鄉和阿吾勒的名錄尚未完全清點，邊界也並未完成劃分。[26] 一部分下轄鄉的蘇丹沒有到場參加此次區衙開設儀式，但以不同形式向俄當局表示接受 1822 年條例。最終當選大蘇丹的是托熱出身、布凱汗的親屬圖爾遜·欽吉索夫（Tursun Chingisov）。[27]俄當局選派鄂木斯克亞洲學堂的三名學員赴該區擔任下轄鄉蘇丹的書吏。區衙哥薩克衛隊由要塞線抽調的 250 名

[26] Масевич М.Г. Материалы по истории политического строя Казахстана. Т. 1. Алматы, 1960. С. 112-114.

[27] 此人之後連續六個任期擔任該區大蘇丹（1824-1843），且其子圖列克（Тулек）和謝爾江（Сержан）在 19 世紀中期也出任過該區大蘇丹。

哥薩克組成。衛隊首領哥薩克連長卡爾貝舍夫（Karbyshev）兼任區衙俄羅斯代表。

　　值得注意的是，俄當局明確以位於區衙駐地卡爾卡拉勒（Karkaraly）以東 280 俄里（約 297 公里）的謝米雅爾斯克武裝崗哨（форпост Семиярский/Forpost Semiiarskii）作為該區的聯絡要塞。哥薩克衛隊輪流派員維繫區衙至謝米雅爾斯克的交通線，通過該地與鄂木斯克維持至少每兩週一次的通信頻率。區內各鄉之間的文書傳遞勞役由各鄉輪流承擔。在區衙開設的政令中，省長要求哥薩克攜帶農具和種子，在區衙周邊從事農墾，以免對牧民造成經濟負擔，並通過發展農業吸引牧人定居。區衙開設之時，區、鄉和阿吾勒的劃界工作尚未落實。

　　監督區衙開設的鄂木斯克省公署局長蘇明（Sumin）重視新條例落實過程中基層工作的重要性。對區衙內部的俄羅斯官兵，他強調，所有區衙內服役的俄羅斯官員和士兵應該尊重大蘇丹、哈薩克代表、鄉蘇丹以及畢官，「任何不合適的行為都會遭到處分」。[28]對本地民眾，他強調，區衙的哈俄官員應在後續幾年時間注重維繫傳統，避免輕易對哈薩克人動用刑罰，盡力消弭各氏族之間的衝突，預防其違法和犯罪行為。如周邊哈薩克牧團或氏族以口頭或書面形式請求區衙庇護，應立即上報省督軍。

　　1824 年的兩份氏族首領與鄂木斯克省督軍之間的通信有助於我們理解區衙之外的氏族加入到草原統治體制之下的動機。1824 年 8 月 27 日，中玉茲阿爾根部落博詹氏族的蘇丹沙瑪‧阿布賚汗諾夫（Shama Ablaikhanov）致信鄂木斯克，稱 1823 年 12 月已經請求西西伯利亞總督允許其氏族到指定地點放牧，並協助解決博詹氏族與奈曼部落下屬氏族的牲畜扣押糾紛，但上述請求並未得到答復。信中陳述，阿布賚汗諾夫致力於向氏族內其他首領和牧民宣

28　Масевич М.Г. Материалы по истории политического строя Казахстана. Т. 1. Алматы, 1960. С. 117-118.

傳加入俄國的優越性，尤其強調俄當局可以保護他們在其控制之下的牧場安全放牧，並獲得當局提供的草料，但民眾尚不信任。[29]一個月後，俄當局於 1824 年 9 月 28 日熱情答覆，邀請阿布賚汗諾夫攜其氏族首領、畢和其他要人到訪卡爾卡拉林斯克區衙；如果阿布賚汗諾夫能勸說其氏族其他首領同意加入卡爾卡拉林斯克區，則俄當局承諾為其民眾提供庇護，且阿布賚汗諾夫將被推舉為鄉蘇丹，獲得每年 300 銀盧布薪金。[30]值得注意的是，此處俄當局承諾提供的薪金額度是 1822 年條例規定編制中鄉蘇丹薪金（每年 150 銀盧布）的兩倍。

　　1825 年 2 月 22 日，蘇丹瑟班庫勒·汗和卓（Sultan Sybankul Khankhozhin）致信沙皇尼古拉一世。信中提到，1824 年曾有為數 30 人的哥薩克分隊抵達他所在的氏族，隨行的毛拉將 1822 年條例的部分章節翻譯為韃靼語，向蘇丹講述俄當局的政策。汗和卓提到，首個區衙設立在阿爾根部落牧地，因各部落之間長期存在競爭關係，部分民眾擔心阿爾根部落得到俄國支持而將侵奪其牧場牲畜。此外，此前曾有俄軍至此搶掠牲畜和財物，因此民眾並不信任。汗和卓建議俄當局向其氏族派駐一名老成而清廉的官員和 300 名哥薩克，一方面阻止內部的牲畜扣押行為，另一方面也震懾奈曼部喀喇克烈、阿爾特克氏族以及大玉茲烏孫部對其劫掠行為。同時，他建議俄方在奈曼和烏孫部相關氏族設鄉，將其納入統治體系，確保他們不再行劫掠之事。如俄方能實現上述條件，則汗和卓保證將勸說民眾加入草原統治體制。[31]

　　卡爾卡拉林斯克區開設的同月底，1824 年 4 月 29 日，鄂木斯克省開設第

---

[29] Масевич М.Г. Материалы по истории политического строя Казахстана. Т. 1. Алматы, 1960. С. 122-123.

[30] Масевич М.Г. Материалы по истории политического строя Казахстана. Т. 1. Алматы, 1960. С. 128-129.

[31] Масевич М.Г. Материалы по истории политического строя Казахстана. Т. 1. Алматы, 1960. С. 129-131.

二個外區——科克切塔夫區。科克切塔夫位於伊希姆要塞線上的重鎮彼得羅巴甫洛夫斯克要塞（Petropavlovsk）以南約 175 公里，為水草條件良好的丘陵地帶，當時是中玉茲末代汗瓦裏的牧場。該地區的阿爾根部阿特蓋和坎傑加勒氏族以及克烈、欽察部落部分首領支持開設區衙。當選的首任大蘇丹的是已故中玉茲瓦裏汗之子迦拜杜拉（Gabaidulla）。在區衙開設後，可能因不滿於汗位被俄單方面廢除，迦拜杜拉嘗試聯絡清伊犁將軍，爭取清廷的支持稱汗。但俄當局察覺此事，於卡爾卡拉林斯克區轄境將其扣押。後出身黑骨階層的吉勒加爾‧拜託金（Dzhilgar Baitokin）、以及瓦裏汗的長孫阿布賚‧加巴索夫（Ablai Gabassov）相繼擔任科克切塔夫區大蘇丹。[32]而區衙所需的書吏、譯員、作為護衛的哥薩克衛隊和最初五年的運行經費均由俄當局提供支持。

表 2-3　鄂木斯克省下轄各區列表

區名	俄文名稱	拉丁轉寫	建立日期
外區			
卡爾卡拉林斯克區	Каркаралинский	Karkaralinskii	1824 年 4 月 8 日
科克切塔夫區	Кокчетавский	Kokchetavskii	1824 年 4 月 29 日
阿亞古茲區	Аягузский	Ayaguzskii	1831 年 7 月 9 日
阿克莫林斯克區	Акмолинский	Akmolinskii	1832 年 5 月 19 日
巴彥阿吾勒區	Баян-аульский	Bayan-aul'skii	1833 年 3 月 9 日
烏奇布拉克區	Уч-булакский	Uch-bulakskii	1833 年 3 月 9 日，1838 年被撤銷
阿曼卡拉蓋區	Аманкарагайский（Кушмурунский）	Amankaragaiskii（Kushmurunskii）	1834 年 8 月 11 日，1843 年遷址，易名為庫什穆倫區；1859 年撤銷

---

[32] Зилгара Байтокаулы // Казахстанская национальная энциклопедия. Т. 2. Алматы, 2005. C. 408-409.

區名	俄文名稱	拉丁轉寫	建立日期
科克佩克特區	Кокпектинский	Kokpektinskii	1844 年
內區			
鄂木斯克區	Омский	Omskii	
彼得羅巴甫洛夫斯克區	Петропавловский	Petropavlovskii	1838 年併入托博爾斯克省
塞米巴拉金斯克區	Семипалатинский	Semipalatinskii	1838 年併入托木斯克省，1854 年建塞米巴拉金斯克省
烏斯季卡緬諾戈爾斯克區	Усть-каменогорский	Ust'-Kamenogorskii	1838 年併入托木斯克省

　　19 世紀 30 年代，鄂木斯克省陸續開設阿亞古茲區（1831 年），阿克莫林斯克區（1832 年），巴彥阿吾勒區（1833 年），烏奇布拉克區（1833 年），阿曼卡拉蓋區（1834 年）和科克佩克特（1844 年）六個區。各區開設時，西西伯利亞總督和鄂木斯克省長主要關注鄉和阿吾勒首領是否參與區衙選舉和宣誓效忠儀式、區和鄉兩級行政單位邊界的劃分、對牲畜扣押行為的嚴格限制、對農墾和商貿的支持以及吸引尚未效忠的哈薩克氏族加入俄籍、採納新管理體制。[33]

（二）開區儀式與權力關係的構建

　　在開設區衙的實際過程中，俄當局極為重視通過儀式彰顯權力關係。例如，為籌備 1832 年阿克莫林斯克區衙的開設，西西伯利亞總督維利亞明諾夫（I. A. Vel'iaminov，1828-1834 年在任）在一封致鄂木斯克省長的信中寫道：

---

[33] Правила деятельности Каркаралинского окружного приказа, составленные омским областным начальником. 11 апреля 1824 // Масевич М.Г. Материалы по истории политического строя Казахстана. Т. 1. Алматы, 1960. С. 112-118.

「選舉之後，在區衙成立時要舉行儀式，使半野蠻的民眾留下深刻印象。」
為此總督特批 1 萬盧布預算用於採購區衙辦公用品、開設儀式物資以及贈送
各級首領的禮品，而當年的整個區的公職人員薪資及辦公經費總預算僅 2.1
萬盧布。[34]

　　阿克莫林斯克區衙所在地當時是中玉茲卡爾佩克氏族（Karpyk）蘇丹胡
代緬金（Konurkul'dzha Kudaimendin）的牧場。胡代緬金正是俄當局認可的
該區首任大蘇丹。赴阿克莫林斯克的哥薩克衛隊司令舒賓上校（F. K.
Shubin）[35]詳細報導了該區衙的開設儀式全過程：1832 年 8 月 22 日上午 10
點，儀式以舒賓指揮的閱兵式開始。在三發禮炮之後，軍樂隊奏樂。俄軍官
兵全副武裝，在氈房前的廣場列陣，以排為單位舉行閱兵式。第二個環節是
由譯員誦讀 1822 年《西伯利亞吉爾吉斯人條例》的哈薩克文譯本。誦讀完畢
後，與會鄉蘇丹和其他具有選舉資格的哈薩克人進行大蘇丹和區衙哈薩克人
代表選舉儀式。人選確定後，由毛拉帶領與會所有哈薩克人進行禮拜儀式，
同時俄軍樂隊奏軍樂。之後，當選的大蘇丹和兩位區衙哈薩克人代表在毛拉
帶領下宣誓，誦讀以俄文起草、附哈薩克文譯文的宣誓詞，同時向沙皇和真
主效忠。宣誓結束後，宣誓人在誓詞文件上簽名或留下個人印章。宣誓詞文
件在儀式之後逐級呈送省長、總督及沙皇。接著，先由與會哈薩克人祝賀所
有當選的哈薩克官員長壽，後俄羅斯官員以俄語重複賀詞。衛隊鳴炮 31 響，
同時朝天鳴槍，高呼「烏拉」三次，復以小號奏樂。[36]

　　完成宣誓儀式後，俄衛隊司令向大蘇丹授予繡有區徽的旗幟，豎立於大

---

[34] Масевич М.Г. Материалы по истории политического строя Казахстана. Т. 1. Алматы, 1960. С. 147-
148.

[35] 舒賓於 1783 年生於貴族家庭，1796 年開始服軍役，最初派駐鄂木斯克要塞；曾參加 1812 年俄法
戰爭，戰後返回西伯利亞要塞線任職，參與解決哈薩克氏族間糾紛。1830 年 5 月，他率領一支約
200 人的隊伍赴草原開設阿克莫林斯克區衙。隊伍中有負責地圖測繪的軍事人員，沿途搜集行軍資
訊，並擇地修築工事，為開設區衙做準備。

[36] Масевич М.Г. Материалы по истории политического строя Казахстана. Т. 1. Алматы, 1960. С. 151.

蘇丹氈房頂端。大蘇丹與哈薩克人代表在氈房內懸掛沙皇尼古拉一世畫像，於帳內放置印有沙皇諭令的三棱柱。之後三人簽署以俄文起草、附哈譯文的區衙設立文件。同一時間，衛隊行進回營，儀式正式結束，轉入宴請贈禮環節。俄衛隊司令以每人一杯紅酒及一俄磅（約 409.5 克）牛肉的標準設宴招待與會眾哈薩克蘇丹、畢官和阿吾勒長，贈送禮物。宴飲間歇，俄方為歌舞和賽馬等活動準備獎金，由哈方按習俗自行表演娛樂。儀式和宴請共計三天。哈薩克官民宴後各自返鄉。[37]

對比俄當局所設計的區衙開設和大蘇丹上任儀式與 1738 年 8 月冊封小玉茲汗的儀式（參見第一章第五節）可發現一個世紀前後俄國自我認知以及在處理與哈薩克人關係方面的轉變。兩個時代的儀式均以閱兵式開場，且中間穿插鳴放禮炮等展示現代火器的環節，突出俄軍歐式操典和火器的優越性。1738 年封汗儀式和 1832 年開區儀式至少存在以下三方面差異。首先，封汗儀式由奧倫堡省督軍或西西伯利亞總督代表俄當局主持，而區衙開設儀式則僅由一名俄軍上校主持。1822 年條例規定，大蘇丹被授予俄軍少校（相當於八等文官）軍銜。因此，主持開區儀式的俄方首領級別相應降低，以示權力關係的轉變。其次，開區儀式並不安排軍官為大蘇丹穿戴禮袍、禮帽和佩戴軍刀的環節，[38]也並未出現歐亞草原游牧首領繼位中常見的抬氈儀式。[39]可能該儀式隨俄當局廢除中玉茲汗位而被一併廢止，抑或部落首領並不將大蘇丹視同汗王。封汗儀式中念誦古蘭經文本的環節也改為「誦讀 1822 年《西伯利亞吉爾吉斯人條例》的哈薩克文譯本」以及向沙皇和真主效忠的誓詞。可

---

[37] Масевич М.Г. Материалы по истории политического строя Казахстана. Т. 1. Алматы, 1960. С. 151.

[38] 格奧爾吉·瓦西裏耶維奇·坎著，中國社會科學院絲綢之路研究所等譯：《哈薩克斯坦簡史》，北京：中國社會科學出版社，2018 年，第 132-133 頁。

[39] 關於歐亞草原游牧民族首領繼位儀式中抬氈環節的討論，參見羅新：《黑氈上的北魏皇帝》，北京：海豚出版社，2014 年，第 24-48 頁；蘇北海：《哈薩克族文化史》，烏魯木齊：新疆大學出版社，1996 年，第 335-336 頁。關於哈薩克傳統中汗繼位儀式的抬氈行為記載，參見捷連季耶夫著，武漢大學外文系譯：《征服中亞史（第一卷）》，北京：商務印書館，1980 年，第 105 頁。

見，開區儀式包含展示俄方優勢權力地位的考量。最後，1832 年開區儀式中
加入了哈薩克官員簽署文件並蓋章的環節，包含灌輸書面官僚流程觀念的考
量。除此之外，鳴放禮炮和奏樂、誦讀文件、宣誓效忠和宴飲贈禮等環節均
延續下來。在短短幾頁的報告中，後人可充分領會到俄當局在宣示主權和整
合土著習俗之間的權衡。

（三）西伯利亞哥薩克軍團的重要作用

　　支持上述新政治關係構建的關鍵軍事力量同樣是哥薩克軍團。草原東路
要塞線體系主要依託西伯利亞哥薩克軍團。該軍團 18 世紀之前的歷史同樣模
糊不清，據稱為葉爾馬克征服西伯利亞所率部眾的後裔，實際上吸納大量來
自歐俄地區的逃亡農奴、流放者和遷徙農民。1760 年沙皇授權軍團自行選舉
阿塔曼。1808 年，俄當局頒佈《西伯利亞要塞線哥薩克軍團條例》，以額爾
齊斯河、伊希姆河和科雷萬—庫茲涅茨克要塞線的哥薩克為基礎，正式確定
其稱號為「西伯利亞要塞線哥薩克軍團」。軍團總部設於鄂木斯克，平時維
持 10 個騎兵團和 2 個騎炮連建制（5950 名官兵）；普通哥薩克士兵獲得每人
6 俄畝土地、每年 6.165 盧布薪資及其他補貼。此後，該軍團逐漸參照頓河哥
薩克軍團進行標準化改革。1813 年，部分俄法戰爭中被俘的波蘭士兵被遣送
到西伯利亞，整編入西伯利亞要塞線哥薩克軍團，其中一些受過教育的軍官
被任命為軍團新開設鄂木斯克哥薩克軍團學堂[40]的教師。為配合 1822 年條例
落實，軍團於 1824 年向卡爾卡拉林斯克區衙移民 50 戶哥薩克，兼顧經濟和
軍事職能。1846 年，該軍團吸納大量在西伯利亞要塞線墾殖的農民成為哥薩

---

[40] 該學校於 1826 年更名為西伯利亞要塞線哥薩克軍團鄂木斯克學堂（Омское училище Сибирского
линейного казачьего войска），1845 年更名為西伯利亞士官武備學校（Сибирский кадетский
корпус），1866 年改組為西伯利亞武備中學（Сибирская военная гимназия），1882 年恢復西伯利
亞士官武備學校（Сибирский кадетский корпус）名稱。該機構始終為沙俄時期草原東路最重要的
軍校。中玉茲瓦裏汗後裔、著名軍官瓦裏漢諾夫父子均曾就讀於此處。

克。軍團男性人口擴張到 3 萬人。1849-1851 年間，俄當局遷徙部分奧倫堡和薩拉托夫的農民和哥薩克至西伯利亞要塞線以南的臨近區域建立村鎮，並將軍團常設編制改為 10 個騎兵團和 3 個騎炮連。1853 年，軍團成立一個由 200 名退役哥薩克組成的商會，專司草原東路地區的商貿。此後，其第 9 和第 10 團於 1867 年另行組建為七河哥薩克，成為 19 世紀後半期七河省俄軍的骨幹力量。

表 2-4　1858 年西西伯利亞哥薩克要塞線軍團駐防部署

軍事單位		總部駐地	防區範圍
西伯利亞要塞線哥薩克軍團		鄂木斯克市	西伯利亞吉爾吉斯省、托木斯克省南部
第一騎兵旅	旅部	科克切塔夫區砦	西伯利亞吉爾吉斯省北部
	第 1 騎兵團	科克切塔夫區砦	科克切塔夫區砦
	第 2 騎兵團	阿特巴薩爾鎮	伊希姆河以南至薩雷蘇
第二騎兵旅	旅部	彼得羅巴甫洛夫斯克	茲維林諾戈洛夫斯克至鄂木斯克的要塞線兩側 10 俄里帶
	第 3 騎兵團	普列斯諾夫要塞	
	第 4 騎兵團	彼得羅巴甫洛夫斯克	
	第 5 騎兵團	尼古拉耶夫要塞	
第三騎兵旅	旅部	鄂木斯克市	鄂木斯克至謝米亞爾斯克要塞的要塞線兩側 10 俄里帶
	第 6 騎兵團	鄂木斯克市	
	第 7 騎兵團	科裏亞科夫要塞、巴彥阿吾勒區砦、卡爾卡拉林斯克區砦	
第四騎兵旅	旅部	塞米巴拉金斯克	塞米巴拉金斯克省至阿爾泰山北麓礦區
	第 8 騎兵團	塞米巴拉金斯克	謝米亞爾斯克要塞到布赫塔爾瑪要塞

軍事單位		總部駐地	防區範圍
	第 9 騎兵團	安東涅夫要塞	烏斯季卡緬諾戈爾斯克至庫茲涅茨克的要塞線兩側 10 俄里帶
	第 10 騎兵團	科帕爾要塞	科帕爾至維爾內要塞交通線
西伯利亞要塞線哥薩克軍團騎炮旅	第 20 騎炮連	鄂木斯克市	鄂木斯克
	第 21 騎炮連	科帕爾要塞	科帕爾要塞
	第 22 騎炮連	阿克莫林斯克區衙	阿克莫林斯克區衙

　　該軍團 1858 年的駐防部署可以較為清晰地反映俄軍在草原東路的戰略考量。軍團主力仍沿西伯利亞要塞線佈防。其第二和第三騎兵旅分列於以鄂木斯克為中心的要塞線兩翼。而第一騎兵旅和第 20 騎炮連負責旅監視整個西伯利亞吉爾吉斯省（下轄 5 個外區），其佈防重點為科克切塔夫、阿克莫林斯克和阿特巴薩爾三處。各外區區衙另配置哥薩克衛隊，形成對於各主要牧場的控制。第四騎兵旅則分佈於從阿爾泰山北麓庫茲涅茨克至準噶爾阿拉套西側的廣袤地域，其中第 10 團和第 21 騎炮連作為前鋒駐紮於 1846 年構築的科帕爾要塞，強佔當時仍屬於清朝的巴爾喀什湖以東以南地區。因此，以要塞線「包圍」草原東路是俄軍部署的重點，而草原腹地的駐軍則相對較少。

　　19 世紀中期途經草原東路的俄國軍政官員和旅行家從不同角度記述了 1822 年條例頒佈後不到半個世紀時間內該地區的變化。至 19 世紀 60 年代，草原東路的省—區—鄉—阿吾勒四級行政體制已穩固建立，且區衙會議規模擴展到 7 人（大蘇丹和俄哈各三名代表）。因大蘇丹和哈薩克代表大多不識字，三名俄羅斯代表其中一人擔任常任代表，掌管區衙文書工作。但是，區衙的實際權力因 19 世紀 20 年代至 40 年代頻繁的戰事而被架空。這一時期，以肯尼薩爾起義為代表的抗俄勢力與俄當局的鬥爭導致軍隊和大量武裝移民進駐草原東路。區衙甚至需要向鄰近俄駐軍求助以處理兇殺、搶劫和牲畜扣

押案件。在司法方面，區衙的司法職能因部落首領不熟悉俄國司法程序而長期未能落實。相比之下，制度化的畢官同時受到哈薩克和哥薩克的歡迎。[41]

在邊界管控方面，儘管區和鄉的邊界尚未穩固，行政體系帶來的區域劃分觀念已經存在。在引導定居方面，阿克莫林斯克（即今哈薩克斯坦首都努爾蘇丹的前身）區衙駐地發展成區域商貿中心，為商人與牧民自發交易的場所。至 19 世紀 60 年代中期，該地一年的貨物交易額達到 150 萬銀盧布。[42]值得注意的是，19 世紀中期到訪草原東路的俄軍政官員大多抱怨該地區的管理制度尚無力將俄羅斯的器物制度和文化擴展到本地社群，但鮮少有人反映本地統治不夠穩固。可見，至 19 世紀 60 年代，俄國的軍政力量已經有效控制草原東路的政治秩序，形成跨地域哈薩克人游牧政權的可能性已經基本排除。以下諾夫哥羅德和伊爾比特集市（Irbit）為樞紐的俄國商貿網路也已經滲透到該地。而統治體制中的司法、商貿、文教和社會服務等職能仍相對虛弱。

四、19 世紀上半葉俄國在草原西路建立行政統治的失敗嘗試

與 19 世紀 20-40 年代草原東路的進展相比，奧倫堡當局在草原西路建立統治的嘗試是失敗的。在 1822 年條例頒佈兩年後，時任奧倫堡督軍埃森借鑒其條文制定了《奧倫堡吉爾吉斯人條例》（下文簡稱「1824 年條例」），1824 年經俄外交部亞洲委員會批准實行。埃森試圖效仿斯佩蘭斯基在草原東路的政策，廢除小玉茲汗位，並在草原西路設立行政統治機構。奧倫堡當局

---

[41] Гейнс А.К. Собрание литературных трудов. СПб., 1897. C. 109-113.

[42] Гейнс А.К. Собрание литературных трудов. СПб., 1897. C. 114.

早在 18 世紀 80 年代便嘗試在草原西路廢汗設官，但受到法國大革命影響，伊戈利斯特羅姆改革半途而廢。1824 年條例繼續堅持廢除汗位的目標，但在建立草原地區統治制度方面，無論是在條例文本還是政策實踐層面，西路都與東路存在顯著差別。

在統治機構方面，1824 年條例延續此前慣例，由俄外交部亞洲委員會和奧倫堡省督軍協調管理小玉茲部眾及接鄰中亞地區事務，具體工作由奧倫堡亞洲管理局（1844 年之後改組為奧倫堡邊防委員會）負責。該機構最初成立於葉卡捷琳娜二世統治時期，1782-1799 年稱為「奧倫堡邊防遠征軍」。奧倫堡亞洲管理局的成員有主席 1 人，諮議（советник/sovetnik）2 人，陪審員（aceccop/asessor）2 人，哈薩克代表 4 人，在西路要塞線經商的布哈拉和希瓦代表 2 人。其成員選任須經外交部批准。亞洲管理局集行政、財稅和司法職能於一身，包括同時監管要塞線和草原西路地區政治狀況，管理要塞線的國庫收入，審理涉及哈薩克人和在要塞線經商的中亞各族的訴訟案件。[43]奧倫堡亞洲管理局下設涅普柳耶夫士官學校，招收小玉茲首領子弟入學，為亞洲管理局培養後備書史和哈薩克官員。1824 年條例頒佈後，小玉茲艾楚瓦克汗之子、末代小玉茲汗希爾加齊（Shergazy）被任命為奧倫堡亞洲管理局委員，每月領取 150 銀盧布薪水，實際上被軟禁於奧倫堡直至去世。

在奧倫堡亞洲管理局之下，草原西路的管理分為要塞線管理機構和草原管理機構。要塞線根據要塞管轄的範圍分為 11 個段（дистанция/distantsiia），每一段由相應的要塞線段司令（校級軍官）管轄，負責要塞線的防衛和內部警務。草原西路劃分為東、中、西三部（часть/chast'），以及 1801 年從小玉茲遷至烏拉爾河西部的布凱汗帳。每個部由大蘇丹（1844 年之後改稱「執政蘇丹」）領導下的特別委員會管理。各部下分部落和阿吾勒，分別由部執政

---

43 Масевич М.Г. Материалы по истории политического строя Казахстана. Т. 1. Алматы, 1960. С. 205-210.

（частный правитель/chastnyi pravitel'）和阿吾勒長管轄。1824 年條例規定，草原管理機構的所有成員均從哈薩克人中選任。

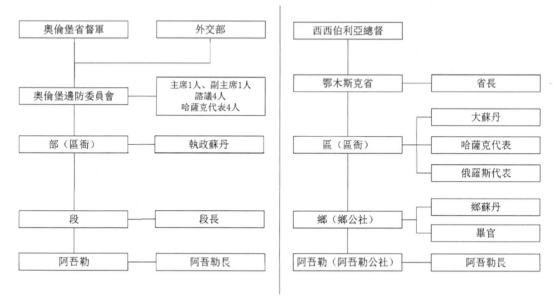

圖 2-2 　19 世紀 40 年代草原東西兩路統治機構對比

　　1844 年 6 月 14 日，俄國政府又頒佈了《奧倫堡哈薩克人管理條例》（Положение об управлении оренбургскими киргизами/Polozhenie ob upravlenie orenburgskimi kirgizami，下文簡稱「1844 年條例」），改進草原西路的管理體制。這個條例的內容與 1824 年條例相近，旨在強化奧倫堡管理機構和各部首領的權力。1844 年條例開宗明義，聲明「奧倫堡哈薩克人佔據的土地是構成全俄羅斯帝國（Всероссийская империя/Vserossiiskaia imperiia）一部分的特殊省份，處於外交部管理之下」，其主管機構為奧倫堡邊防委員會，受外交部和奧倫堡省督軍雙重管轄。奧倫堡邊防委員會由主席 1 人，副主席 1 人，諮議 4 人，哈薩克代表 4 人組成，下設辦公廳。奧倫堡邊防委員會內設執行局、民事司法局、刑事司法局和統計局，各由一名諮議擔任局

長。[44]此外，1844 年條例為邊防委員會配備 1 名醫務總監，1 名醫助（фельдшер/fel'dsher），10 名由奧倫堡軍醫院培養的哈薩克醫學生，1 名獸醫和 1 名獸醫助理，旨在借助近代歐洲醫療和公共衛生技術拓展政治影響力。邊防委員會下設學校，專設校長 1 人，教師 2 人和伊斯蘭法教師 1 人，專門招收哈薩克學童，培養草原管理機構所需要的書吏。與此相關，條例要求邊防委員會收集哈薩克人的習慣、風俗和法律，為將習慣編纂為成文法做準備（第 64 條）。

在草原管理機構方面，原先三部的大蘇丹更名為「執政蘇丹」（султан-правитель/sultan-pravitel'）。奧倫堡省督軍為其配備 100 至 200 人的哥薩克衛隊，設立 3 名文員和 5 名差役協助其處理公務，並為其配備 1 名從奧倫堡軍醫院培養的哈薩克人醫助。1844 年條例的一大革新是將 1824 年條例中以要塞線為基礎的「段」轉變為「部」和「阿吾勒」之間的行政級別，段長（дистаточный начальник/distantochnyi nachal'nik）由哈薩克人而非要塞線俄羅斯軍官擔任。1844 年條例設立 75 名哈薩克人段長（實際數量約為 50 個），由奧倫堡省督軍按照重要性將其分級，安排其薪資和人事任命。因此，「段」的行政層級相當於草原東路的鄉，但段長均由上級任命而非推舉產生，段內也沒有設立專事司法的畢官。與 1822 年條例一樣，1844 年條例也沒有將阿吾勒長納入發放薪資的官員序列。

值得注意的是，1824 年和 1844 年條例均規定向西路小玉茲牧民徵收三類現金稅：每年每牧戶 1.5 盧布的帳篷稅、向在要塞線務工哈薩克人徵收的票照費（плакатный сбор/plakatnyi sbor，每月 15 戈比），以及對過期票照徵收的罰金（每月 30 戈比）。[45]而東路 1822 年條例則採取相對符合游牧社會慣

---

[44] Масевич М.Г. Материалы по истории политического строя Казахстана. Т. 1. Алматы, 1960. С. 216-217.

[45] Масевич М.Г. Материалы по истории политического строя Казахстана. Т. 1. Алматы, 1960. С. 217, 223.

例的實物稅。

　　1824 年和 1844 年條例並未設置獨立於行政機構的的司法部門。以 1844 年條例為例，邊防委員會同時承擔審理民事、刑事和行政案件職能，但諸如叛國、謀殺、搶劫和牲畜扣押等案件仍由軍事法庭審判。對於輕微違法、案值低於 20 銀盧布的盜竊以及案值低於 50 銀盧布的訴訟，邊防委員會僅接受口頭審理，無論雙方都是哈薩克人，還是一方為要塞線居民。邊防委員會下設 6 名俄羅斯軍官擔任的監督官（попечитель/popechitel'），協助處理要塞線居民與靠近要塞線活動的哈薩克人之間的案件。其他各類輕微違法，以及案值 50 銀盧布以下的訴訟均在土著官員監督下審理。[46]

　　1824 年條例的實施效果可從 1865 年草原委員會主要成員蓋恩斯（A. K. Geins）的考察日記中窺見。蓋恩斯記載，儘管小玉茲汗位已經廢除，邊防委員會下屬三部的執政蘇丹均從阿布勒海爾的後裔中挑選。相較於草原東部，奧倫堡當局對於草原游牧民內部事務的介入程度更低。首先，在行政機構的人事任命方面，僅有執政蘇丹的人選在名義上需要經過奧倫堡省督軍批准。而部內的行政、警務和司法均由執政蘇丹處理。俄當局在草原西部的各支駐軍均避免捲入哈薩克人內部事務。蓋恩斯評價道，「執政蘇丹在自己的部內有著完整的不受控制的權力，實際上可能比已經消失的汗更有權威，因為汗並沒有得到俄羅斯的全力支持」。[47]而段長的任命則由執政蘇丹上報，一般由各氏族首領充任。其次，在轄境管控方面，各部及下轄各段的地域範圍和氏族人群規模均由執政蘇丹上報，奧倫堡當局無意核查。再次，在司法方面，各部個人之間及氏族之間的糾紛主要由執政蘇丹在夏季巡視期間審理。而氏族內部的糾紛往往由段長調解。草原西部地區畢在處理訟案方面的威望不如執政蘇丹。因此，奧倫堡當局並無鄂木斯克當局對東路哈薩克氏族的控

---

[46] Масевич М.Г. Материалы по истории политического строя Казахстана. Т. 1. Алматы, 1960. С. 222.

[47] Гейнс А.К. Собрание литературных трудов. СПб., 1897. С. 134.

制力。

　　俄當局對草原西部游牧人內部事務介入不深，並不意味著其對西路秩序缺乏掌控。例如，西路 19 世紀中期之前最知名的軍事行動，即 1839 年佩羅夫斯基遠征希瓦儘管以失敗告終，但此次行動調集了 5000 人規模的軍隊，從各氏族徵收 1 萬餘頭駱駝和 2.3 萬匹馬，且相對安全地在西路行軍六個月（1839 年 11 月中旬至 1840 年 4 月），實際上反映俄當局已基本掌控西路地區的政治秩序。[48]

　　奧倫堡當局 19 世紀上半葉的行政體制改革一定程度上延續了 18 世紀後期伊戈利斯特羅姆改革的政策思路，即以奧倫堡為中心，吸納小玉茲各部落聯盟首領進入當局設立的行政機構，將小玉茲各氏族正式納入俄國主權管轄之下。對比這一時期俄國在草原東路和西路建立行政統治的實踐可見，首先，儘管奧倫堡當局嘗試建立部、段和阿吾勒三級哈薩克人行政機構，但並未設置「部」的固定駐地，也並未嘗試在部和段之間劃分邊界，因此難以在紙面的官僚層級之上匹配相應的社會經濟政策，發展定居農耕和商業。其次，鄂木斯克當局在草原東路實踐了 1822 年條例中設想的基層選舉制度。儘管基層選舉帶來的家族爭鬥和腐敗遭到部分俄國官員詬病，但制度施行本身即反映俄國在東路的政治影響力。最後，基層選舉往往意味著俄當局能掌握草原基層社會中的政治派別關係和矛盾，便於以仲裁者的身份分而治之。而草原西路條例中的「任命」實際上是對既有部落和氏族權力格局的認可。上述差異很大程度上與東西兩路自然環境的差異有關。草原西路未竟的嘗試從反面襯托了 1822 年條例在中亞草原歷史上的劃時代意義。

---

[48] 此次遠征細節為大部分相關主題的著作記載，參見王治來：《中亞通史（近代卷）》，烏魯木齊：新疆人民出版社，2007 年，208-210 頁；Morrison, Alexander. *The Russian Conquest of Central Asia: A Study in Imperial Expansion, 1814–1914*. Cambridge University Press, 2020, pp. 83-113.

結　語

　　隨著 1838 年《西伯利亞吉爾吉斯人單獨管理的條例》頒佈，鄂木斯克省被撤銷，改設「西伯利亞吉爾吉斯邊防管理局」。19 世紀 40 年代以後，俄國積極在草原東路向南擴張：1844 年設立的科克佩克特區；1846 年，俄軍在準噶爾阿拉套西麓構築科帕爾（Kopal）要塞。在鎮壓肯尼薩爾起義之後，俄軍於 1854 年南下至外伊犁阿拉套，於阿拉木圖河岸修建維爾內要塞（即今哈薩克斯坦阿拉木圖市前身）。同年俄當局頒佈《塞米巴拉金斯克省管理條例》，將草原東路改為西西伯利亞總督區下轄西伯利亞吉爾吉斯省（Область сибирских киргизов/Oblast' sibirskikh kirgizov）和塞米巴拉金斯克省。克里米亞戰爭（1853-1856 年）之後，俄國向中亞南部大舉擴張，至 19 世紀 70 年代末控制錫爾河和阿姆河之間的大部分農耕地區。1865 年，俄軍攻克塔什干城。草原西路和東路的要塞線至此完成合圍，俄當局開始著手重構中亞地區的統治體制。

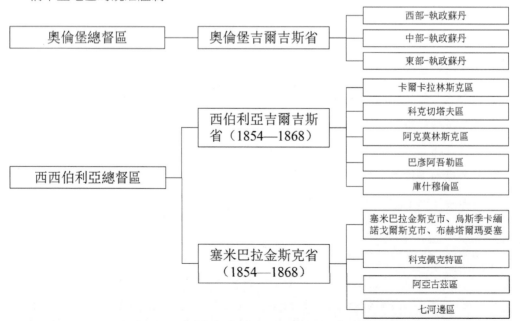

圖 2-3　1854 年俄國在草原地區所設行政機構示意

　　「馬上得天下，安能馬上治之」。相比外交史和軍事史，俄國在中亞地區的制度建設鮮為前人學者關注。在俄國草原統治體制的發展過程中，1822年《西伯利亞吉爾吉斯人條例》具有奠基性作用。18 世紀至 19 世紀初，俄當局依託要塞線對哈薩克各部因俗而治，即通過封賞首領、索要質子和收取貢賦等形式維持臣屬關係。1822 年條例將冠以「蘇丹」名號的氏族首領轉為邊疆當局領導下的基層官僚；以區鄉和要塞線力量劃分疆界，限制越界游牧；通過土地利用、稅收、文教和社會保障等政策優待定居人口，削弱游牧傳統。上述政策均為防範草原地區形成跨地域游牧政權的手段。而要從根本上消除歐亞大陸歷史上大型游牧民政權出現的可能性，徹底在草原上建立以農業和工商業為基礎的政治秩序，則需等待新的技術條件和政策措施的引入。

　　1822 年條例所包含的一系列基本原則同樣蘊含在 1868 年《烏拉爾斯克省、圖爾蓋省、阿克莫林斯克省、塞米巴拉金斯克省臨時條例》和 1891 年《阿克莫林斯克省、塞米巴拉金斯克省、七河省、烏拉爾斯克省和圖爾蓋省管理條例》之中。19 世紀 60 年代和 80 年代的新條例將土著政府的層級壓縮到鄉和阿吾勒兩級，以更為細緻的條款規定基層政府和畢官的選舉流程，以更大力度介入本土習慣規制的民事訴訟領域。配合 19 世紀歐洲的火器製造、要塞修築、土地勘測、後勤管理等技術，俄國在短短數十年間將作為「外邊疆」的中亞轉為「內邊疆」。後續章節將進一步探討 19 世紀中後期草原統治制度改革，以及草原游牧社會出現的諸多層次變遷。中亞草原的現代性由此隨草原統治體制在東路的建立而徐徐展開。

第三章　1868 年臨時條例與相關政策爭論考釋

　　1865 年，以俄軍奪取塔什干為標誌，草原東西兩路的要塞線至此合圍。俄當局於同年成立以「草原委員會」為名的跨部門工作組，調研中亞草原和錫爾河流域地區，設計符合這一廣袤地域特徵的新管理體制。該委員會將中亞地區分為北部草原區和南部農耕區，根據地域特點和民眾習慣分別起草條例。1868 年頒佈的《烏拉爾斯克省、圖爾蓋省、阿克莫林斯克省、塞米巴拉金斯克省臨時條例》（下文中簡稱「1868 年臨時條例」或「草原地區臨時管理條例」）[1]即由該委員會的草案發展而來。

　　1868 年臨時條例在以往的中亞近代史敘述中較少受到關注。這是因為傳統敘述方式以英俄大博弈為主線，哈薩克草原在 19 世紀 60 年代成為後方，而同一時期俄軍在中亞南部的軍事行動和與英國在阿富汗問題上的博弈更引人注目。[2]但研究沙俄統治中亞政策的學術著作均會將 1868 年臨時條例的頒佈作為重要的歷史節點。例如，在哈薩克斯坦官修五卷本《哈薩克斯坦歷史：從遠古到當代》中，第三卷專闢一節詳細歸納條例內容。該章作者將 1868 年臨時條例視為 19 世紀後半期沙俄強化對哈薩克草原統治的重要改革，並將條例的政策意圖歸納為重組統治機構、強化稅收能力、牧場強制國有化

---

[1]　條例的俄文名稱、來源及全文譯文參見附錄二。

[2]　例如，作為沙俄時期最重要的官修戰史，捷連季耶夫的《征服中亞史》完全沒有描述 19 世紀 60 年代之後哈薩克草原的統治制度改革。這可能是因為捷連季耶夫主要關注前線的軍事行動和沙俄與英帝國的地緣政治博弈。受俄文和英文文獻問題意識的影響，王治來先生所著《中亞通史（近代卷）》同樣以俄英雙方的軍事和外交活動為重點，僅全書最後一節關注 19 世紀末沙俄在中亞的統治政策，參見 Терентьев М. А. История завоевания средней Азии. Т. 1-3, СПб., 1903-1906; 王治來：《中亞通史（近代卷）》，北京：人民出版社，2010 年，第 391-412 頁。

和推廣沙俄法律等七個方面。[3]當代哈薩克斯坦史學界以上述觀點為圭臬,將 1868 年臨時條例視為繼 1822 年《西伯利亞吉爾吉斯人條例》之後沙俄當局對草原地區統治體制的第二次改革。[4]在英文學界,皮爾斯(Richard Pierce)和奧爾科特(Martha Olcott)等作者均注意到了該條例的重要性。在 21 世紀初,以馬丁(Virginia Martin)為代表的歐美學者借助哈俄兩國檔案文獻,對該條例的落實情況進行較為深入的考察,強調該條例對 19 世紀後半期哈薩克草原土地利用觀念和法律實踐產生了深刻影響。[5]中國學者同樣對這一條例有所關注。孟楠在《俄國統治中亞政策研究》一書中概述了這一條例的文本內容,但並未詳述條例起草的歷史背景及對草原游牧社會的影響。[6]藍琪在〈論沙俄在中亞的統治〉一文中提及該條例對於 1822 年以來沙俄統治體制的改革,強調新統治體制對地方貴族政治權力的剝奪。[7]

　　1868 年臨時條例首次將此前長期分別由鄂木斯克和奧倫堡控制的草原東西兩路納入到同一行政和法律框架內。儘管此後數十年間整個草原地區仍劃分為四個省份,在軍事和行政上由西西伯利亞總督區和奧倫堡總督區分別管轄,但各省自此被納入同一管理條例之下。本章將分析該條例出台的背景、制定的過程和條文內容,解讀條例所試圖建立的秩序以及俄軍政官員圍繞「文明秩序」展開的政策辯論。

---

[3]　Абылхожин Ж. Б. ред. История Казахстана: с древнейших времен до наших дней. Т. 3, Алматы, 2010. C. 447-450.

[4]　例如 Кан Г. Б. История Казахстана: учебник. Алматы, 2011. C. 126-130.

[5]　Pierce, Richard A. *Russian Central Asia, 1867-1917: a Study in Colonial Rule*. Berkeley: University of California Press, 1960, pp. 46-48; Olcott, Martha B. *The Kazakhs*. Stanford: Hoover Institute Press, 1995, pp. 77-78; Martin, Virginia. *Law and Custom in the Steppe: the Kazakhs of the Middle Horde and Russian Colonialism in the Nineteenth Century*. Richmond: Curzon, 2001, pp. 47-54.

[6]　孟楠:《俄國統治中亞政策研究》,烏魯木齊:新疆大學出版社,2000 年,第 74-78 頁。

[7]　藍琪:《論沙俄在中亞的統治》,《貴州師範大學學報》,2016 年第 1 期,第 78 頁。

一、19 世紀上半葉俄國在草原地區的擴張與部落精英的分化

　　1824 年卡爾卡拉林斯克和科克切塔夫外區相繼開設後，草原東路的各氏族首領面臨是否要支持草原統治體制的抉擇。而在以卡瑟姆蘇丹為代表的汗裔家族選擇武裝起義後，草原東路的各部落在戰爭的壓力下迅速分化。俄軍也在鎮壓起義的過程中逐步深入到草原腹地。1822 年條例頒佈後，鄂木斯克當局選派熟諳草原事務的要塞線軍官率隊赴鄰近草場，勸誘哈薩克氏族加入草原統治體制。部分首領希冀從俄當局獲得權力和財富，部分氏族則期望解決與鄰近氏族之間的牲畜扣押積案，獲得穩定牧場，故而相繼接受鄂木斯克當局的安排。

　　與此相反，在最初兩個區衙設立後（1824 年 4 月），哈薩克社會內部很快出現反對俄當局強行廢除汗位和干預游牧社會內部事務的聲音。1825 年 6 月 24 日，卡瑟姆蘇丹（Касым Аблайханов/Kasym Ablaikhanov）致信奧倫堡省督軍[8]，要求俄方關閉科克切塔夫區衙。卡瑟姆蘇丹在信中痛斥西西伯利亞總督卡普采維奇（1822-1828 年在任）強迫蘇丹和阿吾勒長在科克切塔夫集會。他聲稱：「那些效忠於阿布賚汗的人斷然不會要求設立這樣的司法機構」。[9]可能是出於對現實力量對比的認識，卡瑟姆一方面要求俄方遠離「阿布賚汗的部眾」，允許他們按照自己的習俗生活；另一方面則聲明他並不反對沙皇，甚至「準備以自己的力量為其服務，這對於雙方而言都是有益的」，只是反對俄方在草原上設立統治機構。然而，鄂木斯克省公署認為卡瑟姆蘇丹的政治影響力有限，並沒有邀請其參加區衙開設儀式，也沒有理會

---

[8] 原文如此，可能是卡瑟姆蘇丹獲得聯絡奧倫堡省督軍的管道。實際上科克切塔夫外區由西西伯利亞總督和鄂木斯克省管轄。卡瑟姆蘇丹的信也由奧倫堡省督軍轉送至鄂木斯克省。參見 Масевич М.Г. Материалы по истории политического строя Казахстана. Т. 1. Алматы, 1960. С. 137.

[9] Масевич М.Г. Материалы по истории политического строя Казахстана. Т. 1. Алматы, 1960. С. 137.

他的請求。[10]

　　從事後視角來看，鄂木斯克當局低估了卡瑟姆家族的影響力及其反抗俄國的決心。卡瑟姆是 18 世紀中後期中玉茲實權首領阿布賚汗的子嗣。其子薩爾江（Саржан/Sarzhan）和肯尼薩爾（Кенесары/Kenesary）先後成為草原東路的抗俄運動領袖。1826 年 8 月，薩爾江率領部分不滿於草原統治體制的部眾進攻卡爾卡拉林斯克區衙，並襲擊了支持俄當局的阿吾勒。但在俄軍的守備下，軍力有限的薩爾江始終未能攻克區衙。為躲避俄軍的鋒芒，薩爾江被迫南下，向當時擴張至外伊犁阿拉套北麓的浩罕汗國求援。然而，因忌憚薩爾江對大玉茲哈薩克人潛在的影響力，臣屬於浩罕的塔什干伯克在 1836 年暗害薩爾江及其子嗣。肯尼薩爾於此役中生還，在 1837 年以後替代其兄薩爾江成為起義軍首領。[11]

　　在肯尼薩爾領導期間，哈薩克三玉茲均有部分氏族參與到起義軍中。1838 年 5 月，肯尼薩爾選擇進攻阿克莫林斯克區衙，但未能攻陷其要塞。後轉戰至圖爾蓋河流域，與同時期草原西路的伊薩泰·泰馬諾夫和勇士卓拉曼兩支起義軍取得聯繫。1841 年，因受到奧倫堡和鄂木斯克兩側俄軍擠壓，肯尼薩爾南遷至錫爾河流域，驅逐統治該地區的浩罕勢力，試圖爭取該地區的各氏族支持。1843 年，俄當局派遣由俄軍和親俄氏族首領率領的聯合軍隊進攻肯尼薩爾，最終未果。1846 年，鄂木斯克當局派軍深入巴爾喀什湖地區修築要塞，迫使肯尼薩爾繼續南下。在聯絡楚河流域吉爾吉斯人時，肯尼薩爾在行軍途中遭到吉爾吉斯氏族首領（馬納普）伏擊而敗亡。以奧爾曼（Orman）和江泰（Dzhantai）為代表的馬納普將其首級送至鄂木斯克，並獲得俄當局封賞。

---

[10] Масевич М.Г. Материалы по истории политического строя Казахстана. Т. 1. Алматы, 1960. С. 140-141.

[11] Бекмаханов Е.В. Казахстан в 20-40 годы XIX века. Алма-Ата, 1992. С.206-207.

　　在 19 世紀 20-40 年代卡瑟姆家族率眾與俄軍對抗期間，草原西路同樣爆發了規模較大的起義。不同於東路，西路的起義主要由黑骨（平民階層）首領領導。俄軍沿烏拉爾河左岸支流伊列克河（Ilek）修建新伊列克要塞線，侵佔小玉茲塔本（Tabyn）氏族牧地。19 世紀 20 年代初，塔本氏族首領卓拉曼·特列奇耶夫（Zholaman Tlechiev）曾致信奧倫堡省督軍埃森抗議。然而，奧倫堡當局和末代小玉茲汗希爾加齊均認為不必理會。1823 年秋，卓拉曼率領塔本和塔瑪（Tama）氏族進攻要塞線，襲擊俄國商旅。起義延續至 19 世紀 30 年代初，後逐漸衰落。

　　1836 年初，伊薩泰·泰馬諾夫（Isatai Taimanov）和馬哈姆別特·烏捷米索夫（Makhambet Utemisov）在烏拉爾河以西的內帳領地發動起義，反對布凱汗家族及各部落貴族對牧場的控制和對民眾畜產的剝削。1836 年 10 月，伊薩泰起義軍圍困內帳汗楊吉爾的汗帳，但被俄軍解圍。伊薩泰被迫率眾轉移至烏拉爾河以東，最終於 1838 年夏犧牲。

　　上述三場抗俄運動較多受到 20 世紀哈薩克斯坦歷史學者的關注。值得注意的是，在這場關於草原游牧社會前途的鬥爭中，俄當局同樣投入大量資源，以官階、財貨、榮譽和世襲地位等條件扶持了一批來自不同階層的哈薩克精英。這一人群中首當其衝的便是東路各區衙大蘇丹和西路的執政蘇丹。卡爾卡拉林斯克區的首任大蘇丹圖爾遜·欽吉索夫（1824-1845 年、1861-1862 年在任）、科克切塔夫區的次任大蘇丹吉勒加爾·拜託金（1824-1826 年、1838-1841 年在任）、阿克莫林斯克區的首任大蘇丹胡代緬金（1832-1842 年、1845-1849 年在任）、巴彥阿吾勒區的首任大蘇丹紹爾曼畢（1833-1837 年在任）以及阿曼卡拉蓋區的首任大蘇丹欽吉斯·瓦裏漢諾夫（1834-1853 年在任）均為各自外區創立的核心人物，也是俄當局維繫這些機構運作的主要支持力量。其家族成員均在本區擔任區衙哈薩克代表、鄉蘇丹或畢等官職。值得注意的是，上述五位中有兩位為黑骨出身，在俄當局的支持下獲得了與傳統哈薩克社會中白骨階層相當的政治經濟地位。

表 3-1　19 世紀 20-60 年代草原東路各區衙主要大蘇丹資訊

人物名稱	俄文文獻所見名稱	拉丁轉寫	歷任草原統治體制職務	家族背景
圖爾遜·欽吉索夫	Турсун Чингисов	Tursun Chingisov	卡爾卡拉林斯克區大蘇丹（1824-1845 年、1861-1862 年在任）	托熱，中玉茲布凱汗子嗣
吉勒加爾·拜託金	Джилгар Байтокин	Dzhilgar Baitokin	科克切塔夫區的大蘇丹（1824-1826 年、1838-1841 年在任）	黑骨，阿特蓋氏族首領
科努爾庫爾紮·胡代緬金	Конур Кульджа Худаймендин	Konur Kul' dzha Khudaimendin	阿克莫林斯克區的大蘇丹（1832-1842 年、1845-1849 年在任）	托熱，中玉茲伊希姆汗後裔
紹爾曼畢	Шорман Би	Shorman Bi	巴彥阿吾勒區的大蘇丹（1833-1837 年在任）	黑骨，卡爾紮斯氏族首領
欽吉斯·瓦裏漢諾夫	Чингис Валиханов	Chingis Valikhanov	阿曼卡拉蓋區（1844 年更名為庫什木倫區）大蘇丹（1834-1853 年在任）；科克切塔夫區大蘇丹（1857-1868 年在任）	托熱，中玉茲瓦裏汗子嗣

上述五人中，欽吉斯·瓦裏漢諾夫和胡代緬金的政治道路抉擇與卡瑟姆家族形成鮮明對比。欽吉斯·瓦裏漢諾夫（Chingis Valikhanov，生卒 1811-1895 年）為中玉茲瓦裏汗之子，阿布賚汗之孫，與薩爾江和肯尼薩爾為同族同輩（參見圖 3-1）。欽吉斯在母親艾加內姆的努力下被送入鄂木斯克武備中學學習，成為當時極少數接受俄式軍事教育的哈薩克貴族。畢業後，他獲得

俄陸軍少校軍銜，在俄當局支持下被選舉為新開設的阿曼卡拉蓋區大蘇丹，
任職近 20 年（1834-1853 年）。1857 年，他受派遣當選科克切塔夫區大蘇
丹。1868 年臨時管理條例頒佈後，各區改為由俄軍官出任長官的「縣」，故
欽吉斯以上校軍銜退役。欽吉斯熟練掌握俄語，與當時在鄂木斯克的俄羅斯
軍官和流放至此的知識份子交好，並為帝俄地理學會西西伯利亞分會在草原
地區的考察提供支持。[12]

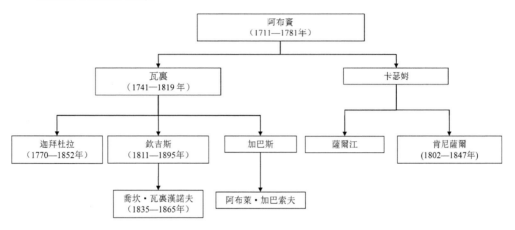

圖 3-1 19 世紀阿布賚汗後裔中部分有影響力成員的家族系譜

　　科努爾庫爾紮‧胡代緬金（Konur Kul'dzha Khudaimendin）是另一位積極
支持草原統治體制的哈薩克貴族。胡代緬金出生於 1794 年，為 18 世紀初中
玉茲汗王塞梅克汗後裔。1830 年俄當局準備開設阿克莫林斯克區衙[13]時，胡
代緬金曾在勸說該地區氏族加入方面起到重要作用。阿克莫林斯克區衙位於
科克切塔夫區衙以南約 275 公里，位於彼得羅巴甫洛夫斯克要塞以南約 440
公里。該地南臨伊希姆河，為自彼得羅巴甫洛夫斯克要塞出發前往河中農耕
區商旅的必經渡口。此處對於俄軍控制伊希姆河和努拉河流域、進一步深入

---

[12] Валиханов Ч.Ч. Собрание сочинений Т. 5. Алматы, 1985. С. 41-43.

[13] 阿克莫林斯克區衙位於今哈薩克斯坦首都阿斯塔納市。

草原腹地有著重要的戰略價值。因此，胡代緬金在俄方全力支持下當選為首任阿克莫林斯克區徜首任大蘇丹。該區徜開設後不到一年，俄當局於 1833 年 4 月 2 日擢升其為陸軍中校。1834 年，他被推選為覲見沙皇的哈薩克人代表，獲沙皇所頒金質獎章、榮譽長袍和相當於大蘇丹四年薪俸的 5000 銀盧布賞金。根據 1822 年條例規定，哈薩克人在出任大蘇丹三個任期之後才有權向俄當局申請貴族身份。但在 1836 年，胡代緬金在出任大蘇丹僅一個任期後，就被俄當局破例授予永久世襲貴族地位。1840 年，連續出任大蘇丹八年的胡代緬金被擢升為陸軍上校。這是 19 世紀中期俄當局向哈薩克人所授予的最高級別軍銜。1842 年，他短暫卸任大蘇丹一職，後於 1845 年再度出任，直至 1849 年退役。胡代緬金的 8 個兒子和 4 個兄弟均出任區內各級哈薩克官吏，先後受到俄當局嘉獎。由此可見，胡代緬金堪稱 19 世紀 30-40 年代俄國樹立的哈薩克官員樣板。

俄當局對胡代緬金的待遇有其特殊的歷史語境。阿克莫林斯克區徜開設之際正逢卡瑟姆家族抗俄運動的高潮。該地區以南以西皆為人煙稀少且水草條件較為惡劣的荒漠地區，以東以北則已經為俄當局所控制。故俄軍如能堅守阿克莫林斯克，則意味著俄當局的勢力能從要塞線向草原腹地延伸 400 公里以上，進而基本掌控巴爾喀什湖以北草原東路的主要氏族。薩爾江和肯尼薩爾同樣理解阿克莫林斯克的戰略價值。1836 年，肯尼薩爾率軍襲擊該區轄境內支持俄國的阿吾勒。同年冬季，該區遭受嚴重的風雪災，氏族生計面臨困難。在胡代緬金的組織和協調下，肯尼薩爾未能對阿克莫林斯克區造成實質性打擊。1837 年，俄當局斥資修築從科克切塔夫區徜至阿克莫林斯克區徜的簡易要塞線，每 25-30 俄里修建一個容納 9 名哥薩克的防禦工事，維繫阿克莫林斯克與鄂木斯克之間的聯繫。1839 年，俄當局再斥資為區徜修築要塞，並於次年派遣西伯利亞要塞線步兵第二營進駐守備。1841 年末，肯尼薩爾率軍圍攻阿克莫林斯克區徜和周邊牧場，整個外區陷入戰亂。但在俄當局的支持下，胡代緬金艱難維持局面。肯尼薩爾在久攻未果之後，被迫轉向圖

爾蓋河流域尋找生存空間；此後南下至錫爾河和七河流域，再難動搖俄國在草原東路的統治。可見，胡代緬金對於將抗俄運動邊緣化、穩固俄國的草原統治體制而言至關重要。1865 年，作為草原委員會成員造訪阿克莫林斯克區俑的蓋恩斯（A. K. Geins）稱胡代緬金為草原上最有影響力的人之一。[14]

從中玉茲托熱階層內部視角來看，瓦裏漢諾夫家族與卡瑟莫夫家族的分歧是其父輩作為阿布賚汗子嗣內部競爭的延續，而胡代緬金與卡瑟莫夫兄弟的競爭一定程度上映照了其先祖塞梅克與阿布賚的關係。在沒有外部勢力介入的情況下，此類競爭主要表現為托熱階層成員拉攏氏族爭奪汗位和牧地。到 19 世紀中期，在俄國已然借助歐洲近代軍事技術、法權觀念和長期培養的人力資源深入草原腹地時，哈薩克貴族之間的競爭出現了新的形式，也被後世歷史編纂者賦予了帝國主義、殖民主義和民族主義等現代政治語境下的諸多政治意涵。

二、1865 年草原委員會與「文明秩序」觀念下的統治體制改革

1865 年切爾尼亞耶夫（M. G. Cherniaev，生卒 1828-1898 年）攻佔奇姆肯特之後，俄外交大臣哥爾查科夫（A. M. Gorchakov，1856-1882 年在任）一度以「文明秩序」為論點，向歐洲列強闡述俄國在中亞的政策目標。[15]「哥爾查科夫通告」以同時期歐洲列強熟諳的「文明等級論」來詮釋俄國擴張的正當性。[16]俄國在中亞的擴張與歐俄地區的大改革在時段上大致重合。這意味著俄當局在研究建立邊區統治體制時不可避免會受到大改革時代政治思潮

---

[14] Гейнс А.К. Собрание литературных трудов. СПб., 1897. С. 115.

[15] 王治來：《中亞通史（近代卷）》，烏魯木齊：新疆人民出版社，2007 年，第 246-251 頁。

[16] 關於「文明等級論」，參見劉禾主編：《世界秩序與文明等級》，北京：三聯書店，2016 年。

的影響，而文明秩序正是其中最為重要的話語之一。

（一）亞歷山大二世改革背景下的草原委員會

19 世紀 60 年代亞歷山大二世改革是俄羅斯史研究中最受關注的議題之一。克里米亞戰爭（1853-1856 年）失敗後，俄軍政高層在不觸動君主制的前提下開啟涵蓋農奴制、軍制、司法和城市管理等領域的全方位改革。農奴制改革旨在將地主與農奴之間的封建生產關係以贖買方式改造，推動農奴轉變為自耕農、手工業者和工人。軍事改革旨在將軍隊的招募方式、服役期限、訓練、軍官培養等領域理性化，組織更為專業的常備軍。國家財政制度改革試圖將財權集中，加強對部門和地方的審計，並將以工商業為國家財政優先支持的對象。地方自治局改革、城市自治改革和司法改革均旨在嫁接歐洲的地方自治和司法制度。[17]

這些具體措施均以建立所謂「文明秩序」為理念。文明秩序（гражданственность/ grazhdanstvennost'），或譯為「公民性」，在 18-19 世紀俄語語境下有多重含義。19 世紀 80 年代出版的達利詞典將該詞釋為「公民（或市民）社會的條件；構建公民社會所必須的理解能力和受教育水準」。[18]這一概念與 18 世紀中期法國知識界興起的「文明」概念直接相關。在建構以古典城邦為理想的共同體層面，文明秩序強調公民個體對於共同財產（拉丁文：res publica）的關切，由此衍生互惠互利的公民精神。葉卡捷琳娜二世執政時期（1762-1796 年），「文明」觀念及其內在的對世界秩序的理解逐漸傳入俄國。法國大革命後，一部分俄國知識份子利用文明話語批判君主專制，強調建立以公民精神為基礎、公民廣泛參與治理的政治共同體。沙

---

[17] 參見孫成木、劉祖熙、李建：《俄國通史簡編（下冊）》，北京：人民出版社，1986 年，第 115-126，146-153 頁。

[18] Даль И. Толковый словарь живого великорусского языка. СПб., 1880. C. 390.

皇亞歷山大二世上臺後，上層官僚普遍接受這一觀念，強調以基層自治培育個體公民精神、以工商業為主要生產方式、以司法行政分立和司法專業化保障個人權利、以統一產權制度促進全國市場形成。19 世紀 60 年代開啟的農奴制改革、地方自治改革和司法改革均在不同程度上反映上述觀念。[19]

　　上述觀念同樣影響著改革者們對新征服邊區統治體制的構想。前人以歐俄地區為中心的研究視角往往忽視大改革時代發生在中亞地區的制度改革。但不同於共同體內部語境下的「文明秩序」，當涉及「歐洲」以外人群時，這一概念則逐漸衍生出傳播甚至強迫其他人群接受秩序的意涵。在同時期的自然史、地理學和人類學等近代知識門類的影響下，文明秩序與工商業生產方式及定居、城市生活方式相結合，被視為社會發展的先進形態。與之相對，以漁獵和游牧等生產方式為基礎的家族、氏族和部落則被視為「野蠻」和「落後」。[20]在大改革時代背景下，是否應該以文明秩序為圭臬重新組織南部邊疆人群生活方式，成為 1868 年《烏拉爾斯克省、圖爾蓋省、阿克莫林斯克省、塞米巴拉金斯克省臨時條例》起草者們思考的關鍵問題。

　　1865 年俄軍征服塔什干後，軍事改革的發起者、時任陸軍大臣米留金（D. A. Miliutin）推動成立跨部門機構「草原委員會」（1865-1868 年間存在），調研草原東西兩路的自然地理、居民生產方式、生活習慣、風俗信仰和現行統治制度，並負責起草新的管理條例。該委員會最初由陸軍部、內務部、奧倫堡總督區、西西伯利亞總督區各派出一名代表組成。其主席為內務部代表吉爾斯。此外，代表陸軍部的參謀總部上校蓋恩斯、代表奧倫堡總督區的古特科夫斯基少將、代表西西伯利亞總督區的參謀總部上尉普羅岑科作

[19] Dov Yaroshevski, "Empire and Citizenship," in Daniel Brower and Edward J. Lazzerini ed., *Russia's Orient: Imperial Borderlands and People, 1800–1917*, Bloomington: Indiana University Press, 1997, pp. 69–70.

[20] 梁展：《文明、理性與種族改良：一個大同世界的構想》，載劉禾主編：《世界秩序與文明等級》，北京：三聯書店，2016 年，第 104-118 頁。

為委員會成員。值得注意的是，草原委員會的成員中並無外交部的代表，而
19 世紀中期以前，草原西路長期由外交部和奧倫堡省督軍雙重管理。由此可
見，自草原委員會組建開始，中亞草原已不再被視為「域外」，而將其作為
內部邊疆地區進行制度設計。

表 3-2　草原委員會的主要成員資訊

姓氏	俄文名稱	拉丁轉寫	生卒年份	代表機構
吉爾斯	Ф. К. Гирс	F. K. Girs	1824-1891	內務部
蓋恩斯	А. К. Гейнс	A. K. Geins	1834-1892	陸軍部
古特科夫斯基	К. К. Гутковский	K. K. Gutkovskii	1815-1867	西西伯利亞總督區
普羅岑科	А. П. Проценко	A. P. Protsenko	1836-？	西西伯利亞總督區
丹傑維利	В. Д. Дандевиль	V. D. Dandevil'	1826-1907	奧倫堡總督區
邁爾	Л. Л. Мейер	L. L. Meier	-	奧倫堡總督區
巴留澤克	Л. Ф. Балюзек	L. F. Baliuzek	1822-1879	陸軍部

　　上述成員中，出身貴族的吉爾斯儘管並非最為年長（生卒 1824-1891
年），但代表內務部主持管理條例改革事務。古特科夫斯基（生卒 1815-1867
年）年歲較長，與陸軍大臣米留金（生卒 1816-1912 年）為同輩人。他自
1838 年起在西西伯利亞軍團參謀部服役，長期處理與草原東路哈薩克人相關
事務，曾擔任西伯利亞吉爾吉斯省公署主席、塞米巴拉金斯克省督軍助理等
職。蓋恩斯和普羅岑科為年輕一代軍官。蓋恩斯（生卒 1834-1892 年）同樣
出身貴族，在軍校畢業後不久即參加克里米亞戰爭，曾在塞瓦斯托波爾圍城
戰中負傷，後進入總參學院進修，成為俄軍參謀總部培養的學者型官員。普
羅岑科（生於 1836 年）在委員會中資歷最淺，1864 年才赴西西伯利亞軍參

謀部任職。四名委員中，除吉爾斯為高級文官外，其餘三人均為軍官，且三人在不同時期均就學於總參學院，與當時米留金領導下的參謀總部有著密切的聯繫。

組織跨部門委員會對某一地區或具體問題進行集中考察、後制定相關條例是俄國在 19 世紀常見的制定改革方案的方式。在中亞地區，除了 1865 年至 1867 年的草原委員會以外，俄當局還組織過兩次類似的專員考察：1882 年的吉爾斯考察團和 1906-1908 年的帕倫伯爵（K. K. Palen，生卒 1861-1923 年）考察團。19 世紀俄國幅員遼闊，官僚層級較多，交通通信水準相較西歐國家落後。因此改革措施往往寄希望於當局信任的專員在進行深度調查之後、短時間內完成文件起草和部門審批工作。

草原委員會成員首先聚集於彼得堡，制定考察計畫和行程。該委員會成立首年的經費預算達到 1.7 萬盧布。1865 年 6 月下旬，委員會從彼得堡出發前往鄂木斯克。首年的行程從對鄂木斯克軍政官員的訪談開始。之後，委員會成員們溯額爾齊斯河而上考察草原東路，入冬後返回鄂木斯克，部分成員則遠赴彼得堡過冬。首年考察行程長達 6000 餘俄里。1866 年春，委員會赴奧倫堡，以該處為起點，沿草原西路南下至錫爾河流域中游。1867 年春，委員會的考察工作基本完成。

草原委員會考察期間，錫爾河以南前線的俄軍進一步侵吞布哈拉埃米爾國領土，擴大了南部的疆域。此外，委員會成員的構成在同年經歷變更：古特科夫斯基少將於 1867 年去世；承擔大量文書和條例編纂工作的蓋恩斯受邀赴塔什干輔佐前線司令考夫曼（K. P. fon-Kaufman），負責組建新征服地區的行政機關。因此，奧倫堡總督任命當時在錫爾河地區調研建設關稅系統的丹傑維利少將和草原問題專家梅爾上校接替古特科夫斯基。陸軍部則任命時任奧倫堡吉爾吉斯省督軍巴留澤克少將替換蓋恩斯。[21]概言之，1867 年春之

---

[21] 巴留澤克（Л.Ф. Баллюзек，生卒 1822-1879 年）曾於 1861 年至 1863 年出任俄國駐華公使，1865

後，草原委員會的人員構成由原先的四人變為五人，人員的任職經歷和知識結構從原先側重於草原東路改為西路。

在結束工作後，草原委員會的部分成員成為草原地區新設立省份的主政官員：巴留澤克出任新設立的圖爾蓋省督軍，負責依照新條例建設該地區的軍政統治體系。蓋恩斯於 1878 年接替巴留澤克擔任第二任圖爾蓋省督軍。普羅岑科於 1878-1883 年擔任塞米巴拉金斯克省督軍，後調至圖爾蓋省任該省第四任省督軍。由此可見，草原委員會對於 19 世紀 60-80 年代草原統治體制和政策有著深刻的影響。

（二）草原委員會對 19 世紀中期以前草原統治體制的評價

從調研報告來看，草原委員會有著與 1822 年條例設計者截然不同的問題意識和評價標準。草原委員會的基本觀點是，整個中亞草原，除鹹海西岸的烏斯特尤爾特高原以外，均已成為俄國的「內地」，因此應以全國統一的行政和司法制度改造草原地區制度，使草原地區居民與俄羅斯人「接近」（сближение/sblizhenie），促使游牧社會「公民性」的增長，推動哈薩克人適應「文明秩序」。

草原委員會成員們並不嘗試理解半個世紀前俄當局在草原地區面臨的挑戰以及東西兩路統治體制的政治經濟基礎，而片面強調此前的統治政策未能推動草原地區融入俄羅斯。19 世紀初，俄當局將中亞草原視為「外邊疆」，將對草原地區的政策與對希瓦汗國等周邊政權的外交等量齊觀。而在 19 世紀 60 年代，草原委員會則已然將中亞草原視為「內邊疆」，以當時歐洲的政治觀念批判該地區的政治狀況。如果說 19 世紀 20 年代俄當局的政策目標是通過拉攏部落精英，將軍政力量拓展到草原腹地、解決長期以來難以深入草原

年起擔任奧倫堡吉爾吉斯省督軍。

的困難，那麼草原委員會的目標則是將哈薩克各部納入整齊劃一的行政司法體制。而這種整齊劃一的文明秩序正是 19 世紀 60 年代俄國資產階級改革所營造的想像。

具體而言，草原委員會指出了以下體制弊病：首先，在行政區劃方面，舊體制以鄂木斯克和奧倫堡統治東西兩路的格局在 19 世紀 60 年代已然不合時宜。第一，兩城下轄地域南北長度超過 1,000 公里，難以建立有效的行政管理體系。例如，草原西路南部與奧倫堡距離遙遠，從奧倫堡發出的政令需通過烏拉爾哥薩克軍團才能傳遞到裏海北岸和東岸。奧倫堡省的軍政高層也很少深入草原考察。第二，西路南部與希瓦汗國接壤，難以從奧倫堡有效管控。該地區哈薩克人經常逃入烏斯特尤爾特高原以逃避奧倫堡當局徵稅。第三，東西兩路地方化的統治實踐被認為不利於制度的統一和「文明秩序」的形成。草原東西兩路哈薩克游牧民的生產方式和生活習慣基本相同，而將兩路以不同的統治體制來管理，不利於草原地區與「內地」制度接軌。[22]

其次，草原委員會批評舊制度存在的權力條塊分割格局，不利於當局贏取民心，促進俄哈兩族親近。這一問題的具體表現有四方面：第一，東西兩路廢汗的措施旨在削弱哈薩克傳統貴族權威，但西路的執政蘇丹在哥薩克衛隊支持下大多專橫跋扈、濫用職權，實際權力更勝於此前的小玉茲汗，故而不利於當局與民眾的溝通。

第二，草原委員會儘管肯定了草原東路所實行選舉制度在削弱傳統氏族首領地位方面的作用，也認可畢官在調解基層爭訟方面的意義，但認為區衙和大蘇丹的存在不利於行政效率的提高，也不利於未來俄羅斯移民進駐。因為俄羅斯人的司法案件不應該由不識字、不掌握俄羅斯法律的大蘇丹領導的區衙管轄。

22 Масевич М. Г. Материалы по истории политического строя Казахстана. Т. 1, Алматы, 1960. С. 264-265.

　　第三，1822 年條例之下東路鄉蘇丹和阿吾勒長的選舉規定不利於選舉出受民眾歡迎的人選。鄉蘇丹的候選人實際上非富即貴：抑或是蘇丹血統出身，抑或具備俄國軍政官銜，抑或擁有大量牲畜財產。而在區衙建立後，鄉長逐漸具備諸多影響阿吾勒長選舉的手段，使阿吾勒長往往成為鄉長的附庸，而無需得到民眾的支持。

　　第四，舊體制的東西兩路各自將哈薩克人與哥薩克人置於不同的司法管轄機構下，僅在奧倫堡和鄂木斯克省層面協調。這不利於兩類人群之間的交流和糾紛的及時解決，導致人群之間的疏離和俄當局的不信任。在這一問題上，草原委員會認識到俄羅斯法庭的司法程序過於繁瑣，不易得到哈薩克民眾信任，故建議在保留哈薩克民間法庭的基礎上引入俄羅斯普通法庭，並引導哈薩克人向普通法庭尋求司法支持。

　　再次，至 19 世紀中期，草原東西兩路已然形成由國家稅收和地方勞役構成的稅制。東路徵收實物稅（yasak），西路徵收現金形式的帳篷稅和票照費（плакатный сбор/plakatnyi sbor），兩路地方均存在用於本地的攤派和勞役。受限於俄當局的監管能力，東西兩路均無法確知下轄帳篷和牲畜數目，因此一般默認哈薩克官員呈交稅收數目為準確。而區和段以下的哈薩克官員往往與氏族中的富裕牧戶勾結，瞞報牲畜數量，且將稅賦轉移到貧窮牧戶身上。俄當局僅為鄉長提供數百盧布年薪，阿吾勒長則完沒有薪資。這為兩級主官中飽私囊和濫用職權提供了理由。

　　最後，草原委員會認為，舊體制在向哈薩克人傳播俄羅斯教育上鮮有作為。草原委員會認為，教育對於提升哈薩克人的「文明觀念」至關重要，是具有政治意義的事業。而哈薩克人的教育需求是顯而易見的，但在當時，東西兩路的學校集中在鄂木斯克和奧倫堡。因此草原委員會提議，在改革草原地區的稅制後，須加大對該地區的教育投入。

　　在調研報告的基礎上，草原委員會起草了 1867 年《七河省和錫爾河省管理條例》和 1868 年《烏拉爾斯克省、圖爾蓋省、阿克莫林斯克省、塞米巴拉

金斯克省臨時條例》。兩者分別規定了中亞南部農耕區和北部草原區的統治
體制。1868 年臨時條例的標題之所以被加上「臨時」二字，是因為草原委員
會的草案在中央機構審議環節引發較大爭議。出於謹慎，大臣會議在最終審
議時設定兩年的試驗期，並允許地方行政長官根據實際情況適用條例。為何
條例起草的過程會引發中央各部門和地方機關之間的爭議？爭議圍繞哪些議
題展開？條例的制定反映了哪些俄國在中亞草原地區的治理難題？細讀 1868
年臨時條例文本將有助於解答這些問題。

三、1868 年臨時條例所見草原地區新統治體制

　　1868 年臨時條例分為七章，總計 286 條（參見表 3-3）。從條款的篇幅
來看，第一部分「行政制度」占全文條款數量的三分之一，前四章篇幅則占
全文九成。可見，條例的核心意圖是以行政和司法體制改革以及社會經濟政
策促進所謂「文明秩序」在草原地區的擴展，並進一步吸引游牧民逐漸轉入
定居生活方式和農業、手工業和商業生產方式。

表 3-3　1868 年《烏拉爾斯克省、圖爾蓋省、阿克莫林斯克省、塞米巴拉金斯克
　　　　省臨時條例》各章節標題漢俄對照[23]

各章標題	各節標題	各章標題俄文原文	各節標題俄文原文	條目
第一章 行政制度	第一節 省份劃分	I. Административное устройство	Деление на области	1-30
	第二節 省級機關		Областные правления	31-43
	第三節 縣級機關		Уездные управления	44-51

---

[23] Масевич М.Г. Материалы по истории политического строя Казахстана. Т. 1, Алматы, 1960. Док. 120.

各章標題	各節標題	各章標題俄文原文	各節標題俄文原文	條目
	第四節 醫療衛生 制度		Устройство медицинской части	52-57
	第五節 地方機關		Местное управление	58-91
第二章 司法制度	第一節 管轄範圍	II. Устройство суда	Подсудность	92-100
	第二節 司法機關		Органы судебной власти	101-111
	第三節 俄羅斯法 訴訟程序		Судопроизводство по русским законам	112-134
	第四節 吉爾吉斯 人的民間 法庭		Народный суд у киргизов	135-167
第三章 稅收和勞役	第一節 稅收	III. Подати, сборы и земские повинности	Государственные подати	168-195
	第二節 護照費		Паспортный сбор	196-203
	第三節 地方勞役		Земские повинности	204-209
第四章　土地利用和產權		IV. О пользовании и владении		210-242
第五章　吉爾吉斯人的 權利		V. О правах киргизов		243-250
第六章　吉爾吉斯人的 宗教事務管理		VI. Об управлении духовными делами киргизов		251-261
第七章　草原上的學校		VII. О школах в степи		262-268

（一）廢區置縣之後的「軍政府—民眾管理體制」

　　1868 年臨時條例須解決的首要問題是如何在整個草原地區設計更為合理的行政區劃，兼顧強化控制和節省軍政開支的目的。根據草原委員會的估算，1865 年奧倫堡轄區面積約為 70 萬平方俄里（約 79.7 萬平方公里），而鄂木斯克轄區加上 1854 年新設的塞米巴拉金斯克省共計約 70 萬平方俄里。[24]因此，根據該條例，草原西路劃分為烏拉爾斯克和圖爾蓋兩省，仍由奧倫堡總督管轄；草原東路劃分為阿克莫林斯克和塞米巴拉金斯克兩省，由西西伯利亞總督管轄。四省各分為四縣（各縣名稱參見圖 3-3），四省各分為四縣，縣下分鄉和阿吾勒。圖爾蓋省和阿克莫林斯克省的省府分別位於奧倫堡和鄂木斯克，而烏拉爾斯克和塞米巴拉金斯克兩省則以同名要塞為省府。換言之，四省的首府依然位於東西兩路傳統的要塞線上，但部分縣的治所已經推進到草原腹地。

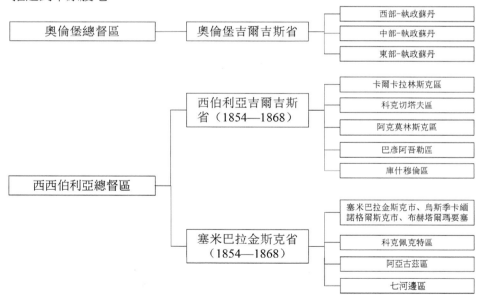

圖 3-2　1865 年俄國在草原東西兩路設立的行政機構[25]

---

[24] Масевич М.Г. Материалы по истории политического строя Казахстана. Т. 1, Алматы, 1960. С. 259.

[25] 1822 年條例頒佈之後，鄂木斯克當局相繼在草原東路開設卡爾卡拉林斯克（1824 年）、科克切塔夫（1824 年）、阿亞古茲（1831 年）、阿克莫林斯克（1832 年）、巴彥阿吾勒（1833 年）、烏

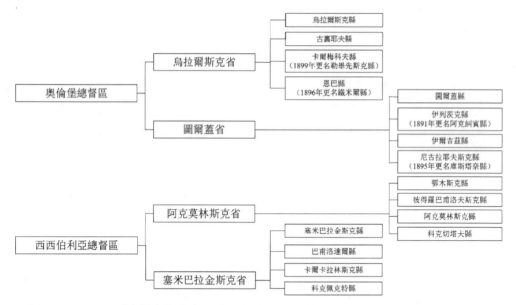

圖 3-3　1868 年《烏拉爾斯克省、圖爾蓋省、阿克莫林斯克省、塞米巴拉金斯克省臨時條例》規定的草原地區行政機構

　　除行政區劃調整外，1868 年臨時條例在行政體制方面主要的改革是充實省級機構和廢區置縣。1868 年臨時條例依照俄國內地省份編制，顯著擴大了省級機構的人員規模，強化其司法和社會經濟管理職能。省級機關由軍官擔任的省督軍（военный губернатор/voennyi gubernator）領導，統領轄境駐軍，管理省內軍政事務。省督軍兼任本省哥薩克阿塔曼，掌管省內哥薩克軍團事務。副督軍（вице-губернатор/vitse-gubernator）為省督軍助理，在省督軍無法履職期間代理其職務。副督軍主持省公署（областное правление/oblastnoe pravlenie）日常工作。省公署下設執行局、經濟局和司法局，各由一名局長（советник/sovetnik）領導。省公署管轄省內民事、財稅和司法事務。省公

奇布拉克（1833 年）、阿曼卡拉蓋（1834 年）七個區衙。其中，阿亞古茲區於 1854 年併入新設立的塞米巴拉金斯克省。烏奇布拉克區於 1838 年撤並。阿曼卡拉蓋區因最初選址條件惡劣而於 1843 年易址，更名為庫什穆倫區，1859 年撤銷。因此，至 1868 年臨時條例頒佈之前，西伯利亞吉爾吉斯省下轄僅四個區。

署下設立醫務官、建築師、礦務工程師和林務官等職位，強化省公署的社會
經濟管理能力。[26]

　　廢區置縣是 1865 年草原委員會最重要的改革之一。這一政策意味著將東
路的「區」和西路的「部」均改為省的派出機構「縣」（уезд/uezd）。區和
部均為 19 世紀 20 年代俄當局廢除中玉茲和小玉茲汗位後，以各部首領為基
礎組織的地方統治機構。1868 年臨時條例則強化俄當局的直接統治，選任俄
軍官充任的縣長（уездный начальник/uezdnyi nachal'nik）和縣公署成員。
1868 年臨時條例規定，縣長受省督軍和省公署領導，掌握一縣之軍隊、要塞
和警力，並配有縣長助理和辦公室，輔助統轄下屬各鄉、阿吾勒和哥薩克
鎮。[27]在社會經濟領域，縣長有權向轄境內的商人和市民（мещанин/meshchanin）
階層簽發經商執照。每個縣安排一位縣醫和一位助產士。縣醫除了為縣級機
關人員提供保障外，有義務在轄境內各鄉巡診，為哈薩克人提供無償醫療和
藥品服務，並在哈薩克人中推廣疫苗接種。上述活動的經費均由縣級機關在
省公署批准後酌情支持。[28]

　　廢區置縣之後，由哈薩克人擔任主官的管理機關被壓縮至鄉和阿吾勒兩
級。1868 年臨時條例在 1822 年條例的基礎上細化了鄉和阿吾勒兩級主官的
選舉和履職程序。鄉長和阿吾勒長以選舉的方式產生：鄉內每 50 戶牧民推舉
一名選舉人，在縣長出席監督的鄉大會（волостной съезд/volostnoi s"ezd）上
以簡單多數原則投票選舉鄉長。鄉長任期三年，可連選連任。阿吾勒長則由
每 10 戶推舉一名選舉人以相同方式選出。得票位列第二的候選人為鄉長候補
和阿吾勒長候補，在前者無法履職時任代理職務。當選後的鄉長接受縣長頒

---

[26] Масевич М.Г. Материалы по истории политического строя Казахстана. Т. 1, Алматы, 1960. С. 325-326.

[27] Масевич М.Г. Материалы по истории политического строя Казахстана. Т. 1, Алматы, 1960. С. 326.

[28] Масевич М.Г. Материалы по истории политического строя Казахстана. Т. 1, Алматы, 1960. С. 326-327.

授委任狀、銅徽和印章。鄉長履職須佩戴銅徽，簽署文件須加蓋印章，且離任或死亡後須將銅徽和印章歸還縣長。鄉長負責落實政令、執行各級司法判決、維持轄區秩序和分配勞役。在監察方面，縣長負責監督鄉長的履職情況，特殊情況下可先行免職鄉長後上報省督軍。值得注意的是，1868 年臨時條例規定，鄉大會和阿吾勒大會在選舉鄉長和阿吾勒長的會議上決定其薪俸數額，由縣長批准。其薪俸由每年收集上繳縣庫的稅款中發放並記帳管理。[29]

由此，1868 年臨時條例首次完整規定了各級行政官員的任免許可權：總督區、省、縣三級行政機構主官均由沙皇委任，而省督軍和縣長則分別負責審核鄉長和阿吾勒長的委任。1868 年臨時條例規定的行政管理體制在文獻中被稱為「軍政府—民眾管理體制」（военно-народное управление/ voenno-narodnoe upravlenie），即自地方總督到縣級政權的主官均由俄軍官充任，實行軍政合一管理；基層實行當局監督下的土著居民「自治」。受到同時期歐洲啟蒙思潮的影響，以選舉產生鄉和阿吾勒兩級主官被認為有助於推動哈薩克游牧民適應「文明秩序」，與俄羅斯進一步融合。 「軍政府—民眾管理體制」在 19 世紀中期廣泛適用於當時俄國的亞洲邊疆地區。在這一體系下，地方軍政機構權力相對集中，便於對外征戰和對內彈壓。而當局監督下的基層選舉一方面有利於使各股基層勢力相互牽制，另一方面也契合大改革時代強調的地方自治原則，容易獲得俄國上層官僚和知識精英的支持。

---

[29] Масевич М.Г. Материалы по истории политического строя Казахстана. Т. 1, Алматы, 1960. С. 327-329.

表 3-4　1868 年臨時條例所涉地方官員級別[30]

職官	提名權	委任權	職官表等級
總督 （генерал-губернатор）	-	沙皇	三等
省督軍 （военный губернатор）	陸軍大臣	沙皇	四等
副督軍 （помощник губернатора）	陸軍大臣與所在地總督協商	沙皇	五等
省公署各局長（советник）	-	總督	六等
縣長 （уездный начальник）[31]	總督	沙皇	六等
副縣長（помощник уездного начальника）	省督軍	總督	七等
鄉長 （волостной управитель）	鄉大會選舉， 縣長呈報	省督軍	-
阿吾勒長 （аульный старшина）	阿吾勒大會選舉， 鄉長呈報	縣長	-

（二）俄國司法體系與「民間法庭」

司法制度關乎草原統治體制對哈薩克民眾日常生活的影響力。1868 年臨時條例大幅擴充了司法制度相關條文，完整描述了從基層到省各級司法機關的管轄範圍和訴訟程序：從基層至中央，該條例設計了由民間法庭（народный суд/narodnyi sud）[32]、縣法官（уездный судья/uezdnyi sud'ia）、

---

[30] Масевич М.Г. Материалы по истории политического строя Казахстана. Т. 1, Алматы, 1960. С. 325-329.

[31] 1868 年臨時條例文本中並未提及縣長的任免流程。但同為1865 年草原委員會考察報告成果的1867 年《七河省和錫爾河省管理條例》規定，縣長人選由總督提名，沙皇任命；而縣長的副手資深助理和副官均由省督軍提名，總督任免。縣公署其餘官員由省督軍任免。由此推斷，出自同一報告的 1868 年臨時條例可能以相同行政層級處理縣長的任免流程。

[32] 孟楠先生將 народный суд 譯為「民間法庭」。如從機構屬性理解，該術語似譯為「民族法庭」更

省公署、軍事司法委員會以及參政院構成的五級法院體系，且尤其強調民間法庭制度化和司法與行政分立兩大原則。

首先，該條例將草原地區哈薩克人司法案件根據管轄權區分為三類：（1）由軍事法庭管轄的案件，包括叛國、煽動反對政府、公然抗法、襲擊郵政和官方運輸、破壞電報、謀殺表露皈依基督教意圖的人以及謀殺公職人員；（2）依照帝國刑法審判的案件，包括謀殺、搶劫、牲畜扣押[33]、襲擊商旅、入侵他人宅地、縱火、偽造和運輸假幣、搶劫官方財產、違反國家機關法令和哈薩克官員職務違法；（3）上述兩類之外所有哈薩克人之間的刑事案件均由民間法庭審理；如當事雙方同意，哈薩克人之間案件可由俄羅斯法庭依據哈薩克習慣法審理；如案件發生在哈薩克人與其他民族（народность/narodnost'）之間，則依據帝國法律審理。

其次，在基層司法方面，1868 年臨時條例延續了 1822 年條例將「畢」制度化為「畢官」的思路，並將其更名為「民間法庭」。同時，受到1864 年俄國司法改革和地方自治改革的影響[34]，草原委員會在實地調研時尤其重視收集對畢官制度的評價，將畢官視為促進「文明秩序」、培育公民精神的基層自治機制。此外，該條例以畢官為基礎，結合俄當局的縣鄉兩級行政區劃，創設「鄉會讞」和「特別會讞」機制，處理案值較大、牽涉較廣的案件。

與鄉長的選舉流程類似，鄉大會選舉人們在同一會議上進行畢官的選

佳。但考慮到中文語境下「民族」一詞含義眾多，本書遵從孟楠一書先例，譯為「民間法庭」。參見孟楠：《俄國統治中亞政策研究》，烏魯木齊：新疆大學出版社，2000 年，第83頁。

[33] 關於牲畜扣押，1868 年臨時條例第 94 條注釋一中明確指出，「吉爾吉斯人的牲畜扣押指的是由某種原因引發的不滿導致盜竊牲畜或搶劫財物。在阿吾勒或鄉中，該行為往往伴隨著暴力，時常發生謀殺。」參見 Масевич М.Г. Материалы по истории политического строя Казахстана. Т. 1, Алматы, 1960. С. 329.

[34] 關於俄國 1864 年地方自治改革和司法改革，參見孫成木、劉祖熙、李建：《俄國通史簡編（下冊）》，北京：人民出版社，1986 年，第147-148、149 頁。

舉。每個鄉根據游牧民帳篷數量確定畢官的人數，一般在 4 至 8 人之間。畢官從 25 歲以上、受民眾尊敬和信任且未受法庭控訴的本鄉人中選出。值得注意的是，條例明確規定，畢官的選舉和任免程序均獨立於鄉長：其選舉過程由縣長監督，而勝選後需得到省督軍批准方可上任。畢在上任時將由縣長授予銅徽和印章；履職須佩戴銅徽，簽署文件須加蓋印章，且離任或死亡須將銅徽和印章歸還縣長。不同於鄉長的是，俄當局並不向畢官發放薪俸。畢官有權從案件被告處獲得不高於案件爭議金額 10%的報酬（бийлык/biilyk）。

　　畢官依據哈薩克習慣法（adat）以口頭方式審理案件，但判決可在當事人要求下形成書面文件，加蓋畢官公章。所能審理的案件涉及爭議價值不得超過 300 銀盧布（或 15 匹馬，或 150 隻羊），而案值低於 30 盧布的案件即為終審。哈薩克人之間的婚姻和家庭糾紛一般由畢官審理，但也可在雙方同意的情況下由俄羅斯法庭審理。俄羅斯人與哈薩克人發生糾紛，如雙方同意，亦可由畢官審理。

　　爭議價值超過 300 銀盧布的案件須由鄉會讞（волостный съезд биев/volostnyi s"ezd biev）審理。鄉會讞由鄉內所有選出的畢官定期召開，其會期和地點由縣長決定。鄉長須出席鄉會讞但不得干預審案。鄉會讞審理案件的爭議價值不設上限。案值 500 銀盧布以下（或 25 匹馬，或 250 隻羊）案件視為終審。鄉會讞結束之後，所有終審案件的判決須登記在冊，兩周內呈報縣長，由後者呈遞省公署。省公署或批准終審結果，或將尚有疑義的案件轉交「特別會讞」（чрезвычайный съезд/chrezvychainyi s"ezd）。

　　除司法職能之外，1868 年臨時條例所設計的民間法庭體系還包含向民眾灌輸行政區劃邊界觀念的意圖：畢官和鄉會讞只可審理本鄉案件。跨鄉或跨縣當事人之間的案件須交由特別會讞審理。此外，特別會讞也有權審理省公署下達的案件。[35]特別會讞須由當事人雙方所在的鄉至少各選派兩位畢官出

---

[35] 這一基層機制可能是 19 世紀末清俄邊境司牙孜會讞的制度來源，參見屬聲：《中俄「司牙孜」會

席，按照習慣法審理。特別會讞的判決為終審判決。與鄉會讞一致，特別會讞的判決須登記在冊，呈遞縣長。上述所有判決均由鄉長負責執行。

在民間法庭之上，1868 年臨時條例規定了下列四級俄羅斯法庭可供哈薩克人上訴：縣法官、軍事司法委員會、省公署和中央的參政院。草原各省每個縣均設立一名縣法官。其人選必須接受過中高級教育、或在同類職位上服務不少於三年的司法專業人士中挑選，由總督提名、司法大臣批准。為貫徹行政與司法機構分立原則，縣法官不受縣長管轄，而接受省公署監督。其停職或和免職需省公署與總督及司法大臣協商，以保證獨立於各級地方政府權力。案件審理遵照 1864 年司法章程，但在當事雙方均為哈薩克人的情況下，可經雙方同意，由縣法官結合習慣法和帝國普通法律審理。[36]此外，作為法庭的省公署則主要處理對縣法官受理案件的上訴。軍事司法委員會審理軍事法庭管轄案件。

（三）引導游牧民定居的政策體系

在規定鄉和阿吾勒兩級機構的產生方式後，1868 年臨時條例設計了賦役、土地利用、社會身份和文教四方面政策，試圖引導哈薩克人轉入定居的生活方式，適應農業、手工業和商業等生產方式。其中，宣佈牧場土地國有和稅收貨幣化的政策影響深遠。

1.賦役

俄國 19 世紀下半葉立法中的「賦役」分為稅收和勞役兩部分。1868 年臨時條例在稅收領域最大的變革是以貨幣稅取代草原東路的實物稅。1868 年

讞制度研究》，《新疆社會科學》，1988 年第 4 期，第 68-79 頁。

[36] Масевич М.Г. Материалы по истории политического строя Казахстана. Т. 1, Алматы, 1960. С. 331-332.

之前，草原西路徵收貨幣形式的帳篷稅和票照費。草原東路則對哈薩克人徵收實物稅，即對除駱駝以外的畜養牲畜值百抽一。根據每三年一次各鄉編制的帳篷和牲口數目報表，當局每年夏季以鄉為單位開展徵收。各省根據要塞線和哥薩克各團的預算分配徵收的牲畜，多餘的牲畜變賣後存入國庫。[37]

　　1868 年臨時條例對徵稅的形式和對象進行了大幅改革。首先，條例對徵稅所需的游牧帳（кибитка/kibitka）清查工作進行更加細緻的規定：在每三年一度的鄉大會上，與會的選舉人須上報所代表 50 戶牧民的實際戶數，且要求將每戶對應的冬牧場地塊登記在冊。新規定的貨幣稅額度為每帳每年 3 銀盧布。[38]鄉大會在縣長監督下計算全鄉接下來三年的稅額，且確定總稅額在各阿吾勒之間的分配方式。上述帳篷數量和稅額均在大會上形成報表，由鄉長和參會的選舉人簽字或蓋印，上交縣長。[39]1868 年臨時條例甚至對瞞報帳篷數量的懲罰措施進行了一系列細緻規定。為鼓勵鄉大會選舉人準確上報帳篷數量，各鄉可將每三年週期中第一年稅收的 10%作為獎金，由省督軍審核後在選舉人中平均分配。相比實物稅，貨幣稅既有利於當局進行更加精確的財稅管理，也將促進牧民經濟生活的貨幣化，加深游牧民對俄國商品的依賴，客觀上推動俄羅斯商貿網路在歐亞大陸腹地的擴張。

　　其次，1868 年臨時條例明確了免徵帳篷稅的範圍。1822 年條例並未提到豁免實物稅的人群。而 1868 年臨時條例規定，瓦裏汗家族、布凱汗家族、艾楚瓦克汗家族、江托熱蘇丹家族的直系子嗣以及肯尼薩爾起義中負有死傷的家族均免除賦役。上述家族均為 19 世紀初俄當局在草原東西兩路籠絡的部落精英。其成員大多支持俄國推行的草原統治體制。因此，1868 年臨時條例在制度化貨幣稅的同時，以差異化徵收的方式減少改革阻力。

---

[37] Масевич М.Г. Материалы по истории политического строя Казахстана. Т. 1, Алматы, 1960. С. 99-100.

[38] 此稅種被稱為「帳篷稅」（кибиточная подать），因游牧民以氈帳（кибитка）數量計算戶數。

[39] Масевич М.Г. Материалы по истории политического строя Казахстана. Т. 1, Алматы, 1960. С. 334.

　　除帳篷稅以外，1868 年臨時條例另設計「護照費」（паспортный сбор/pasportnyi sbor），意在維持要塞線內外的身份區分。條例管轄的草原地區哈薩克人如希望進入要塞線內的城市鄉村務工，則需要向鄉長申請「護照」，繳納相應費用。鄉長將申請人名單上報縣長，獲得登記表格，收得護照費上繳縣庫。哈薩克人須持護照通過要塞線關卡進入「內地」，而內地省份地方員警則有義務監督哈薩克人持照定居。護照費的金額由省督軍與財政部協商確定。[40]

　　在勞役方面，1822 年條例僅明文規定各阿吾勒輪流安排人員和馬匹，維持區、鄉、阿吾勒之間的官方通訊，且要求阿吾勒與鄉之間維持每日往返一次郵遞，鄉與區之間每週一次郵遞。[41] 為促進經濟開發和引導游牧民定居，1868 年臨時條例將勞役的範圍擴大到「修築橋樑、道路、水利設施，維護驛站，為官員備馬，為鄉長和阿吾勒長提供雇傭勞力」。鄉和阿吾勒有義務以現金或實物補償的方式組織哈薩克人維護驛站，且特殊情況下省督軍和縣長有權徵調實物或資金，事後由總督決定補償方式。[42]

2.土地利用

　　1822 年條例著眼於向區級哈薩克官員灌輸私有土地產權觀念，引導游牧社會上層定居，並帶動各階層從事農耕和手工業。[43] 1868 年臨時條例在廢區置縣的同時，試圖以更大力度向游牧民傳播私有產權的觀念。首先，條例第 210 條宣佈哈薩克人所佔據的土地被視為國有，哈薩克人僅有權集體使用。在此基礎上，條例為哈薩克人將公地轉為私人佔有的財產開闢了兩條法律途

---

[40] Масевич М.Г. Материалы по истории политического строя Казахстана. Т. 1, Алматы, 1960. С. 336.

[41] Масевич М.Г. Материалы по истории политического строя Казахстана. Т. 1, Алматы, 1960. С. 100.

[42] Масевич М.Г. Материалы по истории политического строя Казахстана. Т. 1, Алматы, 1960. С. 336.

[43] Масевич М.Г. Материалы по истории политического строя Казахстана. Т. 1, Алматы, 1960. С. 101-102.

徑：第一，哈薩克人所獲得沙皇御賜或當局以地契形式授予的土地具備完全
的所有權；但在 1868 年臨時條例頒佈後，相關人士需在限定時間內向俄當局
提交上述證明文件，確認地塊所有權。第二，條例對在冬牧場上的住宅或建
築提供特別保護，強調此類建築連帶其佔據的土地均為可繼承、可交易的私
人財產，其社群不得要求拆除；同時，條例鼓勵哈薩克人在冬牧場和夏牧場
上從事農耕，且有權將建築或農耕地塊在縣公署允准的情況下轉讓給俄羅斯
人。[44]

其次，哈薩克人駐留時間較長的冬牧場（зимовка/zimovka）是條例推動
私有產權形成的關注焦點。條例規定冬牧場為哈薩克牧民集體使用，要求各
鄉夏季轉場路線及夏牧場盡可能處於縣域之內，且各鄉以阿吾勒為基礎分配
冬牧場。[45]各氏族分配冬牧場如出現爭議，省督軍和縣長則可介入，由相關
鄉各出 3 名鄉大會選舉人（выборный/vybornyi）組成特別會議，依據帳篷和
牲畜規模分配冬牧場；阿吾勒內部也以類似的方式分配冬牧場地塊，且分配
結果登記上報。條例要求各級俄羅斯官員深入草原，推動土地使用權的空間
劃分。

再次，1868 年臨時條例根據新形勢修訂了 1822 年條例涉及土地產權的
條文，並補充了對森林和礦產地塊的使用權的規定。1822 年條例規定區衙官
吏有權分得規模不等的地塊，以便開發定居設施和農業（參見第二章）。但
隨著有區衙職務履歷的人員規模逐漸增長，此類土地使用權和所有權有必要
重新界定。1868 年臨時條例規定，草原東路的俄羅斯和哈薩克官吏在職位調
整後需相應變更其土地使用權。因草原諸省的森林資源相對稀缺，條例規
定，除位於哥薩克軍團土地上的森林以外，草原諸省的林木均歸國家所有；
草原諸省的定居者可獲得在省督軍確認和總督批准下從當局獲得免費的林木

---

[44] Масевич М.Г. Материалы по истории политического строя Казахстана. Т. 1, Алматы, 1960. С. 337.

[45] Масевич М.Г. Материалы по истории политического строя Казахстана. Т. 1, Алматы, 1960. С. 327.

建材以建設住房。早在 19 世紀 50 年代，一些歐俄商人已著手開發草原地區的礦藏。1868 年臨時條例規定，如果礦藏在哈薩克人私人佔有地塊上被發現，則採礦權由開發商與土地所有者協商讓渡；如礦藏在冬牧場或開墾土地上被發現，則採礦權由開發商與使用該地塊的哈薩克社群協商。[46]

　　1868 年臨時條例涉及土地利用的條文在 19 世紀後半期影響深遠。一方面，哈薩克社會內部由此出現更多圍繞冬牧場地塊所有權和使用權的爭鬥。部分平民階層的哈薩克人利用上述政策和特定形勢，擠佔汗王和貴族後裔的冬牧場土地。另一方面，在 19 世紀末到 20 世紀初，沙俄當局通過上述「牧場土地國有」的法律條款公然將牧地劃撥給來自歐俄地區的新移民，以緩解歐俄地區的人地矛盾。[47]

3.社會身份和文教政策

　　1868 年臨時條例還設計了一系列社會身份和文教政策，以吸引草原游牧民融入俄羅斯社會。在社會階層方面，儘管條例並未改變哈薩克人的異族地位（主要享有豁免兵役的權利），但明確規定哈薩克人如加入其他社會階層，可繼續免服兵役，且免除加入後五年的納稅義務。此外，如哈薩克人皈依東正教，則有權在任何俄羅斯城市或村落登記定居，而無需定居地同意。在教育方面，條例規定草原地區的初等學校必須面向所有族群招生，且由省公署撥款支持建設。哥薩克鎮和俄羅斯村學校在集體同意的前提下，可招收哈薩克學童。在宗教領域，為拒斥韃靼人對草原地區的文化影響，條例首先規定哈薩克人不隸屬於奧倫堡穆斯林宗教會議。其次，以鄉為單位，條例規定每個鄉最多只能供養一位毛拉，且毛拉須與普通牧民一樣承擔賦役。毛拉必須從無違法犯罪記錄、未被法庭作為被告的俄屬哈薩克人中選出。與鄉長

---

[46] Масевич М.Г. Материалы по истории политического строя Казахстана. Т. 1, Алматы, 1960. С. 338.

[47] Масанов Ж.Б. ред. История Казахстана: народы и культуры. Алматы, 2001. С. 207-217, 269-280.

一樣，毛拉同樣由鄉大會選舉，由縣長呈報省公署審核，省督軍批准。對宗教機構的管轄則更為嚴格：新建清真寺須得到所在地總督的批准；毛拉須得到縣長允准才可在清真寺進行教育活動；草原諸省禁止設立宗教地產（waqf）。[48]

如果說 19 世紀 20 年代的改革是俄當局在草原地區設立行政機構的嘗試，那麼 60 年代的改革則將省的派出機構穩固建立在草原各處，替代原先的哈薩克部落精英維持地方秩序、監督基層土著治理機構並執行社會經濟政策。1868 年條例規定的賦役制度、土地利用、社會身份和文教政策均以推進所謂「文明秩序」為目的，即在草原諸省劃分疆域、引導牧人定居和促進工商業發展。首先，所有政策均依賴由縣、鄉和阿吾勒構成的基層政府執行。各級政府相應的行政區劃觀念會隨著政策而傳播，逐漸滲入到哈薩克人的觀念中。其次，以貨幣稅取代實物稅、對跨要塞線務工行為徵收貨幣性的護照費、以貨幣部分支付勞役和基建開支等政策均有利於在潛移默化之中促進草原經濟的商業化和貨幣化。而商貿活動的活躍也將吸引更多游牧社會中的富裕人群和破產者進入商業中心定居。最後，當局希冀通過文教政策傳播俄羅斯文化，吸納部分哈薩克社會人群成為維繫統治的紐帶。

四、「積極前進」抑或「精明無為」[49]：圍繞中亞草原的政策爭論

直到 1868 年臨時條例頒佈之際，俄當局關於是否應該在草原地區推行統

---

[48] Масевич М. Г. Материалы по истории политического строя Казахстана. Т. 1, Алматы, 1960. С. 339-340.

[49] 這兩個術語借用自前人學者關於 19 世紀英國對中亞外交兩種政策的概括，參見朱新光：《英帝國對中亞外交史研究》，南京：江蘇人民出版社，2002 年。

治體制仍有爭議。其爭論核心是上述新統治體制是否符合 19 世紀中期中亞草原的自然環境和社會條件。1868 年臨時條例呈現的新統治體制一方面是對 19 世紀上半葉草原政策的調整，另一方面反映大改革時代俄國軍政高層對於「正確」國家制度演進的想像。對 1868 年臨時條例出台前後輿論的分析有助於深入理解俄國草原政策的變遷。

　　19 世紀初以降，就俄當局能否在中亞草原推行俄羅斯軍政司法體制，俄國軍政官員所持觀點大致大分為「積極前進」和「精明無為」兩條路線：前者要求以更大力度向草原地區移民，引導哈薩克人從事農業和工商業，且開發草原地區的各類資源。後者基於對哈薩克游牧民的本質主義想像，即強調其習性野蠻而信仰狂熱，認為強行將他們納入行政管理體制將付出巨大代價，且最終未必有效。同時，草原東西兩路差異較大的自然環境和政策實踐，也強化了兩條路線的差異：草原東路水土條件相對較好，鄂木斯克當局在廢除中玉茲汗位後積極擴張，建立了相對穩定的行政管理體制。而西路因自然條件較為惡劣，適宜農墾築堡的區域較少，故奧倫堡當局長期避免過度介入小玉茲內部事務，將軍政力量維持在要塞線附近。[50]因此，兩地軍政官員爭論從「是否應該積極介入游牧民社會內部事務」引出「游牧民是否可能適應文明秩序」的論題。

　　「精明無為」路線的主要支持者佩羅夫斯基（V. A. Perovskii）對此有較為詳細的論述。佩氏為亞歷山大二世近臣，崛起於拿破崙戰爭時期，曾兩度主政奧倫堡（1833-1842 年任奧倫堡督軍，1851-1857 年任奧倫堡總督）。1839 年俄軍對希瓦汗國的失敗遠征便是由他組織發起。[51]他反對在草原地區建立科層統治體制，反對向草原地區移民墾殖，也反對引導游牧民從事農

---

[50] 需要指出的是，這一論斷並不意味著所有草原西路的軍政官員都支持「精明無為」路線，反之亦然。例如，佩羅夫斯基的繼任者奧勃魯切夫和卡捷寧均支持在草原地區擴張文明秩序。

[51] 關於 1839 年佩羅夫斯基希瓦遠征的詳情，參見王治來：《中亞通史·現代卷》，北京：人民出版社，2010 年年，第 208-209 頁。

耕。佩氏認為，正確的策略是支持若干哈薩克氏族首領，較少干預其內部事務，而向其傾銷俄國的農產品和工業品，逐漸使其放棄對要塞線定居點的劫掠，實現穩定和秩序。[52]按照這一邏輯，當局不應嘗試在草原地區建立行政機構，也沒有必要觸動原先的行政區劃安排。與此相似，奧倫堡總督克雷紮諾夫斯基（N. A. Kryzhanovskii，1864-1881 年在任）提議維持東西兩路分治狀態，由奧倫堡管轄新征服的錫爾河中下游地區。[53]

　　草原委員會整體傾向於積極推進「文明秩序」。條例草案主要起草者蓋恩斯激烈地批評了草原西路的統治體制。他曾記述如下案例：1855 年，中部執政蘇丹阿爾斯蘭・江丘林（Arslan Dzhantiurin）[54]赴舍克特氏族（шекті/şektı）要求審判被俄當局認為是劫匪的庫捷巴羅夫（Исет Кутебаров/Iset Kutebarov）。但舍克特氏族反而包圍執政蘇丹及其人馬，將執政蘇丹及隨行數十名畢官和首領擊殺。[55]奧倫堡當局被迫出兵調停。但事後，庫捷巴羅夫不僅得到俄當局無條件諒解，還被冊封為舍克特氏族的首領。[56]江丘林家族是小玉茲阿布勒海爾汗後裔，是俄國在小玉茲中的重要代理人，曾支持俄當局鎮壓肯尼薩爾起義。蓋恩斯以此事為例，強調奧倫堡當局的「精明無為」政策導致兩類後果：第一，部分擅長利用俄當局支持的部落首領獲得不受控制的權威。這並不符合 19 世紀中期改革者削弱土著首領權

---

[52] Campbell, Ian. *Knowledge and the Ends of Empire: Kazak Intermediaries and Russian Rule on the Steppe, 1731-1917*, Cornell University Press, 2017, p. 40.

[53] Campbell, Ian. *Knowledge and the Ends of Empire: Kazak Intermediaries and Russian Rule on the Steppe, 1731-1917*, Cornell University Press, 2017, p. 54.

[54] 阿爾斯蘭・江丘林（Arslan Dzhantiurin，生卒 1810-1855 年）是小玉茲阿布勒哈爾汗之孫江托熱汗（Zhantore Khan，1805-1809 年任小玉茲汗）之子。其姓氏「江丘林」是哈薩克語姓氏「江托熱」的俄化形式。參見 Ерофеева И.В. Хан Абулхаир: полководец, правитель, политик. Алматы, 2007. С. 224-225.

[55] Мейер Л.Л. Киргизская Степь Оренбургского ведомства. СПб., 1865. С.76-77.

[56] Гейнс А.К. Собрание литературных трудов. СПб., 1897. С. 136-137.

力的期望。[57]第二，以江丘林被戕事件為例，即使強勢氏族戕殺俄國支持的首領，奧倫堡當局也不會輕易發兵，以免引發更大規模的混亂。因此，蓋恩斯認為奧倫堡當局的政策尚不足以維持秩序穩定，遑論向草原地區傳播俄羅斯的影響力。

值得注意的是，1865 年前後俄當局對草原東路的控制力與 19 世紀初已有較大差異。19 世紀初，俄當局的要務是以行政邊界約束游牧民的移動，防範游牧部落的跨區域聯合。而至 19 世紀 60 年代，草原委員會的討論中鮮見關於哈薩克人跨界游牧或侵擾要塞線的記載，可見當時草原東路俄國主導的政治秩序已然相對穩固。草原東路經過 40 年「積極前進」而建立較為穩固的統治，而草原西路的制度建設則裹足不前。因此，「積極前進」論者往往以草原東路的擴張成果為論據，而「精明無為」論者則片面解讀草原西路的實踐。

兩條路線的具體分歧主要體現在司法體制和土地利用制度上。在司法體制領域，爭議的焦點在於民間法庭的管轄範圍以及其背後的政治意涵。受到經費的限制，奧倫堡當局長期在草原西路奉行「精明無為」路線。絕大多數基層案件，無論其爭議價值或涉案金額大小，大多交由畢官審理。僅有案情特別重大，且涉及俄羅斯人的時候，奧倫堡當局的官員才會介入。[58]但一些俄國高層官員對於將基層司法權力交給畢官的政策實踐感到不滿。例如，內務大臣瓦盧耶夫（P. A. Valuev，1861-1868 年在任）認為畢官的管轄範圍太廣，以致地方官員無力維護帝國法律的尊嚴，且無力引導哈薩克人的司法觀念與俄羅斯人接近。草原委員會在這一問題上持折衷立場。蓋恩斯認為，畢官是草原地區司法獨立和基層自治的萌芽，與同時期俄國司法改革設立的農

---

[57] Гейнс А.К. Собрание литературных трудов. СПб., 1897. C. 134.

[58] Campbell, Ian. *Knowledge and the Ends of Empire: Kazak Intermediaries and Russian Rule on the Steppe, 1731-1917*, Cornell University Press, 2017, p. 45.

民法庭同樣具有培育公民精神的作用。最終，1868 年臨時條例將 1822 年條例中的畢官制度化為民間法庭，詳細規定其司法權限和審理形式。

　　具體而言，引發較大爭議的問題是對牲畜扣押案件的管轄權。如第二章所述，鑒於牲畜扣押容易誘發氏族乃至部落間的衝突，1822 年條例將其定性為刑事案件，與叛國、謀殺、搶劫等案件列為同類，且明文規定禁止區、鄉兩級哈薩克官員捲入牲畜扣押案件。[59]草原委員會則對此持不同意見，認為牲畜扣押案件與哈薩克人的游牧生產方式密切相關，短期內難以消除；而以帝國刑法審判牲畜扣押案件難以讓哈薩克人信服，應以習慣法判決。[60]這一觀點並未得到俄各部官員的支持。以時任外交大臣哥爾查科夫（A. M. Gorchakov，1856-1882 年在任）為代表，部分官員認為草原委員會這一提議是在縱容游牧民的刑事犯罪，將損害帝國權威，且不可能引導哈薩克人「文明開化」。最終，1868 年臨時條例維持 1822 年條例的立場，將牲畜扣押列為須依據帝國刑法審理的刑事案件。

　　在土地和財產制度方面，上述兩派的分歧主要在於對哈薩克人經濟觀念評價：草原委員會認為私有產權制度是發展工商業、培育基層自治和奠定文明秩序的基礎，而促進私有產權觀念的傳播則有助於拉近哈薩克人與俄羅斯人的距離。因此，草原委員會試圖在哈薩克人的經濟活動中尋找符合私有財產觀念的行為，並通過制度設計鼓勵其進一步發展。在調研草原東路時，鄂木斯克的官員認為冬牧場的存在證明哈薩克人有初步的私有財產觀念，因為一年中哈薩克人在此駐留時間較長，且往往搭建簡易建築，以便人員和牲畜躲避風雪。由此，冬牧場的土地和建築可成為引導哈薩克人定居、融入「文明秩序」的關鍵。反對者則認為，哈薩克游牧民當時還沒有形成明確的私有

---

[59] Масевич М.Г. Материалы по истории политического строя Казахстана. Т. 1, Алматы, 1960. С. 103-105.

[60] Campbell, Ian. *Knowledge and the Ends of Empire: Kazak Intermediaries and Russian Rule on the Steppe, 1731-1917*, Cornell University Press, 2017, p. 56.

產權觀念，冬牧場即便存在建築，在哈薩克人眼中也屬於公共產權。[61]

　　從 1868 年臨時條例文本來看，草原委員會的確以冬牧場為傳播私有產權觀念的突破口。條例將哈薩克人在冬牧場搭建的建築視為可出售、可轉讓的私有財產，且建築物所佔據的土地為可繼承財產。直到建築物拆除，其佔據的土地才可重新由所在社群使用（第 217 條）。條例第 219 條規定，在社群一致同意的前提下，冬牧場和夏牧場可以劃出特別地塊，供有意願者從事農耕。而第 220 條則明確哈薩克人有權利放棄自己的地塊，在縣政府出具證明的前提下自願讓渡給俄羅斯族。[62]這些條文所包含的私有產權觀念在當時未必能為大多數牧民理解，也未必能促進財產在哈薩克人之間流轉。其主要意義在於為 19 世紀末 20 世紀初歐俄農民大規模遷入草原地區並攫取牧地奠定法律基礎。

　　從上述爭論中可以看出，「積極前進」和「精明無為」與其說是兩條針鋒相對的政策路線，毋寧說是一段連續漸變政治光譜的兩端：一端以哈薩克人在生產方式、生活習俗和宗教信仰的特殊性為論述起點，強調強行改變現狀的代價。另一端則以「文明秩序」為旗號，支持強勢改造新征服地區，與歐俄本土的大改革一道形成整齊劃一的新秩序。在理念之外，此類爭論同樣包含中央與地方利益和行政機構間博弈的因素：東西兩路地方當局希望將由各自軍區征服的領土納入自身轄境；陸軍部希望整合草原東西兩路的軍政力量，在新征服地區設立由陸軍部管轄的統治制度；司法部門則希望在新征服地區建立獨立於行政系統的司法體系。條例的最終文本也大致反映各部門立場之間的妥協。

---

[61] Campbell, Ian. *Knowledge and the Ends of Empire: Kazak Intermediaries and Russian Rule on the Steppe, 1731-1917*, Cornell University Press, 2017, p. 56.

[62] Масевич М.Г. Материалы по истории политического строя Казахстана. Т. 1, Алматы, 1960. С. 337.

結　語

　　1868 年臨時條例是沙俄當局在征服中亞草原之後根據新政治經濟形勢作出的制度調整。這一條例至少產生了強化軍政統治、刺激商業發展和促進階層流動三方面影響。而長期來看，這一條例為 19 世紀末沙俄向草原地區大規模移民奠定了制度基礎。

　　首先，在廢區置縣之後，沙俄強化了對草原游牧社會的控制。1868 年臨時條例廢除了原先主要由哈薩克白骨貴族擔任的大蘇丹和執政蘇丹職位，將「鄉蘇丹」改為「鄉長」，客觀上削奪了傳統貴族在游牧社會中的特權。在司法方面，1868 年臨時條例將民間法庭納入俄國司法體系，由俄羅斯法庭掌握重大刑事案件的審判權，而哈薩克人之間的日常民事案件則交由民間法庭依照習慣審理。從中亞歷史的宏觀角度來觀察，18 世紀俄軍政官員所關切的「游牧民難題」至此已基本解決：自肯尼薩爾起義失敗之後至第一次世界大戰之前，草原地區未出現大規模、全局性的抗俄運動。尤其是 19 世紀 70 年代以後，草原地區沒有再出現由白骨貴族領導的大規模起義。可見，新的軍政統治體系統治之下，以貴族血統為紐帶的跨地區游牧部落聯盟已不再可能出現。

　　其次，1868 年臨時條例的落實與 19 世紀後半期俄國資本對哈薩克草原的開發同步，共同推動了草原經濟的市場化。條例中關於土地和礦產資源相關條款便於歐俄資本以較低成本獲得開採權。因此，草原腹地的銅礦和煤礦得到初步開發。1876 年，歐俄鐵路網修通至奧倫堡。草原地區的種植業和畜牧業由此與歐俄地區的市場和資本產生更為密切的聯繫。交通條件較好的鄂木斯克、彼得羅巴甫洛夫斯克等地出現手工業作坊和工廠。草原上的塔因奇庫利（Таинчикуль/Tainchikul'）、恰爾（Чар/Char）、卡爾卡拉勒（Каркаралы/Karkaraly）等地均出現貿易額在一百萬盧布以上的大型集市。由此可見，1868 年臨時條例頒佈後，相對穩定的政治秩序和對歐俄資本而言

相對便利的法律環境為草原經濟的市場化提供了條件。

再次，1868 年臨時條例和同時期草原商業的發展對哈薩克游牧社會的傳統結構造成了衝擊。在傳統哈薩克社會中，僅成吉思汗男性後裔才被稱為「蘇丹」，並享有蘇丹附帶的政治和法律特權。[63]1868 年臨時條例一方面大規模擴張各級行政機關的人員規模，另一方面廢除了官員選任的血統出身標準。19 世紀 70 年代後，隨著越來越多各階層哈薩克族子弟在沙俄開辦的學校接受教育，他們在完成學業後充任草原行政司法機構職位，獲得了新的社會上升管道。此外，一部分哈薩克商人抓住了沙俄當局的軍事行動和商貿活動帶來的經濟機遇，並利用基層選舉制度的漏洞，通過賄選等方式將財富轉化為基層的行政和司法權力。而傳統貴族在失去了血統帶來的身份特權之後，往往在新的社會競爭形態中處於下風（參見第五章）。

儘管條例本身並未明確其「文明秩序」包含的理想圖景，但具體條文描繪了從移動到定居、從畜牧到農作、從氏族部落到現代國家政權、從集體產權到私有產權、從游牧文化到俄羅斯文化等一系列二元對立的轉化過程。而在這一圖景中，建立「文明秩序」成為俄國敘述這一時期與中亞草原關係的正當性話語，也成為吸引中亞本地貴族和新興知識份子支持俄國統治的理由。

最後，從當代哈薩克斯坦角度回溯 19 世紀歷史，1868 年臨時條例是一個觀察草原地區歷史延續性的窗口。該條例不僅首次統一了草原東西兩路的行政和司法制度，也在一定程度上強化了作為統一制度空間的「哈薩克草原」概念，為 20 世紀初將這一空間被改造為單一政治單元（哈薩克蘇維埃社會主義共和國）奠定了制度和觀念基礎。在決定統一草原東西兩路的統治體制之後，草原委員會一度討論是否將草原四省納入單一行政單元，且以位於

---

[63] А. И. Лёвшин, *Описание Киргиз-Казачьих или Киргиз-Кайсацких орды степей*, т. 3, СПб., 1832, с. 171-172.

草原東南部外伊犁阿拉套的維爾內市為首府。[64]維爾內市的前身是 1854 年建立的維爾內要塞，是當時西西伯利亞軍區強佔外伊犁地區的核心軍鎮節點。1921 年，該城更名為阿拉木圖。1927 年，當時的哈薩克蘇維埃社會主義自治共和國[65]遷都至阿拉木圖，此後直至 1997 年均為政治中心。

　　因此，草原委員會這一提議觸及草原地區歷史中的關鍵問題：如果將中亞草原作為單一行政單元，那麼何處最宜定都？草原委員會在 19 世紀 60 年代便發現了維爾內作為草原首府的潛力：首先，外伊犁阿拉套的山前地帶水土條件相對草原大部分地區更為優越，有望成為定居人口的中心。其次，草原東路南北連接西伯利亞和錫爾河地區，在 1906 年奧倫堡—塔什干鐵路修通之前為歐俄通向中亞南部的交通要道。以維爾內作為首府，有利於戍守交通幹線，且為介入周邊地區政局提供便利。但這一提議最終未能進入草案。其原因可能是這一行政區劃調整將極大衝擊 1865 年以奧倫堡、鄂木斯克和塔什干為軍政中心的格局。儘管如此，半個多世紀後的決策者在面對類似的地緣政治處境時，最終確定以阿拉木圖為首府。由此可見，對 1868 年「草原地區臨時管理條例」的研究不僅能呈現俄國對草原地區政策的關鍵變革，也能更好地幫助我們理解 19 世紀 60 年代大改革時期的俄國和當代的哈薩克斯坦。

---

[64] Ian Campbell, *Knowledge and the Ends of Empire: Kazak Intermediaries and Russian Rule on the Steppe, 1731-1917*, Cornell University Press, 2017, p. 54.

[65] 哈薩克蘇維埃社會主義自治共和國最初成立於 1920 年，隸屬於俄羅斯聯邦；其首府在 1920-1925 年間為奧倫堡，1925-1927 年間為克孜勒奧爾達，1927 年以後為阿拉木圖。1936 年該行政單元升格為加盟共和國，更名為哈薩克蘇維埃社會主義共和國。

第四章　微觀視角下的草原統治體制：
以財政與教育為中心的考察

一、問題的提出

　　1868 年「草原地區臨時管理條例」的頒佈標誌著中亞草原被納入俄國的統治之下。在 19 世紀 60-80 年代，俄國的草原統治體制處於從傳統向現代的轉型階段。這一時期，以西伯利亞大鐵路為代表的現代交通和通訊技術尚未完全覆蓋草原諸省，各省境內的居民仍以游牧民為主，部分省份的縣鄉行政機構正在逐步建立。因此，19 世紀 60-90 年代地方當局仍繼續面臨 18 世紀以降俄國在草原地區所長期面對的挑戰。

　　這一時期，第二次工業革命帶來的技術正逐漸擴散到俄國的邊緣地區：1862 年，鄂木斯克鋪設第一條電報線。同年，鄂木斯克至塞米巴拉金斯克段的額爾齊斯河已經開通了常規性的蒸汽輪船航線，而此時歐洲與北美之間的遠洋蒸汽船航線已將跨越大西洋的旅程縮短到二週以內。1877 年，從伏爾加河流域的薩馬拉（Samara）到奧倫堡的鐵路開通，烏拉爾河流域的穀物種植業與畜牧業由此進一步融入歐俄市場。以 1896 年西伯利亞大鐵路延伸至鄂木斯克為標誌，草原諸省成為歐俄移民政策的目的地。傳統上草原統治體制長期難以解決的人力和財力短缺等問題隨著交通、通信技術的飛躍及移民的大規模遷入而得到改善。

　　本章選取的考察視角受近年來政治學和社會學領域對國家內涵的討論啟發。以亨廷頓（Samuel Huntington）和邁克爾・曼（Michael Mann）為代表的學者較早指出以國家能力作為治理水準的評價標準。王紹光將國家能力進

一步區分為近代國家基本能力（強制、汲取和濡化）、現代國家基礎能力（認證、規管、統領和再分配）以及吸納與整合能力。其中，汲取能力指的是國家機器從社會汲取經濟產出的能力，是國家機器穩定運行的基礎。濡化能力指的是國家塑造民眾的認同感和價值觀以維持社會內部秩序的能力。[1]前人學者已將這一理論視角應用到對當代非洲國家和蘇東地區國家轉型的研究中。[2]本章則嘗試將之引入對 19 世紀後半期俄國在草原地區統治狀況的分析。

從這一理論視角出發，19 世紀 60-90 年代草原統治體制的財政狀況對於理解其運行具有重要參考價值。在 1868 年臨時條例頒佈後，俄國初步建立了以強制能力為基礎的草原統治體制。但在 19 世紀 90 年代末現代技術條件引入之前，草原諸省一定程度上仍游離於俄國內地省份之外。從本地居民徵收的各類稅款構成草原統治體制運行的基礎。此外，本章將通過研究草原統治體制下各省學校教育體系的發展，來考察作為與汲取能力同作為「基礎能力」之一的濡化能力，由此管窺這一時期俄國與草原地區的關係。

表 4-1　1897 年俄國人口普查所見中亞各省份人口數量和人口密度比較[3]

省份	人口數量（人）	面積（平方俄里）	人口密度（人／平方俄里）
烏拉爾斯克省	645,121	284,411.8	2.27
圖爾蓋省	453,416	399,780	1.14
阿克莫林斯克省	682,608	497,860	1.37

[1] 王紹光：〈國家治理與基礎性國家能力〉，《華中科技大學學報（社會科學版）》2014 年第 3 期，第 8-10 頁。

[2] 盧凌宇：〈西方學者對非洲國家能力（1970-2012）的分析與解讀〉，《國際政治研究》2016 年第 4 期；彭柳：〈國家能力與蘇東地區的國家建構：理論和機制〉，《比較政治學研究》2021 年第 1 期。

[3] Центральный статистический комитет. Первая всеобщая перепись населения Российской империи 1897 г. Вып. 1. СПб., 1897. С. 25-26.

省份	人口數量（人）	面積（平方俄里）	人口密度（人／平方俄里）
塞米巴拉金斯克省	684,590	445,310	1.54
七河省	987,863	347,910	2.84
錫爾河省	1,478,398	452,840	3.26
撒馬爾罕省	860,021	60,597.6	14.19
費爾幹納省	1,572,214	121,141	12.98
外裏海省	382,487	531,738	0.72
中亞省份總計	7,746,718	3,141,588.4	2.47
全俄總計	125,640,021	18,861,474.4	6.66

表 4-2　1897 年草原諸省下轄各縣名稱、面積和人口統計

省份名稱	省府	下轄各縣名稱	俄文名稱及拉丁轉寫	備註	面積（平方俄里）	1897 年人口（人）
烏拉爾斯克省	烏拉爾斯克	烏拉爾斯克縣	Уральский уезд/ Ural'skii uezd		46,315.1	293,619
		古裏耶夫縣	Гурьевский уезд/ Gur'evskii uezd		58,243.1	86,758
		勒畢先斯克縣	Лбищенский уезд/ Lbishchenskii uezd	1899 年更名前稱卡爾梅科夫縣	62,017.6	169,673
		鐵米爾縣	Темирский уезд/ Temirskii uezd	1896 年更名前稱恩巴縣	117,836	95,071
圖爾蓋省	圖爾蓋	圖爾蓋縣	Тургайский уезд/ Turgaiskii uezd		148,020	86,948
		阿克糾賓縣	Ак-тюбинский уезд/ Ak-tiubinskii uezd	1891 年更名之前稱伊列茨克縣	50,360	115,215
		伊爾吉茲縣	Иргизский уезд/ Irgizskii uezd		128,660	98,697

省份名稱	省府	下轄各縣名稱	俄文名稱及拉丁轉寫	備註	面積（平方俄里）	1897 年人口（人）
		庫斯塔奈縣	Кустанайский уезд/ Kustanaiskii uezd	1895 年更名之前稱尼古拉耶夫斯克縣	72,740	152,556
阿克莫林斯克省	鄂木斯克	鄂木斯克縣	Омский уезд/ Omskii uezd		37,170	100,539
		彼得羅巴甫洛夫斯克縣	Петропавловский уезд/ Petropavlovskii uezd		63,590	155,137
		阿克莫林斯克縣	Акмолинский уезд/ Akmolinskii uezd		108,390	185,058
		科克切塔夫縣	Кокчетавский уезд/ Kokchetavskii uezd		69,290	155,461
		阿特巴薩爾縣	Атбасарский уезд/ Atbasarskii uezd	1869 年設薩雷蘇區，1878 年改成阿特巴薩爾區，1898 年撤區改縣	219,420	86,413
塞米巴拉金斯克省	塞米巴拉金斯克	塞米巴拉金斯克縣	Семипалатинский уезд/ Semipalatinskii uezd		69,880	156,801
		巴甫洛達爾縣	Павлодарский уезд/ Pavlodarskii uezd		98,130	157,487
		卡爾卡拉林斯克縣	Каркаралинский уезд/ Karkaralinskii uezd		186,370	171,655

省份名稱	省府	下轄各縣名稱	俄文名稱及拉丁轉寫	備註	面積（平方俄里）	1897年人口（人）
		烏斯季一卡緬諾戈爾斯克縣	Усть-Каменогорский уезд/ Ust'-Kamenogorskii uezd		55,970	103,575
		齋桑縣	Зайсанский уезд/ Zaisanskii uezd		34,960	95,072
七河省	維爾內	維爾內縣	Верненский уезд/ Vernenskii uezd		58,330	223,883
		科帕爾縣	Копальский уезд/ Kopal'skii uezd		69,100	136,421
		列普辛斯克縣	Лепсинский уезд/ Lepsinskii uezd	1893年更名之前稱謝爾吉奧波利縣	87,080	180,829
		普熱瓦利斯克縣	Пржевальский уезд/ Przheval'skii uezd	1891年更名之前稱伊塞克湖縣	47,760	147,517
		皮什佩克縣	Пишпекский уезд/ Pishpekskii uezd	1891年更名之前稱托克馬克縣	80,480	176,577
		紮爾肯特縣	Джаркентский уезд/ Dzharkentskii uezd	1882年設縣	5,160	122,636

表 4-3　1900 年草原諸省定居和游牧人口數量統計[4]

省份	定居人口（人）	游牧人口（人）	全省人口（人）
烏拉爾斯克省	238,713	452,974	691,687
圖爾蓋省	41,224	420,292	461,516
阿克莫林斯克省	361,770	442,224	803,994
塞米巴拉金斯克省	94,352	591,701	686,053
七河省	-	-	987,863
各省總計	736,059（不含七河省）	1,907,191（不含七河省）	3,631,113

　　19 世紀 60-80 年代，中亞草原地區的行政區劃經歷了幾番調整。在 1867 年《七河省和錫爾河省管理條例》和 1868 年《烏拉爾斯克省、圖爾蓋省、阿克莫林斯克省、塞米巴拉金斯克省臨時條例》頒佈後，整個草原地區被劃入烏拉爾斯克省、圖爾蓋省、阿克莫林斯克省、塞米巴拉金斯克省、七河省和錫爾河省。其中，1868-1882 年間，西部的烏拉爾斯克省和圖爾蓋省隸屬於奧倫堡總督區，東部的阿克莫林斯克省、塞米巴拉金斯克省隸屬於西西伯利亞總督區，而 1867-1882 年間南部的錫爾河省和七河省隸屬於土爾克斯坦總督區。1882 年，俄當局改革草原地區行政區劃，烏拉爾斯克省和圖爾蓋省改為直接隸屬於內務部，阿克莫林斯克省、塞米巴拉金斯克省和七河省由新組建的草原總督區管轄，錫爾河省仍歸南部的土爾克斯坦總督區管轄。[5]1891 年，俄當局頒佈《阿克莫林斯克省、塞米巴拉金斯克省、七河省、烏拉爾斯克省和圖爾蓋省管理條例》（下文簡稱「1891 年條例」，詳見第五章），1868 年

---

[4]　Семёнов В.П. ред. Россия. Полное географическое описание нашего отечества. Т. XVIII. Киргизский край. СПб., 1903; 同一年份的《七河省年度報告》並未提供依照「游牧」和「定居」口徑統計的人口數據，而是改以「城市」和「鄉村」為標準統計人口，故並未列入表格中，參見 Обзор Семиреченской области за 1900. Верный, 1901.

[5]　對此次行政區劃改革的討論，參見施越：〈十九世紀後期沙俄政府在中亞的內外政策考慮：以七河省的隸屬變更為中心〉，《中亞研究》，2017 年第 2 期，第 1-20 頁。

以來此五省的行政司法體制由此再度改革。1899 年，七河省從草原總督區析出，併入南部的土爾克斯坦總督區，但其管理條例依然沿用 1891 年條例，故仍被視為草原諸省之一。

草原統治體制建立後，草原諸省公署的財政預算制度逐漸完善。結合各省的年度報告分析，首先，草原諸省的財政收入在 19 世紀 60-90 年代主要依賴從游牧居民汲取的帳篷稅。19 世紀末至 20 世紀初，隨著歐俄移民大規模湧入和交通技術條件的改善，土地稅和各類商稅的占比逐漸提高，但帳篷稅依然佔據重要地位。其次，對比各省帳篷稅的預算和實際徵收金額可知，19 世紀 60-90 年代草原諸省能有效地向各省游牧人群中的絕大多數民眾徵收稅款。最後，儘管部分省份長期存在財政赤字，但分析財政支出的具體門類可知，中亞地區部分省份財政赤字的根源是軍事和移民事務開支，而這兩部分實際上服務於俄全國性事務，本不應被簡單視為中亞本地的財政支出。以七河省為例，其本地稅收完全可以覆蓋行政司法機構開支。上述論點均顯示，考察時段內草原統治體制對游牧社會有著較強的汲取能力。最後，通過考察 19 世紀後半期至 20 世紀初草原諸省學校教育的發展可知，儘管 19 世紀末技術條件進步極大擴張了俄當局在草原諸省的學校教育體系，引入了新的傳媒手段，但技術演進至多為濡化能力的提升提供了基礎設施，而並不必然等於濡化能力的提升。

二、19 世紀 60-80 年代草原諸省的財政狀況與汲取能力

（一）財政收入的類別與結構

1868 年臨時管理條例頒佈後，草原諸省形成了相對統一的稅制。各省的財政分為國家財政和地方財政兩個層級。依照財政收入的種類來劃分，各省的主要收入來源為向游牧民徵收的帳篷稅、向農民徵收的土地稅、向城市居

民徵收的不動產稅[6]及各類商業稅費。國家財政支出的主要領域包括軍政人員薪資和經費、稅收、土地開發和學校教育。地方財政支出主要用於維護房舍、修繕道路橋樑、補貼行政開銷等。

就具體稅種而言，帳篷稅源自草原游牧民傳統中的牲畜實物稅。1822 年《西伯利亞吉爾吉斯人條例》規定向草原東路中玉茲各氏族徵收的牲畜實物稅額度為值百抽一。[7] 1867 年《七河省和錫爾河省管理條例》和 1868 年臨時條例改徵貨幣稅，前者規定每帳每年需繳納 2.75 盧布[8]，後者的稅額定為每帳每年 3 盧布。1882 年行政區劃改革後，各省帳篷稅額度根據本地情況陸續提高到每年每帳 4 盧布。以 1884 年七河省的帳篷稅收入情況為例，其總稅額以 1882 年清點的各鄉帳篷數目（每三年清點一次）為基礎，統計全省游牧居民有 134,937 帳。以每戶 4 盧布計算，共應納帳篷稅 539,748 盧布，當年實際徵收 431,903.38 盧布。[9]各縣按照各鄉統計上報的帳篷數目分配徵稅額度，而由鄉選舉人大會在俄當局官員監督下在各阿吾勒之間分配稅收份額，按期繳納。

土地稅在草原地區的稅收體制中出現較晚。1867 年《七河省和錫爾河省管理條例》和 1868 年臨時管理條例的賦稅相關條文並沒有提到土地稅，可能是因條例制定時期各省內農耕居民寥寥無幾。至 1881 年，圖爾蓋省的定居人口僅為 2,270 人，塞米巴拉金斯克省 54,920 人，阿克莫林斯克省 120,635 人。[10]七河省至 1884 年定居人口才達到 136,706 人。[11]因此，自 19 世紀 80 年代中

6　這三類稅種的俄文名稱分別為帳篷稅（кибиточная подать）、土地稅（оброчная подать）、城市不動產稅（налог с недвижимых имуществ）。

7　Масевич М.Г. Материалы по истории политического строя Казахстана. Т. 1. Алматы, 1960. С. 100.

8　Масевич М.Г. Материалы по истории политического строя Казахстана. Т. 1. Алматы, 1960. С. 303.

9　ЦГА РК（哈薩克斯坦共和國中央國家檔案館）. Ф. 64. Оп. 1. Д. 175. Л. 5об.

10　Обзор Акмолинской области за 1894. Омск, 1895.

11　Обзор Семиреченской области за 1884. Верный, 1885.

期開始，草原東路的阿克莫林斯克省、塞米巴拉金斯克省和七河省才逐漸具備徵收土地稅的穩定稅基。而圖爾蓋省的土地稅自 1893 年才開始徵收，其徵收對象是在省內國家土地（казенные участки）耕種的農民。[12] 土地稅的稅額依照每戶耕作的良田面積規模徵收，具體稅額各省略有差異，範圍在每俄畝 0.3-0.5 盧布之間。每戶的田畝面積須在官方機構登記。

城市不動產稅為第三項主要稅源。阿克莫林斯克省和塞米巴拉金斯克省早在 1883 年已經開始徵收。依據 1884 年 11 月 13 日沙皇諭准國務會議意見，七河省於 1885 年引入城市不動產稅。圖爾蓋省因城市發展水準相對滯後，這一時期一直未徵收這一稅種。在徵收省份，省公署和縣長對各城不動產估價，制定稅收預算並呈報總督批准。城市不動產稅的稅率為各城內不動產估算金額的 10%。[13]

除上述三類主要稅種之外，各省依據本地情形徵收各類商業稅費，如圖爾蓋省以印花稅（包含 1868 年臨時條例規定的「護照費」）和林業收入為帳篷稅之外的主要稅種。七河省徵收的稅種較為多樣，包括酒稅、煙草稅、林業收入等。其酒稅收入在 19 世紀 80 年代占省國家財政收入的 20-30%。

表 4-4　1884 年、1892 年、1902 年和 1911 年七河省國家財政收入來源對比（單位：盧布）[14]

七河省國家財政收入來源	1884 年	1892 年	1902 年	1911 年
帳篷稅	431,903.38	558,744	650,476.25	719,738.91
土地稅	65,252.51	69,848.17	70,606.23	69,249.35
城市不動產稅	-	2,959.29	8,607.06	2630.55

[12] Обзор Тургайской области за 1893. Оренбург, 1894.

[13] Обзор Семиреченской области за 1892. Верный, 1893. С. 36-37.

[14] 1884 年數據來自 ЦГА РК. Ф. 64. Оп. 1. Д. 175. Л. 19 об., 20；1892 年、1902 年和 1911 年數據來自 Обзор Семиреченской области за 1892. Верный, 1893. С. 36-37; Обзор Семиреченской области за 1902. Верный, 1903. С. 27-29; Обзор Семиреченской области за 1911. Верный, 1912. С. 60-62.

七河省國家財政收入來源	1884 年	1892 年	1902 年	1911 年
林業收入	20,464.8	-	66,699.07	-
酒稅	287,461.89	323,249.55	397,139.51	
印花稅	25,144.08	-	36,063.08	-
商貿執照費	548,74	-	-	
郵政電報收入	94,894.12	-	58,958.46	-
當年國家財政收入總額	1,209,303.67	1,446,193.54	1,639,875.54	2,148,619.43

　　地方財政主要用於興建和維護本地基礎設施，維持教育和公共衛生機構的運轉。1868 年臨時條例並未明確規定地方財政的收支額度。1891 年《阿克莫林斯克省、塞米巴拉金斯克省、七河省、烏拉爾斯克省和圖爾蓋省管理條例》頒佈之前，草原諸省的地方財政來源相對多元。例如，阿克莫林斯克省1881 年的地方財政收入主要來自商業票照收入，之後逐漸改以帳篷稅為主。1867 年《七河省和錫爾河省管理條例》規定，七河省的地方財政為向牧戶徵收每年每帳 0.25 盧布帳篷稅。1880 年，該省地方財政收入的帳篷稅金額提高到每年每帳 1.25 盧布。[15]1891 年條例第 160 條規定，地方財政每年以帳篷稅形式向游牧民徵收。1891 年 3 月 25 日沙皇諭准國務會議意見，規定 1891 年條例生效的前 6 年，即 1893 至 1899 年，作為地方財政收入的帳篷稅額固定為每年每帳 1.5 盧布。此後各省地方財政收入相對整齊劃一。[16]

　　除了向游牧民徵收的帳篷稅以外，1891 條例將土地稅也作為地方財政收入來源之一，稅率為同年國家財政收入中土地稅額度的 30%。依據 1896 年 4月 8 日沙皇諭准國務會議意見，地方土地稅的稅率提高到國家財政土地稅的33%。對應國家稅的第三種主要來源，城市不動產稅也被納入地方稅專案

---

[15] Обзор Семиреченской области за 1892. Верный, 1893. С. 40-41.

[16] ЦГА РК. Ф. 64. Оп. 1. Д. 596. Л. 33.

中，稅率為國家不動產稅的 30%。最後，地方財政還包含雇傭勞役的開支。隨著居民數量增長和公共事業的發展，七河省在 1900 年之後增開若干種地方稅並徵發勞役，用於修建和維護道路橋樑、建設驛道附屬的露營地、維持本地教育和社會福利的開支等。

在國家財政和地方財政之外，縣級之下的基層政府（鄉、阿吾勒、村和哥薩克的村鎮）以及城市管理機構均有各自的預算管理機制。其集體資金徵集和開支預算均須上報省公署備案，歸入年度報告。基層收支每年的規模由三年召開一次的鄉選舉人大會協商確定，呈報省公署批准。[17]

（二）財政支出的類別與結構

與財政收入的層級類似，財政支出同樣分為國家和地方兩級。國家財政支出一般以國家行政機構來劃分支出專案。主要的支出部門包括陸軍部、內務部、財政部、國家財產部以及國民教育部。1882 年西路兩省轉隸內務部、東路兩省和七河省併入草原總督區之後，各省的省縣兩級行政人員工資和行政支出均列入內務部支出名下。此外，內務部的郵政電報總局負責興建和維護省內驛站和電報線。因此，內務部支出規模在 1882 年之後迅速上升。財政部支出則主要用於維持各類稅種的徵收和轉運。國家財產部支出在 20 世紀初急遽上升，涵蓋與移民政策相關的各類支出。

---

[17] Обзор Семиреченской области за 1904. Верный, 1905. C. 43-44.

表 4-5　1884 年、1892 年、1902 年和 1911 年七河省國家財政支出主要專案對比
（單位：盧布）[18]

主要部門名稱	1884 年	1892 年	1902 年	1911 年
陸軍部支出	1,198,220.30	1,024,083.18	1,932,721.2	3,990,608.49
內務部支出	623,360.44	571,142.57	254,941.78	420,863.36
財政部支出	73,399.33	132,363.87	287,519.48	362,304.77
國家財產部支出	17,223.76	27,347.14	61,591.29	1,308,165.43
國民教育部支出	59,971.88	82,838.55	118,520.16	242,339.18
當年七河省國家財政總支出	2,244,895.40	1,873,858.66	2,871,216.42	6,703,446.64

　　以七河省為例，因該省集中了俄軍在草原東路的主要軍力，陸軍部支出在 19 世紀 80 年代至 20 世紀初始終位列第一，占到該省國家財政支出 50%以上，一些年份甚至達到 67%左右。[19]內務部支出，即七河省各級政府行政支出，在 19 世紀 80-90 年代占到七河省國家財政支出的 20-30%。但在 1900 年之後，隨著其他部門支出的增長，內務部支出占七河省國家財政支出的比重下降到 10%以下。此外，1906 年後，由國家財產部重組而來的土地規劃和農業總署支出迅速上升，從此前占省國家財政支出的 2%飆升至 20%左右。

　　地方財政支出名義上服務於草原諸省的地方公共事務，但實際上有相當一部分用於覆蓋省內各級行政機構的日常維護成本。以 1884-1886 年七河省數據為例，地方財政支出專案中，超過 5000 盧布的專案包括省公署土地測量局開支、省公署建設局開支、紮爾肯特縣行政經費補貼、維爾內男子中學經費、橋樑修築經費、監獄修繕經費。此外，省地方財政補貼一部分行政辦公

[18] 1884 年數據來自 ЦГА РК. Ф. 64. Оп. 1. Д. 175. Л. 19 об., 20；1892 年、1902 年和 1911 年數據來自 Обзор Семиреченской области за 1892. Верный, 1893. С. 37-40; Обзор Семиреченской области за 1902. Верный, 1903. С. 27-29; Обзор Семиреченской области за 1911. Верный, 1912. С. 70-71.

[19] Обзор Семиреченской области за 1892. Верный, 1893. С. 37-39.

樓所的租金、照明和供暖費用，甚至省督軍的住房和郊區別墅修建費用也計
入地方財政支出中。地方財政支出中與普通居民相關的主要是道路橋樑修建
和公共衛生開支專案。地方財政中的教育開支每年至少在 1 萬盧布以上，但
主要用於補貼省督學的行政經費以及支持省城維爾內男子和女子中學的運
營。值得注意的是，除了補貼基層政府行政開支、修建學校和醫院以外，19
世紀 80-90 年代草原諸省地方財政支出的重要專案是人畜的疫苗接種。[20]

表 4-6　1885 年七河省地方財政支出主要專案[21]

地方財政開支專案	金額（盧布）	地方財政開支專案	金額（盧布）
行政開支			
省公署土地勘察處	19,746.73	縣長雇傭書吏和差役編外補助	6,050
省公署建設處	11,804.45	維爾內市員警編外開支	3,777.97
譯員津貼	1,085	紮爾肯特縣署補貼；對維爾內縣和謝爾吉奧波利縣一名法官和兩名助理津貼	17,560.20
省統計委員會	1,000	縣醫譯員津貼	900
維爾內市和維爾內縣各一名法院調查員津貼	5,644.26		
辦公場所補助			
縣署和縣法官辦公場所租金	1,500	監獄供暖和照明費用	3,603.51
省督軍住所和別墅供暖	1,922.48	省督軍住所和別墅家居裝飾補貼	4,870

[20]　Обзор Тургайской области за 1889. Оренбург, 1890. С. 10.

[21]　ЦГА РК. Ф. 64. Оп. 1. Д. 243.

地方財政開支專案	金額（盧布）	地方財政開支專案	金額（盧布）
縣長住所和縣署供暖	2,395.57		
教育			
省學督津貼	2,650	維爾內女子中學補貼	4,000
維爾內男子中學七年級和八年級補貼	9,442.50		
園藝發展			
維爾內園藝學校補貼	2,250	皮什佩克市花園編外補助	300
維爾內園藝學校花園補貼	879.13	在維爾內公立花園修建水壩和水池	84.53
維爾內公立花園補貼	2,497.8		
醫療衛生			
診所租金	1,100	維爾內市防止傳染病補貼	350
科帕爾診所雇傭醫助	500	軍醫院醫治土著病患補貼	415.67
列普辛斯克診所病患補助	50		
郵政			
烏爾紮爾至巴克圖（Бахты）驛馬補貼	9,500	奧霍特尼奇至紮爾肯特和卡拉庫爾往返驛道郵遞人員補貼	1,287.87
橋樑建設和修繕			10,715.68
驛站建設和修繕			
驛站房舍建設	3,543.20	修繕房舍	5,271.29
驛站打井	1,059.70		
其他建設			
修繕省督軍房舍和別墅	3,192.97	在奧霍特尼奇村建造教堂	916.75

地方財政開支專案	金額（盧布）	地方財政開支專案	金額（盧布）
修繕省公署和縣署房舍	2,044.79	為過境軍隊修建兵營	121.19
為托克馬克縣長採購辦公場所	1,795.01	維爾內女子中學修繕房舍	790.40
在阿拉桑溫泉建造和修繕房舍	11,431.30	重建山間道路	682.82
修繕監獄	1,823.31		
其他開支			
過境軍隊燃料補貼	1,187.89	氣象站補貼	400
為縣法院羈押嫌犯提供伙食	914.14	托克馬克縣地震受害者補助	904.64
煤炭出口開支	5,894.67	其餘小額開支	145.84
每三年一度清點哈薩克和吉爾吉斯帳篷數目開支	1,500		
地方財政開支總計			168,533.26

（三）草原統治體制的汲取能力考察

　　如上所述，自 1868 年至第一次世界大戰之前，帳篷稅始終為草原諸省最重要而穩定的稅源。以阿克莫林斯克省為例，就其重要性而言，帳篷稅長期占國家財政收入比例超過 70%；在 19 世紀 60-80 年代，這一比例甚至高達90%以上（參見表4-7）。20世紀末歐俄移民大規模湧入之後，該省土地稅收入占比逐漸提高，故而逐漸降低了帳篷稅的占比。在塞米巴拉金斯克省和七河省，因兩省存在較大規模的官方酒精販售體系，酒稅佔據國家財政收入較高比例，而帳篷稅始終佔據國家財政收入的 30-60%。如不計算酒稅，則帳篷稅在塞米巴拉金斯克省和七河省國家財政收入中的占比可達到 80-90%（參見表4-8）。在農耕定居人口更少的圖爾蓋省，帳篷稅在國家財政收入中的占比

長期在 90% 以上（參見表 4-9）。

表 4-7　1881 年、1891 年、1898 年和 1910 年阿克莫林斯克省國家財政收入
　　　　來源對比（單位：盧布）[22]

阿克莫林斯克省國家財政收入來源	1881 年	1891 年	1898 年	1910 年
帳篷稅	192,396	227,710.93	274,619.01	272,622
土地稅	318.31	/	/	813,89
城市不動產稅	3,310.43	17,847.29	21,188.29	17,452
當年國家財政收入總額	192,714.31	245,558.22	310,399.04	375,602.36
帳篷稅占當年國家財政收入總額的比例	99.8%	92.7%	88.5%	72.6%

表 4-8　1894-1904 年塞米巴拉金斯克省國家財政帳篷稅實收與當年應徵占比
　　　　（單位：盧布）[23]

年份	當年應徵	當年實收	占比
1894	489,693.5	472,911.5	96.6%
1895	473,067.5	438,718.93	92.7%
1897	491,991	474,277.94	96.4%
1899	516,734.63	498,463.17	96.5%
1901	504,306.67	475,336.47	94.3%
1903	507,134.18	481,644.46	95.0%
1904	520,680.72	473,690.63	91.0%

---

[22] 1884 年數據來自 ЦГА РК. Ф. 64. Оп. 1. Д. 175. Л. 19 об., 20；1892 年、1902 年和 1911 年數據來自
Обзор Семиреченской области за 1892. Верный, 1893. С. 36-37; Обзор Семиреченской области за
1902. Верный, 1903. С. 27-29; Обзор Семиреченской области за 1911. Верный, 1912. С. 60-62.

[23] 筆者根據相應年份《塞米巴拉金斯克省年度報告》自製。

表 4-9　1881-1902 年圖爾蓋省國家財政帳篷稅實收與當年應徵占比
　　　　（單位：盧布）[24]

年份	當年應徵	當年實收	占比
1881	174,590	170,999	97.9%
1882	197,535	192,751	97.6%
1883	198,731	165,347	83.2%
1884	193,173	167,264	86.6%
1885	199,983	163,713	81.9%
1886	229,643.1	220,524.9	96.0%
1887	272,350.2	270,094.2	99.2%
1888	265,636	262,343.56	98.8%
1890	408,033.05	276,071	67.7%
1892	405,318.05	394,587.05	97.4%
1893	291,763	270,041.25	92.6%
1894	291,662.75	291,471	99.9%
1895	280,812	280,812	100%
1896	293,336	293,336	100%
1897	293,409.2	293,390.02	99.9%
1899	309,422.5	309,422.5	100%
1900	306,888	306,888	100%
1901	306,096	304,060	99.3%
1902	317,524.37	317,441.2	99.9%

　　19 世紀末大規模移民浪潮開始之前，各省定居的農耕人口規模較小，草原諸省從農耕人口汲取的資源較少。各省徵收的土地稅規模可印證這一點。即便在 20 世紀初移民規模激增，土地稅總額的增長也往往存在滯後現象。這是因為遷入草原諸省的歐俄農民往往享受三至六年的土地稅減免，且各省屢

---

[24]　筆者根據相應年份《圖爾蓋省年度報告》自製。

屢遭受的旱災、蝗災和地震等自然災害。在阿克莫林斯克省，20 世紀初以前土地稅在國家財政收入的占比幾乎可忽略不計。但在移民政策的刺激下，1910 年土地稅占當年國家財政收入總額的比例激增至 21.7%。在七河省，19 世紀 80 年代初土地稅占比達到 10%左右；而 19 世紀 90 年代之後，受連年自然災害影響，其占比逐漸降至 5%以下。此外，商稅是各省向定居人群汲取稅源的主要形式。如七河省以酒稅為第二大財政收入來源，1884-1902 年間占省內國家財政收入的 20-30%。[25]

　　俄當局的財政預算制度為考察草原諸省的汲取能力提供了便利的觀察窗口。各省公署根據各縣呈報的游牧帳數計算國家財政和地方財政的帳篷稅金額，並依據歷年實際徵收或豁免的金額計算欠繳稅金。以阿克莫林斯克省為例，1881 年該省總人口為 460,363 人，其中登記在冊的游牧人口為 339,728 人。當年阿克莫林斯克省公署計算應徵國家財政層面的帳篷稅金額為 195,786 盧布，實際徵收 192,396 盧布，占比高達 98.3%。而地方財政層面的帳篷稅實收占當年應徵比例達到100%。根據對應的稅率計算，當年繳納帳篷稅的游牧居民約為 56,435 帳，以平均每帳 5 人計算，超過 80%的游牧人口被納入了徵收帳篷稅的行列。而縱觀歷年數據，阿克莫林斯克省絕大多數年份帳篷稅的實收稅額占應徵稅額比例在 70%以上，19 世紀 80 年代以前長期居於 90%以上（參見表 4-10）。

---

[25] 此項統計數據在 1902 年之後的七河省年度報告中缺失。

表 4-10　阿克莫林斯克省帳篷稅實收與當年應徵占比（單位：盧布）[26]

年份	國家財政帳篷稅當年應徵	國家財政帳篷稅當年實收	占比	地方財政帳篷稅當年應徵	地方財政帳篷稅當年實收	占比	總計實收占當年應徵比例
1881 年	195,786	192,396	98.3%	84,652.865	84,652.865	100%	98.8%
1883 年	201,045	198,231	98.6%	80,816.5525	81,252.7525	100%	99.2%
1891 年	281,600	227,710.93	80.9%	95,698.77	92,083.9	96.2%	84.8%
1894 年	286,188.62	272,306.67	95.1%	106,795.5	88,178.56	82.6%	91.7%
1898 年	292,120	274,619.01	94.0%	109,546	81,048.54	74.0%	88.5%
1902 年	329,244	253,174.6	76.9%	139,928.7	127,499.93	91.1%	81.1%
1907 年	336,848	172,634.93	51.3%	153,550.8	94,450.88	61.5%	54.5%
1910 年	365,296	272,622	74.6%	163,933.2	119,249.95	72.7%	74.0%

　　根據對圖爾蓋省、塞米巴拉金斯克省和七河省的財政數據統計，這一情形普遍存在於草原諸省：除了偶然出現的冬季少雪、夏季乾旱或疫病導致的牲畜倒斃年份以外，絕大多數年份中草原諸省帳篷稅的實收稅額占應徵稅額比例均在 90%以上（參見表 4-8、表 4-9）。此現象實則具有深刻的歷史意涵。在 1868 年臨時條例頒佈後，因交通和通信技術尚不發達，俄當局的草原統治體制與中央的財政體系和內地的行政制度尚未完全接軌。但即便在這一條件下，草原諸省已然能穩定地向絕大多數游牧民徵收對於維繫軍政體系運作而言至關重要的帳篷稅。當年實收稅額占應徵比例之高，一定程度上反映了草原統治體制較強的汲取能力。

---

[26] 筆者根據歷年《阿克莫林斯克省年度報告》自製。

三、勞師糜餉？中亞地區財政赤字問題再考

　　19 世紀下半葉，在俄軍前線推進的過程中，俄國上層始終存在關於統治中亞是否有利可圖的爭論。1899 年，在中亞軍政官員授意下，斯捷特克維奇（A. Stetkevich）在聖彼得堡出版小冊子，宣傳征服和統治中亞的經濟收益。當時，一些報刊文章強調中亞南部新征服地區財政赤字嚴重：總督區在 1869-1896 年間累計財政收入為 1.58 億盧布，財政支出為 2.9 億盧布，財政赤字達到 1.32 億盧布，即平均每年赤字為 470 萬盧布。斯捷特克維奇認為這種觀點片面強調邊疆地區財政赤字，影響了俄國上層社會輿論風向，使得邊疆當局難以從中央各部門爭取到更多撥款，反而被要求縮減開支。[27]

　　斯氏的核心論點是，征服中亞帶來的是防線前移的戰略收益和植棉產業的經濟收益。首先，斯氏指出，上述 28 年間總額達到 1.32 億盧布的赤字主要包含兩部分開支：軍事行動開支和修築中亞鐵路的開支。而且從歷年數據來看，軍事行動開支在 1881 年達到峰值，之後逐漸下滑，其份額為修築中亞鐵路的開支所取代。

　　第二，軍事征服和維持駐軍有益於全國，只是其開支計算在邊區的帳目上，而不應理解為統治邊區帶來的成本。首先，斯氏對比了 1868 年、1883 年和 1896 年奧倫堡軍區、西西伯利亞軍區和土爾克斯坦軍區駐軍編制。結論是，如果將整個中亞地區的防務通盤考慮，1896 年的駐軍日常開支相比 1863 年降低了 10%左右。只是此前由草原東西兩路駐軍承擔的軍費開支，尤其是奧倫堡軍區的開支大幅轉移到了土爾克斯坦軍區。其次，如果扣除 28 年間共

---

[27] Стеткевич А. Убыточен ли Туркестан для России. СПб., 1899. C. 5. 值得注意的是，這篇短文為時任土爾克斯坦總督杜霍夫斯科伊（S. M. Dukhovskoi）授意著者斯捷特凱維奇所作，目的是澄清土爾克斯坦總督區的開支絕大多數用於軍事行動和邊防駐軍，以反駁首都上層貴族和官僚中關於中亞軍政建制為空費國帑的輿論。參見 Правилова Е.А. Финансы империи: деньги и власть в политике России на национальных окраинах, 1801-1917, М., 2006. C. 276

計 1.74 億盧布的軍費，土爾克斯坦總督區的財政支出為 1.16 億盧布，財政收入為 1.58 億盧布，相當於累計財政盈餘 4200 萬盧布，即平均每年獲財政盈餘 150 萬盧布。

第三，修築鐵路的開銷應被視為整合中亞南部棉花生產和棉紡織業的長遠投資，因此同樣不應簡單地理解為浪費。19 世紀 90 年代中亞南部的棉花種植業已然興起。[28]斯氏認為，以中亞棉花取代進口美國棉花可為俄國棉紡織業資本家節省一大筆成本，而中亞棉花出口又能讓各界獲得額外的收益。棉花貿易必然以中亞鐵路的修築為基礎。最後，斯氏指出，中亞南部農耕區人口密集，相對遠東和西伯利亞等邊區更為富庶。因此，隨著鐵路的修築和土地的開發，中亞地區絕非俄國的財政負擔。

儘管斯氏一文可能存在統計數據和論證邏輯方面的瑕疵，但他提出的問題對於理解 19 世紀俄羅斯歷史有著重要價值：從 19 世紀後半期俄國自身的視角來看，如何理解其在中亞地區的財政赤字？下文結合檔案史料，以統計數據相對完整的七河省為例（1884-1913 年），說明俄當局能穩定地向本地區人口汲取稅收，且本地的財政收入可覆蓋除軍事和移民開支以外的行政成本。

首先，比較 1884-1913 年間的七河省國家財政收支可知，從表面上看，七河省國家財政收入始終遠低於國家財政支出，且赤字的波動範圍相當大。19 世紀 80-90 年代，該省的國家財政收入僅為 100-140 萬盧布，而該時段歷年國家財政赤字則在 50-120 萬盧布之間浮動。1900 年以後，該省國家財政赤字的浮動更加劇烈。其平均數值約為 160 萬盧布。極端情況下，如 1911 年，國家財政赤字飆升至 450 萬盧布以上。這意味著該省的財政的確長期依賴中央政府支持。

---

[28] Penati, Beatrice. "The Cotton Boom and the Land Tax in Russian Turkestan (1880s–1915)." *Kritika: Explorations in Russian and Eurasian History*, vol. 14, no. 4 (2013), pp. 741-774.

表 4-11　1883-1911 年七河省國家財政收支和赤字比較（單位：盧布）[29]

年份	七河省國家財政收入	七河省國家財政支出	七河省國家財政赤字	財政赤字占財政收入比重
1883	1,481,400.28	2,245,020.26	763,619.98	51.55%
1884	1,209,303.67	2,244,895.40	1,035,591.73	85.64%
1885	1,145,437.74	2,191,111.55	1,045,673.81	91.29%
1886	1,264,205.45	1,873,858.66	609,653.21	48.22%
1892	1,446,193.54	1,873,858.66	427,665.12	29.57%
1893	1,502,107.45	1,805,738.45	303,631	20.21%
1897	1,008,724.49	1,610,165.78	601,441.29	59.62%
1900	1,457,239.69	3,255,463.72	1,798,224.03	123.40%
1901	1,752,361.89	2,991,173.62	1,238,811.73	70.69%
1902	1,639,875.54	2,871,216.42	1,231,340.88	75.09%
1903	1,749,206.97	2,776,204.93	1,026,997.96	58.71%
1904	2,561,268.54	2,634,686.79	73,418.25	2.87%
1905	1,865,269.36	2,701,071.16	835,801.80	44.81%
1907	1,979,957.52	3,098,587.55	1,118,630.00	56.50%
1908	1,862,478.8	4,899,297.39	3,019,275.18	162.11%
1909	1,825,517.04	3,725,252.06	1,881,275.40	103.05%
1911	2,148,619.43	6,703,446.64	4,554,827.21	211.99%

　　但結合國家財政支出的具體專案分析，19 世紀 80-90 年代，該省本地的財政收入尚足以覆蓋除軍事開支以外的行政和公共事業開銷。在 1906 年俄當局加大歐俄移民向草原地區遷徙的政策力度之後，該省國家財政赤字迅速上升到 200 萬盧布以上。值得注意的是，1884-1913 年間，儘管七河省財政赤字波動範圍較大，帳篷稅、土地稅和不動產稅這三項基本稅收專案的稅率並無

---

[29] 筆者根據歷年《七河省年度報告》自製。因部分年份的報告未能在相關檔案館和圖書館尋得，故數據並不連續。

變動，並未出現因本省財政赤字飆升而增開本地稅源或提升稅率的現象。

　　對七河省各類機構建制的分析將表明，該省本地財政收入足以支撐行政和司法機構開支。在上述研究時段內，大規模財政赤字出現的原因主要可歸結為軍事行動和移民安置。七河省的行政機構建制主要由 1867 年《七河省和錫爾河省條例》以及 1891 年條例規定。該省的軍政首腦為省督軍，其軍銜一般為少將或中將。省督軍身兼行政機構首腦、省軍區司令和七河哥薩克阿塔曼三職。省公署由督軍助理主持，督軍助理可在省督軍無法履職時代理其職務。省公署下設管理局、經濟局和司法局，各由一名局長領二名高級文員管理。省公署設有農業、工程、建築、林務、水利、教育等專業官員，負責省內經濟開發。省府維爾內市設市長一名，兼任警長。各縣由軍官出任的縣長領導，配備書吏、差役和縣醫。省督軍、省公署、縣長和省府市長均配備通曉本土語言文字的譯員。與草原各省相似，縣以下分為鄉和村兩級。村級行政單位分為牧區的阿吾勒和定居居民的村。鄉村兩級也是以俄當局監督下民眾推舉的鄉長和阿吾勒長為首領，而由畢官處理刑事和行政訴訟以外的次要訴訟案件。

　　1891 年條例對其行政建制進行了大幅度的調整。首先，為貫徹 1864 年司法改革的原則，新條例將原屬省公署和縣長的司法職能剝離，組建形式上獨立於行政機關的省縣兩級法院。其次，1867 年條例中省督軍下屬的官員均轉隸於省公署。這使得七河省的行政建制在形式上與內地省份更為相似，軍政府特徵大大減弱。再次，為應對建省二十餘年來人口的增長和基層事務的增加，省府維爾內市和基層醫務人員的編制得到大幅擴充。

表 4-12　1867 年條例和 1891 年條例七河省行政機構編制以及 1879 年七河省行政
　　　　機構編制對比[30]

職官名稱	1867 年條例編制		1879 年實際編制		1891 年條例編制	
	人數	薪俸或開支金額（盧布）	人數	薪俸或開支金額（盧布）	人數	薪俸或開支金額（盧布）
省督軍						
省督軍	1	7,000	1	7,000	1	7,000
省督軍編外開支		5,000		5,000		2,000
省督軍直屬資深官員	1	2,000	1	2,000	1（隸屬於省公署）	1,500
省督軍直屬初級官員	1	1,200	1	1,200	1（隸屬於省公署）	1,200
省督軍譯員	1	1,000	1	1,000		
省級醫療補貼		800		800		1,500（改由省公署管理）
省公署						
督軍助理（副督軍）	1	4,500	1	4,500	1	4,000
局長	3	6,000	3	6,000	2	4,400
高級文員	6	6,000	6	6,000	4	4,800
財務會計	1	1,000	1	1,000	1	1,200

[30] 1867 年條例規定的七河省行政機構編制參見 ГАРФ. Ф. 730. Оп. 1. Д. 1758; 1879 年七河省行政機構實際編制狀況參見 Пьянков В. Туркестанский Календарь на 1880 год. Ташкент, 1879; 1891 年條例規定的七河省行政機構編制參見 ГАРФ. Ф. 730. Оп. 1. Д. 1781.

職官名稱	1867 年條例編制		1879 年實際編制		1891 年條例編制	
	人數	薪俸或開支金額（盧布）	人數	薪俸或開支金額（盧布）	人數	薪俸或開支金額（盧布）
高級文員助理					4	2,800
編輯（報刊主管和出版社社長）	未設立				1	1,200
記錄員					1	700
檔案管理員					1	700
高級譯員					2	1,600
農業事務文書			1	1,000		
農業事務文書助理			2	1,600		
初級譯員	1	1,000	1	1,000		
省公署辦公經費		3,500		5,000		5,000
省工程師			1	2,500（由地方財政支發）	1	2,200
省建築師			1	2,000	1	2,000
初級工程師	未設立		1	1,500		
初級建築師			1	1,500	1	1,500
書記員			1	1,200	1	1,200
製圖員			2	1,200	2	1,200
設備和製圖用品經費				1,000		1,000

職官名稱	1867 年條例編制		1879 年實際編制		1891 年條例編制	
	人數	薪俸或開支金額（盧布）	人數	薪俸或開支金額（盧布）	人數	薪俸或開支金額（盧布）
省林務員			1	1,500	未設立	
省林務員差旅和辦公經費				500		
縣級機關						
縣長	1	2,000	1	2,000	1	2,200
縣長差旅經費和編外開支		2500		2500		800
縣長助理	1	1,500	1	1,500	1	1,500
雇傭差役經費				750（由地方財政支發）		
土著初級助理	1	750				
書吏	2	1,600	2	1600	2	1,600
軍務總管	1	468	1	468		
譯員	2	1,200	2	1200	1	800
口譯員		未設立			1	400
縣辦公經費		500		500		1,000（雇傭書吏、差役和辦公經費）
地方財政開支				300		
縣醫	1	1,200	1	1,200	1	1,500
縣醫差旅經費		300		300		480
醫藥用品採購經費		200		200		
助產士	1	500	1	500	1	500

職官名稱	1867 年條例編制		1879 年實際編制		1891 年條例編制	
	人數	薪俸或開支金額（盧布）	人數	薪俸或開支金額（盧布）	人數	薪俸或開支金額（盧布）
醫助					1	360
獸醫		未設立			1	800
獸醫差旅經費					300	
一縣合計	10	12,718	9	13,018（地方財政開支為 750）	10	12,240
各縣總計（1867-1882 年設 5 縣；1882 年之後設 6 縣）	50	63,590	45	65,090（地方財政開支為 3,750）	60	73,440
通關口岸主管		未設立			3	1,800
維爾內市機關						
市長，兼警長	1	1,000	1	1,000	1	2,000
雇傭譯員和辦公經費		200		1,000		2,500
市長助理		未設立	1	1,000（由地方財政支發）		未設立
市長助理差旅經費				200		
書吏			1	800	1	800
譯員			1	600		
文書		未設立			2	1,200

職官名稱	1867 年條例編制		1879 年實際編制		1891 年條例編制	
	人數	薪俸或開支金額（盧布）	人數	薪俸或開支金額（盧布）	人數	薪俸或開支金額（盧布）
員警署長					2	1,800
市醫生					1	1,000
助產士					1	360
醫助					1	240
司法機關						
七河省法院主席					1	4,000
七河省法院法官					3	6,600
高級文員					1	1,200
高級文員助理					3	2,400
譯員					1	800
檢察官					1	3,500
檢察官助理					2	4,000
檢察官辦公經費	未設立				2,500	
縣法官					7	14,000
縣法官雇傭譯員和辦公經費					5,600	
縣法官助理					6	9,000
縣法官助理雇傭譯員和辦公經費					6,000	

職官名稱	1867 年條例編制		1879 年實際編制		1891 年條例編制	
	人數	薪俸或開支金額（盧布）	人數	薪俸或開支金額（盧布）	人數	薪俸或開支金額（盧布）
總計	67	103,790	76	124,690（地方財政開支為 7,250）	123	191,440

　　根據上述條例編制和 1879 年實際編制情況可知，地方當局在往往將一部分地方財政用於增設吏員或補貼行政開支。因此，省縣兩級行政編制和日常開支規模約在每年 20 餘萬盧布之數。對照 1882 年之後七河省國家財政支出，內務部支出約為 20-60 萬盧布，約占對應年份國家財政支出的 10-30%。而對比 1884 年、1892 年和 1902 年的七河省國家財政收入，當年七河省內務部開支約占 51.5%、39.5%和 15.5%。由此可見，在俄當局相對有效地汲取本地稅收的前提下，僅行政和司法機構開支並不會造成本省財政赤字。

　　在軍事機構方面，19 世紀 60 年代米留金軍事改革之後，俄國正規軍被整編為步兵、騎兵和炮兵三種。七河省僅駐紮步兵和炮兵，騎兵由七河哥薩克組建騎兵單位充實。19 世紀 80 年代初以降，七河省駐軍規模基本穩定在 4 個步兵營（16 個步兵連）、2 個炮兵連，1 個哥薩克騎兵旅（12 個哥薩克騎兵連）和 8 個地方衛戍連，估算規模為 5,000-7,000 人。

　　鑒於七河省所處的地緣政治態勢，自建省之始，部署重點為保障接鄂木斯克南下至塔什干的交通要道。故除謝爾吉奧波利、科帕爾、維爾內等縣城為主要駐紮點之外，哥薩克鎮均分布在貫通南北的驛道上（參見表 4-13）。

表 4-13　七河省駐軍單位歷年比較[31]

年份	步兵（連）	炮兵（連）	哥薩克騎兵（連）	地方衛戍連（連）
1872 年	20	2	11	3
1900 年	16	2	16	8
1904 年	16	2	16	8
1905 年	16	2	12	8

表 4-14　1871 年七河哥薩克各村鎮人口[32]

縣域與地點	男性（人）	女性（人）	合計（人）
維爾內縣			
大阿拉木圖鎮	1,076	918	1,994
阿拉木圖村	842	713	1,555
柳波夫村	379	406	785
伊利斯克村	95	55	150
索菲亞鎮	1,222	1017	2,239
娜傑日達村	883	703	1,586
科帕爾縣			
科帕爾鎮	1,110	-	1,110
薩爾坎村	256	-	256
阿巴庫莫夫村	23	-	23
阿拉桑村	145	-	145
薩熱布拉克村	4	-	4
卡拉布拉克村	163	-	163

[31] 1872 年數據參見 Статистические сведения о войсках Туркестанского военного округа // Троцкий В.Н. ред. Русский Туркестан. Т. 3. СПб., 1872. С. 85-99; 1900 年數據參見 Памятная книжка и адрес-Календарь Семиреченской области на 1900 год. Верный, 1900. С. 77-81; 1904 年和 1905 年數據綜合整理自 Федоров Д.Я. Чжунгарско-Семиреченский приграничный район. Т. 2. Ташкент, 1910. С. 127-129; Стратонов В.В. Туркестанский календарь на 1904 год. Ташкент, 1904. С. 1-7.

[32] Статистические сведения о войсках Туркестанского военного округа // Троцкий В.Н. ред. Русский Туркестан. Т. 3. СПб., 1872. С. 85-99.

縣域與地點	男性（人）	女性（人）	合計（人）
科克蘇村	151	-	151
謝爾吉奧波利縣（1893 年更名為列普辛斯克縣）			
謝爾吉奧波利鎮	324	255	579
列普辛斯克鎮	1,379	1,231	2,610
烏爾紮爾鎮	444	-	444

　　這一時期，草原東路俄軍三分之一步兵，四分之三炮兵和七分之一哥薩克騎兵駐紮於七河省。而西西伯利亞總督區及其後繼者草原總督區首府的鄂木斯克在 19 世紀 80 年代後則已成為後方。儘管七河省國家財政中的陸軍部支出始終占各類國家財政開支中的首位，但這一開支顯然並非只關乎一省。19 世紀 80 年代之後，托博爾斯克、托木斯克、烏拉爾斯克和圖爾蓋等省份轉為由內務部管轄的普通省份，而駐軍集中到中亞南部諸省，軍事開支隨之轉移到新設邊疆省份帳目上。而如不計算每年占比超過 50% 的陸軍部支出（以及 1907 年之後迅速上漲的土地規劃與農業總署開支），則大多數年份七河省國家財政收入足夠覆蓋其餘各部支出。

表 4-15　七河省國家財政陸軍部開支、內務部開支和國家財政收支歷年比較[33]

收支專案	1884 年	1892 年	1902 年	1906 年	1907 年	1911 年
陸軍部支出	1,198,220.30	1,024,083.18	1,932,721.2	1,632,208.65	1,691,845.76	3,990,608.49
內務部支出	623,360.44	571,142.57	254,941.78	271,224.42	306,858.98	420,863.36
國家財產部開支	-	27,347.14	61,591.29	110,826.71	351,740.97	1,308,165.43

---

[33] 筆者根據歷年《七河省年度報告》自製。

收支專案	1884 年	1892 年	1902 年	1906 年	1907 年	1911 年
當年七河省國家財政支出	2,244,895.40	1,873,858.66	2,871,216.42	2,701,071.16	1,118,630.00	6,703,446.64
當年七河省國家財政收入	1,209,303.67	1,446,193.54	1,639,875.54	1,864,269.36	1,979,957.52	2,148,619.43
當年七河省帳篷稅收入	573,540	555,221	650,476.25	680,888	693,207.16	719,738.91

　　如不考慮軍事開支和移民事務開支，七河省內務部開支（即省內各級行政機構維護成本）遠低於對應年份七河省國家財政收入。在多數年份甚至可由帳篷稅一項稅源覆蓋。這意味著七河省的行政機構運營開支可由本地財源支持。正如斯捷特克維奇所論，七河省國家財政赤字的根源是軍事開支和 1907 年之後飆升的移民事務開支。從斯捷特克維奇的角度來看，因兩項開支涉及全局戰略，與其將之視為消費或「浪費」，不如看做是俄當局對戰略安全和邊區開發的投資。

四、19 世紀後半期至 20 世紀初草原諸省的學校教育與濡化能力

　　在 19 世紀 60 年代征服草原地區之前，俄當局培養哈薩克學童的目的主要在於為外交和軍事活動培養本土仲介。在此種意義上，只要本土仲介人群能服務於邊疆當局的軍政目標，俄軍政官員並不會過多注重仲介人群在語言、風俗和認同上與俄國上層的差異。19 世紀 60 年代以降，在草原地區成為俄國「內邊疆」、歐俄地區推行「大改革」的時代背景下，國家濡化能力

的建設逐漸成為草原諸省當局的任務。具體而言，縮小草原地區居民在生產方式、語言和宗教等方面與歐俄人群的差異、使哈薩克人與俄羅斯人「接近」成為此一時期的新目標。而其重要手段就是各省建立學校教育體系。

以 19 世紀 60 年代為界，俄國在草原地區開設學校的歷史大致分為兩個階段。18 世紀中期至 19 世紀中期，俄當局支持各哥薩克軍團在要塞線城鎮和哥薩克村落開辦學校，為駐防的俄軍官和哥薩克子弟提供基本教育。此類學校向游牧民開放，但僅有極少數部落精英子弟有入學意願。18 世紀 80 年代，葉卡捷琳娜二世下令在要塞線上修建房舍、禮拜寺和學校，旨在引導小玉茲貴族接受定居生活。[34]但上述措施與伊戈利斯特羅姆改革一樣曇花一現。相比之下，奧倫堡和鄂木斯克一些為邊區培養軍官、文員和翻譯的學校對草原社會產生更為深遠的影響。在草原東路，早在 1789 年，鄂木斯克當局創辦鄂木斯克亞洲學校，旨在培養亞洲語言的翻譯人員。1813 年，鄂木斯克當局創辦鄂木斯克哥薩克軍團學堂[35]，並於 1828 年將鄂木斯克亞洲學校合併為鄂木斯克哥薩克軍團學堂的語言教學部門。在草原西路，1825 年，奧倫堡當局創辦與前者職能類似的奧倫堡武備學堂[36]。此類軍校最初旨在為哥薩克軍團培養軍官和技術人才，後逐漸面向邊疆要塞線上服役的俄羅斯軍官子弟和游牧部落精英子弟。軍校分為歐洲部和亞洲部。前者主要面向學生中的貴

---

[34] Масевич М.Г. Материалы по истории политического строя Казахстана. Т. 1, Алма-Ата, 1960. С. 235-236.

[35] 鄂木斯克哥薩克軍團學堂（Омское войсковое казачье училище）於 1826 年更名為西伯利亞要塞線哥薩克軍團鄂木斯克學堂（Омское училище Сибирского линейного казачьего войска），1845 年更名為西伯利亞士官武備學校（Сибирский кадетский корпус），1866 年改組為西伯利亞武備中學（Сибирская военная гимназия），1882 年恢復西伯利亞士官武備學校（Сибирский кадетский корпус）名稱。該機構始終為草原東路最重要的軍校。中玉茲瓦裏汗後裔、著名軍官瓦裏漢諾夫父子均畢業於此。

[36] 該學校於 1844 年更名為奧倫堡士官武備學校（Оренбургский Неплюевский кадетский корпус），1866 年改組為奧倫堡武備中學（Оренбургская Неплюевская военная гимназия），1882 年恢復奧倫堡士官武備學校（Оренбургский Неплюевский кадетский корпус）名稱。

族子弟，教授德語、法語、算術、炮兵學和要塞修築學等科目；後者主要面向哥薩克學童，教授東正教和伊斯蘭教教義、韃靼語、波斯語、阿拉伯語等與邊區軍政實踐關係密切的科目。

1850 年，奧倫堡邊防委員會建立一所直屬的哈薩克學校。1857 年，鄂木斯克建立由副督軍領導、省公署管轄的鄂木斯克哈薩克學校，由當局出資招收 20 名哈薩克貴族子弟入學。與前述士官武備學校不同，這兩所學校主要面向哈薩克貴族子弟，教授俄語、東方語言、算術、地理和公文撰寫等科目。這兩所學校招生規模較小，但耗資不菲。例如，鄂木斯克哈薩克學校每年花費的開支達到 3500 盧布。[37]而部落首領派遣子嗣赴俄國要塞線學校的實踐一定程度上延續了 18 世紀 30 年來以來阿布勒海爾汗向俄國質子的傳統。

除上述較為精英的學校以外，要塞線附近大多數俄羅斯學校是哥薩克村鎮在軍團支持下籌資建設的初級識字學校。這些學校的教師多由識字的哥薩克下級軍官或退休軍官擔任，由鎮和村公社給予一定報酬。[38]即便到 19 世紀 80 年代，哥薩克軍團力量較強的省份學校數量統計中，村鎮的學校往往占到各類學校總數的一半以上。因此，19 世紀中期之前，俄式學校教育與草原游牧社會關係並不密切。

但這一時期，草原游牧社會並非沒完全沒有教育活動。1865 年草原委員會的考察報告提到，「不用在草原上長時間旅行，就可以發現，不僅是哈薩克人有教育的需求，而且民間以韃靼語為媒介的教學已經普遍存在。在每個鄉，甚至在每個阿吾勒，都有教師、毛拉與和卓，他們由富裕的哈薩克人供養，既作為神職人員，也教授哈薩克孩童韃靼語文，並同時傳播宗教信仰。而我們的韃靼人教授學童俄羅斯語文的現象則極為罕見……需要補充的是，

---

[37] Масевич М.Г. Материалы по истории политического строя Казахстана. Т. 1, Алма-Ата, 1960. С. 276-277.

[38] Тажибаев Т.Т. Развитие просвещения и педагогической мысли в Казахстане во второй половине 19 века. Алма-Ата, 1958. С. 333.

哈薩克孩童也有在彼得羅巴甫洛夫斯克和塞米巴拉金斯克隨本地毛拉學習的。一些富人送孩子到塔什干甚至布哈拉學習。學習的科目包括閱讀、寫作、禱告、經文選段以及算術。俄語教學在極少數情況下存在於這些阿吾勒中。」[39] 1865 年俄軍征服塔什干後，以草原委員會為代表的俄軍政精英將草原地區視為新的邊疆，因此要塞線上的俄式教育體系被賦予了新的目標。草原委員會明確指出：「在哈薩克人中傳播俄語和俄羅斯教育的重要性是不言自明的，目的不僅僅是教育性的，而且是政治性的，這個問題，很顯然，還沒有在地方當局的觀念中樹立起來。」[40]

19 世紀後半期交通、通信和出版印刷等技術的發展使得面向平民的國民教育逐漸成為可能。而大規模的學校教育體系是提升邊區當局濡化能力的前提條件。1868 年臨時條例頒佈後，草原諸省的行政機構開始仿照歐俄地區的教育體系發展學校教育。按照歐俄普通省份，一省的教育機構主要由國民教育部管轄，按照教學科目和教育階段分為中級學校和初級學校。中級學校包括男子和女子文理中學（гимназия/gimnaziia）和不完全中學（прогимназия/progimnaziia）。初級學校包括縣城學校、鄉村學校以及草原地區的俄哈合校等類型。除國民教育部以外，俄國其他中央機構根據各省自然稟賦開辦各類技術學校。例如，草原諸省均開辦由國家財產部管轄的農業學校，20 世紀初阿克莫林斯克省開辦鐵路技術學院，而草原各省由哥薩克村鎮興辦的學校則由陸軍部和各哥薩克軍團管轄。

各省一般設有一至二所文理中學或不完全中學，供省內的貴族、軍政要員和富商子弟就學。此類學校的生均經費往往顯著高於初級學校，旨在培養貴族和軍政官員的後備力量。例如，七河省首府的維爾內男子中學[41]創辦於

---

[39] Масевич М.Г. Материалы по истории политического строя Казахстана. Т. 1, Алма-Ата, 1960. С. 275.

[40] Масевич М.Г. Материалы по истории политического строя Казахстана. Т. 1, Алма-Ата, 1960. С. 275.

[41] 蘇聯初期著名將領伏龍芝（М.В. Фрунзэ，生卒 1885-1925 年）曾就讀於維爾內男子中學。該學校的校址曾毀於 1887 年地震，重建的校舍目前為阿拜國立師範大學使用。伏龍芝出生於七河省皮什

1876 年。以 1895 年數據為例，該學校官方撥款達到 45,752 盧布，即 226 名學生的生均撥款額達到 200 盧布。根據可查考的數據，1892 年和 1902 年七河省國民教育部開支分別為 82,838.55 盧布和 118,520.16 盧布。上述撥款額度相當於當年七河省國民教育部開支的一半左右。而 1895 年其他 41 所市立和教區學校學生人數為 2,462 人，其官方撥款總額僅為 42,222 盧布。市立學校平均每人的撥款為 11 盧布，而教區學校僅為 4.8 盧布。[42]與高額的撥款相對應，該學校的管理水準遠超其他各類學校：各級管理者執行常規性的教學評估和家訪制度，每週給學生課業狀況打分，呈報家長並由家長簽字。每兩個月，學校會開具學生學習和行為表現的文件，並邀請家長訪校會談。如學生學習表現糟糕，則可能會被開除出校。而家長如不鼓勵學生上學，也會面臨各類懲罰。該校還設有主要面向省內異族居民的寄宿學校，開設以俄文讀寫為主要內容的預科課程。寄宿學校預科課程的師資標準相對較高，一般從聖彼得堡大學或拉紮列夫東方語言學院的畢業生中挑選。參加預科課程的異族學生往往來自較為富裕的家庭，因他們大多在進入預科之前就有俄語讀寫的學習基礎。

此外，各省的縣城一般由當局重點籌辦一所縣城學校。相比其他初級學校，縣城學校經費相對充裕，一般能維持二級制，即 5 個年級（低級 3 年和中級 2 年）的教學規模。此類學校一般開設俄語、算術和東正教神學三個科目的課程。普通的城市學校、鄉村學校、教區學校和俄哈合校一般難以獲得足夠的經費，其教學一般僅限於俄文讀寫和初級的算術。城市學校、鄉村學校和教區學校一般由本地居民自籌經費興辦，省公署根據教區學校的經費申請和運作情況撥款支持其辦學活動。

佩克（Pishpek）市，故蘇聯初期將該城改名為伏龍芝。

[42] Тажибаев Т.Т. Развитие просвещения и педагогической мысли в Казахстане во второй половине 19 века. Алма-Ата, 1958. С. 357-358.

俄哈合校（русско-киргизская школа/russko-kirgizskaia shkola）在草原諸省均有開設，是俄當局在教育領域整合草原游牧社會的主要途徑。而在草原諸省中，最重視開設俄哈合校的是圖爾蓋省。1868 年建省之前，俄當局在該省所在地區的軍事和人力基礎薄弱，該省的定居人口占比為草原諸省最低。即便到行政和民事機構設置初具規模的 1881 年，全省的定居人口僅有 3,596人，而游牧人口則多達 64,622 帳。[43]因此，該省的學校教育自建省之初便明確以吸納哈薩克人進入俄式教育體系為目的。

　　19 世紀中後期，該省學校教育工作的主要推動者之一正是近代哈薩克教育家阿勒騰薩林（Ibrai Altynsarin，生卒 1841-1889 年）。阿勒騰薩林出生於中玉茲平民家庭，幼年喪父，為祖父撫養長大。其祖父曾被推舉為氏族畢官，且曾在奧倫堡總督區以哥薩克軍官身份任職，1850 年官至哥薩克少校。在祖父的蔭蔽下，阿勒騰薩林成為奧倫堡邊防委員會下屬哈薩克學校的第一屆學生。1857 年畢業後，阿勒騰薩林回到祖父處擔任書吏，後在奧倫堡邊防委員會任職。1860 年，他被指派赴建城不久的圖爾蓋市創辦學校，擔任俄語教師，並主持修建了寄宿校舍。1879 年，阿勒騰薩林升任圖爾蓋省督學，後於 1881-1882 年間在圖爾蓋省下轄四縣各設立一所二級制俄哈合校。1883年，他在特羅伊茨克（Troitsk）建立師範學校，鼓勵上述四所二級制學校的畢業生在此深造，但畢業後必須到基層的哈薩克初級學校服務六年。此外，圖爾蓋省爭取到聖彼得堡大學、喀山大學和奧倫堡文理中學的獎學金名額，供本省成績優異的學生深造。1888-1896 年間，他還陸續在伊爾吉茲、圖爾蓋、庫斯塔奈等地縣城創辦面向哈薩克女童的女子寄宿學校。值得注意的是，根據 19 世紀 80 年代的圖爾蓋省年度報告記載，該省俄哈合校和阿吾勒學校的經費主要來自向游牧民徵收的帳篷稅，每年徵收的額度達到每帳 0.2-1

---

[43] 當年的圖爾蓋省年度報告仍以「帳」統計游牧人口。

盧布。[44]例如，1889 年圖爾蓋省內的 15 所學校中，有 14 所為俄哈合校。這
14 所學校的開支共計 33,293.51 盧布，其中 21,753.51 盧布（約占 65.3%）來
自游牧民的帳篷稅，而國家財政的投入僅 8,936 盧布（約占 26.8%）。這一細
節可反映汲取能力與濡化能力的交互。圖爾蓋省的俄哈合校規模在 19 世紀末
至 20 世紀初迅速擴大。1902 年，全省學校數量已增長至 170 所，學生總數
達到 6,283 人。其中，哈薩克族學童的數量達到 1,947 人，且包括 128 名女
童。[45]

　　阿吾勒學校與俄哈合校在概念上略有區別，特指在作為行政級別的阿吾
勒一級創立的流動學校，即隨同牧團進行季節性轉場的流動學校。1889 年阿
勒騰薩林去世後，時任圖爾蓋省督軍巴拉巴什在省內牧區推行阿吾勒學校，
主要設置於牧團較為集中的冬牧場。此類學校往往只有一位教師，教授俄語
讀寫和算術科目。1901 年，俄國民教育部專門出台規制阿吾勒學校的管理條
例。由此，草原諸省均投資設立阿吾勒學校。根據 1905 年各省統計，圖爾蓋
省的阿吾勒學校數量高達 94 所，在讀學童人數達到 1,672 人；而阿克莫林斯
克省、塞米巴拉金斯克省和七河省共計存在 54 所阿吾勒學校。至 1913
年，阿克莫林斯克的阿吾勒學校上升至 66 所，在讀的哈薩克學童超過
3,000 人。[46]

[44] Обзор Тургайской области за 1884 год. Оренбург, 1885.

[45] Обзор Тургайской области за 1902 год. Оренбург, 1904.

[46] Обзор Акмолинской области за 1913 год. Омск, 1914.

表 4-16　阿克莫林斯克省、圖爾蓋省和塞米巴拉金斯克省學校和學生數量比較[47]

	阿克莫林斯克省		圖爾蓋省		塞米巴拉金斯克省	
	學校總數	學生總數（人）	學校總數	學生總數（人）	學校總數	學生總數（人）
1881 年	129	5,556	4	160	-	-
1891 年	160	6,803	25	1,287	-	-
1894 年	151	7,977	59	1,924	100	3,946
1902 年[48]	275	16,723	170	6,283	141	6,518

　　19 世紀末，草原諸省的濡化能力和學校教育體系的發展得到俄國自身資本主義發展的極大推動。具體而言，1896 年西伯利亞大鐵路延伸至鄂木斯克後，該地區的學校教育在移民和資本的湧入之下迅速發展。1913 年，阿克莫林斯克省內教育機構數量飆升至 743 所，在讀學生數量達到 49,309 人。[49]與此相應，草原諸省當局也借助報刊媒體進行官方宣傳。阿克莫林斯克省公署的機關報是其中影響力較大的一份。《阿克莫林斯克省報》自 1871 年開始於鄂木斯克發行，每月刊印兩期。1888-1902 年間，該報每週一次發行俄文和哈薩克文雙語副刊《吉爾吉斯草原報》[50]。該刊物在首任草原總督科爾帕科夫斯基（1882-1889 年在任）提議下創立，旨在拉近俄當局與哈薩克知識份子的距離，促進俄羅斯文化在哈薩克民眾中的傳播。《吉爾吉斯草原報》每期俄文版本在前，以阿拉伯字母拼寫的哈薩克文版本在後，兩種文本之間存在對譯關係。與同時期沙俄省報相似，該刊物主要用於發佈官方政令和公告，部分版面刊登關於商貿、公共衛生和實用生產生活技能的資訊，以及本地歷

---

[47] 筆者根據歷年《七河省年度報告》自製。

[48] 因筆者未能獲得 1902 年《塞米巴拉金斯克省年度報告》，此排該省數據以 1903 年替換。塞米巴拉金斯克省 1901 年的學校總數為 123 所，學生總數為 5,921 人。

[49] Обзор Акмолинской области за 1913 год. Омск, 1914.

[50] 該報的俄文名稱為 Киргизская степная газета；哈薩克文名稱為 Дала уалаятынын газеті。

史和民族志的文章。該刊物成為當時俄羅斯與哈薩克文化交流的重要平臺。[51]

1905 年俄國革命後，俄當局一度放寬對出版業的控制。更多面向哈薩克知識份子的報刊雜誌陸續湧現。1905 年末，僅奧倫堡一地便出現超過 30 種報刊，大多討論政治和社會議題。但受限於當時草原地區民眾的識字率和刊物的發行成本，此類報刊大多難以依靠讀者訂閱收入維繫生存。在日俄戰爭和第一次世界大戰期間，官方刊物和民間雜誌大量報導當時的國際新聞事件，刊登關於世界主要國家的政治經濟狀況。這些報刊媒體成為當時哈薩克知識份子「開眼看世界」的重要途徑。[52]

七河省的基層檔案為當代的研究者提供了觀察俄當局在草原諸省基層開辦學校的微觀案例。19 世紀 80 年代初，俄當局將大量塔蘭奇和東幹民眾從伊犁谷地遷入七河省。一方面，七河省在建立之初缺少農耕定居人口，遷入近五萬農耕移民將顯著提升省內農耕人口的占比。另一方面，俄當局一度期望，相比哈薩克游牧民，這些新入籍的定居農耕人群能更順利地融入沙俄的「文明秩序」，成為邊區與俄羅斯「接近」的先驅。[53]就現實條件而言，沙俄當局可能是看重初到俄境的塔蘭奇和東幹人缺乏議價能力，因此在其鄉村設立俄語學校的要求相對容易實現。退而求其次，如果其中一部分人成為俄語的熟練使用者並順利吸納入地方統治機構，沙俄當局在七河省所能依賴和動員的農耕人口將會大大增加，也會進一步吸引游牧民融入定居秩序。

到 1898 年，七河省內已經建起 9 所塔蘭奇和東幹鄉村俄語學校，校址均位於村內。此類學校雖然是應俄當局要求興辦，但其經費往往要求鄉村自

---

[51] Субханбердина У. Киргизская степная газета: литературные образцы. Алма-Ата, 1990.

[52] Sabol, Steven. Russian Colonization and the Genesis of Kazak National Consciousness. Palgrave MacMillan, 2003, p. 65.

[53] Тажибаев Т.Т. Развитие просвещения и педагогической мысли в Казахстане во второй половине 19 века. Алма-Ата, 1958. С. 371.

籌，而當局協助尋找師資。經費自籌是鄉村學校開辦困難的主要原因。1893
年，一份七河省公署的公文顯示，維爾內縣若干個鄉、普熱瓦利斯克縣瑪利
亞鄉、紮爾肯特縣塔蘭奇鄉都要求將興辦俄語學校的工作推遲兩年，理由是
鄉民貧窮並無多餘資金支付教師工資。[54]而阿克蘇—恰林鄉的鄉社決議則更
為直白：「沒有人希望讓子弟接受俄語教育，也不可能為此籌錢聘請俄語教
師。」[55]

　　當然，鄉民自發籌款順利建立學校的例子同樣存在。卡拉庫努茲村的俄
語學校便是其中典型。皮什佩克縣卡拉庫努茲（Karakunuz）村[56]是中亞最大
的東幹人定居點。卡拉庫努茲村位於位於楚河北岸（今日哈薩克斯坦與吉爾
吉斯斯坦邊界線哈國一側），背靠阿拉套餘脈，水草豐茂，適於耕種。在區
位上，該村位於托克馬克城以北 9 公里，距離皮什佩克縣城（即今吉爾吉斯
斯坦首都比什凱克）約 80 公里。卡拉庫努茲村的俄語學校建立於 1884 年
秋，其校舍花費 1,050 盧布，遠高於同類鄉村學校校舍的預算（300-400 盧
布）。按照經費自籌的原則，卡拉庫努茲村一年需要為該學校花費 1,000 盧
布左右。根據七河省官員潘圖索夫的記載，1883 年卡拉庫努茲村定居 674 戶
東幹人（1,856 男性，1,247 女性），共 3,003 人。如估算每年學校的維護費
用為 1,000 盧布左右，這對於一個約 3,000 人的村莊而言並非小數目。[57]

　　這所俄語學校僅教授俄語和算術課程，因此只聘任一位教師負責所有事

---

[54] ЦГА РК Ф. 44. Оп. 3. Д. 45. Л. 18.

[55] ЦГА РК Ф. 44. Оп. 3. Д. 45. Л. 25.

[56] 該村於 1878 年 11 月在俄當局支持下建立，本村居民稱呼為「營盤村」；1880-1926 年以沙皇之名
更名為尼古拉耶夫卡。1926-1938 年以俄國內戰期間紅軍東幹族英雄馬三成（M. L. Masanchi, 生卒
1885-1938 年）之名改名馬三成（Масанчи）村；1938 年以後恢復營盤村之名，1975 年再度更名為
馬三成，沿用至今。而沙俄時期的官方文獻沿用此地的哈薩克語名稱「卡拉庫努茲」命名。參見
王國傑：《東幹族形成發展史》，西安：陝西人民出版社，1997 年，第 30-31，45-46 頁。

[57] Пантусов Н.Н. Записка о переселении кульджинских оседлых мусульман в Семиречинской Области.
Л. 37.

務。教師的工資為每年 400 盧布，與當時縣公署口譯員工資相當。[58]該學校開辦於 1884 年，但至 1893 年已經更換三任教師。該學校歷任教師的報告提到如下原因：首先，東幹父母缺乏送子弟上學的經濟激勵。他們將上學視為政府攤派的勞役，佔用了子弟務農或經商的時間，變相減少了家庭收入。其次，東幹家長對俄語學校存在文化層面的不信任：本村宗教人士並不支持村民子弟接受俄語學校教育。作為村社集體文化生活的組織者，村中的毛拉利用村社和家庭節日活動來限制俄語學校的影響力，比如對節日期間去俄語學校上課而缺席集體活動的學童家長處以罰款。[59]

1897 年 10 月，該校第五任教師瓦西裏‧齊布茲金（Василий Цыбузгин/Vasilii Tsybuzgin）接管學校工作。他留下了關於這所學校最為豐富的文獻資料。齊布茲金是聖彼得堡大學東方語言系漢語專業畢業生。來到卡拉庫努茲村擔任教師之前，他曾任七河省列普辛斯克縣法院的法官助理。[60]在開始教學之初，他想通過嚴屬的行為規範約束學生紀律。他對出勤的要求異常嚴格，不僅要求學生每天準時到校上課，而且完全沒有制定休息日。不光週五聚禮日不在放假考慮之內，連東正教的週日休息日也不能豁免。每日上課時間為上午九點至下午二點，有些日期至下午三點。[61]

這一規定看似違背常理，實則有其深意。可能是此前在縣法院工作的經歷給了他瞭解本地社會習俗的機會，齊布茲金瞭解東幹人社會在一年中隨著農時會舉辦各類節慶活動，而這些學童必然會受到村裏節慶的影響，缺課在所難免。學校的學年開始於 10 月初，而到 10 月底，村子便進入所謂「婚禮期」。在此期間，眾多學生缺課。婚禮期結束後，11 月份學校學生的數量從

---

[58] ЦГА РК. Ф. 44. Оп. 3. Д.21398. Л. 119.

[59] ЦГА РК. Ф. 44. Оп. 1. Д. 21398. Л. 186.

[60] ЦГА РК. Ф. 44. Оп. 1. Д. 21398. Л. 119.

[61] ЦГА РК. Ф. 44. Оп. 1. Д. 21398. Л. 176ob.

10 月初的 20 人增多到 34 人。但到 12 月，又一輪節慶活動開始，學生出勤率大幅降低。齊布茲金試圖請卡拉庫努茲村長出面勸說學生家長送子弟來上學，但他們的家長們認為節慶活動更重要。齊布茲金將缺課較多的學生直接開除出學生名單，僅留下繼續上學的學生。到 1898 年 1 月，名單上的學生數目回落到 24 人。下一個缺課週期是三月開春農忙時節。三月期間，大多數學生在家務農，連續三週缺課。因此，這一學年從 1897 年 10 月到 1898 年 5 月共計 8 個月時間中，節慶、農忙和休假時間可能占到兩個月以上。實際授課時間只會更短。一學年中最終登記在冊的 35 個學生中，僅有 7 人能頻繁到校上課。[62] 授課時間有限，自然難以指望東幹學童能在一學年內掌握多少語言知識。

　　除學時有限之外，東幹子弟學習俄語的另一障礙是語種之間的巨大差異。齊布茲金稱，哈薩克和薩爾特（Sart）學生學習俄語比東幹學童要快得多，也輕鬆得多。他認為，主要的問題在於俄語單詞音節多而東幹語（漢語）音節少。而在學習積極性方面，他顯然不會給予積極的評價：「在西伯利亞的恰克圖，中國人在那裏定居生活了無數年，與俄國人打交道幾個世紀，但除了日常交流外，這些中國人完全沒有學會俄語，而是操一口糟糕的恰克圖俄語方言。東幹人的情況跟這些恰克圖的中國人沒什麼區別。這些學生經常曉課，以致於他們說的俄語比恰克圖的中國商人還糟糕。」[63]

　　有限的學時加上語言之間的差異使得鄉村學校的俄語教學變得異常艱難。齊布茲金提出的最終解決辦法是合校併班上課。他提出，最好的方案應該是學校搬遷到附近的大托克馬克村，那裏有 100 多俄羅斯學童在上學，在此處開辦俄羅斯—東幹合校最為可行。他認為，大托克馬克是一個俄羅斯村落，有俄語語言環境。學生每天自然獲得聽說訓練，教學效果遠勝於在卡拉

---

[62] ЦГА РК. Ф. 44. Оп. 1. Д. 21398. Л. 174-175, 186.

[63] ЦГА РК. Ф. 44. Оп. 1. Д. 21398. Л. 175ob.

庫努茲村。師資方面，除了已有的卡拉庫努茲東幹學校教師，還需要增派一位懂東幹語的俄羅斯教師，能同時為兩族學生授課。而遷出後卡拉庫努茲的校舍可以作為鄉社的辦公樓。此外，大托克馬克村距離卡拉庫努茲只有 8 公里路程，是距離該村最近的商品集散地，因此對村民有吸引力。東幹家長們會樂意讓子弟在學校宿舍中寄宿，或在大托克馬克村的親戚朋友家借宿。而對於東幹學童而言，到大托克馬克村上學可以讓他們遠離家人和親戚，減少節慶和社交活動對他們學業的干擾。如果他們的俄語學習效率能得到提高，那他們的家長也不會覺得籌資辦學是浪費。此外，齊氏提到的另一條措施是在教授俄語的東幹學校裏開設手工藝課程，如木匠、裁縫、製鞋、鐵匠等，以提高學校的吸引力。

值得注意的是，儘管整體環境不利，大部分學童忽視學業，但依然有少數勤奮刻苦的學生。儘管齊布茲金在報告中對學校的各方面情況相當不滿，但他仍細緻地對在冊 35 名學生的課業、行為表現和家庭背景進行評價。報告中提到，來該學校上學的學生都是貧窮家庭子弟。村中的少數富裕農民會把孩子送到縣城或更好的俄羅斯學校，因為他們能將教育理解為長期投資。比如班級中成績最好的學生丁子魁[64]的父親是村中極少數誠心希望孩子接受俄語教育的家長。他長期督促其子學習，因此丁子魁堅持每日到校，8 個月未逃過一次課。齊氏的評價是「有能力的東幹人，俄語聽說大體尚可，掌握四則運算，讀寫能力非常出眾。」[65]班級裏第二優秀的學生馬金安[66]一樣準時到校。其家境同樣清貧，故父母將培養子弟的希望寄託在東幹村俄語學校上。馬金安的哥哥也曾就讀於該村東幹學校，學習勤奮，畢業後已經成為鄉書吏。除了這兩位以外，尚有 5 位學生能保持頻繁到校，積極學習。

---

[64] 音譯，原文為 Эрли Динцзыкуй。

[65] ЦГА РК. Ф. 44. Оп. 1. Д. 21398. Л. 188.

[66] 音譯，原文為 Сахар Мацзинъань

　　最後，齊氏提到應該強制東幹人服兵役來提高其學習積極性：軍官的特權將成為東幹子弟學習俄語爭取升入軍校的動力。[67]以兵役作為鼓勵東幹人學俄語的建議的確在 1900 年之後逐漸得到落實。定居在縣城的東幹人被當局納入市民和商人階層。他們回應徵兵並被順利吸收入軍隊的情況最早見於 1903 年的《七河省年度報告》，之後每年徵召人數規模為 5 至 10 人。這一人群中包括知名將領馬三成。他於 1908 年應召參軍，服役 6 年後，於 1914 年以準尉軍銜被派遣到塔什干擔任當地學校的教師。這些極少數服兵役的東幹子弟往往不得不快速掌握俄語讀寫。他們的社會地位和待遇對七河省的東幹民眾學習俄語產生了相當大的影響。比如，維爾內市的東幹人在 1910 年前後積極要求送子弟進入俄語學校學習。1908 年，皮什佩克市內開辦了一所俄語學校，主要招收東幹學生。其 1917 年的學生名錄中，總計 70 名學生中竟有 52 名是東幹學生。[68]

　　綜上所述，至一戰前夕，草原諸省已建立相對完整的學校教育體系。上述各類學校每年已能向約 10 萬名學童提供初級、中級和技術教育。儘管在每年數千名就讀於各級俄式學校的哈薩克學童中，能順利完成初級學業的人數極少，但這一體系為俄語和歐俄近代知識的傳播提供了重要的基礎設施。在電報、鐵路、印刷等技術以及圖書館、閱覽室、期刊報紙等媒介的支持下，俄當局的濡化能力建設有了長足的發展。但具備基礎設施並不等於達到濡化效果。在新的技術條件下，歐俄地區的自由主義、社會主義、保守主義以及宗教革新主義等思潮通過俄式教育體系和媒體傳入草原社會。新興的哈薩克知識份子並不必然成為當局濡化能力的支柱。有別於汲取能力，20 世紀末技術條件的進步並不必然意味著濡化能力的增強。技術條件的改變往往呼喚新的思想來開創新的政治。

---

[67] ЦГА РК. Ф. 44. Оп. 1. Д. 21398. Л. 182 об.

[68] Маджун Д.С. Культура и просвещение дунган Центральной Азии. Бишкек, 2008. С. 53.

結 語

　　草原諸省的帳篷稅支撐了 1868 年臨時條例頒佈後草原統治體制的存續，也反映了 19 世紀上半葉俄當局在與草原地區各部落氏族長期博弈之後形成的相對穩定的政治經濟秩序。19 世紀 90 年代至 20 世紀初，中亞地區交通和通信技術的變革將逐漸打破草原諸省單純依賴畜牧業和帳篷稅的局面。中亞鐵路和奧倫堡—塔什干鐵路開通後，河中三省（撒馬爾罕省、費爾幹納省和錫爾河省）的棉花種植產業與歐俄乃至歐洲市場聯繫更為緊密：「從撒馬爾罕運棉花到莫斯科，最慢的速度也只需要 18-20 個晝夜，運費僅為 1.5 盧布每普特」。[69]與此相應，草原諸省則逐漸形成與中亞南部省份互補的經濟專業化區域。在 19 世紀 90 年代初，中亞南部的軍政官員已經注意到七河省發展糧食種植對於河中三省棉花種植業的支持作用。這一趨勢在 20 世紀初更加明顯：「1900-1915 年七河省糧食產量增長了 2 倍，而錫爾河省糧食產量僅增長0.3 倍，在費爾幹納省，糧食產量還大幅度下降了。」[70]1909 年，時任土爾克斯坦總督提議修通塔什干至維爾內的鐵路，以進一步整合中亞南部的商貿網路。[71]但這一提議因第一次世界大戰爆發而擱置。上述區域聯通的設想最終於 1931 年隨著土西鐵路通車而實現。[72]

　　19 世紀 90 年代之後，新的政治經濟條件促使草原諸省成為歐俄移民尋找生計的目的地之一。而俄當局對草原諸省管理體制的改革則加速了這一進程。隨著 19 世紀末俄國自身逐漸融入全球的生產、貿易和金融體系，此前困

---

[69] 張保國：《蘇聯對中亞及哈薩克斯坦的開發》，烏魯木齊：新疆人民出版社，1989 年，第 23 頁。該章節對兩條鐵路的經濟和軍事價值進行了詳細的介紹，本章不再贅述。

[70] 張保國：《蘇聯對中亞及哈薩克斯坦的開發》，烏魯木齊：新疆人民出版社，1989 年，第 39 頁。

[71] 俄羅斯國家歷史檔案館 (РГИА) Ф. 1396. Оп. 1. Д. 8. Л. 56-56об.

[72] 關於土西鐵路歷史的研究，參見 Payne, Matthew. *Stalin's Railroad-Turksib and the Building of Socialism*. University of Pittsburgh Press, 2001.

擾俄國的邊疆地區統治成本問題逐漸以大規模的移民和經濟開發得到解決。在 19 世紀末至一戰之前的不到二十年時間內，草原諸省社會經濟面貌在資本和勞動力大規模湧入後經歷了急遽的變化。下一章將嘗試以移民政策為重點，分析這一時期俄國與中亞草原的關係。

第五章　19 世紀末至 20 世紀初草原地區的改革與移民問題

我終於當上了卜勒斯[1]

為了打通關係我花光了所有家產

連那駱駝駝峰和馬脖子上的肥膘

也不剩分毫

雖說如此

我卻並不懂得管理人民

有權勢的人一發話

我便連連點頭

要是開口的人無權無勢

我則敷衍了事

歪著身子，半聽不聽

一聽鄉大會就要臨近

頓時魂飛魄散，六神無主

——阿拜·庫南巴耶夫《致庫列木拜》[2]

---

[1] 俄文「鄉長」（волостной управитель）在哈薩克語中縮略為「卜勒斯」（болыс）。

[2] 這首詩作最初發表於 1889 年第 12 期《草原區報》的俄哈雙語副刊。俄文版標題為《致庫列木拜》（Кулембаю），哈薩克文版標題為《我當上了鄉長》（Болыс болдым）。原文參見 Кұнанбаев Абай. Шығармаларынын толык жинағы. M. 1945. C. 66; 譯文參考[哈]阿拜·庫南巴耶夫著，艾克拜爾·米吉提譯《阿拜》，杭州：浙江文藝出版社，2020 年，第 105-111 頁。

近代哈薩克著名詩人阿拜・庫南巴耶夫（Abai Kunanbaev）發表於 1889
年的詩歌《致庫列木拜》生動形象地刻畫了一名依靠賄賂當選鄉長的人物。
庫列木拜（Kulembai）出身平民，家族三代均未擔任重要職位。詩作重點描
述庫列木拜籌備鄉大會的場景，突出其欺上瞞下的行為。阿拜的這一系列詩
文一方面揭露了草原統治體制下，由俄羅斯軍官出任的縣長有權廢立鄉長；
另一方面，鄉長執政不公，貪污腐化，往往無力協調鄉內的矛盾，聽任強者
欺凌弱者。而結合 18-20 世紀初俄國與中亞草原關係的歷史背景，阿拜的詩
文反映了草原游牧社會內部權力來源的歷史性變遷：依憑血統出身的傳統權
威逐漸為依託財富和俄當局認可的權威所替代。

要追溯這一轉變的出現，首先須回顧 1868 年《草原地區臨時管理條例》
頒佈後草原統治制度的沿革。1868 年臨時條例於當年 10 月頒佈，但各省份
落實的程度大相徑庭。草原西路裏海沿岸阿代（Adai）氏族武裝起義，幾個
月未能平息。此外，受到自然環境條件的約束，西路要塞線以南俄國武裝移
民據點較少。條例中規定建立的烏拉爾、圖爾蓋省甚至阿克莫林斯克省各縣
之中，有多個預定的縣府駐地尚無任何建築物。1868 年臨時條例最初規定了
兩年的試行期（1868-1870 年）。1871 年，俄當局組織特別委員會籌備起草
新版條例。但此後的一系列政治變動遲滯了新條例的起草工作。1881 年，亞
歷山大二世遇刺身亡。亞歷山大三世繼位後頒佈一系列「反改革」的措施，
中亞地區新管理條例的起草工作也因此被擱置。1885 年，新成立的特別委員
會恢復此前的起草工作，重新審議 1868 年臨時條例。1888 年，該委員會完
成審議流程，並在此基礎上形成新的條例草案。1890 年 5 月，俄國務會議開
始審議新草案。最終，1891 年 3 月 25 日，新草案得到沙皇諭准，定名為《阿
克莫林斯克省、塞米巴拉金斯克省、七河省、烏拉爾斯克省和圖爾蓋省管理
條例》（下文簡稱「1891 年條例」）[3]。該條例於 1893 年 10 月之後在草原各

---

[3] 條例的俄文名稱、來源及全文譯文參見附錄二。

省陸續執行，一直沿用至 1917 年。1891 年條例大力推動草原諸省行政、財稅和司法制度與歐俄省份接軌，並設計了一系列促進草原公地私有化的政策，為後續歐俄移民大舉拓殖草原諸省奠定了制度基礎。

　　19 世紀末至 1916 年，超過一百萬歐俄移民湧入草原諸省，使其人口規模從 1897 年的 345 萬餘人飆升至 1916 年的 550 萬以上。「它（資產階級）按照自己的面貌為自己創造出一個世界。」[4]這一移民浪潮由歐洲和俄羅斯資本所驅動，是俄國資產階級改革的結果。在俄當局取消農民遷徙限制、激勵農民開墾邊疆以及草原諸省制度的內地化、交通通信技術革新等多方面因素共同作用下，這一浪潮從 19 世紀 90 年代出現，受一戰影響而結束。大規模的人口和資本的湧入重塑了草原地區的族裔結構、生產方式和產業格局，並顯著推動了游牧民的定居化，從根本上地改變了中亞草原千百年來游牧社會的形態。至第一次世界大戰前夕，廣義上的俄羅斯族人口占草原諸省總人口的三分之一以上；草原諸省從「蠻荒」的內邊疆一躍成為俄國重要的穀物和畜產品基地，經西伯利亞大鐵路接入歐俄市場；大多數游牧民轉入定居和半定居生活方式，兼營農耕與畜牧；哈薩克社會內部階層出現顯著變動，以血緣為基礎的傳統權威逐漸瓦解，依附於草原統治體制的群體成為新的權力中心。

一、19 世紀 80-90 年代的統治體制改革：以 1891 年條例為中心

　　1891 年《阿克莫林斯克省、塞米巴拉金斯克省、七河省、烏拉爾斯克省和圖爾蓋省管理條例》包括序言和「行政制度」、「司法制度」、「土地制

[4]　《馬克思恩格斯全集》第 1 卷，《共產黨宣言》，北京：人民出版社，2019 年，第 404 頁。

度」、「賦稅和勞役」四部分，共計 168 條。對比其前身 1868 年臨時條例，
1891 年條例進一步推動草原地區統治體制與俄國內地省份的行政和司法制度
接軌，強化地方政府對戶籍、稅收和游牧活動的控制，並初步建立了對 20 世
紀初草原地區移民問題影響深遠的土地利用制度。

（一）行政區劃調整

在 1868 年臨時條例頒佈之後，隨著俄軍在中亞南部迅速征服布哈拉、希
瓦和浩罕汗國，俄當局相應調整草原地區的行政區劃。1868 年臨時條例設立
的烏拉爾斯克省和圖爾蓋省從奧倫堡總督區剝離，改由內務部直轄，成為俄
國的普通內地省份。[5]1882 年，俄當局以阿克莫林斯克省、塞米巴拉金斯克省
和此前隸屬於土爾克斯坦總督區的七河省組建草原總督區（Степное генерал-
губернаторство/Stepnoe general-gubernatorstvo），統籌對清朝的邊務。[6]七河
省於 1882 年至 1899 年受草原總督區管轄。1882 年之後，草原東西兩路延續
了此前行政管轄上的分治和法律制度上的融合趨勢，即兩路分屬草原總督區
和內務部管轄，但各省的管理條例統一由跨部門委員會協調制定。1891 年條
例的名稱明確體現其適用的省份範圍：阿克莫林斯克省、塞米巴拉金斯克
省、七河省、烏拉爾斯克省和圖爾蓋省（參見圖 5-2）。此後，儘管 1899 年
七河省在行政隸屬上轉歸中亞南部的土爾克斯坦總督區，但該省仍沿用 1891
年條例至 1917 年。

---

[5]　孟楠：《俄國統治中亞政策研究》，烏魯木齊：新疆大學出版社，2000 年，第 81 頁。

[6]　Мацузато К. Генерал-губернаторство в Российской империи: от этнического к пространственному
подходу // Новая имперская история постсоветского пространства. Сборник статей. Под ред. И.
Герасимова, Казань, 2004.

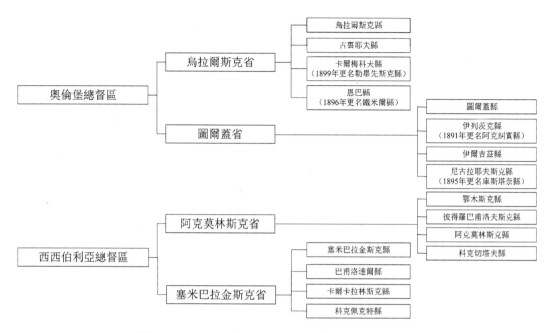

圖 5-1　1868 年條例所規定草原東西兩路行政機構

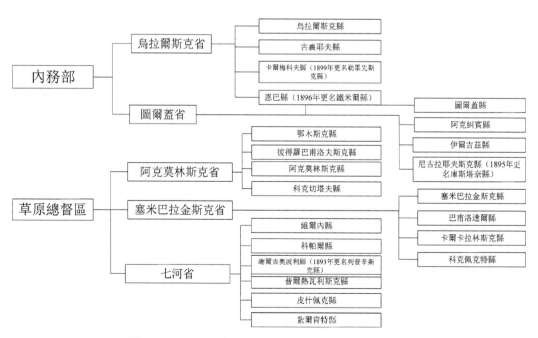

圖 5-2　1891 年條例所規定草原東西兩路行政機構

（二）行政和司法制度改革

　　1891 年條例的要旨是推動草原省份的內地化，即行政、財稅和司法制度與內地省份的融合。第一，從條文結構看，1891 年條例呈現的顯著特徵是條文數量大幅減少：相比 1822 年條例十章 319 條、1868 年臨時條例七章 268 條的篇幅，1891 年條例僅包含四部分 168 條。條文數目的精簡主要是因為 1891 年條例在諸多領域與大改革時代出台的一系列全國性部門法接軌，細則上可直接援引對應部門法條文，而避免贅述。例如，在省級機構設置和地方賦役制度方面，1891 年條例分別以《普通行省章程》和《地方賦役條例》為基礎，因此無需復述細則。

　　值得注意的是，1891 年條例全文在術語方面也盡可能與俄國法律體系接軌。整部條例以社會階層名稱「異族」指代草原諸省的土著居民，而以「游牧異族」（кочевые инородцы/kochevye inorodtsy）指代包括哈薩克和吉爾吉斯在內的游牧民，以「定居異族」（оседлые инородцы/osedloe inorodtsy）指代包括塔蘭奇、東幹和薩爾特在內的人群。相比 1822 年條例、1824 年條例和 1868 年臨時條例，1891 年條例呈現更強烈的非人格化特徵，強化了草原地區游牧民的統一的行政法律身份，客觀上促進了將哈薩克各氏族整合為單一人群的歷史進程。同時，1891 年條例中涉及游牧人群管理的條文大大簡化，壓縮到第三部分「土地制度」之下的「游牧人口管理」一章。與其並列的有「定居人口管理」和「異族宗教事務管理」兩章。而「定居人口管理」一章下分「俄羅斯村落管理」和「東幹和塔蘭奇人管理」兩節。可見，1891 年條例的設計者已經預見未來草原諸省的定居化趨勢。

表 5-1　1891 年《阿克莫林斯克省、塞米巴拉金斯克省、七河省、烏拉爾斯克省和圖爾蓋省管理條例》各章節標題漢俄對照

各章標題	各節標題	各章標題俄文原文	各節標題俄文原文	條目
序言		Введение		1-12
第一部分 行政制度		Раздел Первый Административное устройство		
第一章 阿克莫林斯克省、塞米巴拉金斯克省和七河省統轄機關		Гл. 1 Главное управление областей: Акмолинской, Семипалатинской и Семиреченской		13-18
第二章 地方行政機關	第一節 省級機關	Гл. II Местные административные установления	Отд. 1 Установления областные	19-28
	第二節 縣級和城市機關 （一）縣級管理 （二）城市管理		Отд. 2 Установления уездные и городские: (1) Уездное управление (2) Управление в городах	29-54
	第三節　鄉村機關 （一）游牧人群管理 （二）定居人群管理 1. 俄羅斯居民點管理 2. 東幹和塔蘭奇人管理 （三）異族宗教事務管理		Отд. 3 Установления сельские (1) Управление кочевого населения (2) Управление оседлого населения: а. Управление русских поселений б. Управление дунган и таранчей (3) Управление	55-100

各章標題	各節標題	各章標題俄文原文	各節標題俄文原文	條目
			духовными делами инородцев	
第二部分 司法制度			Раздел второй Судебное устройство	101-118
第三部分 土地制度			Раздел третий Поземельное устройство	
第一章 游牧人群土地制度			Гл. 1 Поземельное устройство кочевого населения	119-130
第二章 定居人群土地制度			Гл. 2 Поземельное устройство оседлого населения	131-136
第四部分 賦稅和勞役			Раздел четвертый Подати и повинности	
第一章 游牧人群賦稅			Гл. 1 Подати с кочевого населения	137-148
第二章 定居人群賦稅			Гл. 2 Подати с оседлого населения	149-152
第三章 地方賦役			Гл. 3 Земские повинности	153-168

　　1891 年條例在行政、司法和地方賦役等制度全面與帝國普通法律接軌。因草原西路的烏拉爾斯克省和圖爾蓋省改由內務部管轄，故條例主要規定的是東路「草原總督」這一新設職位的許可權：除《普通行省章程》相關規定外，總督有權批准金額不超過 3 萬盧布的工程計畫、預算和合同，並選擇施工方案；且有權在內務部同意的前提下放逐「政治上不可靠的」異族，期限不超過五年（第 16-17 條）。在省督軍層面，除了維持烏拉爾斯克省和七河省督軍兼任本地哥薩克軍團阿塔曼之外，省督軍、副督軍和省公署的職權同樣依照《普通行省章程》相關條款規定。縣級機構和城市管理也基本與《普

通行省章程》接軌。[7]

　　第二，與行政制度上的整合相對應，1891 年條例在草原諸省引入普通行省財稅體制，大幅刪減了 1868 年臨時條例中基於地方特殊性而設置的條款。該條例刪除了 1868 年臨時條例中關於「護照費」和部分哈薩克家族免除賦稅和勞役的條文。條例的第四部分「賦稅和勞役」規定國家和地方兩個層面的賦役，向游牧人口和定居人口以不同形式徵收。在國家稅收層面，草原諸省基層的鄉大會和阿吾勒大會在每三年清點帳戶、編制稅收預算的基礎上，向每帳戶每年徵收 4 盧布的帳篷稅（1868 年臨時條例的帳篷稅額度為 3 盧布）。值得注意的是，1891 年條例第 137 條提到「帳篷」的概念不僅僅指稱居住在氈房中的游牧民，也同樣包括居住在石製或木製固定房屋或地穴中的定居或半定居牧民。[8]定居居民（包括俄羅斯、東幹和塔蘭奇農民）按照各戶官方註冊耕種的土地面積計算各村需要繳納的土地稅金額，由村社（сельское общество/sel'skoe obshchestvo）負責徵繳（第 149-152 條）。[9]

　　在地方層面，相比 1822 年條例和 1868 年臨時條例，1891 年條例明確參照《地方賦役條例》細化了地方賦役的徵收和使用程序。地方賦役的徵收方案由省公署召集省法院的主席、負責郵傳工作的主任、哥薩克軍團代表和省府城市代表集體審議。地方賦役在徵收形式上分為實物和貨幣兩種形式，在管理層級上分為省和縣兩級，其來源主要為游牧民帳篷稅、俄羅斯村社和異族村社的土地稅、城市不動產稅、作坊和工廠房舍稅、工商業票照和專利費五種。實物勞役主要用於興修水利、治理蝗蟲和其他蟲災、維護驛道和牲畜

---

[7]　Масевич М.Г. Материалы по истории политического строя Казахстана. Т. 1, Алматы, 1960. С. 387-388.

[8]　這也從側面印證，在俄當局半個多世紀鼓勵定居的政策下，草原地區已出現一部分轉入半定居或定居生活方式的牧民。

[9]　Масевич М.Г. Материалы по истории политического строя Казахстана. Т. 1, Алматы, 1960. С. 396-398.

通道、衛戌隘口和邊境哨所，以及緊急情況下徵調帳篷、燃料和運輸物資。貨幣勞役主要用於支付異族鄉、阿吾勒和村社管理人員的薪資、基層社會福利、發展地方工商業、畜牧業和種植業、以疫苗接種為主要內容的公共衛生、預防牲畜疫病和農作物病蟲害，以及土著居民教育等用途。地方賦役與國家稅收以相同流程由鄉大會、阿吾勒大會和村社討論分配，形成預算上報省公署並與國家稅同時徵收。該條例還明文規定，上述法定賦役以外不得進行任何稅收行為。[10]

第三，1891 年條例改進了 1868 年臨時條例設立的「軍政府─民眾管理體制」，強化基層政府對邊界和游牧活動的管控職能。在基層行政方面，1891 年條例保留了此前運行半個多世紀的鄉和阿吾勒兩級治理：鄉長和阿吾勒長由對應層級的選舉人召開鄉大會和阿吾勒大會以簡單多數原則投票選舉產生。其選舉資格和選舉流程基本延續 1868 年臨時條例體制。鄉和阿吾勒兩級主官和大會的選舉人一道負責三年一度的戶口清查和稅收分配、繳納工作。在此基礎之上，1891 年條例試圖強化戶籍管理和內部行政邊界的管控：牧戶或阿吾勒必須註冊在具體的縣和鄉中，且其異動須徵得所屬縣域縣長的同意，重新註冊戶籍後上報省公署（第 59 條）；冬夏兩季游牧如跨越縣界或省界，則其主體需向所屬阿吾勒或鄉的主官領取註明牧群戶數和游牧路線的票照，以備目的地所屬行政單元的主官查驗（第 61 條）。與職權的強化相對應，條例規定鄉長的年薪水準從 1868 年臨時條例中的「加上雇傭書吏開支不低於 300 盧布」明確為 300 至 500 盧布之間，以及 300 至 400 盧布為鄉長雇傭書吏和隨從的開支，具體金額由鄉大會確定，呈報省公署批准（第 71 條）。[11]

---

[10] Масевич М.Г. Материалы по истории политического строя Казахстана. Т. 1, Алматы, 1960. С. 398-399.

[11] Масевич М.Г. Материалы по истории политического строя Казахстана. Т. 1, Алматы, 1960. С. 391-393.

　　同時，1891 年條例強調總督、省和縣三級俄羅斯政府對於基層政府的控制。該條例首次規定，特殊情況下，內務大臣在烏拉爾斯克省和圖爾蓋省、草原總督在下轄三省有權直接更換鄉長人選，無需選舉流程（第 63 條注1）；在鄉大會選舉鄉長期間，省督軍有權否決選舉結果，以另一位候選人替換之，或另行召開選舉（第70條）。至於縣長，1868 年臨時條例則規定，縣長自上承接總督和省兩級指令，對下監管眾多鄉和阿吾勒，是維持統治體制有效運轉、應對內外時局的關鍵層級，因此一度規定其任免由總督提名、沙皇諭准。[12]時過境遷，可能是因征服中亞南部的戰役接近尾聲、清俄邊境基本穩定，1891 年條例將任命縣長的許可權下放：烏拉爾斯克省和圖爾蓋省的縣長由省督軍直接任免；草原三省的縣長由省督軍提名，草原總督批准（第 30 條）。[13]縣長負責對鄉長和阿吾勒長的日常監督，接受民眾對其申訴。該條例首次明確，縣長有權對輕微違法的鄉長或阿吾勒長進行口頭警告、處以不超過 15 盧布罰款或不超過七天拘役的處罰（第 85 條）；而鄉長或鄉書吏涉嫌重罪時，則移交省法院（第 84 條）。阿吾勒長涉嫌貪瀆可由縣長撤職，而鄉長涉嫌貪瀆則需要省督軍批准撤職；特殊情況下縣長有權臨時將鄉長撤職，並及時上報省督軍（第 83 條）。與更加明晰的懲戒措施相對應，1891 年條例同樣首次明確對鄉長和阿吾勒的獎勵：鄉長和阿吾勒長如履職勤勉，可授予榮譽長袍（почётные халаты/pochëtnye khalaty）或獎金，分別由內務大臣和草原總督酌情發放（第 86 條）。[14]

---

[12] 1868 年條例文本中並未提及縣長的任免流程。但同為 1865 年草原委員會考察報告成果的 1867 年《七河省和錫爾河省管理條例》規定，縣長人選由總督提名，沙皇任命；而縣長的副手資深助理和副官均由省督軍提名，總督任免。縣公署其餘官員由省督軍任免。由此推斷，出自同一報告的 1868 年條例可能以相同行政層級處理縣長的任免流程。

[13] Масевич М.Г. Материалы по истории политического строя Казахстана. Т. 1, Алматы, 1960. С. 389.

[14] Масевич М.Г. Материалы по истории политического строя Казахстана. Т. 1, Алматы, 1960. С. 391-393.

表 5-2　1868 年臨時條例與 1891 年條例所涉地方官員任免程序對比

職官	1868 年臨時條例		1891 年條例	
	提名權	任免權	提名權	任免權
總督	—	沙皇	—	沙皇
省督軍	陸軍大臣	沙皇	內務大臣與陸軍大臣協商	參政院
副督軍	陸軍大臣與所在地總督協商	沙皇	—	—
省公署各局長	省督軍	總督	省督軍	草原總督
縣長	總督	沙皇	省督軍	省督軍（烏拉爾斯克省和圖爾蓋省）總督（草原總督區）
副縣長（1891年條例改設縣長助理）	省督軍	總督	—	—
鄉長	鄉大會選舉，縣長呈報	省督軍	鄉大會選舉，縣長呈報	省督軍
阿吾勒長	阿吾勒大會選舉，鄉長呈報	縣長	阿吾勒大會選舉，鄉長呈報	縣長

　　第四，1891 年條例進一步將草原地區的司法制度與內地接軌，強化了俄羅斯法庭的職能和案件管轄權，為後續在草原諸省推行內地化和大規模的移民政策拉開序幕。首先，該條例全面引入內地的司法機構，將 1868 年條例中的縣法官、軍事司法委員會、省公署三級地方司法體系改造為與內地省份相同的治安法官（мировой судья/mirovoi sud'ia）和省法院（областной суд/oblastnoi sud）兩級。草原諸省每個縣以及鄂木斯克、塞米巴拉金斯克、維爾內及烏拉爾斯克四座城市均設立一名治安法官，且配有助理和司法調查員支持工作。治安法官和省法院主席的任免和調動均由司法部與總督協商，

因此相對獨立於地方行政體系。草原諸省的治安法官權力相比 1868 年臨時條例中設立的縣法官大大擴張。其管轄權涵蓋轄境內涉及歐俄人群案件、異族的刑事和普通違法犯罪案件以及非軍事勤務狀態下哥薩克的刑事或民事案件。[15] 而在基層司法方面，1891 年條例將「游牧異族」的畢官和「定居異族」中的哈孜（qāḍī）等一併更名為「民族法官」（народный судья/narodnyi sud'ia），其權責和司法程序與 1868 年臨時條例基本一致。

　　司法領域的進一步改革以 1898 年 6 月 2 日頒佈的《在土爾克斯坦邊區和草原諸省的司法機構》國務會議意見為標誌。[16]在 1891 年條例的基礎上，該臨時條例大幅增加各省治安法官的數量，加強當局對基層司法案件的管轄能力，希冀更有效地處理因歐俄移民湧入而增多的族際司法案件。因此，19 世紀末，治安法官的擴權引發是否應該繼續維持民間法庭制度的爭論。呼籲廢除民間法庭的一方認為，首先，在歐俄移民逐漸增多的背景下，廢除民間法庭有助於推動基層異族政府與內地省份接軌，進而促進哈薩克牧民俄羅斯化。其次，民間法庭同樣存在濫用職權和腐敗的問題，並非完美無瑕。但為維持地方秩序的穩定，爭論最後以維持現狀的共識告終。[17]

（三）1891 年條例對土地制度的改革

　　最後，1891 年條例對草原諸省土地制度改革成為此後歐俄農民向草原地區移民的先聲。該條例延續 1868 年臨時條例推動草場公地化、公地私有化的思路，旨在吸引移民和資本開發草原地區，同時引導游牧民定居，強化草原上的定居秩序。1868 年臨時條例首次明確草原地區游牧民的牧場為國家佔有

---

[15] Масевич М.Г. Материалы по истории политического строя Казахстана. Т. 1, Алматы, 1960. С. 394-395.

[16] Крафт И.И. Судебная часть в Туркестанском крае и степных областях, Оренбург, 1898. С. 118-178.

[17] Крафт И.И. Судебная часть в Туркестанском крае и степных областях, Оренбург, 1898. С. 96.

的土地，除非由沙皇賞賜或當局頒發地契，否則無法享有特定地塊的所有權。[18]1891 年條例則規定草原地區作為牧場的土地和森林為國家財產，游牧民有權無限期「公共使用」土地，但並不佔有（第 119-120 條）。後世學者關注最多的是 1891 年條例第 120 條的注釋一：「對於牧民而言多餘的土地將由國家財產部[19]管理。」[20]這些條文為後續俄當局強徵牧場供歐俄移民開發奠定了法律框架。

此外，條例設計了一套鼓勵游牧民將公地私有化的制度。條例將牧民使用的土地區分為冬牧場、夏牧場和已開墾土地三類。第 125 條規定：每位牧民有權在自己使用的冬牧場地塊上開墾土地，開闢花園、果園和林地，建立住房和商業建築；已開墾、種植作物和修建建築物的土地可被繼承，只要作物或建築物存在。建築物構成土地佔有者的私人財產，且只可在被拆除後土地方可轉讓給不屬於游牧社群的人員。第 126 條規定：牧民集體可將冬牧場區域內的土地租讓給俄羅斯族用於農耕或修築作坊、工廠、磨坊或其他建築物，租期不超過 30 年；此類租讓協議須由鄉大會起草，明確土地租讓金額和收益用途，呈省公署批准。第 128 條規定，在游牧社群相互同意的情況下，選取冬夏牧場上的便利地點劃撥地塊耕種糧食和牧草；耕地上所修築的建築物為私人財產。第 136 條規定，非俄羅斯帝國臣民以及非草原諸省的異族、非基督徒均不得在草原諸省購買土地。在上述條文的規制下，草原地區的游牧民將不得不通過開墾土地和建築房舍等手段爭奪穩定的冬牧場使用權，爭取俄當局的庇護。而將土地租讓給俄羅斯移民開發同樣是將對地塊的私人佔

---

18 Масевич М.Г. Материалы по истории политического строя Казахстана. Т. 1, Алматы, 1960. С. 337.

19 俄國家財產部（Министерство государственных имуществ）創建於 1837 年，管理屬於國家的土地、森林、礦山等資源，1894 年改組為農業和國家財產部（Министерство земледелия и государственных имуществ），1905 年改組為土地規劃與農業總署（Главное управление землеустройства и земледелия），1915 年再度更名為農業部（Министерство земледелия）。

20 Масевич М.Г. Материалы по истории политического строя Казахстана. Т. 1, Алматы, 1960. С. 395-396.

有權合法化的途徑。[21]

二、19 世紀末至 20 世紀初草原地區的移民問題

（一）俄國向草原地區遷入人口的歷史分期

　　1891 年條例的頒佈標誌著草原地區進一步融入俄國行省管理體制，也為 19 世紀末歐俄農民向草原諸省移民墾殖的進程拉開序幕。前人學者往往將俄國向草原地區遷入人口的進程分為三個階段論述：第一階段（17 世紀至 19 世紀 60 年代），以軍事移民為主的時期；第二階段（19 世紀 60 年代至 19 世紀 80 年代），政策爭論時期；第三階段（19 世紀 90 年代至 1917 年），鼓勵移民時期。[22]這一歷史分期以效忠沙皇的歐俄人群進入中亞草原為標準，按照時間順序劃分三階段。這一分期方式指明了早期以哥薩克軍團為主體的移民與 19 世紀征服中亞進程之間的連續性，但在一定程度上混淆了傳統跨地域政權擴張帶來的軍事移民與近代以資本增殖為目標的殖民活動。本節將簡述第一、第二階段，重點討論第三階段，闡述其對中亞草原游牧社會產生的深遠影響。

　　在 19 世紀 20 年代之前，受制於俄國自身的生產力水準，歐俄地區的農耕人口大多被束縛於村社，並未隨要塞線的推進而大舉遷入烏拉爾山南部和西西伯利亞。18 世紀中期至 19 世紀初，草原東西兩路的要塞線上，除俄當局部署的正規軍和哥薩克官兵以外，還居住著軍屬、傷殘和退役軍人、農民、商人和部分破產哈薩克牧民。受限於人口規模，這一時期以哥薩克為主

---

[21] Масевич М.Г. Материалы по истории политического строя Казахстана. Т. 1, Алматы, 1960. C. 395-397.

[22] 例如 Абдыкалыков М. и Панкратова А.М. ред. История Казахской ССР (с древнейших времен до наших дней). Алма-Ата, 1943. C. 424-433.

的軍事移民並未對哈薩克社會內部產生顯著影響，其主要作用在於限制了烏拉爾河和額爾齊斯河沿岸牧民的草場選擇範圍。

1822 年條例頒佈後，草原東路西伯利亞要塞線哥薩克軍團的部分兵力隨著各外區的開設而進駐草原腹地；而西路當局也將要塞線向南擴張，由此開啟俄當局向草原腹地移民的進程。1870 年，西路的烏拉爾哥薩克軍團人口數量為 8.12 萬人，西伯利亞哥薩克軍團約為 8.6 萬人，七河哥薩克軍團約為 1.7 萬人。[23]根據別克馬漢諾娃的估算，這一時期斯拉夫裔人口占草原五省及錫爾河省人口總數的 8.25%，其中大多數集中在阿克莫林斯克省和烏拉爾斯克省。[24]自 19 世紀 20 年代至 80 年代，俄當局向草原地區的移民主要出於戰略目的，整體規模較小而大多配置於交通要道。即便如此，臨近要塞線和草原腹地哥薩克村鎮的哈薩克牧民與農耕聚落逐漸發展出雇傭勞動關係，例如定居人群雇傭牧民收割乾草或從事簡單的農耕活動。[25]

自 19 世紀 60 年代起，在農奴制改革啟動後 30 餘年間，俄國的資本主義生產關係蓬勃發展，對農民在地域和社會階層領域流動的限制逐漸被廢除。自 1865 年草原委員推動改革開始，俄國在 19 世紀後半期逐步削奪部落精英特權，改造土地制度，將資本主義生產關係引入草原地區。這一時期，支持向草原地區移民的意見認為俄羅斯農民的遷入將使哈薩克人與之接近，有利於整合邊疆，並將草原地區作為向亞洲其他地區擴張的跳板。反對者認為草原地區適宜農耕的土地太少，移民將擠佔牧民牧場，引發爭鬥，故而不利於統治秩序的穩定。

---

[23] 馬薩諾夫等著，楊恕、焦一強譯：《哈薩克斯坦民族與文化史》，北京：民族出版社，2018 年，第 141 頁。

[24] Бекмаханова Н.Е. Многонациональное население Казахстана и Киргизии в эпоху капитализма. 60-е годы XIX в.-1917 г. M., 1980. C. 124, 135.

[25] Martin, Virginia. *Law and Custom in the Steppe: the Kazakhs of the Middle Horde and Russian Colonialism in the Nineteenth Century*. Curzon, 2000, p. 65.

　　本節探討的重點是 19 世紀 90 年代至 1916 年前後俄當局向草原地區移民的政策及其影響。在俄國完成對草原地區制度整合、歐俄地區人地矛盾尖銳、交通通信技術革新、當局政策激勵等因素結合下，19 世紀末至 1916 年，草原諸省的人口規模從 345 萬餘激增至 550 萬餘（參見表 5-3），其中阿克莫林斯克省的人口從 68.2 萬飆升至 156.7 萬。儘管這 20 年間哈薩克和哥薩克人群的規模均有一定增長，但上述人口變動的主要因素毫無疑問是歐俄移民的遷入。

表 5-3　1870 年、1897 年、1905 年、1916 年草原諸省人口估算對比
　　　　（單位：萬人）[26]

省份	1870 年	1897 年	1905 年	1916 年	1905 年各省哥薩克人口	1916 年各省哥薩克人口
烏拉爾斯克省	34.7	64.5	76.9	83.8	13.1	14.1
圖爾蓋省	30.0	45.3	56.7	84.2	-	-
阿克莫林斯克省	38.2	68.3	88	158.3	8.1	13.8
塞米巴拉金斯克省	51.0	68.5	76.2	90.4	3.4	4.8
七河省	55.2	98.8	-	136.0	3.23	3.86
合計	209.1	345.4	297.8（不含七河省）	552.7	-	-

---

[26] 1870 年和 1916 年數據參考 Бекмаханова Н.Е. Многонациональное население Казахстана и Киргизии в эпоху капитализма. Алма-Ата, 1986. С. 63-64; 1897 年數據參考 Азиатская Россия: люди и порядки за Уралом. Т. 1. С. 87；1905 年和 1916 年草原諸省哥薩克人口數據參考 Demko, George. *The Russian Colonization of Kazakhstan: 1896-1916*. Bloomington: Indiana University, 1964, p. 44.　因圖爾蓋省轄境內並沒有哥薩克駐屯，故圖爾蓋省不在統計省份之列，

（二）19 世紀末 20 世紀初歐俄移民運動的形成

19 世紀末 20 世紀初歐俄移民遷入草原諸省的進程始於 19 世紀 80 年代的一系列政策調整。從 19 世紀 80 年代開始，俄當局逐步放寬對邊疆地區的移民限制。1881 年 7 月 10 日，俄當局出台首部涉及移民的法令《農民遷往國家空閒土地的臨時條例》，規定歐俄省份的農民向其他地區移民不再需要接收村社的同意；並規劃在邊疆省份設立移民站，為合法移民提供資助。1889 年 7 月 13 日，俄當局頒佈《關於農民和市民自願遷徙到國有土地、以及此前已遷徙人群的安置條例》，規定農民可向當局申請赴七河、阿克莫林斯克和塞米巴拉金斯克三省開墾尚未被私人佔有的國家土地。該條例許諾移民可在定居地註冊為合法居民，獲得每戶 15-30 俄畝土地和額度為 30-100 盧布的無息貸款等一系列優惠條件，以及三年免稅和免服兵役的特權。1891 年，該條例的適用範圍擴大到圖爾蓋和烏拉爾斯克省，由此涵蓋整個草原地區。

1889 年頒佈的這一法令標誌著俄中央政府直接介入草原地區的移民事務。該條例頒佈後，時任阿克莫林斯克省督軍利文佐夫（M. A. Liventsov，1883-1890 年在任）抱怨道，當年省內有約 8000 名移民沒有註冊，也沒有地方供他們定居。一些準備前往阿爾泰地區的移民因路費耗盡而滯留阿克莫林斯克省北部。因此，1891 年底，阿克莫林斯克省臨時中止註冊合法移民，因為當年遷入該省的移民已經讓省公署應接不暇。[27]1892 年，當時擔任參政院議員、且兼任俄羅斯帝國地理學會副主席的謝苗諾夫（P. P. Semënov-Tianshanskii）感歎道，「在多年抑制自發移民無效之後，當局終於決定組織殖民運動」。[28]

---

[27] Martin, Virginia. *Law and Custom in the Steppe: the Kazakhs of the Middle Horde and Russian Colonialism in the Nineteenth Century*. Curzon, 2000, p. 65.

[28] Семенов П.П. Значение России в колонизационном движении европейских народов // Известия РГО. 1892. Т. 28. Вып. 4. 1892. С. 366.

推動向草原地區移民的另一重要動力是西伯利亞大鐵路的延伸。1892
年，鐵路西段從車里雅賓斯克開始向東修築，於 1896 年修至鄂木斯克。1892
年，俄當局成立西伯利亞鐵路委員會，並設立移民基金，派遣考察團開發鐵
路沿線土地。1893 年，考察團勘察阿克莫林斯克省下屬科克切塔夫、彼得羅
巴甫洛夫斯克和鄂木斯克三個縣鐵路線兩側各 100 俄里範圍內的土地，規劃
其開發方案。該委員會推動將「農民代表」（ходок/khodok）制度化。移民
可籌資雇傭農民代表前往目的省份瞭解地塊狀況。從 1894 年開始，西伯利亞
大鐵路為移民家庭提供優惠票價，降低移民的交通成本。1898 年，移民票的
價位相當於三等車廂的兒童票價格。據估算，一個五口之家通過西伯利亞大
鐵路旅行 1100 俄里的票價僅為 15 盧布，而原價為 57 盧布。[29]

與此相應，草原諸省消極執行移民政策的一批地方大員相繼被撤換：
1890 年，長期服役於草原東路的草原總督科爾帕科夫斯基（G. A.
Kolpakovskii）卸任，由此前在歐俄地區任職的陶別（M. A. Taube）替換；同
年，阿克莫林斯克省督軍利文佐夫為桑尼科夫（N. I. Sannikov）替代。1892
年，塞米巴拉金斯克省督軍謝京寧（O. V. Shchetinin）為卡爾波夫（A. F.
Karpov）替換。以科爾帕科夫斯基為代表的草原總督區軍政要員親歷俄國在
中亞從擴張到建制的漫長過程。他們支持有序地向草原諸省引入移民，擔憂
大規模無序的移民潮將激化農民與牧民、新移民與老移民之間的矛盾。這一
輪人事調整適逢 1891 年至 1892 年冬季的歐俄饑荒。1892 年，大批移民沿著
奧倫堡至伊希姆河的驛道來到科克切塔夫縣、阿特巴薩爾縣和彼得羅巴甫洛
夫斯克縣。

1896 年，俄當局邁出推動移民政策的關鍵一步，其標誌是內務部設立統
籌 移 民 事 務 的 移 民 局 （ Переселенческое управление/Pereselencheskoe

---

[29] Demko, George. *The Russian Colonization of Kazakhstan: 1896-1916*. Bloomington: Indiana University,
1964, p. 60.

upravlenie）。1902 年，時任內務大臣維特（Sergei Witte）考察西伯利亞和遠東。1904 年 6 月 6 日，俄當局頒佈新移民條例，允許農民在沒有移民局許可的情況下也可以移民到邊疆地區，免稅期限延長到 5 年。[30]至此，俄當局實際上取消了所有對歐俄農民向烏拉爾山以東遷徙的法律限制。俄羅斯的亞洲部分被劃分為 12 個移民區，草原諸省均為移民目標省份。

　　1905 年革命後，為緩和歐俄地區的人地矛盾，俄當局加大了激勵農民向邊疆地區遷徙的政策力度。在第一屆杜馬被解散後，內政大臣斯托雷平被任命為內閣總理。斯托雷平政府在 1906 年 11 月 9 日頒佈《向國家土地遷移法》，規定農民有權脫離村社，出售自己的份地，且村社不能再限制農民遷出，農民也不再需要償還尚未還清的贖地欠款。[31]1908 年，斯托雷平改革的支持者克裏沃舍因（A. V. Krivoshein）開始領導土地規劃與農業總署（即原國家財產部）。在他的領導下，土地規劃與農業總署出台一系列措施激勵貧弱農民向邊疆移居。1910 年，斯托雷平在克裏沃舍因的陪同下考察西西伯利亞，計畫以西伯利亞與中亞草原為主要的移民目的地。由此，1906-1915 年期間，俄當局持續投入巨額資金規劃土地、興修水利、道路和電報線，並為移民提供貸款，降低其遷徙的交通、資訊和制度成本（參見表 5-4）。

---

[30] Высочайше утвержденная временная правила о добровольном переселении сельских обывателей и мещан-земледельцев. ПСЗРИ, Соб. 3. Т. 24. No. 24701. С. 603.

[31] 馬薩諾夫等著，楊恕、焦一強譯：《哈薩克斯坦民族與文化史》，北京：民族出版社，2018 年，第 163 頁。

表 5-4　1906 年-1915 年俄國向亞洲省份移民的財政開支變化
　　　　（單位：百萬盧布）[32]

年份	支出金額	年份	支出金額
1906	4.9	1911	27.0
1907	12.1	1912	27.1
1908	19.1	1913	27.5
1909	23.0	1914	29.3
1910	24.9	1915	27.3

　　在上述政策組合的影響下，1896-1916年間，數以百萬計的歐俄農民遷徙至烏拉爾山以東的亞洲省份。據統計，1896 年，官方登記遷赴西伯利亞的移民規模為 20 萬人，而 1907 年，當年遷往烏拉爾山以東的移民數量達到 75 萬以上，儘管其中有 12 萬人後來返回歐俄地區。1896-1909 年，官方統計越過烏拉爾山向東遷徙的移民總數達到約 363 萬人，其中逾 87 萬人返回歐俄地區。此外，未登記移民的數量估算為登記移民數量的 20%。

　　綜合別克馬漢諾娃等學者的估算數據，1896-1916年間，草原地區五省總計遷入歐俄移民約 126 萬人，相當於同時期遷徙至俄國各邊疆地區總人口的約四分之一。就遷入人口的變化趨勢而言，1896-1914年間，遷入人口整體呈上升趨勢。1906 年斯托雷平改革極大刺激了移民數量的增長。而 1910-1911 年冬草原諸省的歉收和饑荒則使得後續兩年移民數量從 1909 年的 21 萬餘人銳減到 1912 年的 5 萬餘人。1914 年夏，俄國參加第一次世界大戰後，遷入人口規模顯著縮減。移民政策的執行並非如移民局宣傳得那般順利。從統計數據中可見（參見表5-5），幾乎每一年都有規模不等的人群在遷入草原諸省後再次遷出。

[32] Demko, George. *The Russian Colonization of Kazakhstan: 1896-1916.* Bloomington: Indiana University, 1964, p. 62.

表 5-5　1896-1916 年遷入草原諸省歐俄移民數量估算[33]

年份	遷入草原諸省人口數量（人）	當年居留草原諸省人口數量（人）	當年居留人口占遷入草原諸省人口比例（%）
1896	48,240	41,967	87.0
1897	18,816	13,566	72.1
1898	27,742	21,400	77.1
1899	42,107	31,135	73.9
1900	45,484	24,651	54.2
1901	19,378	8,587	44.3
1902	20,369	12,246	60.1
1903	22,607	14,921	66.0
1904	25,514	19,501	76.4
1905	24,019	18,240	75.9
1906	93,314	74,022	79.3
1907	107,102	84,871	79.2
1908	229,601	191,293	83.3
1909	216,512	169,082	78.1
1910	121,378	73,206	60.3
1911	60,743	780	1.3
1912	53,758	24,669	45.9
1913	127,987	88,790	69.4
1914	151,618	115,826	76.4
1915	12,498	9,575	76.6
1916	5,532	3,425	61.9
合計	1,474,319	-	-

---

[33] Demko, George. *The Russian Colonization of Kazakhstan: 1896-1916*. Bloomington: Indiana University, 1964, p. 79.

　　在草原諸省中，最受歐俄移民青睞的省份並非距離最近的烏拉爾斯克省，也非氣候較為溫暖的七河省，而是草原東路北側的阿克莫林斯克省。阿克莫林斯克其北部三縣（鄂木斯克縣、彼得羅巴甫洛夫斯克縣、科克切塔夫縣）均處於鐵路沿線，地勢平坦且水土條件相比草原西路較好，故成為移民的理想目的地。1897 年俄全國人口普查記載，該省人口約為 68.26 萬人。但在 1897-1916 年間，遷入阿克莫林斯克省的移民達到 73.15 萬人，占遷入草原五省總移民人口的 58%。歐俄移民成為 1915 年該省人口上升至約 156 萬人的主要因素。1909 年，官方登記草原諸省共計遷入 640,480 名移民，其中六成以上移居到阿克莫林斯克省。[34]

　　這一時期國家與資本共同推動的移民運動引發了各類人群之間的資源競爭。草原諸省並非無人活動的曠野。水土條件較好的地塊往往是哈薩克游牧民的冬夏牧場。為安置移民，19 世紀末，烏拉爾斯克省、圖爾蓋省、阿克莫林斯克省和塞米巴拉金斯克省共沒收約 1,400 萬俄畝牧地。而斯托雷平土地改革大大加快強征土地的進程。到一戰之前，總共沒收牧地 4,000 多萬俄畝。[35]正如列寧在討論移民政策時指出，「移民用的土地是靠瘋狂地侵犯土著居民的土地權而得來的，從俄羅斯向外移民則完全為了貫徹『邊疆地區俄羅斯化』這一民族主義原則。」[36]

　　這一時期的移民運動必然存在組織不力的問題。首先，西伯利亞和草原諸省的移民目的地未必經當局官員精細考察。一些地塊存在缺乏水源、土壤肥力不足或缺少建材等問題；移民不熟悉本地氣候、水土和病蟲害狀況。其次，受限於人力和協調能力，移民局的地方機構時常未能及時撥發土地或貸

[34] Morrison, Alexander. "Russian Settler Colonialism" in Edward Cavanagh and Lorenzo Veracini eds, *The Routledge Handbook of the History of Settler Colonialism.* London: Routledge, 2017, p. 319.

[35] 馬薩諾夫等著，楊恕、焦一強譯：《哈薩克斯坦民族與文化史》，北京：民族出版社，2018 年，第 163 頁。

[36] Ленин В.И. Полное собрание сочинений. Т. 21. Переселенческий вопрос. С. 330.

款,導致移民無法如預期墾殖。這些現象加劇了新老移民之間以及移民與本
土居民之間的資源競爭。據布凱汗諾夫(A. N. Bukeikhanov)記載,在 1905
年,阿克莫林斯克省北部三縣的農民人口相當於牧民人口的 69%。而在 1907
年,阿克莫林斯克省新接收 1.2 萬戶移民家庭。為此,阿克莫林斯克省當年
徵收 51 萬俄畝原本為牧場的「國有土地」。[37]在移民最多的縣之一科克切塔
夫縣,哈薩克人一度不允許移民局的勘察員進行土地丈量。而在彼得羅巴甫
洛夫斯克縣,1906 年 6 月甚至發生牧民與農民之間的流血衝突,波及數百
人。[38]

三、移民政策對中亞草原游牧社會的影響

1896-1916 年大規模歐俄移民的進入對中亞草原產生四方面深刻影響:第
一,草原地區人口規模和族裔結構的變化。這一時期俄國人口統計分類中的
「俄羅斯族」(包括各省的哥薩克和這一時期遷入的歐俄各族)占同期「哈
薩克族」的比例從 1897 年 22.4%上升至 1916 年的 56.2%。這一變遷成為後續
各方面變化的基礎。第二,草原地區的產業格局的改變。穀物種植與畜牧業
成為同等重要產業,草原諸省一躍成為俄國主要糧食產區之一。借助西伯利
亞大鐵路,穀物與畜產品一道將草原地區與歐俄乃至歐洲市場連接在一起,
使之成為國際產業分工體系中的一環。第三,游牧社會生產方式和生活方式
的改變。草原統治體制下大規模農耕移民的遷入使得大多數游牧民轉入定居
和半定居生活方式,一部分兼營農耕與畜牧。在新生產技術和生產關係的支
撐下,哈薩克社會所生產的農牧產品規模同樣呈現顯著增長。第四,游牧社

---

[37] Букейхан А. Тандамалы: Избранное Собрание сочинений. Алматы, 2002. С. 106.

[38] Букейхан А. Тандамалы: Избранное Собрание сочинений. Алматы, 2002. С. 108.

會內部的社會關係的改變。傳統哈薩克社會以血緣的為基礎的政治權威顯著下降，草原統治體制的職官、財富和從俄羅斯教育機構獲得的學歷成為新權威的來源。

　　19世紀末至20世紀初俄國的土地改革和移民政策是草原近代歷史研究最重要議題之一。對於俄蘇學界而言，土地和移民問題是解讀俄國作為「資本主義鏈條上薄弱環節」的關鍵議題之一，而移民問題所引發的邊疆地區族際衝突是論證沙皇俄國作為「各民族的監獄」的重要論據。即便在20世紀後半期，在「絕對美德論」成為蘇聯史學界主流史觀之後，移民問題同樣可以作為論述蘇聯國家和疆域形成的重要議題。對於獨立後的哈薩克斯坦而言，移民問題是論述近代殖民政策的重要內容，是將19世紀哈薩克斯坦歷史納入「帝國與民族國家」二元敘事框架的關鍵議題。因此，蘇聯和獨立後的哈薩克斯坦史學界均圍繞這一議題出產了一系列學術作品。[39]

　　但從史料角度來看，後世學者並不容易對這一進程的影響進行全面而深入研究。前人學者對於這一議題的研究往往集中於1896-1916年這一時段。其原因是1896年內務部移民局成立後，俄國才有協調全國移民事務的中央機構，故自此開始統計相關人口和社會經濟數據。該機構在各移民目的地省份設有地方分支機構，負責審核移民身份、發放援助和貸款、提供食宿、農具和資訊服務。除了在資金、基礎設施和土地徵收方面提出支持外，中央和地方的移民管理機構還出版大量介紹各移民目的地省份的手冊，包含各省的地理概況、物產資訊、交通路線、政府機構設置等，為農民代表和移民提供資訊服務。1907-1914年，該機構連續出版半年刊《殖民化問題》（*Вопросы*

[39] 例如 Оболенский (Осинский) В.В. Международные и межконтинентальные миграции в довоенной России и СССР. М., 1928; Скляров Л.Ф. Переселение и землеустройство в Сибири в годы столыпинской аграрной реформы. Ленинград, 1962; Бекмаханова Н.Е. Формирование многонационального населения Казахстана и Северной Киргизии. Алма-Ата, 1980; Масанов, Н.Э. ред. История Казахстана: народы и культуры. Алматы, 2001.

колонизации/Voprosy kolonizatsii），主要刊登移民政策相關的數據、地方土地狀況調查和農耕技術等資訊，旨在宣傳該部門的工作成果，宣揚邊疆地區俄羅斯化的優越性。該刊物發行至 1914 年，共刊發 145 篇文章，其中關於中亞南部地區有 28 篇，草原地區 20 篇，西伯利亞地區 32 篇。1914 年，內務部移民局出版三卷本《亞洲俄羅斯》（*Азиатская Россия/Aziatskaia Rossiia*），宣傳烏拉爾山以東地區的發展以及承接移民的潛力。這兩份史料是後世研究 19 世紀末至 20 世紀初俄國對草原地區移民最重要的一手文獻。此外，1897 年全國人口普查和 1926 年蘇聯首次全國人口普查均為研究移民問題提供了參考。[40]

　　上述官方史料的優點在於能提供相對精確而連續的數據記錄，便於學者從宏觀層面把握移民進程，從數據推測移民潮對於草原地區影響的深度和廣度。受限於統計機構自身可能存在的自利傾向，後人難以確證內務部移民局所呈現數據的準確程度。相關官方文獻也較少討論移民事務所引發的負面後果。在上述官方統計數據之外，各相關地方省份檔案，包括哈薩克知識份子在內的官員文人著作，以及同時期的哈薩克民間文學均能從不同視角、在不同程度上呈現移民問題對於中亞草原和游牧社會的影響。但後世史家並不易於從這些史料中得出宏觀層面的判斷。因此，本節將依然從官方史料出發，結合前人學者多方觀點，嘗試討論這一時期移民政策對於游牧草原的影響。

（一）草原諸省人口規模和族裔結構的變化

　　移民政策對於草原諸省最顯著的影響是人口規模和族裔結構的變化。據估算，19 世紀 70 年代初草原五省總人口僅逾 200 萬（參見表 5-3）。1897 年人口普查數據顯示，草原五省人口約為 345 萬，其中哈薩克族約為 257 萬。

---

[40] Центральный статистический комитет. Первая всеобщая перепись населения Российской империи 1897 года, 89 т. 1899-1905.

而1871-1896年間遷入上述省份的歐俄移民約為28.26萬人。在本地人口自然
增長和超過一百萬歐俄移民遷入的合力之下，1916年草原諸省的人口規模飆
升至550萬左右。

　　在人口的空間分佈方面，烏拉爾斯克省因耕地主要分佈於烏拉爾河流
域，而該地區大多屬於烏拉爾哥薩克和奧倫堡哥薩克軍團轄地，故遷入該省
的移民相對較少。圖爾蓋省僅北部水土條件相對適宜農耕，故1896年之後該
省的阿克糾賓斯克和庫斯塔奈兩縣人口激增。與此相似，阿克莫林斯克省的
人口增長同樣集中於北部的彼得羅巴甫洛夫斯克、鄂木斯克、科克切塔夫三
縣。塞米巴拉金斯克和七河省距離鐵路線相對較遠，且主要耕地為西伯利亞
哥薩克和七河哥薩克軍團佔據，故1896年以前相對較少吸引移民前往。1896
年之後，在當局政策的激勵下，兩省的山麓和河谷土地得到開發，移民規模
達到十萬之數。

表5-6　1871-1916年遷入草原各省的歐俄移民人數（單位：萬人）[41]

省份	1871-1896年	1897-1916年
烏拉爾斯克省	5.13	8.2
圖爾蓋省	2.61	19.9
阿克莫林斯克省	11.91	73.15
塞米巴拉金斯克省	0.34	13.01
七河省	8.87	11.85
總計	28.86	126.11
同期赴各邊疆地區移民總數	381.54	522.76

　　草原諸省族裔結構的變化是移民政策另一顯著影響。整體而言，1897年

---

[41] Бекмаханова Н.Е. Многонациональное население Казахстана и Киргизии в эпоху капитализма. Алма-Ата, 1986. С. 103.

草原五省的俄羅斯族人口（包括各哥薩克軍團人口和自歐俄省份遷入的各族）僅占哈薩克族人口約五分之一（參見表 5-7）。而到 1916 年，這一比例已經上升到 56%：俄羅斯族總人口規模上升到 164.3 萬。值得注意的是，哈薩克族人口從 1897 年的 257 萬上升到 1916 年的 292.2 萬。此外，阿克莫林斯克省的俄羅斯族人口在 1916 年時已經遠高於省內哈薩克族。圖爾蓋省的俄羅斯族人口則呈現最大幅度的增長，從 1897 年的 3.5 萬人上升到 1916 年的 30.5 萬人。這兩省的俄羅斯族人口比例在 20 世紀中期進一步升高，由此奠定 20 世紀末至今哈薩克斯坦北部地區人口的族裔格局。

表 5-7　1897 年、1905 年和 1916 年草原諸省族裔人口比較（單位：萬人）[42]

省份／年份	1897 年		1905 年		1916 年	
	俄羅斯族	哈薩克族	俄羅斯族	哈薩克族	俄羅斯族	哈薩克族
烏拉爾斯克省	16.4	46	26.8	47.7	27.8	48
圖爾蓋省	3.5	41.1	12	44	30.5	50.7
阿克莫林斯克省	22.6	42.7	37.4	48.8	76.5	52.7
塞米巴拉金斯克省	6.8	60.5	8.2	66.9	20	66.5
七河省	8.2	66.7	-	-	29.5	74.3
草原諸省合計	57.5	257	-	-	164.3	292.2

---

[42] 這一系列統計中所列「俄羅斯族」泛指從歐俄地區遷入草原諸省的各族裔，包括 19 世紀末的移民和此前征服過程中定居的哥薩克和各階層人群。1897 年數據參考 Переселенское управление. Азиатская Россия: люди и порядки за Уралом. Т. 1. 1914. С. 82; 1905 年和 1916 年數據參考 Demko, George. *The Russian Colonization of Kazakhstan: 1896-1916*. Bloomington: Indiana University, 1964, p. 139.

（二）新技術的引入、生產方式的轉變和草原地區經濟的全球化

　　如上文所述，西伯利亞大鐵路的延展是 19 世紀末移民政策的重要基礎設施。結合同時期遍及草原諸省各城的電報線，草原地區與歐俄地區更為緊密地聯繫在了一起。阿克莫林斯克省府鄂木斯克直接受益於這兩種技術的應用。1896 年，西伯利亞大鐵路通達至鄂木斯克。該城瀕臨額爾齊斯河，向西以鐵路接入歐俄市場和工業製成品產地，向東通達阿爾泰山北麓礦區，向南借助額爾齊斯河航運和陸上商旅通達草原東路的農耕和畜牧產區。因此，該城成為草原東路移民、農具、農機、農產品和礦產品的集散地，也是資金的中轉站。1911 年，鄂木斯克城的貿易額達到 2,100 萬盧布。鄂木斯克城的城區人口從 1897 年的 3.7 萬餘人至 1911 年增長至 12.7 萬人，是這一時期草原諸省最大城市，一度被稱為「西伯利亞的莫斯科」。[43]

　　借助便利的交通和通訊條件，俄當局還為草原諸省的歐俄移民提供了相對較多的金屬農具。據庫茲涅佐夫（V. K. Kuznetsov）1911-1912 年在西伯利亞和草原多個縣的調查，草原諸省受訪農民中有 81.7%擁有金屬農具，而歐俄地區僅為 29.6%。[44]在上述條件的結合下，草原諸省的土地播種面積在 19 世紀末至 20 世紀初呈現顯著增長。對比 1897 年、1906 年與 1916 年數據可見，草原諸省播種土地面積呈現持續上升趨勢（參見表5-8），其中阿克莫林斯克省和圖爾蓋省增長 5 倍，塞米巴拉金斯克省增長 4 倍。就種植作物而言，穀物占草原諸省作物產量的 80%左右，且其產量從 1906 年的 3,600 萬普特上漲至 1916 年的 1.23 億普特。但需要指出的是，草原地區的穀物產量不可避免地受到氣候條件制約，如 1911 年的旱災導致當年穀物產量下降到 2,269 萬普特。

---

[43] Переселенское управление. Азиатская Россия: люди и порядки за Уралом. Т. 1. 1914. С. 299.

[44] Кузнецов В.К. ред. Сборник статистических сведений об экономическом положении переселенцев в Сибири: Материалы по обследованию типических переселенческих поселков. СПб., 1913.

　　從 1906 年和 1916 年族裔統計數據看，值得注意的是，哈薩克族所占播種土地面積的絕對數值呈現顯著增長（參見表 5-8），且哈薩克族播種土地面積占草原諸省總播種土地面積的比重相當可觀：1906 年哈薩克族的播種土地面積（不含七河省）占到草原諸省總播種土地面積的 27.9%，而 1916 年依然維持在 22.7%。這一數字對於下文分析歐俄移民遷入背景下草原地區游牧民定居化的趨勢有重要參考價值。

表 5-8　1897 年、1906 年和 1916 年草原諸省播種土地面積比較（單位：俄畝）[45]

省份＼年份	1897 年	1906 年			1916 年		
		俄羅斯族	哈薩克族	總計	俄羅斯族	哈薩克族	總計
烏拉爾斯克省	208,891	210,000	107,000	317,200	444,000	143,000	587,128
圖爾蓋省	140,710	132,300	233,000	365,300	569,000	286,000	854,342
阿克莫林斯克省	224,084	342,000	33,000	375,100	1,287,000	80,000	1,366,396
塞米巴拉金斯克省	97,228	39,000	59,000	98,000	316,000	102,000	454,001
七河省	-	50,000	-	360,291	216,000	208,000	608,259
草原諸省合計	670,913（不含七河省）	773,300	432,000（不含七河省）	1,515,891	2,832,000	819,000	3,870,126

　　草原諸省的畜牧業規模並未隨農墾移民的大規模遷入而萎縮。從統計數據來看，烏拉爾斯克、圖爾蓋、阿克莫林斯克和塞米巴拉金斯克四省的 1916

45　Министерство Земледелия. Материалы по земельному вопросу в Азиатской России. Т. 6. Петроград, 1917. C. 127-128; Demko, George. *The Russian Colonization of Kazakhstan: 1896-1916.* Bloomington: Indiana University, 1964, p. 160-161.

年的牲畜存欄頭數相比 1906 年上升約 300 萬頭，達到 2,670 萬頭有餘。除存欄頭數上升以外，草原諸省的畜牧業出現至少三方面變化：第一，牧區逐漸被農耕區擠壓到水草條件相對較差的草原腹地；第二，生產方式逐漸由此前以草原游牧轉向半游牧甚至是定居畜牧；第三，牧區的生產活動受歐俄市場需求的影響逐漸增大，畜牧生產日趨市場化。牲畜種類結構的變化能從側面反映草原畜牧經濟市場化的特徵：1906 年，草原諸省牲畜存欄頭數中，牛和羊（包括綿羊和山羊）的數目各占40%，而馬的占比為17%；至1915年，牛的占比進一步上升到 67%。[46]這一數字變動背後的現象是，草原地區畜牧經濟由此前主要為維持哈薩克游牧民生計而逐漸轉向滿足歐俄地區對乳製品和其他畜產品的需求。據統計，1900 年，阿克莫林斯克省生產超過 900 噸乳酪；而1913年該省產量乳酪產量上升至3萬噸。全省開辦81座乳酪加工廠，省府鄂木斯克還開設了從事乳酪產品研發的實驗室。[47]

　　從族裔統計數據來看，對比 1906 年和 1916 年數據，俄哈兩族所佔有牲畜存欄頭數均有顯著增長。俄羅斯族在烏拉爾斯克、圖爾蓋、阿克莫林斯克和塞米巴拉金斯克四省佔有的牲畜存欄頭數占比在 1906 年為 15%，在 1916 年上升至 26%。同樣在該四省，哈薩克人佔有的牲畜存欄頭數在 1906-1916 年間上升 500 萬頭（參見表 5-9）。在圖爾蓋省和塞米巴拉金斯克省，部分歐俄移民在未能得到劃撥農耕份地的情況下完全從事畜牧業。[48]俄當局認識到這種現象存在的自然地理條件。因此，1913 年，俄土地規劃與農業總署下令，允許地方當局在較為乾旱的草原腹地為移民劃撥從事畜牧業的地塊。

---

[46] Карнаухова Е.С. Размещение сельского хозяйства России в период капитализма, 1860-1914. М., 1951. С. 143-144.

[47] Карнаухова Е.С. Размещение сельского хозяйства России в период капитализма, 1860-1914. М., 1951. С. 131-132.

[48] Министерство Земледелия. Материалы по земельному вопросу в Азиатской России. Т. 6. Петроград, 1917. С. 56-57.

1915 年，草原諸省中成立了 190 個畜牧業地塊，面積達到 68.7 萬俄畝，主要
分佈在七河省（76 塊）和塞米巴拉金斯克省（46 塊）。區別於俄羅斯族，部
分哈薩克牧民依然保持游牧習慣，不過逐漸習慣以儲備草料的方式過冬，避
免風雪災導致冬季牲畜倒斃。就畜群結構而言，可能是受草場條件限制，
哈薩克人的畜群結構中以羊隻的增長規模最為顯著，馬和牛的增長幅度相
近。[49]

表 5-9　1906 年和 1916 年草原諸省牲畜存欄頭數及俄哈兩族佔有牲畜數量估算
　　　　（單位：千頭）[50]

省份／年份	1906 年			1916 年		
	俄羅斯族	哈薩克族	省總計	俄羅斯族	哈薩克族	省總計
烏拉爾斯克省	-	-	3,906	2,063	3,179	5,242
圖爾蓋省	154	1,874	2,028	991	2,844	3,835
阿克莫林斯克省	750	1,959	2,790	2,250	4,150	6,400
塞米巴拉金斯克省	203	2,587	2,790	737	4,256	4,993
七河省	-	-	-	739	5,191	6,232
草原諸省合計	-	-	-	6,780	19,620	26,702

　　綜上所述，在移民、交通、通信、農業技術和資本的共同作用下，草原
諸省的種植業和畜牧業均呈現顯著的市場化趨勢。一份 1913 年對阿克莫林斯

---

[49] Министерство Земледелия. Материалы по земельному вопросу в Азиатской России. Т. 6. Петроград, 1917. С. 129-135.

[50] Министерство Земледелия. Материалы по земельному вопросу в Азиатской России. Т. 6. Петроград, 1917. С. 127-128.

克省的調查顯示，當年該省收穫的 3,660 萬餘普特穀物中，本地消費的規模為 2,296 萬普特，而可供外銷的規模約為 1,354 餘萬普特，即外銷穀物規模占總產量的 37%。1908 年，草原諸省外銷 40 萬頭牲畜和 600 萬張皮毛。[51]受歐俄乃至歐洲市場需求的影響，草原諸省的農業生產出現區域專業化的趨勢，分化為穀物—乳製品區（草原北部大鐵路沿線和額爾齊斯河沿線）、穀物—畜牧區、畜牧區（草原腹地半乾旱地帶）和灌溉農作區（東部和南部山麓河谷地帶）。1906 年奧倫堡—塔什干鐵路開通後，錫爾河和阿姆河流域的棉花種植區域專業化趨勢進一步加強，而草原地區南部的錫爾河和七河省由此成為棉花區的糧食供應地。

　　草原地區穀物產量的激增和市場化趨勢的增強甚至一度對歐俄的市場化糧食生產構成競爭。1900 年，為限制來自草原地區穀物產品的競爭力，車里雅賓斯克地方機關對來自東方的穀物徵收關稅，其稅額相當於原產地至車里雅賓斯克的運費。[52]1913 年，這一稅目被廢除後，西伯利亞和中亞草原的穀物產量進一步上升。中亞草原的人均穀物產量位居全俄第五，排在西西伯利亞和東西伯利亞之後。借助移民政策與新技術、資本和土地等要素的互動，俄當局在 20 餘年間將中亞草原塑造為具有全國性意義的重要農業區。

（三）游牧社會的定居化

　　據統計，1906 年，草原諸省的哈薩克人至少開墾 40 萬俄畝土地；而 1916 年開墾土地的規模已經超過 80 萬俄畝（參見表 5-8）。如果說 19 世紀

---

[51] Demko, George. *The Russian Colonization of Kazakhstan: 1896-1916*. Bloomington: Indiana University, 1964, pp. 184-188.

[52] Карнаухова Е.С. Размещение сельского хозяйства России в период капитализма, 1860-1914. М., 1951. С. 90.

中期之前,農耕是部分游牧民的一種「輔助性生業」[53],那麼到 19 世紀末和 20 世紀初,定居農耕和城市各類行業已經是草原地區數十萬哈薩克人的主要生計。在 19 世紀末的移民政策推動之前,俄當局通過一系列相互作用的機制有力地促進了臨近要塞線地區哈薩克游牧民的定居化:

第一,俄當局推行的草原統治體制和行政區劃逐漸將不同氏族的牧場和游牧路線固定下來,行政鄉以相對固定的冬夏牧場為基礎形成邊界。儘管俄當局所劃定的行政邊界未必能有效限制牧民個體的移動,但對於規模較大的牧團而言,跨越行政邊界游牧往往意味著擠佔其他氏族已經得到當局承認的草場和水源使用權。因此,隨著俄當局對草原地區控制力加強,區域間的行政邊界和人群間的資源使用權邊界逐漸清晰,游牧群體的活動範圍也由此逐漸被約束在俄當局劃設的範圍以內。

第二,俄當局推行的土地制度鼓勵牧民以各類手段將牧地私有化,衝擊了此前以部落習慣或暴力分配牧場的傳統。自 1868 年臨時條例頒佈之後,俄當局嘗試在草原地區推動土地使用權與所有權的分離。這導致部分哈薩克人開始以俄當局認可的方式(如開墾土地或修築建築物)聲索土地,進而引發牧民之間圍繞土地所有權,尤其是冬牧場地塊所有權的競爭。即便牧民在主觀上並不願意放棄游牧生活方式,為確保在新規則下能穩定控制冬牧場地塊,他們也不得不參與到這一場首先發生在牧民之間、其次發生在牧民與歐俄移民之間的土地資源競爭之中。

第三,俄國擴張帶來的商貿網路促進了游牧社會定居化的趨勢。牲畜皮毛製品貿易的發展使得靠近要塞線的牧民逐漸減少對羊毛和羊皮製品(服裝、生活用品和氈房等)生產的需求,進而使其主動縮減牧放羊群的規模,壓縮游牧範圍和時間。一些牧民甚至放棄夏季轉場,全年在臨近要塞線或定

---

[53] 王明珂:《游牧者的抉擇》,桂林:廣西師範大學出版社,2008 年,第 33-39 頁。

居村落附近的冬牧場生活。[54]在俄國主導的商貿網路影響較大的區域，控制和佔有穩定的冬牧場逐漸意味著風險更小、成本更低的生產和生活方式：游牧生活所必須的物資大多可通過貿易獲得。相比之下，季節性游牧需要面對俄當局的規制、牧團間的草場競爭、氣候和草場品質的不確定性以及路途中的安全風險。[55]

　　19 世紀末至 20 世紀初，在移民政策和草原經濟市場化的背景下，哈薩克游牧社會的定居化趨勢在以下因素的作用下進一步加強：移民地塊擠佔牧場和牧道、城市和市場化農莊對游牧社會勞動力的吸納、乾草的商業化生產對游牧的抑制作用等。移民政策最直接的影響是對牧場和牧道的擠佔。在這一方面，俄當局往往借助「文明秩序」和近代科學話語剝奪游牧人對牧場的使用權，將政治問題轉換為統計技術問題。例如，1896 年，在西伯利亞鐵路委員會的提議下，農業與國家財產部（即前國家財產部）組織謝爾賓納考察團，於 1896-1901 年間考察阿克莫林斯克省、塞米巴拉金斯克省和圖爾蓋省的 12 個縣。該考察團以所謂「科學方法」估算游牧人的「剩餘土地」規模：考察團根據牧民養活 18-24 單位牲畜所需最低的牧地需求，計算得每一牧戶需要 90-192 俄畝土地。但這一標準並未考慮土壤肥力、草場品質或水源地距離等因素。1898 年，該考察團得出結論：草原諸省仍有 200 萬俄畝剩餘土地，可劃分出 134 個定居點，計畫安置 113,249 戶農民。[56]謝爾賓納考察團的報告為部分中央官員援引，作為支持移民政策的論據。

---

[54] Востров В.В. и Муканов М.С. Родоплеменной состав и расслениеие казахов. Алма-Ата, 1968. C. 191-195.

[55] Martin, Virginia. *Law and Custom in the Steppe: the Kazakhs of the Middle Horde and Russian Colonialism in the Nineteenth Century.* Curzon, 2000, pp. 74-79.

[56] Campbell, I.W. "Settlement Promoted, Settlement Contested: the Shcherbina Expedition of 1896–1903", *Central Asian Survey,* 2011, vol. 30, no. 3-4, pp. 423-436. 該考察團的研究成果為 1898-1909 年陸續出版的 12 卷《吉爾吉斯人土地利用資料》，參見 Щербина Ф.А. ред. Материалы по киргизскому землепользованию. Т. 1-12. Воронеж, 1898-1909.

　　同一時期，城市和市場化農莊對游牧社會勞動力的吸納效果顯著。這一現象可以通過草原諸省各城哈薩克族人口的規模的變化來觀察。1897 年，俄當局統計草原諸省各城市哈薩克族人口約 3 萬人；而到 1911 年，這一數字擴大到 14 萬，相當於當年草原諸省城市人口的 30%（參見表 5-10）。值得注意的是，塞米巴拉金斯克省和七河省的城市地區哈薩克族比例極高。1916 年兩省的哈薩克族城市人口占比竟均超過 50%。因夏季旱災或冬季風雪災失去牲畜的牧民除了依附於富裕牧戶外，尚可進入城市、村落甚至礦區謀生，成為所謂「定居哈薩克人」（жатак/jataq）。[57]草原城市規模的擴大為難以繼續從事傳統游牧生產的哈薩克人開闢了生存空間。

表 5-10　1897 年和 1911 年草原諸省城市人口占比和城市人口族裔結構比較[58]

省份／年份	1897 年			1911 年		
	城市人口（人）	城市人口俄羅斯族占比（%）	城市人口哈薩克族占比（%）	城市人口（人）	城市人口俄羅斯族占比（%）	城市人口哈薩克族占比（%）
烏拉爾斯克省	55,482	84	6	71,742	86	14
圖爾蓋省	19,530	79	5	40,673	82	18
阿克莫林斯克省	74,752	72	11	192,702	80	20
塞米巴拉金斯克省	54,488	54	30	83,190	48	52
七河省	54,866	46	33	86,596	50	50
總計	259,118	-	-	474,903	-	-

[57] Martin, Virginia. *Law and Custom in the Steppe: the Kazakhs of the Middle Horde and Russian Colonialism in the Nineteenth Century.* Curzon, 2000, pp. 78-79.

[58] Переселенское управление. Азиатская Россия: люди и порядки за Уралом. Т. 1. 1914. С. 87; Министерство Земледелия. Материалы по земельному вопросу в Азиатской России. Т. 6, Петроград, 1917. С. 123-126.

　　乾草使用對哈薩克人定居化的影響是上述因素綜合作用的典型案例。哈薩克游牧民在冬季為避免風雪災，往往會在冬季之前準備乾草，作為牲畜的臨時口糧。靠近俄國要塞線和哥薩克村鎮的牧區草料供應相對充足，因此牧場位於要塞線附近的哈薩克人逐漸習慣於向哥薩克採購乾草或模仿其製備乾草，以提升冬季牲畜的存活率。但是，收割和存放乾草必然佔據游牧生活的時間和空間。一方面，這意味著牧民需要在秋季製備乾草，並在此後活動於乾草存放的牧場附近，以避免乾草為其他牧團佔有。另一方面，收割和看護乾草的工作會壓縮夏季往返夏牧場的時間，因此對乾草依賴的加深意味著夏季游牧時間和轉場距離的縮減。例如，1893 年阿克莫林斯克省彼得羅巴甫洛夫斯克縣某鄉的部分牧民常年在伊希姆河兩岸放牧，其夏季轉場僅僅是從河的一岸轉移到另一岸。甚至有一些哈薩克人不再尋找專門的夏牧場，而是在同一片牧場放牧一年。在俄當局穩固控制且其商貿網路有效滲透的區域，牧民群體逐漸習慣於縮小游牧範圍，並加入到聲索冬牧場使用權和特定地塊所有權的競爭之中。隨著活動範圍日趨減少，灌溉引水和旱地農業在一些牧地出現，作為當地牧民的輔助性生計。此外，隨著季節性轉場距離逐漸縮減，牧民對服裝和氈房更替的需求降低，作為原料的羊毛和羊皮的需求量逐漸減少，因為以木料和磚石搭建的臨時棚戶滿足了度過漫長冬季的基本需求。與此相應，為維持生計而畜養的牲畜規模逐漸縮減，畜牧活動的性質日趨市場化。[59]

　　在上述宏觀和微觀因素的共同作用下，20 世紀初草原諸省游牧社會定居化和貧富分化的趨勢已經相當顯著。曾參與謝爾賓納考察團（1896-1901 年）工作的布凱汗諾夫記述了這一時期的社會變遷。他注意到，草原諸省中 63% 的哈薩克家庭在不同程度上從事農耕，平均每戶耕種 2.25 俄畝耕地。整體而

[59] Martin, Virginia. *Law and Custom in the Steppe: the Kazakhs of the Middle Horde and Russian Colonialism in the Nineteenth Century*. Curzon, 2000, pp. 76-78.

言，以產業劃分，畜牧業收入占哈薩克人總收入的 73.76%，種植業占 13.96%。以收入形式劃分，現金收入僅占哈薩克人總收入的 38.64%。他描述道，多數牧民會在冬牧場搭建臨時住房，居住 8-10 個月；僅春夏季節轉場，秋季返回冬牧場。自 19 世紀 90 年代以來，在移民遷入較多的省份，哈薩克人的牧場逐年縮減，轉場距離逐漸縮短。草原地區北部多數牧戶每年僅在冬夏牧場之間往返，兩者相距僅 2-5 俄里。在一些面積較大的縣，尚能觀察到每年 100-500 俄里轉場活動。每年轉場 500-1000 俄里的游牧方式僅存在於民間傳說之中。在阿克莫林斯克省和塞米巴拉金斯克省的 10 個縣 17 萬哈薩克牧戶中，有 10,789 戶（占比約 6.3%）完全轉入定居。他們主要分佈在阿爾泰山西側山麓地區。[60]

布凱汗諾夫也關注到哈薩克人內部的階級分化：無馬人群平均每戶僅擁有 3.77「單位馬」[61]牲畜；而擁有超過 100 匹馬的人群，其平均每戶佔有的牲畜規模高達 287.85「單位馬」。換言之，哈薩克人中的富裕人群所佔有的牲畜數量相當於貧困家庭的 75 倍以上。而從人口規模來看，佔有 5 匹馬以下的哈薩克牧戶群體達到草原諸省哈薩克牧戶總數的 60.52%，其平均每戶僅佔有 3.77-9.94「單位馬」牲畜。[62]

綜上所述，在俄國統治之下，定居、農耕和商品經濟因素已經顯著滲透入草原游牧社會。但遺憾的是，20 世紀初並無官方統計數據能從宏觀層面呈現草原諸省游牧社會定居化的程度。所幸，1926 年人口普查數據能提供一些線索。此次普查顯示，當時草原諸省已經有 30%的哈薩克家庭（約 109 萬）完全定居，60%家庭處於半定居狀態，而僅有 6%的家庭被認為仍堅持全年游

---

[60] Букейхан А. Тандамалы: Избранное Собрание сочинений. Алматы, 2002. С. 97-101.

[61] 布凱汗諾夫以「單位馬」（единиц-лошадей）來折算統計數據中的牲畜數量，即將牛、羊、駱駝等牲畜以不同比例折算為馬之後加總，便於統計牧戶的財產規模。

[62] Букейхан А. Тандамалы: Избранное Собрание сочинений. Алматы, 2002. С. 95-96.

牧。[63]相較於 20 世紀初的相關數據，此次統計所估算的定居人口數額相當高。上文估算 20 世紀初草原諸省城市定居哈薩克人和農耕哈薩克人共計數十萬。1916 年至 1920 年的一系列政治經濟變革可能是促成定居哈薩克人口數量上升的因素。

（四）游牧社會內部的階層變動

從 19 世紀 20 年代俄當局廢除汗位、建立行政管理機構開始，俄國中亞擴張的過程中客觀上將資本主義的生產力與生產關係帶入歐亞大陸腹地。除草原地區人口規模的增長、族裔結構的變化、草原經濟的商業化以及游牧民的定居化之外，游牧社會內部的階層關係同樣出現了歷史性的變遷。本節將通過呈現中玉茲瓦裏汗家族一支圍繞某一冬牧場地塊的爭鬥，展現 19 世紀游牧社會內部的權力關係的變化。

傳統哈薩克游牧社會存在「白骨」與「黑骨」的階層區隔。白骨包括所謂成吉思汗後裔的「托熱」以及所謂伊斯蘭教先知後裔的「和卓」。其他哈薩克各玉茲人群均屬「黑骨」階層。依照傳統習慣，僅有托熱出身者有資格當選為汗，或得到蘇丹頭銜。與政治上的特殊地位相對應，至 19 世紀，哈薩克習慣法中仍保留白骨階層的特權地位。例如，黑骨出身的哈薩克人如殺害蘇丹或和卓，則其親屬需以七人之命抵償；毆打蘇丹或和卓，將處以 27 頭牲畜的罰金；言語侮辱蘇丹或和卓，則處以 9 頭牲畜作為罰金。[64]

19 世紀草原統治體制的建立和商業網絡的擴張對白骨和黑骨階層均造成顯著影響。對於白骨階層而言，19 世紀 20 年代初俄當局廢除中玉茲和小玉

[63] Demko, George. *The Russian Colonization of Kazakhstan: 1896-1916*. Bloomington: Indiana University, 1964, p. 189.

[64] Лёвшин А.И. Описание Киргиз-Казачьих или Киргиз-Кайсацких орды степей. Т. 3, СПб., 1832. С. 171-172.

茲汗位後，白骨階層憑藉血統出身能獲得政治地位的上限為區衙大蘇丹（1822 年條例）甚至僅為鄉長（1868 年臨時條例）。而黑骨階層中的部分精英借助草原統治體制獲得當局認可的權力和財富，並伺機攫取白骨階層的社會經濟權力。白骨階層在政治經濟形勢變動之下分化為鬥爭和融合兩派。前者在長期的軍事鬥爭之後為俄軍所鎮壓。後者中的一部分在草原統治體制的庇護下繼續生存。

在中玉茲，阿布賚汗的後裔中既有以卡瑟莫夫家族為代表與俄當局鬥爭的一派，也有以艾加內姆家族為代表、積極融入俄國秩序的一派。這一家族在 19 世紀的經歷，則可以生動地反映白骨階層在草原統治體制下面臨的各種挑戰。1819 年瓦裏汗去世後，俄當局於 1822 年宣佈廢除中玉茲汗位。1824 年，俄當局以瓦裏汗家族的牧地科克舍套為中心，設立科克切塔夫區，安排瓦裏汗長房所生子嗣迦拜杜拉出任該區大蘇丹。

在瓦裏汗去世後，其二夫人艾加內姆（Айганым/Aiganym）成為她所生六個男性子嗣的家長。[65]作為瓦裏汗的側室，艾加內姆及其子嗣有權在瓦裏汗的冬牧場——位於科克切塔夫區的瑟熱姆別特（Syrymbet）草場放牧。[66]這片草場依山傍水，西距伊希姆河僅 50 公里，東距科克切塔夫區衙（今哈薩克斯坦科克舍套市）約 100 公里，北距彼得羅巴甫洛夫斯克要塞 180 公里，而距離草原東路的軍政中心鄂木斯克約 400 公里。該地區不僅水草相對豐茂，而且因距離要塞線較近，18 世紀後半期的中玉茲汗王可借助此地控制對俄商貿易，提升自身對各部眾的影響力。[67]瑟熱姆別特曾為中玉茲各氏族大會的召集地點之一。因此，該地區在草原東路的游牧傳統中具有特殊地位。瓦裏汗去世後，艾加內姆所撫養的支系積極融入俄國秩序，盡可能保護包括

---

[65] Валиханов Ч.Ч. Собрание сочинений Т. 5. Алматы, 1985. С. 13-14.

[66] 該地今位於以北哈薩克斯坦州瑟勒姆別特村周邊地區。

[67] Martin, Virginia. "Kazakh Chinggisids, land and political power in the nineteenth century: a case study of Syrymbet." *Central Asian Survey*, 2010, vol. 29, No. 1, p. 82.

瑟熱姆別特草場在內的瓦裏汗遺留財富。

　　艾加內姆撫養的瓦裏汗後裔中，最為知名的人物是欽吉斯和喬坎父子。欽吉斯・瓦裏漢諾夫（Chingis Valikhanov，生卒 1811-1895 年）在艾加內姆的引導下接受俄式教育，進入鄂木斯克武備中學學習，成為該學校最早招收的哈薩克學童之一。畢業後，欽吉斯獲得俄軍少校軍銜，歷任阿曼卡拉蓋區大蘇丹（1834-1853 年）、鄂木斯克省哈薩克人事務顧問（1853-1857 年）和科克切塔夫區大蘇丹（1857-1868 年）。1868 年臨時條例頒佈後，各外區撤銷，改設由俄軍官出任長官的縣。欽吉斯因此以陸軍上校軍銜退役（參見本書第三章第一節）。欽吉斯之子即同為俄國軍官的著名近代哈薩克知識份子喬坎・瓦裏漢諾夫（Chokan Valikhanov，生卒 1835-1865 年）。

　　1822 年，為積極配合 1822 年條例中鼓勵牧民定居開墾的新政，艾加內姆正式向俄當局申請將瑟熱姆別特認定為其家族的「永久牧場」。因此，1823 年夏，鄂木斯克當局派遣哥薩克軍官前往該地勘測，大致劃定艾加內姆聲索的地塊。為激勵其他部落精英以類似方式將冬牧場私有化，1824 年俄參政院也認可艾加內姆的的訴求，並承諾支持其修築房舍和宗教活動場所，以吸引更多人長期駐留。[68]1825-1833 年間，鄂木斯克當局派員為其陸續修築木質寓所、浴室、客房、穀倉和學校校舍等建築，並在其請求下提供種子，支持其發展農作。

　　在爭取俄當局支持之外，艾加內姆也通過各種方式鞏固其家族對於瑟熱姆別特周邊地區的控制。1824 年，她改嫁於同為白骨出身的托爾泰・欽吉索夫（Tortai Chingisov），而托爾泰所領諾蓋—卡拉吾勒氏族的冬牧場正位於瑟熱姆別特的東側接鄰地區。艾加內姆的兒子阿布勒馬麥特（Abul'mamet）與契根（Chigen）均在 1824 年之後擔任過臨近鄉的鄉蘇丹，形成對該地塊的

---

[68] Martin, Virginia. "Kazakh Chinggisids, land and political power in the nineteenth century: a case study of Syrymbet." *Central Asian Survey*, 2010, vol. 29, No. 1, pp. 83-86.

拱衛之勢。艾加內姆家族還供養一批曾效忠於瓦裏汗的托連古特（汗和蘇丹的扈從）。

　　儘管艾加內姆養育了幾名得到俄當局任用的子嗣，但這並不意味著這一家族在俄國統治之下能夠長期享受 19 世紀 20 年代之前白骨階層的特權。瑟熱姆別特草場的經濟條件和歷史文化價值引發各方勢力覬覦。艾加內姆家族在科克切塔夫區內的重要競爭對手是吉勒加爾·拜託金。出身黑骨階層的吉勒加爾是中玉茲阿爾根部落庫代別爾德—阿特蓋氏族（Кудайберды-Атыгай/Kudaiberdy-Atygai）的首領。1822 年條例頒佈後，他便被俄當局批准擔任安達庫勒—厄爾塞鄉（Андагуль-Ырсайская/Andagul'-Yrsaiskaia）的鄉長。[69]在 1824 年科克切塔夫區成立時，此人為俄當局相中，成為區衙哈薩克代表，被委任掌管區衙財務。最初被選為科克切塔夫區衙大蘇丹的迦拜杜拉因尋求清廷冊封為汗而遭俄當局逮捕囚禁。黑骨出身的吉勒加爾由此一度接替迦拜杜拉出任該區大蘇丹（1824-1826 年），並於 1838-1841 年間再度出任大蘇丹。科克切塔夫區的平穩運行對於俄國穩定政治形勢而言至關重要。因此，在鄂木斯克當局眼中，吉勒加爾家族是俄國在草原東路可靠的代理人。1852 年，俄當局授予吉勒加爾金質獎章，並擢升為中校，其後裔甚至獲得俄國貴族身份。[70]根據俄當局的統計，吉勒加爾所率領的部眾擁有多達 1.1 萬頭羊，8000 匹馬和 2700 頭牛。相比之下，艾加內姆的改嫁丈夫托爾泰僅管轄 5 個阿吾勒；艾加內姆之子契根所轄由 9 個阿吾勒組成的鄉僅有 6800 頭羊，3400 匹馬和 2200 頭牛。[71]

　　自 1824 年吉勒加爾代理大蘇丹以來，艾加內姆與吉勒加爾兩家族素來不

---

[69] Зилгара Байтокаулы // Казахстанская национальная энциклопедия. Т. 2. Алматы, 2005. С. 408-409.

[70] Sultangalieva G. "Kazahskie činovniki Rossijskoj Imperii XIX v.: osobennosti vosprijatija vlasti." *Cahiers du monde russe*. Vol. 56, no. 4 (2015): 651-679.

[71] Martin, Virginia. "Kazakh Chinggisids, land and political power in the nineteenth century: a case study of Syrymbet." *Central Asian Survey*, 2010, vol. 29, No. 1, p. 99.

睦。她曾向俄當局提請否決黑骨出身的人擔任區鄉兩級蘇丹職位。吉勒加爾不僅自己兩度出任科克切塔夫區大蘇丹，其子楚凱長期擔任區內的鄉蘇丹，且在 19 世紀 30 年代利用俄當局的法律制度多次挑戰艾加內姆家族，爭奪其部眾和土地。早在 1832-1833 年，吉勒加爾父子鼓動一些阿吾勒長控訴契根貪腐。1835 年，托爾泰擔任鄉蘇丹的鄉因所轄牧戶太少而被解散，其部眾被併入其他鄉，且托爾泰本人由此失去世襲鄉蘇丹職位的權利。1839 年，與托爾泰交惡的兄弟薩爾泰（Sartai）在吉勒加爾的支持下與艾加內姆爭奪牧場所有權。在艾加內姆遭到薩爾泰與吉勒加爾打擊的同時，肯尼薩爾起義（1837-1847 年）的首領之一、肯尼薩爾的姊妹博派（Bopai）率軍襲擊瑟熱姆別特，焚毀此前俄當局所修房舍。[72]在多重打擊之下，1841 年，艾加內姆不得不向吉勒加爾家族妥協，將瑟熱姆別特西部地塊讓渡給吉勒加爾所轄的庫代別爾德氏族。[73]

　　為避免進一步遭到其他勢力的傾軋，1846 年 9 月，艾加內姆及其子契根請求俄當局授予其一塊 100 平方俄里的冬牧場土地，並保證其排他性的佔有權。西伯利亞邊防委員會主席同意其訴求，並在 1846 年 11 月之前派員勘界。但吉勒加爾之子楚凱（Chukai）慫恿其鄉的兩名畢官向俄當局控訴，聲稱當局向艾加內姆劃撥的地塊侵佔了其鄉部分阿吾勒的牧地。時任西伯利亞邊防委員會哈薩克諮議科喬諾夫（Turdybek Kochenov）介入此事，認為應該調查上述畢官的訴求，故下令時任科克切塔夫區大蘇丹托克塔梅舍夫（Mandai Toktamyshev）負責調查。

　　科喬諾夫自 1824 年開始便在鄂木斯克任職，而托克塔梅舍夫為科克切塔夫區的實權精英，兩人均為黑骨階層出身，在上述土地糾紛中偏袒同為黑骨

---

[72] Бекмаханов Е.В. Казахстан в 20-40 годы XIX века. Алма-Ата, 1992. С. 233.

[73] Martin, Virginia. "Kazakh Chinggisids, land and political power in the nineteenth century: a case study of Syrymbet." *Central Asian Survey*, 2010, vol. 29, No. 1, pp. 86-88.

出身的吉勒加爾‧拜託金。托克塔梅舍夫與楚凱合謀，更改俄羅斯勘界員最初劃定的地塊範圍，刻意將其他阿吾勒牧地納入其中，而將艾加內姆子嗣的牧地排除在外，以便引發更多爭訟。但艾加內姆直接聯絡西伯利亞邊防委員會主席，最終於 1847 年獲得其同情，分得面積為 3 萬俄畝的地塊。相比 1824 年俄參政院認可的冬牧場，艾加內姆這一次分得的地塊僅為 1824 年認可牧地面積的十分之一。[74]俄當局文件顯示，1853 年艾加內姆去世後，以契根為首的子嗣陷入困頓，夏季被迫隨楚凱‧拜託金轉場至夏牧場。這意味著儘管艾加內姆為子嗣爭取到一塊面積並不大的冬牧場，但其家族的地位跌落的趨勢仍難以改變。

艾加內姆去世後，子嗣中官階最高的欽吉斯‧瓦裏漢諾夫成為家長，繼續為家族守護瑟熱姆別特的牧場。此前艾加內姆曾在俄當局贊助下曾修築房舍，但大多毀於肯尼薩爾起義軍的襲擊。可能是因熟諳俄國法律制度，欽吉斯於 1855 年籌備在瑟熱姆別特建築房舍，加強對該地塊的聲索依據。儘管瑟熱姆別特本地有適於建築的林木，但在 19 世紀中期俄當局加強要塞線建設的背景下，草原上的稀缺林木成為俄當局限制使用的資源。這一時期，彼得羅巴甫洛夫斯克等鄰近要塞以及科克切塔夫區衙都在與欽吉斯爭奪瑟熱姆別特的林木。儘管欽吉斯當時供職於鄂木斯克省公署，但他兩度申請伐木均遭到拒絕。

1868 年臨時條例頒佈後，俄當局宣佈哈薩克人游牧的土地均為國有土地，草原地區的森林資源也均為國有。但第 211 條規定，獲沙皇御賜土地的人，或持有合法地契的人被視為合法的土地所有者，享有完全土地所有權。欽吉斯由此嘗試以 1824 年艾加內姆與俄參政院和鄂木斯克當局的通信為憑據，向當局聲索瑟熱姆別特冬牧場的所有權。同一時期，草原的東路有數百

---

[74] Martin, Virginia. "Kazakh Chinggisids, land and political power in the nineteenth century: a case study of Syrymbet." *Central Asian Survey*, 2010, vol. 29, No. 1, p. 90.

名哈薩克人向當局進行類似的土地聲索。然而，在整個科克切塔夫區，俄當
局僅承認兩份地契的有效性，而這兩份地契的持有者均為獲得俄國貴族身份
的哈薩克官員。欽吉斯的訴求遭到駁回，理由是 1824 年當局向艾加內姆承諾
的只有冬牧場的使用權而非所有權。此後，欽吉斯又向當局發起兩次土地聲
索的請求，但均遭拒絕。當局給出的理由是，瑟熱姆別特冬牧場處於重要商
道之上，私人佔有可能導致佔有者盤剝過路商旅，影響商貿發展。最終，欽
吉斯被迫放棄訴求。而瑟熱姆別特的瓦裏汗牧地在 19 世紀末的移民浪潮中很
快成為歐俄移民開發的定居點。[75]

　　儘管艾加內姆家族自 19 世紀 20 年代便積極融入草原統治體制，支持俄
當局建立官僚制、劃分邊界和鼓勵定居等一系列政策，但在新的時代背景
下，白骨階層政治經濟地位的衰落難以避免。俄國入主草原後，1822 年條例
廢除汗位，1868 年臨時條例將「蘇丹」稱號從官號體系中去除，白骨階層的
傳統權利由此不再得到俄當局的承認。草原統治體制為黑骨精英提供了大量
憑藉能力和財富而非血統出身的基層職位，俄當局引入的新土地制度、法律
體系和財產觀念則變相鼓勵黑骨階層瓜分白骨階層的傳統特權。而草原市鎮
的興起、工礦中心出現和商貿網路的滲透使得普通牧民有了更多游牧之外的
生計選項。即便是欽吉斯這樣的白骨出身、官至俄陸軍上校的哈薩克精英，
俄當局也未必單純因其出身而給予過多特權。因此，在 19 世紀末 20 世紀初
內地省份移民大規模遷入草原地區之前，哈薩克游牧社會內部已然出現顯著
的社會階層變動。

---

[75] Martin, Virginia. "Kazakh Chinggisids, Land and Political Power in the Nineteenth Century: a Case Study of Syrymbet." *Central Asian Survey*, vol. 29, no. 1, (2010), pp. 91-94.

結　語

　　19 世紀 80 年代的條例改革在 1868 年臨時條例的基礎上進一步推動草原諸省統治體制的內地化,強化基層政府對戶籍、稅收和游牧活動的控制,削減向游牧貴族提供的特權,減少此前條例基於本地特殊性而作出的制度妥協。草原諸省制度的內地化與俄國自身資本主義的發展同步展開。在第二次工業革命成果擴散到西伯利亞和草原地區之後,向草原地區大規模移民成為可能。草原地區在 18 世紀初對俄國而言仍是「危險的邊疆」[76],而在 20 世紀初已變為歐俄乃至歐洲的糧倉。這一轉變既反映了一個多世紀以來草原地區各政治體的權力消長,也折射出「現代」的技術、制度和觀念對俄國和草原地區的深刻改造。

　　從游牧社會精英的視角來看,18 世紀初以降的進程是草原各地游牧部落從接受與俄國合作,到加入其統治體制,再到接受其法權,最後在國家和市場的雙重壓力之下不得不逐步放棄游牧傳統的過程。從俄軍政精英的視角來看,至此,18 世紀初俄軍政官員所關切的草原游牧民的軍事威脅已不復存在:自 1847 年肯尼薩爾起義失敗之後至第一次世界大戰之前,草原地區未出現全局性的反抗運動。至 19 世紀末,軍事技術的演進、草原統治體制的強化、游牧社會的定居化和部落精英子弟對現代觀念的吸納都使得曾經征戰四方的游牧部落聯盟徹底退出歷史舞臺。俄國著名詩人勃洛克(A. A. Blok,生卒 1880-1921 年)於 1918 年創作詩歌《西徐亞人》:

　　　　你們──成千上萬,我們──浩蕩無邊,

　　　　試一試,同我們拚殺對陣吧!

---

[76] Barfield, Thomas. *The Perilous Frontier: Nomadic Empires and China*. Cambridge, Mass.: Basil Blackwell, 1989. 漢譯本參見[美]巴菲爾德著,袁劍譯:《危險的邊疆:游牧帝國與中國》,南京:江蘇人民出版社,2014 年。

是的，我們是西徐亞人，是的，我們是亞洲人，

有一雙斜視和貪婪的眼睛！[77]

　　儘管勃洛克此作意在抒發對歐洲文明和第一次世界大戰的反思、將融合東西方文明的使命寄託於俄國，但這一作品也從側面反映了 20 世紀初，部分俄國知識份子已經能自如地將草原地區的空間和時間作為批判歐洲中心主義和構建自我認同的思想資源。此種觀念的物質基礎正是本章所呈現 19 世紀後半期至 20 世紀初草原地區經歷深刻變革。

---

[77] 因史學界對俄文「Скиф」即英文「Schythian」一詞存在多種譯法。當代學界更常見的譯法是「斯基泰人」。譯文參見[俄]勃洛克、葉賽寧著，鄭體武、鄭錚譯：《勃洛克葉賽寧詩選》，北京：人民文學出版社，1998 年，第 250 頁。

結　論

　　自 18 世紀 30 年代借小玉茲阿布勒海爾汗臣屬而介入草原西路開始，俄國歷經一個多世紀時間深入草原腹地，於 19 世紀 60 年代完成對草原地區的征服。在此後半個世紀的統治期間，俄國挾近代歐洲的器物、制度和思想，在建立草原統治體制的基礎上以大規模的資本和勞動力投入，極大地改變了草原地區的人口構成、生產方式和游牧社會的面貌。下文將借助「帝國史」和「國別史」兩組概念總結本書所探討的論題及背後的理論關切。

一、帝國史視野下俄國與中亞草原的關係

　　18-20 世紀初俄國與中亞草原的關係往往被納入俄羅斯史的研究範疇。而因草原地區的居民在生產方式、語言文化和宗教信仰等方面與歐俄核心區人群差異較大，近三十年來的國際學界大多將其納入帝國史的研究框架。此種「俄帝國史」範式不再以 1917 年為歷史分期的關鍵節點，而更多探討「帝國」如何統治廣土眾民、整合多元族群。[1]這一範式部分源自 20 世紀中後期國際學界對民族國家（Nation-State）治理困境的反思，期待發掘超越民族國家的歷史經驗[2]。不可否認的是，這一研究路徑在一定程度上遮蔽了全球化時

---

[1] 關於歐美學界「俄帝國史」研究的綜述，參見 Michael David-Fox, Peter Holquist, Alexander M. Martin. "The Imperial Turn." *Kritika: Explorations in Russian and Eurasian History*, vol. 7, no. 4, (Fall 2006), pp. 705-712.

[2] Jane Burbank and Frederick Cooper, *Empires in World History: Power and the Politics of Difference*, Princeton University Press, 2010, pp. 8-11.

代「世界帝國」對民族國家體系的支配作用。[3]儘管同樣以「帝國」為關鍵字，這一範式實際上偏離了 19 世紀英國政治經濟學傳統對「帝國主義」的批判，不再以資本驅動下的近代歐洲殖民擴張為關注焦點。[4]

在「俄帝國史」的影響下，以「俄羅斯帝國」或「帝俄」指代 1917 年之前的俄羅斯在當前的漢語學界並不鮮見。[5]但在不同作者的筆下，「俄羅斯帝國」一詞的內涵則大相徑庭。如果以多法域、多族群特性來界定「帝國」，那麼莫斯科公國自 15 世紀後半期吞併諾夫哥羅德公國之後，就已經至少在政體層面納入了異質元素。甚至再向前追溯，14 世紀初莫斯科大公尤裏·丹尼洛維奇（Yurii Danilovich）迎娶金帳汗國宗室女這一事件亦可被解讀為「帝國性」的源頭之一。[6]由此可見，以多族群特徵為核心的「帝國史」範式存在將「帝國性」本質化的傾向，即認為存在超越時空限制的帝國統治技藝，並反過來以廣土眾民、中心—邊緣關係和多法域治理等模糊特徵將古往今來的各類政權納入「帝國」分析範式，進而視 19 世紀民族主義思潮的興起為帝國

---

3   強世功：《文明的終結與世界帝國：美國建構的全球法秩序》，香港：三聯書店，2021 年，第 27-34 頁。

4   19 世紀歐洲學界批判帝國主義的經典著作參見[英]霍布森著，盧剛譯：《帝國主義》，北京：商務印書館，2017 年；列寧：《帝國主義是資本主義的最高階段》，北京：人民出版社，2014 年。

5   例如[美]拉伊夫著，蔣學禎、王端譯：《獨裁下的嬗變與危機：俄羅斯帝國二百年剖析》，上海：學林出版社，1996 年；[美]湯普遜著，楊德友譯：《帝國意識：俄國文學與殖民主義》，北京：北京大學出版社，2009 年；[俄]米羅諾夫著，張廣翔、許金秋、鐘建平譯：《帝俄時代生活史》，北京：商務印書館，2013 年；[美]祖博克著，李曉江譯：《失敗的帝國》，北京：社會科學文獻出版社，2014 年；白建才：《世界帝國史話：俄羅斯帝國》，北京：中國國際廣播出版社，2015 年；[俄]特列寧著，韓凝譯：《帝國之後：21 世紀俄羅斯的國家發展與轉型》，北京：新華出版社，2015 年；[英]霍普柯克著，張望、岸青著：《大博弈：英俄帝國中亞爭霸戰》，北京：中國青年出版社，2016 年；[俄]鮑維金、彼得羅夫著，張廣翔、王昱睿譯：《俄羅斯帝國商業銀行》，北京：社會科學文獻出版社，2018 年；[英]利芬著，蘇然、王橙譯：《走向火焰：帝國、戰爭與沙皇俄國的終結》，北京：社會科學文獻出版社，2020 年；[英]格裏夫頓編著，胡欣、慕翼蔚譯：《俄羅斯帝國的興衰，1613-1917：羅曼諾夫王朝三百年》，北京：中國畫報出版社，2021 年。

6   [美]梁贊諾夫斯基、斯坦伯格著，楊燁、卿文輝主譯：《俄羅斯史》，上海：上海人民出版社，2007 年，第 87 頁。

終結的重要因素。[7]這一範式可被稱為「多元帝國論」。

　　如果回歸 19 世紀政治經濟學傳統對於帝國主義的批判，「帝國」的核心內涵是以資本增殖為目標的領土擴張和殖民，而「殖民」則意味著資本驅動的海外移民和經濟開發。以此為基礎的論點可稱為「資本帝國論」。從這一視角來看，19 世紀 60 年代大改革之後，俄國的民族資本和西歐國家的國際資本才逐漸開始影響俄國的內政外交；此前的擴張更接近歐亞大陸古代跨地域政權的行為模式，即以控制貿易商道、拓展戰略縱深和擴大農墾區域為目標，而非資本驅動下以擴張消費市場、攫取原料來源和吸納勞動力為目標。與此相應，自 19 世紀末開始，俄國向中亞草原的移民活動才逐漸呈現資本驅動的特徵。

　　值得注意的是，18-20 世紀俄國與中亞草原的關係是觀察兩類帝國範式差異和轉換過程重要案例。自 18 世紀 30 年代介入草原西路政局至 19 世紀 60 年代完全征服草原地區，俄國主要依賴近代火器和要塞線體系取得草原地區的軍事優勢，借助部分游牧貴族的合作將統治體制擴展到整個草原。這一時期俄國在中亞草原的擴張往往是一系列因素互動的結果：前線的自然環境、前線各行為體的主觀能動性、俄方對帝國威望的焦慮、大國力量的對比等。資本增殖在 19 世紀 60 年代以前並不構成俄國在中亞地區擴張的因素。[8]這一時期俄國零星地向烏拉爾河和額爾齊斯河流域遷徙軍事人員、農民和流放人犯，並以哥薩克軍團整合邊地各類人群，強化對要塞線的控制。至 19 世紀中

7　Jane Burbank and Frederick Cooper, *Empires in World History: Power and the Politics of Difference*, Princeton University Press, 2010; Kotkin, Stephen. "Mongol Commonwealth?: Exchange and Governance across the post-Mongol space." *Kritika: Explorations in Russian and Eurasian History*, vol. 8, no. 3, (2007), pp. 487-531; Barkey, Karen. *Empire of Difference: The Ottomans in Comparative Perspective*. Cambridge University Press, 2008; Hamalainen, Pekka. *The Comanche Empire*. New Haven: Yale University Press, 2008.

8　Morrison, Alexander. *The Russian Conquest of Central Asia: A Study in Imperial Expansion, 1814-1915*. Cambridge, U.K.: Cambridge University Press, 2021, pp. 49-51.

期之前，俄國傾向於在保留異質人群習俗基礎上將其吸納入以沙皇為中心的帝國政治體，俄境內同時存在諸如王國、大公國、哥薩克軍團、汗帳屬地等多種法律制度各異的從屬政權，貴族和高級軍政官員中存在大量德意志、波蘭、韃靼等各族裔。因此，這一時期一定程度上符合「多元帝國論」範式。

19 世紀初，主權國家、現代工業和資本等要素的結合催生了西歐列強的「國家─帝國模式」[9]以及作為其文化表達的「文明等級論」。19 世紀中後期，大改革之後的俄國也逐漸以這一模式重塑內部的政治經濟關係。在同時期波蘭起義（1863 年）和普魯士統一德國（1871 年）等政治事件的衝擊下，東正教、俄語和俄羅斯族逐漸取代此前的沙皇─貴族聯盟，成為維繫廣土眾民的基礎。與此相應，邊疆地區此前籠絡的傳統社會精英也在 19 世紀後半期的政治改革、經濟發展和文化變遷之下逐漸被邊緣化。[10]19 世紀末，在鐵路、電報、現代統計技術、現代農學知識和後膛槍等的第二次工業革命成果推動下，俄國逐漸具備了以大規模資本和勞動力投入來開發中亞草原邊疆的能力。由此，19 世紀末至 20 世紀初中亞草原地區出現了資本驅動的大規模移民和市場導向的農業、畜牧業和礦業開發，草原諸省的人口結構和空間分佈也趨近於歐俄本土。草原地區的傳統精英和普通牧民在不同程度上受到移民政策的衝擊。俄哈兩族的知識精英均認識到這一政策帶來的階級、族群和宗教矛盾。[11]

換言之，特定的時空條件使得 19 世紀後半期至 20 世紀初俄國對中亞草原的統治同時適用「多元帝國論」和「資本帝國論」。不同於西歐列強，俄

9　這一概念指代的是約翰・達爾文所謂 18 世紀下半葉「歐亞革命」之後，歐洲列強追求的本土單一均質、海外殖民地多元統治的格局。參見[英] 約翰・達爾文著，黃中憲譯：《帖木兒之後：1405 年以來的全球帝國史》，北京：中信出版集團，2021 年，第 12-15 頁。

10　Morrison, Alexander. "Metropole, Colony, and Imperial Citizenship in the Russian Empire" *Kritika: Explorations in Russian and Eurasian History* 13, 2 (Spring 2012): 340-345，中譯本收錄於莊宇、施越主編：《俄羅斯國家建構的歷史進程》，北京：商務印書館，2021 年。

11　Букейхан А. Тандамалы: Избранное Собрание сочинений. Алматы, 2002. C. 106-111.

國擴張所控制的地區與「母國」（Metropole）具有空間上的連續性，且大多
位於亞洲腹地。這一特徵儘管不利於技術和資本向俄國邊緣地區擴散，但有
利於俄國建構政治共同體的統一歷史文化敘述。19 世紀末之前，俄國在草原
地區採取了與其他歐亞大陸跨地域政權相似的策略：修築防禦工事、籠絡游
牧貴族、借用游牧部落提供的輕騎兵進攻其他外敵、以通商許可權分化游牧
部落以及吸納游牧貴族組建正式的統治機構等。在 19 世紀末的帝國主義時代
到來後，俄國以新的技術、制度和資本開發此前征服和統治的草原地區，使
其呈現更接近於同時期西歐列強殖民地開發的特徵。而在這兩種範式更替的
過程中，俄國自身也經歷了從「古典帝國」到「帝國─國家」的急遽轉變。
「多元帝國論」將「帝國」概念本質化的傾向以及將帝國與國族並舉的理論
預設使得這一範式忽略了 19 世紀晚期俄國自身及其邊疆統治性質的巨大轉
變，過度強調了 16 世紀以降俄國歷史的延續性，進而低估了 20 世紀 20-30 年
代俄國「帝國轉型」的理論意義。

二、國別史視野下俄國與中亞草原的關係

　　經歷 20 世紀的一系列變遷，「俄羅斯帝國」已成為過往雲煙。俄羅斯的
當代主流通史著作對本書涉及議題僅一筆帶過。[12]18-20 世紀俄國與中亞草原
的關係成為哈薩克斯坦國別史的一部分，目前主要由哈薩克斯坦學界研究。
「國別史」這一現象的出現與 20 世紀歐洲殖民帝國崩解、亞非拉民族國家解
放密切相關。在這一時代背景下，新興國家參照其前宗主國近代的國族建構
模式，通過教育、語言、兵役等政策促進邊界內的同質性，而國別史書寫正
是其中的關鍵一環。

---

[12]　Милов Л.В. ред. История России 18-19 веков. М., 2006. С. 699.

　　當代哈薩克斯坦的國別史將 15 世紀中期作為其現代國家政權的歷史起點，其標誌性事件為克烈和賈尼別克汗率部獨立於東察合台汗國。[13]以馬克斯·韋伯將「國家」定義為「（成功地）宣佈了對正當使用暴力的壟斷權」[14]的「團體」。正是在 18-20 世紀的進程中，覆蓋整個中亞草原的國家權力逐漸形成。俄當局最初以頒佈 1822 年《西伯利亞吉爾吉斯人條例》的形式廢除草原東路中玉茲的汗位，通過籠絡親俄汗族後裔和氏族首領在草原上建立區─鄉─阿吾勒三級管理體制。區設有固定的行政中心，鄉和阿吾勒由俄當局根據各氏族傳統游牧路線劃設邊界，使其互不統屬。區的行政機構區衙對轄境內擁有員警權。同時，根據該條例，俄當局以土地利用、稅收、文教和社會保障等政策手段鼓勵哈薩克人轉入定居生活方式，試圖從根本上消解游牧生產方式對農耕秩序的潛在衝擊力。1822-1868 年間，俄當局建立的統治體制在地域上基本覆蓋巴爾喀什湖以北的草原東路地區。相比之下，草原西路因自然地理條件相對惡劣，俄當局長期未能紮根草原腹地，故類似的條例難以落實。

　　19 世紀上半葉，嘗試在中亞草原「壟斷暴力」的並非只有俄國一方。19 世紀 20-40 年代中玉茲汗王后裔肯尼薩爾領導的運動同樣嘗試借助現代軍事和組織技術將游牧部落整合為國家政權。但受限於物質資源和集團立場，這一運動最終偃旗息鼓。此外，同一時期，中亞南部的浩罕汗國在來自南亞和西亞的人員、物資和技術輸入下同樣嘗試向草原地區擴張。

　　1865 年俄軍攻佔塔什干之後，1868 年《草原地區臨時管理條例》根據新的政治形勢，在草原東西兩路設立省、縣、鄉和阿吾勒四級行政機構；並廢除原先由部落精英參與執政的「區」級機關，改設由俄軍官執掌的「縣」，

---

[13] Абылхожин. ред. История Казахстана (с древнейших времен до наших дней). Т. 2. Алматы, 1997. C. 327-335.

[14] [德]馬克斯·韋伯著，馮克利譯：《學術與政治》，北京：三聯書店，1998 年，第 55 頁。

但保留部落精英在鄉和阿吾勒兩級的權位。條例在草原地區各縣設立俄國司法機關，且將此前游牧社會的仲裁者「畢」制度化為俄國司法體制下的「畢官」，審理民事訴訟和輕微犯罪案件。由此，在 1873 年征服希瓦汗國、1875 年鎮壓浩罕大起義之後，俄當局基本壟斷了草原地區的暴力，在草原地區設立統治體制和行政區劃，區分對內的員警和對外的軍隊，建立了現代意義上的「國家」。

但從塑造國族歷史的角度出發，上述敘事並不利於樹立當代哈薩克斯坦的歷史主體性。與作為一般亞非拉國家不同的是，當代哈薩克斯坦的國別史編纂最初產生於 20 世紀 40 年代，是 20 世紀 20 年代蘇聯「本土化」政策的遺產。在第二次世界大戰的歷史背景下，由潘克拉托娃（A. M. Pankratova，生卒 1897-1957 年）等史學家組織編寫的《哈薩克蘇維埃社會主義共和國歷史（從遠古到當下）》（1943 年版）以突出哈共和國主體民族歷史地位為宗旨，首次將其國家起源定位於 15 世紀中葉，且強調 18-20 世紀初俄國與中亞草原關係中的一系列負面因素。[15]該作品與 20 世紀 30 年代主導蘇聯史學界的「絕對災禍論」相符，但為 40-50 年代的「較小災禍論」所修正。[16]而 20 世紀 50 年代之後，隨著當局政策的調整，史學界的主流觀點從「較小災禍論」向「絕對美德論」轉變，對這一時期的評價也轉為側重強調其進步意義，將其表述為「自願歸併於俄國」。[17]1991 年哈薩克斯坦獨立後，新的國家史觀踐行折衷路線，強調其主體民族與塞人、烏孫和匈奴等古代人群的聯繫，突出自 15 世紀中期以降「哈薩克汗國」的獨立性及與當下政權的延續性，同時

---

[15] Абдыкалыков М. и Панкратова А.М. ред. История Казахской ССР (с древнейших времен до наших дней). Алма-Ата, 1943.

[16] 關於 20 世紀 40 年代的「較小災禍論」、20 世紀 20-30 年代的「絕對災禍論」和 20 世紀中後期的「絕對美德論」，參見孟楠：《俄國統治中亞政策研究》，烏魯木齊：新疆大學出版社，2000 年，第 19-27 頁；吳築星著：《沙俄征服中亞史考敘》，貴陽：貴州教育出版社，1996 年，第 10-14 頁。

[17] 例如，參見 Бекмаханов Е.Б. Присоединение Казахстана к России. М., 1957.

也承認 18-19 世紀各部在內外困境下併入俄國的歷史事實，並繼續頌揚俄國統治時期的民族解放和改革運動。[18]

　　18-20 世紀初俄國與中亞草原的關係既包括俄國修築要塞線、籠絡貴族、建立行政機構和發動戰爭，也包括各部落精英尋求庇護、邀請調停氏族衝突或領導起義；既包括建立統治體制之後的商貿網路擴散、移民墾殖和城市化，也包括游牧民主動定居或在草場被侵奪之後被迫轉向農耕或商貿；既包括俄國軍政官員、科考學者和流放文人在此傳播歐俄科學技術和各類政治思想，也包括這一時期興起的草原知識份子在「開眼看世界」之後著書立說，動員民眾。後世的史家大多執其一端而論之，以貼合 20 世紀的各類宏大政治敘事。

　　作為草原政治空間的繼承者，當代哈國官修歷史傾向於調和此前各時期史觀之間的矛盾，在塑造國族歷史主體性的基礎上揚棄傳統。正如馬克思在評價英國在印度實現的「雙重使命」，即「消滅舊的亞洲式的社會」和「在亞洲為西方式的社會奠定物質基礎」[19]，中亞草原社會在這一時期經歷的變革主要分兩階段：其一是 19 世紀中後期，俄國以「選舉制度」將原有權力格局洗牌，部分此前享有特權的白骨貴族不僅逐漸失去權位，甚至連傳統牧場都為黑骨平民借助俄國法律制度侵吞；而抓住征服帶來商業機會的平民則利用基層選舉掌握政治權力。其二是 19 世紀末至 20 世紀初，俄當局為緩解歐俄省份人地矛盾而鼓勵向草原諸省移民。這一時期的移民政策極大改變了草原北部人口的族群結構和生產方式，將草原地區的經濟與歐俄乃至歐洲市場連接在一起，塑造了整個中亞地區的農業區域專業化格局。伴隨俄國統治而來的是以鐵路、電報、蒸汽船和現代印刷等第二次工業革命之後的交通和通

---

[18] Абылхожин Ж.Б. ред. История Казахстана (с древнейших времен до наших дней). Т. 3, Алматы, 2010. С. 7-8.

[19] 馬克思：《不列顛在印度統治的未來結果》，《馬克思恩格斯全集》第 9 卷，第 246-252 頁。

信技術，以及各類近代政治社會思潮。因此，在批判殖民主義的基礎上，2010 年出版的哈薩克斯坦官修史書《哈薩克斯坦歷史：從遠古到當下》近代歷史卷（第三卷）仍強調「特別關注哈薩克斯坦被逐步引入全俄羅斯市場、邊區經濟開發和民眾熟悉俄羅斯文化先進成就的過程」。[20]

三、區域史、國別史與當代中亞問題研究

對於多數亞非拉國家而言，其近代歷史往往在列強與本土各政治體的互動中形成。因此帝國史與國別史是理解當代國別和區域問題的基礎。「歷史」既指代過去的人物、事件和進程，也指代相關各方對過往人物、事件和進程的記載和解讀。歷史能為理解當下情境提供概念工具和認知框架，為行動者提供論證目標正當性的資料和觀念。對於現代民族國家而言，國家歷史編纂一方面需要追溯主體民族的族源和國家政權的起源，以強化當下政權和疆域的正當性，構建邊界內民眾的集體記憶，強化其對國族的認同感；另一方面，又需要平衡對殖民主義的批判和對前現代傳統的揚棄，兼顧保守與革新。

從當下看歷史，18-20 世紀初俄國與中亞草原的關係對當代中亞至少產生以下四方面影響。第一，中亞地區現代邊界的形成是其最為直觀的後果。18 世紀中期，俄國在草原地區北部構築的要塞線成為當代俄羅斯與哈薩克斯坦之間陸上邊界的雛形。除了外部邊界，俄國建立的統治制度逐漸劃定了內部各級行政和司法邊界。1868 年臨時條例頒佈之後，草原地區被整合為單一法權空間，為 20 世紀進一步塑造加盟共和國邊界奠定了基礎。第二，現代行政管理體系的建立。以 1822 年條例為標誌，俄當局依託要塞線軍力，吸納游牧

---

[20] Абылхожин Ж.Б. ред. История Казахстана (с древнейших времен до наших дней). Т. 3, Алматы, 2010. С. 8.

社會精英建立草原統治體制。1868 年臨時條例將草原統治體制擴展到整個草原地區;而 1891 年條例則顯著減少了這一體制所包含的地區特殊性,將之進一步整合入俄國的地方管理體制之中。在第二次工業革命新技術的支持下,俄當局在草原諸省逐漸設立糧食供應、醫療、獸醫、社會保障和國民教育等公共機構,為這一地區的現代化提供了初步的基礎設施。第三,游牧社會的定居化。草原統治體制的演化、19 世紀後半期的交通和通訊技術革新以及 19 世紀末至 20 世紀初的移民政策共同將中亞草原納入全球分工體系,推動了其生產形態從自然經濟到商品經濟轉變,其社會組織形態從血緣到地緣的轉變。第四,現代政治社會觀念的傳播。以定居秩序為基礎的現代國家觀念、啟蒙思潮之下的自由主義、社會主義以及宗教革新思潮均逐漸進入草原地區,在接觸歐俄知識體系的本土知識份子中找到擁護者。

從歷史看當下,本書對於理解當代哈薩克斯坦至少具有以下兩方面意義。一方面,伴隨俄國擴張而來的草原地區游牧民抗爭運動成為當代哈薩克斯坦塑造國族主體性的重要歷史依據。得益於 19 世紀末至 20 世紀初草原地區文教機構的增多、識字率提高以及資訊記載、傳播效率的提升,這一時期軍政官員和知識份子開始收集上述游牧民起義的史料,為後世學人考證事件經過、重構民族解放運動歷史奠定了基礎。對這一時期民族解放運動的重述則是建構哈薩克斯坦歷史連續性的必要環節。另一方面,歐俄人群向草原地區移民的進程奠定了俄羅斯因素在當代哈薩克斯坦政治經濟和社會文化中的不可忽視的地位。對於當代哈薩克斯坦而言,哈俄關係對哈薩克斯坦而言兼具內政和外交屬性:哈俄兩國共享 7,598.8 公里邊界,是僅次於美國和加拿大之間的世界第二長國家邊界;哈薩克斯坦國內俄羅斯族人口至今仍占全國總人口約五分之一;哈國近 90%人口掌握俄語讀寫,而國語讀寫的普及率長期不及俄語;哈俄兩國同為獨聯體、集安組織和歐亞經濟聯盟成員國,在國際

政治舞臺上合作密切，經貿和投資關係緊密。[21]總之，當代哈薩克斯坦的歷史觀建構與近代歷史密不可分，而 19 世紀以來的歷史進程又塑造了當下該國內外政策中不可忽略的「俄羅斯因素」。

最後，作為一部 21 世紀中國國別和區域研究領域的作品，本書希望通過實踐來嘗試回應國別區域史寫作中的「諸神之爭」問題。韋伯筆下的「諸神之爭」指的是傳統信仰為科學所祛魅之後，現代社會生活和學術研究中難以完全調和的價值觀衝突。[22]與此相似，當代國別區域史不可避免存在各類相互抵牾的立場和觀點。以本書涉及議題為例， 20 世紀 30 年代、40 年代、60 年代和 90 年代哈薩克斯坦學界對俄國征服和統治的評價大相徑庭。而歐美學界則往往將圍繞國族建構展開的歷史敘事界定為保守主義或民族主義，嘗試在國別歷史中尋找自由主義元素。與此相似，作為中國的近鄰，儘管當代哈薩克斯坦所敘述的本國古代歷史與歷史中國存在密切的聯繫，但為了彰顯獨立主權，其國家歷史敘事傾向於淡化這一聯繫。隨著中國的國別和區域研究逐步深入，如何處理知識生產領域的「諸神之爭」是亟待深入思考的問題。本書堅持歷史唯物主義立場，嘗試從史料出發勾勒歷史脈絡，也關注不同時期、不同立場敘述者之間的觀點差異，思考其背後呈現的史觀變遷。本書的寫作是 21 世紀世界各國文明交流與互鑒的一次實踐，它既探究過去，也面向未來。

---

[21]　趙華勝：《中俄美在中亞的存在：上升和下降》，《國際觀察》，2015 年第 6 期，第 87-103 頁。

[22]　[德]馬克斯・韋伯著，馮克利譯：《學術與政治》，北京：三聯書店，1998 年，第 43-49 頁。

附錄一　重要術語和專有名詞列表（按照俄文字母表順序排列）

俄文和哈薩克文術語	拉丁轉寫	本書採用的譯名
адат	adat	（哈薩克）習慣法
адрес-календарь	adres-kalendar'	地方名錄
аймақ	aimaq	愛衣馬克（哈薩克語中指代社會圈層的概念）
ақ сүйек	aq süiek	白骨（哈薩克族的貴族階層）
асессор	asessor	陪審員
аул	aul	阿吾勒
аульное общество	aul'noe obshchestvo	阿吾勒社區
аульный старшина	aul'nyi starshina	阿吾勒長
аульный сход выборных	aul'nyi skhod vybornykh	村大會
Барабинская степь	Barabinskaia step'	巴拉賓草原
баранта/барымта	baranta/barymta	牲畜扣押
бәйбіше	bäibişe	正妻
бий	bii	畢（俄國建立行政統治之前）、畢官（俄國建立行政統治之後）
бийлык	biilyk	訴訟費
близ-линейный округ	bliz-lineinyi okrug	近線區
Верненская мужская гимназия	Vernenskaia muzhskaia gimnaziia	維爾內男子中學
вице-губернатор	vitse-gubernator	副督軍
военно-народное управление	voenno-narodnoe upravlenie	軍政府─民眾管理體制

俄文和哈薩克文術語	拉丁轉寫	本書採用的譯名
военный губернатор	voennyi gubernator	省督軍
волость	volost'	鄉
волостное общество	volostnoe obshchestvo	鄉社
волостной султан	volostnoi sultan	鄉蘇丹
волостной съезд	volostnoi s"ezd	向大會
волостный съезд биев	volostnyi s"ezd biev	鄉會讞
волостной управитель	volostnoi upravitel'	鄉長
выборный	vybornyi	選舉人
городский пристав	gorodskii pristav	城市警長
гражданственность	grazhdanstvennost'	文明秩序
губернатор	gubernator	省長
губерния	guberniia	州
дворянство	dvorianstvo	貴族
дикокаменный Киргиз	Dikokamennyi Kirgiz	野石吉爾吉斯
дистанция	distantsiia	段
жайлау	jailau	夏牧場
Жеті ата	Jetı ata	七代父系祖先
жұз	jūz	玉茲
заседатель	zasedatel'	代表
земские повинности	zemskie povinnosti	地方勞役
земский суд	zemskii sud	地方法院
иноземец	inozemets	外國人
казённая хлебная продажа	kazënnaia khlebnaia prodazha	官糧鋪
кандидат аульного старшины	kandidat aul'nogo starshiny	阿吾勒長候補
казачье войско	kazach'e voisko	哥薩克軍團
караван-сарай	karavan-sarai	商貿驛站
Каракиргиз	Karakirgiz	喀喇吉爾吉斯

俄文和哈薩克文術語	拉丁轉寫	本書採用的譯名
Касимовское ханство	Kasimovskoe khanstvo	卡西莫夫汗國
кибитка	kibitka	帳篷
кибитковладелец	kibitkovladelets	游牧帳戶主
Киргиз	Kirgiz	哈薩克（正文）、「吉爾吉斯」（文獻術語譯文）
Киргиз большой орды	Kirgiz bol'shoi ordy	大帳吉爾吉斯
Киргиз внутренней орды	Kirgiz vnutrennei ordy	內帳吉爾吉斯
Киргиз-кайсак	Kirgiz-kaisak	吉爾吉斯—凱薩克人
Киргиз младшей орды	Kirgiz mladshei ordy	小帳吉爾吉斯
Киргиз средней орды	Kirgiz srednei ordy	中帳吉爾吉斯
киргизская степь	Kirgizskaia step'	哈薩克草原
Коллегия иностранных дел	Kollegiia inostrannykh del	外交衙門
Комитет азиатских дел	Komitet aziatskikh del	亞洲事務委員會
кочевый инородец	kochevyi inorodets	游牧異族
көктеу	kökteu	春牧場
крепость	krepost'	要塞
құн	qūn	命價
күзеу	küzeu	秋牧場
қара сүйек	qara süiek	黑骨（哈薩克族的平民階層）
қожа	qoja	和卓
қыстау	qystau	冬牧場
меновой двор	menovoi dvor	交易場
мировой судья	mirovoi sud'ia	治安法官
народное собрание	narodnoe sobranie	民眾大會
народный суд	narodnyi sud	民間法庭
область	oblast'	省

俄文和哈薩克文術語	拉丁轉寫	本書採用的譯名
областное правление	oblastnoe pravlenie	省公署
областной врачебный инспектор	oblastnoi vrachebnyi inspektor	省醫務官
областной суд	oblastnoi sud	省法院
оброчная подать	obrochnaia podat'	土地稅
Общее губернское учреждение	Obshchee gubernnskoe uchrezhdenie	普通行省章程
округ	okrug	區
Омская азиатская школа	Omskaia aziatskaia shkola	鄂木斯克亞洲學校
Оренбургская палата уголовного и гражданского суда	Orenburgskaia palata ugolovnogo i grazhdanskogo suda	奧倫堡刑事和民事法庭
плакатный сбор	plakatnyi sbor	票照費
племя	plemia	部落
Пограничная экспедиция	Pogranichnaia ekspeditsiia	邊境遠征軍
поколение	pokolenie	支系
приходское училище	prikhodskoe uchilishche	教區學校
расправа	rasprava	鄉法院
род	rod	氏族
султан	sultan	蘇丹
старший султан	starshii sultan	大蘇丹
областное правление	oblastnoe pravlenie	省公署
окружный приказ	okruzhnyi prikaz	區衙
Оренбургское магометанское духовное собрание	Orenburgskoe magometanskoe dukhovnoe sobraniie	奧倫堡穆斯林宗教會議
отделение	otdelenie	氏族分支
отрасль	otrasl'	氏族分組

俄文和哈薩克文術語	拉丁轉寫	本書採用的譯名
отряд	otriad	衛隊
паспортный сбор	pasportnyi sbor	護照費
писарь	pisar'	書吏
письмоводитель	pis'movoditel'	文員
переселенческий район	pereselencheskii raion	移民區
Переселенческое управление	Pereselencheskoe upravlenie	移民局
пограничный округ	pogranichnyi okrug	邊境區
Положение о земских учреждениях	Polozhenie o zemskikh uchrezhdeniakh	地方機構章程
почётные халаты	pochëtnye khalaty	榮譽長袍
приставство	pristavstvo	區段
рассыльный	rassyl'nyi	差役
редут	redut	多面堡壘
ру	ru	露烏（哈薩克語中指代社會圈層的概念）
русско-туземная школа	russko-tuzemnaia shkola	俄羅斯—土著合校
сельское общество	sel'skoe obshchestvo	村社
сословие	soslovie	階層
станица	stanitsa	（哥薩克）鎮
Степное генерал-губернаторство	Stepnoe general-gubernatorstvo	草原總督區
степные области	stepnye oblasti	草原諸省
тамға	tamğa	氏族徽記
толмачь	tolmach'	口譯員
төленгіт	töleñgıt	托連古特（汗和蘇丹的扈從）
төре	töre	托熱（成吉思汗男性後裔）
туземный	tuzemnyi	土著

俄文和哈薩克文術語	拉丁轉寫	本書採用的譯名
уезд	uezd	縣
уездное по крестьянским делам присутствие	uezdnoe po krest'ianskim delam prisutstvie	縣農村事務會議
уездный начальник	uezdnyi nachal'nik	縣長
уездный судья	uezdnyi sud'ia	縣法官
указной мулла	ukaznoi mulla	官方毛拉
укрепленная линия	ukreplennaia liniia	要塞線
Устав о земских повинностях	Ustav o zemskikh povinnostiakh	地方賦役條例
ұран	ūran	（哈薩克族的）戰鬥口號
форпост	forpost	武裝崗哨
ходок	khodok	農民代表
часть	chast'	部
частный правитель	chastnyi pravitel'	部執政
чиновник особых поручений	chinovnik osobykh poruchenii	專員
чрезвычайный съезд	chrezvychainyi s"ezd	特別會讞
шежіре	şejıre	（哈薩克族的）世系
ясак	yasak	實物稅（皮毛稅）

附錄二　重要條例文本譯文

西伯利亞吉爾吉斯人[1]條例[2]

總　則

第一條　西伯利亞吉爾吉斯屬於游牧異族（кочевые инородцы）階層，有自己的平等權利。因此，以下《異族條例》的以下條款也適用於他們：

（一）關於游牧異族的權利（第一部分第五章），不包括：參與維護草原行政機關的勞役。

（二）關於榮譽異族（第一部分第七章）。

（三）關於法律和習慣（第一部分第八章）。

（四）異族管理機構的通用基本條款（第三部分第一章）。

第二條　西伯利亞吉爾吉斯人活動地域由鄂木斯克省外區構成。因此，建立其管理體制的主要基本條文參見《西伯利亞諸省機構建制章程》第二部分。

第三條　這部關於吉爾吉斯人的特殊條例包括以下三部分：首先是其管理機構的義務；其次是關於吉爾吉斯人的、不同於其他異族的特殊法令；再次是這部條例落實的辦法。

---

[1] 附錄二所使用術語的俄文形式和對應拉丁轉寫及譯文參見附錄一。關於沙俄時期稱哈薩克人為「吉爾吉斯人」的問題，參見本書「凡例」。

[2] 該條例俄文標題為 Устав о сибирских киргизах，頒佈於俄曆 1822 年 7 月 22 日，參見 Полное собрание законов（1649 - 1825），т. XXXVIII, No. 29127.

第一章　劃界

第四條　根據目前要塞線外吉爾吉斯人的現狀，將其牧地劃分為鄉，將鄉進一步劃分為阿吾勒，而保留其現行名稱。

第五條　一個阿吾勒由 50 至 70 帳組成，一個鄉由 10 至 12 個阿吾勒組成。

第六條　以最便於管理的原則將鄰近的鄉組成區。

第七條　區由 15 至 20 個鄉組成。

第八條　區由血緣關係較近或地緣上相鄰的鄉組成，這些鄉構成同一個氏族或支系。

第九條　每個區有規定的地域邊界，每個區的居民沒有得到地方長官允准的則不得越界。

第十條　邊界劃分由要塞線軍需官負責。

第十一條　由此根據地理位置分為兩種類型的區，即邊境區和近線區。

第十二條　邊境區指的是與不屬於俄羅斯的領土接壤的區。須盡可能少設置。

第十三條　近線區指的是與現行西伯利亞要塞線接壤的區，須盡可能多設置。

第十四條　每個區要依本區內最知名自然景觀的名字命名。

第二章　管理機構

第一節　機構組織

第十五條　阿吾勒由阿吾勒長管理。

第十六條　鄉由蘇丹管理。

第十七條　阿吾勒和鄉內部的司法事務交由受尊敬的吉爾吉斯人，即畢官來處理，保留自己的稱號和地位。

第十八條　為管理整個區，由各鄉選舉大蘇丹。

第十九條　每個區設立區衙。

第二十條　區衙由大蘇丹擔任主席，另有二名省長指定的俄羅斯官員和二名選舉產生的受尊敬的吉爾吉斯人組成。

第二十一條　區衙按照條例編制配備行政團隊，即辦公廳、筆譯和口譯員。

第二十二條　區衙有員警權和司法權。

第二十三條　區的內衛部隊由要塞線上的哥薩克組成，盡可能常駐於區衙所在地。

第二十四條　如有必要，此內衛部隊可分遣至各鄉。

第二節　選舉規則

第二十五條　管理阿吾勒的阿吾勒長從本阿吾勒的吉爾吉斯中推選出，經區衙批准授予職位。

第二十六條　阿吾勒長的選舉每三年舉行一次，可以連選連任。

第二十七條　蘇丹不得參與阿吾勒選舉，但在向區衙呈報選舉結果時，可附上自己的意見。

第二十八條　區衙不可更改選舉結果，但如對選舉結果有異議，可呈報省長。

第二十九條　阿吾勒長的選舉以口頭方式開展，以簡單多數票決。

第三十條　蘇丹頭銜可以世襲。

第三十一條　其管理鄉的權力應該依照嫡長關係傳承。但在一些情況下，依照習慣，在鄉社同意的情況下可以另選蘇丹，但不得在未經省公署同意的情況下向此人授予權力。

第三十二條　如果蘇丹沒有繼承人，則從其兄弟或近親中推舉候選人，但也需要經過鄉選舉和省公署批准。

第三十三條　如果整個蘇丹的支系絕嗣，也要經過同樣的流程。

第三十四條　不再主管鄉事務的蘇丹儘管不會被剝奪蘇丹稱號，但也不應該介入管理事務。

第三十五條　在從某一鄉析出新鄉時，如果鄉同意的話，管理新鄉權力可交由原鄉蘇丹的子嗣或兄弟；否則，要通過選舉產生新的蘇丹。

第三十六條　區衙的大蘇丹僅從蘇丹中選出，區衙的吉爾吉斯代表從畢官或者阿吾勒長中選出，均須得到省長批准。

第三十七條　大蘇丹任期三年，區衙代表任期兩年。

第三十八條　大蘇丹和區衙代表均可連選連任。

第三十九條　選舉時間一般在八月。

第四十條　特殊情況下臨時補選的官員只能任職到下一次選舉。

第四十一條　所有選舉均在區衙駐地舉行，以得票的簡單多數選出；因疾病或其他原因無法參加選舉，可以在規定期限內以書面方式遞送選票。書面投票與普通口頭投票同等效力。

第四十二條　僅上述兩種形式為有效投票。

第四十三條　得票情況將向全區公眾公佈。

第四十四條　根據選區內民眾習慣指定選舉日期和地點，時間一般為吉爾吉斯人的節日，地點一般在區衙，開支依照條例編制。

第四十五條　屆時將以適當的儀式向有特殊貢獻的蘇丹、阿吾勒長和其他吉爾吉斯人頒授獎章。

第四十六條　吉爾吉斯人應該舉行特殊慶典，以祝賀每位當選大蘇丹，儘管大蘇丹可能連任。

第四十七條　每年例行舉辦慶典。

第四十八條　在得到省公署批准之前，大蘇丹不得擅自繼位。

第四十九條　如不舉行任何慶典而由新的大蘇丹取代前任，也須廣而告之。

第五十條　所有被選任的吉爾吉斯首領，在沒有上級政府的同意下，均不得自行確定權責。他們僅僅是上級政府授權統治人民的地方官員。

第三節　級別和職銜

第五十一條　大蘇丹在任職之際獲封沙俄少校軍銜。

第五十二條　大蘇丹被認為是最受尊敬的蘇丹；在服務三個任期後，大蘇丹有權申請獲得相當於俄羅斯帝國貴族的地位的證書，授予相應官銜。

第五十三條　無論是俄羅斯（российские）還是吉爾吉斯區衙代表，均不得獲得高於九等文官的官位。

第五十四條　管理鄉的蘇丹相當於十二級文官。

第五十五條　阿吾勒長和畢官，如果沒有官銜的話，視為等同於村長。

第三章　政治事務

第一節　區級機關

第五十六條　大蘇丹為俄政府地方官員，由俄羅斯政府授權承擔地方治理。可以支配所有為維持地方安寧和秩序、為提升下轄民眾的福祉的經費。

第五十七條　大蘇丹通過區衙處理所有公務。

第五十八條　區衙應該有固定辦公場所，由此地簽發政令，管理各鄉。

第五十九條　所有蘇丹及其管理的鄉隸屬於區衙。

第六十條　區衙的權力不得超越其行政邊界。在特殊情況下，由區衙與案件涉及的轄區區衙聯繫辦理。

第六十一條　區衙在司法方面的職責是維護內部秩序安定和民眾人身財產安全。在這方面區衙相當於內地的地方法庭，具有與之同等的權力和義務，部分根據吉爾吉斯人的特殊法律調整。

第六十二條　因此，區衙有以下義務：

（一）保護民眾、抵禦災害，提供必要的幫助。

（二）關心每個人的教育、勞作和經濟狀況。

（三）竭力抑制所有可能引起騷亂的因素，如搶劫、牲畜扣押
　　　（баранты）和反政府活動。

（四）不允許任何人任意專斷；但在所有案件中提供偵訊和審
　　　判。

（五）明顯違反秩序的可以逮捕並移送法院，但不得驚擾民
　　　眾；在人數眾多乃至整個鄉出現反政府行動時候，則必
　　　須首先報告省長，依照指令行事。

（六）在危急情況下派遣差役和內衛報信。

第六十三條　在沒有經過偵訊、庭審並形成判決的情況下，區啣不得懲罰任
　　　　　　何人。

第六十四條　案件調查需要由區啣俄羅斯代表執行，由鄉畢官協助。

第六十五條　區啣並不能開展軍事行動，其內衛部隊僅作為日常員警隊伍。

第六十六條　各區禁止進入其他區自行追捕的罪犯和逃亡者，而必須立即通
　　　　　　知逃入進入區的區啣。

第六十七條　在草原區抓到俄羅斯屬民的逃亡者，應該由區啣遣送至最近的
　　　　　　內地省份長官審判。

第六十八條　區啣有義務瞭解所有進入區內人員的資訊，包括：

（一）區啣應掌握區內所有蘇丹和阿吾勒長的真實名單和所在
　　　地點，以及登記所有出現的變動。

（二）掌握所有鄉和阿吾勒的資訊，以及發生的各類變化。

（三）根據帳數開展人口調查，每三年調查一次。

（四）應掌握轄境內土地資訊，如果出現某些類型的建築或不
　　　動產。

第六十九條　區啣收集關於過境商人和商隊的資訊，並提供保護，包括：

（一）所有穿過吉爾吉斯草原進入西伯利亞要塞線的外國人

（иноземец），在到達的第一個區時，所在區衙須將其遣送至最近的海關，並提供書面文件。

注：無論任何人，通過要塞線必須持有書面文件。

（二）如果途中經過另一個區，則需要向區衙交驗由一個區衙獲得的書面文件。

（三）如果整個商隊或外國商人不願到某一區衙駐地，可以從邊境某鄉蘇丹處獲得書面文件，到要塞線出示。

（四）為避免出現騷亂，所有過境人員，包括隨商隊者和單獨旅行的商人，都需要經過查驗，並呈報省長。

第七十條　區衙設有永久的駐地，如可能，定於轄區的地理中心。

第七十一條　區衙按照如下規定處理案件：

（一）以簿冊登記案件，區衙成員簽字。

（二）案件以俄語和韃靼語登記。

（三）在區衙成員出現分歧時，案件按照大蘇丹的意見來處理；反對意見提交省公署審議。

第七十二條　區衙管理轄區內吉爾吉斯人的宗教事務。

第七十三條　區衙掌握所有內衛部隊和所有區內機構。

第七十四條　沒有區衙的具體命令，內衛部隊不得進行任何行動。

第七十五條　內衛部隊在駐地構築防禦工事，衛戍所有區衙下屬機構。

第七十六條　上述條例依據各區特殊情況來落實。

一、關於邊境區

第七十七條　根據省長政令，邊境區豎立邊界永久標識，明確下轄的吉爾吉斯人區域。

第七十八條　禁止吉爾吉斯人穿越上述邊界游牧。

第七十九條　區衙應下令由內衛部隊和阿吾勒長監督下的吉爾吉斯人巡查上

述邊界。

第八十條　在適當的地點應設置常駐哨卡和信標。

第八十一條　如果發生由境外吉爾吉斯人造成的騷亂，應該立即將他們移送法庭。

第八十二條　過境的外國商人應該到最近的蘇丹處獲得書面文件，向目的地所在區衙呈遞。

第八十三條　蘇丹應將所有簽發的書面文件呈報所在區衙。

第八十四條　如有希望定居在吉爾吉斯草原的外國人，在沒有獲得其所屬政府同意之前不予接納；同時需要得到省長同意。

第八十五條　在途經吉爾吉斯草原的對華貿易建立更好的秩序之前，目前的辦法是可以允許的。大蘇丹或處於邊境上的鄉蘇丹親自給俄羅斯商人開具介紹信。區衙開具的介紹信必須為書面形式。

第八十六條　未經政府允許穿越吉爾吉斯草原的中國臣民將被遣送至省長處，省長將其遣送回恰克圖。

第八十七條　邊境區的內衛部隊應該在數量上高於一般的區。

二、關於近線區

第八十八條　近線區禁止吉爾吉斯人在沒有得到允許的情況下越界進入內地省份。

第八十九條　在要塞線附近游牧的吉爾吉斯人在需要的情況下，可以進入要塞、多面堡壘、武裝崗哨和村莊進行貿易。

第九十條　越界游牧行為只有在區衙與內地省份地方法院溝通後方可允准。

第九十一條　因此，越界的吉爾吉斯人僅有權在鄂木斯克省境內放牧，且遷入內地之後直接隸屬於對應內區的地方法院。

第九十二條　如果吉爾吉斯人希望進一步游牧到內地的西伯利亞各州，必須事先由（鄂木斯克）省長通報對應地區的州長。

第九十三條　在鄂木斯克省之外活動的吉爾吉斯人受所在州的州長和地方長官的管轄。

第九十四條　當吉爾吉斯人遭要塞線內居民的起訴時，其所在區衙始終有義務為其轄境人民辯護。

第九十五條　須監督要塞線外哥薩克的福利水準是否超標；哥薩克受區衙管轄。

第二節　鄉級機關

一、關於蘇丹

第九十六條　蘇丹管理授權其管轄的鄉，擔任一鄉的首領。

第九十七條　蘇丹不得干預司法。

第九十八條　每名蘇丹都配有一名助手；人選由蘇丹指定，可以是其子或近親。

第九十九條　為處理案件，蘇丹有配有通俄語和韃靼語的文員。

第一百條　區衙需要的所有資訊應直接由蘇丹們提供，他們應該自行搜集資訊，整理報表。

第一百零一條　區衙通過蘇丹們落實政令，後者必須接受其指令。

第一百零二條　蘇丹並不下發書面指令，除了對上級區衙的行政訴訟以外。

第一百零三條　蘇丹對阿吾勒長以口頭方式下達指令，並不下發書面文件；面向所有民眾的公告除外，後者從區衙下發。

第一百零四條　蘇丹須執行司法判決。

第一百零五條　蘇丹有義務執行各類法律，保境安民。

第一百零六條　獲悉發生密謀案件時，蘇丹應該立即通知區衙，要求區衙提供支援；但禁止調用下屬吉爾吉斯人報復私仇。

第一百零七條　蘇丹不得在轄境以外行使權力，即便其他鄉的吉爾吉斯人與

某一蘇丹有血親關係，向該蘇丹尋求支持。雙方都應該去區
衙解決糾紛。

第一百零八條　違反上述條例的行為視同越權。

二、關於阿吾勒長

第一百零九條　阿吾勒長管轄授權的阿吾勒，許可權等同於村長。

第一百一十條　阿吾勒長嚴格隸屬於所在鄉的蘇丹。

第一百一十一條　蘇丹的所有指令都要嚴格執行。

第一百一十二條　須向蘇丹提供所有需要的資訊。

第一百一十三條　在沒有稟報蘇丹的前提下不得游牧轉場。

第一百一十四條　須維護所轄阿吾勒的安寧與秩序。

第一百一十五條　除非通過上級蘇丹，否則不得與任何公職人員產生的聯
繫。

第一百一十六條　在民眾同意的情況下，阿吾勒長可以獲得畢官的職位。

第四章　經濟事務

第一節　政府收支

一、指定經費

第一百一十七條　大蘇丹、區衙成員和鄉蘇丹根據編制獲得薪資；醫生、文
員、翻譯和口譯員同樣根據編制發放薪資。

第一百一十八條　區衙和鄉事務均設有辦公經費。

第一百一十九條　賑災、醫療和教育事務均設立專款。

第一百二十條　草原上建房和維修房屋可根據需求發放一次性補貼。

二、經費開支和簿記制度

第一百二十一條　區衙所有經費開支均須造冊登記。

第一百二十二條　蘇丹和阿吾勒長的公費開支也須以簡化形式記帳。

第一百二十三條　須依法完成帳目的造冊、審計和報告工作。

三、房舍修建

第一百二十四條　每個區必須建設下列建築：

　　　　　　　　（一）區衙辦公房舍，以及區衙成員、行政人員和翻譯的
　　　　　　　　　　　住房。

　　　　　　　　（二）神職人員的禮拜堂。

　　　　　　　　（三）供 150-200 人使用的病房。

　　　　　　　　（四）哥薩克的營房。

第一百二十五條　應該按照上級政府預先批准制定的圖紙和預算執行建設方
　　　　　　　　案。

第一百二十六條　房舍蓋好之前，現住在特殊的帳篷裏。

第一百二十七條　省長有責任儘快建設上述住房。

第二節　稅收和賦役

一、實物稅

第一百二十八條　引入新管理體制之前，每個區所有稅種豁免五年徵收。

第一百二十九條　在免稅年份中，僅可通過吉爾吉斯人自願捐贈的方式建設
　　　　　　　　醫院、學校和福利設施，捐贈形式可以是牲畜、物品或貨
　　　　　　　　幣。

第一百三十條　與此類似，當前吉爾吉斯人可以依照習慣為蘇丹提供供奉。

第一百三十一條　所有這些供奉都需要通知區衙，區衙監督保證錢款用於必

要之處。

第一百三十二條　宗教人士的供奉由蘇丹負責。

第一百三十三條　吉爾吉斯人對福利機構的捐贈需記帳，在區衙造冊登記。如果此類捐贈可以大部分以牲畜為形式，那根據需求使用，將多餘的出售。所獲現金用於支持工商業機構。

第一百三十四條　免稅期結束後，每年向吉爾吉斯人徵收實物稅，稅額為值百抽一；不對駱駝徵稅。

第一百三十五條　省公署每年必須提前制定預算，明確需要多少馬匹來補充哥薩克團，需要多少頭牛來維持要塞線醫院及草原地區的診所、工商業機構等等。

第一百三十六條　根據主管機關批准的預算，向各指定地點分配指定的牲畜數量。

第一百三十七條　多餘的牲口送到海關交易為現金，存入國庫。

第一百三十八條　以鄉為單位向吉爾吉斯人徵收實物稅。

第一百三十九條　在清點人口數量時，按照鄉來統計牲畜數量，每三年統計一次。

第一百四十條　每年夏季徵收實物稅一次。

第一百四十一條　不可過度徵收實物稅，要求徵收健康的牛和適於使用的馬。

第一百四十二條　吉爾吉斯人之間的，以及吉爾吉斯人與俄羅斯人之間的合法交易均應該依法徵收印花稅。

二、勞役

第一百四十三條　吉爾吉斯人的勞役主要是維繫內部通信。

第一百四十四條　每個阿吾勒到鄉蘇丹，每個鄉蘇丹到區衙都應該有通訊線路，區衙與省長之間也應該有。

第一百四十五條　通訊線路依靠吉爾吉斯人維繫，每個阿吾勒輪流提供馬匹和騎手。

第一百四十六條　這些吉爾吉斯人有義務保管和準確發送檔。

第一百四十七條　從阿吾勒到蘇丹的郵包應該每天發送，從蘇丹到區衙以及從區衙到省長的郵包在日常情況下應該每週一次。

第一百四十八條　緊急情況下須派遣信使。

第一百四十九條　無論是官員、吏員或差役，遞送郵包時均須從阿吾勒獲得書面文件。

第三節　內部經濟

一、民眾糧食供給

第一百五十條　儘管糧食當前不是吉爾吉斯─凱撒克人的主要食品，但為了預防他們因牲口倒斃或染病而陷入饑荒，以及鼓勵他們務農，要在每個區設立官糧鋪。

第一百五十一條　根據省長的命令準備糧食供應，根據西伯利亞各州情況監督各儲糧店。

第一百五十二條　第一批糧食由公費貸款購置，每個區分配 3 萬盧布公費貸款。此後，官糧鋪資本應該自行增殖。當資本規模增加到最初的 2.5 倍後，應該將貸款歸還國庫。

第一百五十三條　此項資本專用於各區糧食採購。

第一百五十四條　此項資本為公款，須依據所有相關法律使用。

第一百五十五條　根據採購、運輸、維護、保管成本計算售價，假定利潤為 10%。

第一百五十六條　糧食售價定為兩等，價位由省長審核制定：面向富戶和貧民。向富戶出售時須加價；向貧民出售時須降價，甚至不

盈利。

第一百五十七條　每季度應預先確定糧價。

第一百五十八條　不得向貧民一次出售超過三普特糧食。

第一百五十九條　可加價出售，但一次不得加價出售超過 100 普特的糧食。

第一百六十條　以現金貨幣出售糧食。

第一百六十一條　省公署確定糧店主管和門衛的人選。其薪資和糧餉由官糧鋪資本支發。

第一百六十二條　糧店和糧鋪建設的費用也從此資本中支發。製定糧價時，應該考慮這部分開支。

第一百六十三條　這些條例不應阻礙向吉爾吉斯草原自由出售糧食。

第一百六十四條　本部分條例的實踐應持續到向草原地區自由販售的糧食不再增加為止。此後運營官糧鋪的目的僅為貧民平抑物價。

第一百六十五條　吉爾吉斯人利用本地湖泊製鹽，以及在吉爾吉斯人之間販鹽，除特殊情況外不予禁止。

第一百六十六條　不得在吉爾吉斯─凱撒克草原販酒。在每年政府指定的節慶日期，允許他們在要塞線購買少量酒精飲品。

二、拓展產業

第一百六十七條　首先，從每個區指定的土地上首先劃分出適於農耕、畜牧和其他產業的用地；大蘇丹任職期間，可以使用區衙駐地為中心的 5-7 平方俄里土地，也可以繼續參與使用其他公共牧地。

第一百六十八條　大蘇丹離任時，所有不動產重新估價並以其名義出售。

第一百六十九條　向每名區衙吉爾吉斯代表劃撥 2 平方俄里土地。

第一百七十條　向每名區衙俄羅斯代表劃撥 1 平方俄里土地。

第一百七十一條　定居在草原區的哥薩克分得 15 俄畝分地。

第一百七十二條　願意從事農耕或設立經濟組織的吉爾吉斯人可分得每人 15 俄畝土地。

第一百七十三條　區衙應該關心和保護上述各類土地，即便尚未開墾耕種。

第一百七十四條　如果分配的土地在五年內沒有用於耕種，則應該收還並分配給其他人。

第一百七十五條　分配土地時候，需要觀察是否有其他願意租地的人；土地所有權的確定需要三名畢官在場作為證人。

第一百七十六條　當不同牧團爭奪一塊牧地時，也應以上述方式解決。

第一百七十七條　同一區內未作為耕地向吉爾吉斯人分配的牧地被認為是自由的。

第一百七十八條　蘇丹分得工商機構所需土地的三倍面積，阿吾勒長分得兩倍。

第一百七十九條　農耕和工商業用途的土地與不動產一樣可繼承。

第一百八十條　　翻譯和口譯人員與哥薩克軍官擁有同等的土地分配權利。

第一百八十一條　區衙俄羅斯代表和擔任內衛部隊的哥薩克應該作為表率，開墾土地，發展工商業機構。

第一百八十二條　在分得的地塊上，他們應該盡力耕種；以及如果有可能的話，應該發展園藝、養蜂和其他產業。

第一百八十三條　他們應該盡全力讓蘇丹、阿吾勒長和其他吉爾吉斯人相信這些設施的功用，為他們提供各類支持，以必要的建議提供幫助。

第一百八十四條　他們應該激勵吉爾吉斯人保護自己的耕地。

第一百八十五條　省長應該關心農具是否容易在要塞線和草原地區購置。

第一百八十六條　每個赴草原地區的哥薩克分隊應該攜帶鐵匠工具。

第一百八十七條　區內首先在農墾、養蜂或其他事業方面取得明顯成就的吉爾吉斯人有權得到特別的獎勵，並且呈報沙皇審閱。

第四節　商業

一、通例

第一百八十八條　每個吉爾吉斯人都有權自由地在區內或區外出售自己的產品，或在要塞線的海關和哨卡貿易。

第一百八十九條　每個吉爾吉斯人可通過海關和哨卡赴內地城市販售自己的牲畜。

第一百九十條　蘇丹可向境外或要塞線派出商旅，但赴要塞線的商旅必須通過海關和哨卡。

第一百九十一條　所有獲得在州外經商權利的俄羅斯商人，可以通過海關和哨卡赴吉爾吉斯草原販售小商品。

第一百九十二條　亞洲的外國人以經商目的單獨進入吉爾吉斯人地區，需要得到沿途每個鄉的蘇丹批准。蘇丹有權根據本鄉的情況向商人收取商稅。商稅徵收的形式因地制宜，但其用途須符合整個鄉社利益。

第一百九十三條　商旅在吉爾吉斯草原不應被徵收任何商稅。

第一百九十四條　與商旅產生的貿易行為不應被徵收商稅。

二、錢幣流通

第一百九十五條　與所有內地省份一樣，鄂木斯克省的所有外區通行俄羅斯硬幣和官方紙幣。

第一百九十六條　須保障不受阻礙地使用俄硬幣和紙幣購買吉爾吉斯人的物產。

第一百九十七條　以物易物行為同樣以上述條款為基礎。

三、海關

第一百九十八條　直到國界確定之前，目前西伯利亞要塞線即為海關機構設置的邊界。

第一百九十九條　西伯利亞要塞線的海關依照其他地區海關章程運行。

第二百條　海關有權徵收關稅。

第二百零一條　遷徙至要塞線內的吉爾吉斯人，依照 1800 年條例及免稅期條款徵收稅款。

第二百零二條　吉爾吉斯草原並沒有實際的邊界，因此主要的貿易地點——彼得羅巴甫洛夫斯克和塞米巴拉金斯克也一併被認為是商埠口岸。因此，僅第一級和第二級商會的商人有權以派遣商隊的方式進行貿易。

第二百零三條　所有通過西伯利亞要塞線的外國人應該從海關或哨卡經過，出示從草原地區基層官員處獲得的、相當於護照的書面文件。

第二百零四條　所有準備進入草原地區的俄羅斯臣民，除了要塞線哥薩克以外，應該從海關和哨卡獲得路票（пропуск），相當於內部護照。

第五章　司法事務

第二百零五條　所有吉爾吉斯人的司法案件分為三類：（一）刑事；（二）民事訴訟；（三）對行政機關的訴訟。

第二百零六條　涉及吉爾吉斯人刑事案件包括如下各類：（一）叛國；（二）兇殺；（三）搶劫；（四）嚴重抗法案件。

第二百零七條　所有其他案件，甚至是盜竊，直到其道德風俗通過教育改變之前，都被認為是民事訴訟案件。

第一節　刑事案件

第二百零八條　刑事案件必須事先調查、再庭審。

第二百零九條　調查由區衙審核。

第二百一十條　在此情況下，區衙相當於內地省份的縣法院。

第二百一十一條　參與調查的人員不能干涉判決。

第二百一十二條　刑事案件依照國家司法過程，以多數決方式判決。

第二百一十三條　大蘇丹在司法案件判決中僅有相當於普通區衙會議成員的
　　　　　　　　投票權。

第二百一十四條　刑事案件需接受省法院監察。

第二節　訴訟案件

第二百一十五條　所有民事訴訟案件通過阿吾勒和鄉的畢官們來解決。

第二百一十六條　畢官以口頭方式、依照吉爾吉斯人的法律和習慣審理案
　　　　　　　　件。

第二百一十七條　此類判決即時執行。

第二百一十八條　如果有人對畢官的判決不服，在具有有效證明文件的前提
　　　　　　　　下，可以向省長以書面方式提請再審。

第二百一十九條　省長通過區衙對這些案件進行調查，並根據吉爾吉斯草原
　　　　　　　　的法律審判。

第二百二十條　當發現畢官審判不公，在調查清楚其濫用職權行為後，需要
　　　　　　　　追究其責任並予以懲罰。

第三節　對基層機關的訴訟

第二百二十一條　對阿吾勒長的行政訴訟應該向鄉蘇丹和區衙提交。

第二百二十二條　對鄉蘇丹的行政訴訟向大蘇丹提交，但大蘇丹並沒有太多
　　　　　　　　審查和決斷的權力，主要由區衙判決。

第二百二十三條　對大蘇丹、區衙會議成員和內衛部隊長官的行政訴訟向省長提出。

第二百二十四條　依法裁定這些人是否有罪。

第二百二十五條　對哥薩克的行政訴訟，如果這些案件重要性較低，由內衛部隊長官審理。

第二百二十六條　如裁定為嚴重違法，則依照要塞線哥薩克的法律移交法庭審理。

第二百二十七條　對途經商旅和對俄羅斯人的訴訟向那些批准其進入的蘇丹提起。

第六章　特殊規章

第二百二十八條　特殊規章涉及醫療、防疫、宗教、教育和福利等機構。

第一節　醫務

第二百二十九條　每個區要有兩個醫生，為服役人員和居民提供醫療服務。

第二百三十條　每個區建設固定的醫院。

第二百三十一條　如有空間，醫院接納的患者大多數應該是貧窮和重病的吉爾吉斯人。

第二百三十二條　醫院內的勤雜人員由貧窮的吉爾吉斯人組成，其經費由鄉社承擔。

第二百三十三條　各區的醫療機構隸屬於區衙和軍區醫務官。

第二百三十四條　醫務官員應該盡可能在吉爾吉斯人中接種天花疫苗。如果獲得成功，將給予特殊獎勵。

第二百三十五條　醫務官員應該為患者的需求在區內多走訪。

第二節　防疫隔離

第二百三十六條　西伯利亞要塞線建立的防範牲畜倒斃的防疫設施依然留用。

第二百三十七條　如果要塞線內發生牲畜倒斃疫情，則隔離設施有著反方向的作用，即保護草原地區的吉爾吉斯─凱撒克人。省長承擔照顧他們的職責。

第二百三十八條　如果牲畜倒斃發生在草原地區，則區嗇需立即通報近線區的區長，以及時採取措施。

第二百三十九條　同一時間，區長應該立即設法切斷疫情鄉與非疫情鄉之間的聯繫，通過各哨卡來傳遞資訊。

第二百四十條　區嗇要警告吉爾吉斯人轉場，離開出現疫情的牧區。

第二百四十一條　提供醫療支持，為潛在感染的畜群建立移動的隔離措施。

第二百四十二條　在此類情況下，蘇丹和阿吾勒長必須調動所有資源，立即將爆發疫病的消息通告；因此再出現疏漏，將追究其責任。

第三節　宗教和教育規章

第二百四十三條　相較於伊斯蘭教而言，目前吉爾吉斯─凱撒克人的信仰本質上更傾向於多神信仰；因此存在將他們中的大多數人吸引入基督教的可能性。省長可以向草原地區派遣傳教團，傳教團應該通過勸說而非任何強制手段來開展行動。

第二百四十四條　如果某個區改信基督教的人數達到 1000 人，則省長必須要求撥款建造教堂，分配牧師。

第二百四十五條　牧師應該盡自己力量建設學校，教授學童教規、讀寫和基礎的算術，與本地教育部門的長官配合。

第二百四十六條　蘇丹和阿吾勒長的子弟如果願意的話，可以由公費出資建

　　　　　　　　設的軍隊孤兒院收留。

第二百四十七條　這些學童在接受識字和算術訓練後，如果他們的家長和親
　　　　　　　　戚允許，可以擔任公職。

第二百四十八條　每個吉爾吉斯人都有權依法送兒子在帝國內地省份上學。

第二百四十九條　除了指定的教會學校外，其他學校均須以各種方式支持吉
　　　　　　　　爾吉斯人上學。

第四節　福利機構

第二百五十條　各區衙必須關心所有開支，以免轄境內任何人民遭受貧窮，
　　　　　　　保證每個人都被照顧到。

第二百五十一條　為此，區衙應將閒散人員吸納入醫院、學校或作為富裕吉
　　　　　　　　爾吉斯人的傭人，在最後一種情況下要保證公平、互惠和
　　　　　　　　秩序。

第二百五十二條　區衙應該通過社會福利機構提供為殘疾、年長和有精神疾
　　　　　　　　病、以及無法通過勞動養活自己的人士提供特殊幫助。

第二百五十三條　每個區衙應備 5 至 10 頂氈房為上述人群提供庇護，並為他
　　　　　　　　們提供醫療服務。

第七章　各級機關責任

第二百五十四條　各級機關責任由西伯利亞管理條例的附錄界定。

第二百五十五條　蘇丹對吉爾吉斯人的騷亂負責。

第二百五十六條　蘇丹如被指控放縱搶劫或牲畜扣押，甚至參與其中，則立
　　　　　　　　即移送法庭。

第二百五十七條　蘇丹如不服從區衙或與外國人發生未經允許的聯繫，則移
　　　　　　　　送法庭。

第二百五十八條　區衙對所有發佈的政令負責。

第二百五十九條　區衙的每位成員如果遭到欺壓民眾或其他貪腐行為的指控，則依法審判。

第二百六十條　區衙對下屬內衛部隊的行動負責。

第二百六十一條　區衙、蘇丹和阿吾勒長對其管轄的國家和公共財產負責。

第八章　省長特殊事務

第二百六十二條　省長有義務盡全力保障內部秩序和外部安全，因此他有權緝捕涉嫌搶劫和叛亂人員，以及擊退武裝進犯的外敵。

第二百六十三條　省長必須盡力維持與那些獨立於俄羅斯地區的和平和貿易關係。

第二百六十四條　省長須關心吉爾吉斯的教育和住房建設。

第二百六十五條　省長須調查吉爾吉斯人耕種土地的狀況，並派遣軍需官在吉爾吉斯人之間劃分土地。

第二百六十六條　省長須在需要的地方建設防禦工事。

第二百六十七條　省長每年自己或派人到草原地區考察一次，調研內部狀況。

第九章　吉爾吉斯人的特殊法律和習慣

第二百六十八條　成為俄羅斯臣民的每位吉爾吉斯人，在集體和地方長官的批准下，有完全的自由為自己的生計和工作赴各地旅行。

第二百六十九條　同樣的，所有其他俄羅斯臣民在獲得合法護照的條件下，也有權利赴吉爾吉斯草原以及鄰近的州，但必須通過海關出入。

第二百七十條　每位吉爾吉斯人有權轉換到其他階層（сословие），有權登記註冊為某一行會成員。

第二百七十一條　身處帝國內陸地區時，吉爾吉斯人受到地方長官管轄；轉入其他階層後，承擔相應的權利義務。

第二百七十二條　轉入其他階層後，吉爾吉斯人承擔納稅義務，但享有五年免稅期限和免於徵召的權利。

第二百七十三條　在根據本條形成的鄉中，1808 年關於將吉爾吉斯人作為財產的法令廢止。

第二百七十四條　蘇丹對轄區內的吉爾吉斯人沒有支配或作為地主的權力，僅僅是上級政府在民眾同意下授權作為一鄉主官的權力。

第二百七十五條　因此，每位吉爾吉斯人在遭到蘇丹壓迫時，都有權請求最近的地方長官保護。

第二百七十六條　所有吉爾吉斯人都有權擁有不動產。

第二百七十七條　吉爾吉斯人擁有的奴隸可以繼續保留，且有轉讓、出售和繼承的權利；但禁止將新的吉爾吉斯自然人蓄為奴隸。

第二百七十八條　區衙應該瞭解此類奴隸的數量和歸屬狀況，登記所有轉讓的行為。

第二百七十九條　作為居於吉爾吉斯人中最高者階層者，蘇丹免受肉刑。

第二百八十條　因本條例為吉爾吉斯人提供了與俄羅斯當局聯絡的完全自由，因此沒有必要從他們中挑選特別的代表。

第二百八十一條　但他們不會被剝奪派遣使團觀見沙皇的權利，每個區的蘇丹們可集體推選代表到聖彼得堡，但不得違背民眾意願。

第二百八十二條　在此情況下，地方機關可以允許並護送這些代表團通過。

第二百八十三條　只有在最高當局需要的時候，才能以公費接待代表團。

第十章　本條例的落實辦法

第一節　總則

第二百八十四條　本條例將逐步落實，首先從那些要求得到庇護、宣誓成為忠實臣民的鄉開始，之後邀請其他在要塞線附近游牧的鄉加入。

第二百八十五條　通過派遣到草原的官員來落實此秩序，以及通過省長的文書以特殊的形式，昭告整個中玉茲哈薩克草原已經接受了俄國政府的保護。

第二百八十六條　到那時，昭告要塞線外的臣民之間沒有任何權利差別，可穿越要塞線進入內地，也可從要塞線返回。

第二百八十七條　昭告此後牲畜扣押被視為等同於搶劫和謀殺來審理和裁決。

第二百八十八條　需要灌輸三方面思想：首先，吉爾吉斯人之間的內鬥會導致極端貧窮；其次，由於缺乏內部層級組織，會整戶整戶地在疾病中死去，而針對這些疾病是可以採取預防措施的；再次，同樣因為缺乏內部組織，遭到我們社會排斥的罪犯偽裝成商人欺壓他們。

第二百八十九條　本條例所有有關吉爾吉斯人的權利、福利和義務的條款，以及所有公告，都應該翻譯成他們的語言印刷出版並佈告周知。

第二百九十條　最後，可以明確告知，吉爾吉斯人並不會被強迫接受這套制度；但是，一旦接受，則不允許退出。

第二百九十一條　省長根據具備的條件，逐個開設區衙。

第二百九十二條　省長派代表團到其他鄉，但不得強迫之。

第二百九十三條　歸根結底，為落實本條例，必須通過為加入區衙的各鄉提

供庇護，讓吉爾吉斯─凱撒克人相信，並向他們證明本條
例的實際效力。

第二百九十四條　省長的關切對於推動新體制的落實至關重要。

第二百九十五條　省長應該盡可能向吉爾吉斯人解釋新體制的優點。

第二百九十六條　省長在落實中應在總體上依照上級部門指示，反饋工作成
果，在需要的情況下申請資金支持。

第二百九十七條　在這種情況下，西西伯利亞總督為鄂木斯克省長提供經費
支持。

第二百九十八條　在開設區衙兩年之後，省領導應該嚴格執行上述法條。

第二百九十九條　在某一區衙開設的最初兩年間，可以要求增派官員，或更
頻繁地進行巡查。

第三百條　省長出於公共利益目的，有權根據本地情況呈報取消或增補條例
內容，但修訂條例需要上級政府批准。

第二節　各鄉採納新統治體制流程

第三百零一條　每次納入新體制的鄉數目應該根據權力機關的能力估算，以
便讓他們更多體會到新體制的便利。

第三百零二條　向省長提出的申請形式類似之前的臣屬。

第三百零三條　允許省長不向上級政府呈遞此類請求，但在成功開設區衙時
必須呈報上級。

第三百零四條　引入新體制時，須舉辦特殊的儀式，以及吉爾吉斯人以自己
的習慣宣誓效忠。

第三百零五條　開設新區時，舉行選舉，並舉辦節慶儀式。

第三百零六條　第一次選舉應該在第二年的八月舉行，自此開始計算兩年到
三年的期限。

第三百零七條　在引入新體制之前的最後一年，應將牲畜扣押積案解決。

第三節　與尚未採納新統治體制各鄉的關係

第三百零八條　沒有加入新體制的鄉仍被認作是要塞線外的吉爾吉斯人。

第三百零九條　為預防這些人生活的地區發生騷亂，在尚未設區的地區安排巡防隊和哨卡。

第三百一十條　拒絕沒有加入新體制的鄉赴內地貿易，僅允許他們在要塞線的海關貿易。

第三百一十一條　對於在依照本條例開設的鄉內發生的牲畜扣押和謀殺案件，須偵查並移送軍事法庭。

第三百一十二條　上述條款同樣適用於那些侵犯通過該地區的行人或商旅的吉爾吉斯人。

第三百一十三條　在已設立各區中，與這些尚未加入新體制的吉爾吉斯人發生的案件適用本條例審理。

第三百一十四條　對尚未加入新體制的小帳吉爾吉斯人適用對尚未加入新體制的中帳吉爾吉斯人的辦法。

第三百一十五條　如果阿吾勒或鄉的數量不足以形成區，但他們希望加入新體制，則可以成立特別的分區，隸屬於最近的區，為其區衙所轄，直到其規模發展到可單獨成區。

第四節　要塞線的移動

第三百一十六條　作為邊境防線的西伯利亞要塞線並非永久，作為在吉爾吉斯人佔據土地上擴張秩序的手段，它將首先而且最終根據實際的國家邊界而確定。

第三百一十七條　在草原內部的臨時哨卡和巡防隊根據需要由省長下令設立。

第三百一十八條　作為邊境的要塞線實際變動需要得到最高當局的批准。

第三百一十九條　上述安排根據詳細計畫而定，根據要塞線和地方情況而定。

烏拉爾斯克省、圖爾蓋省、阿克莫林斯克省和塞米巴拉金斯克省臨時管理條例[3]

第一章　行政制度

第一節　省份劃分

一、省的劃分

第一條　由原先的奧倫堡吉爾吉斯省、西伯利亞吉爾吉斯省和塞米巴拉金斯克省、加上烏拉爾和西伯利亞哥薩克軍團轄地組建現在的四省：烏拉爾斯克省、圖爾蓋省、阿克莫林斯克省和塞米巴拉金斯克省。

第二條　奧倫堡管區的烏拉爾斯克和圖爾蓋省，西西伯利亞管區的阿克莫林斯克和塞米巴拉金斯克省。

第三條　在西伯利亞機構的基礎上，烏拉爾斯克和圖爾蓋省隸屬於奧倫堡總督，阿克莫林斯克和塞米巴拉金斯克省則隸屬於西西伯利亞總督。

第四條　圖爾蓋省由原奧倫堡吉爾吉斯省的東部以及中部的剩餘地區組成。

第五條　烏拉爾斯克和圖爾蓋省之間的邊界，大約是從奧倫堡州的邊界沿著霍布多河，即此前西區和中區分界線，南部到穆戈紮爾山和從鹹海南緣；由各省省長審議和協商決定。

第六條　阿克莫林斯克省由原西伯利亞吉爾吉斯省的以下各區組成：科克切塔夫、阿特巴薩爾、阿克莫林斯克、西伯利亞哥薩克第一至第五團和第六團一部分領地、鄂木斯克市和彼得羅巴甫洛夫斯克市。

　　　　注：托博爾斯克州下轄的鄂木斯克區公署應從鄂木斯克市遷到其他

---

[3]　該條例俄文標題為 Временное положение об управлении в Уральской, Тургайской, Акмолинской и Семипалатинской областях，頒佈於俄曆 1868 年 10 月 21 日。

地點。

第七條　塞米巴拉金斯克省由以下各區構成：塞米巴拉金斯克區、科克佩克特區、謝爾吉奧波利鎮的一部分、齋桑地區、巴彥阿吾勒區、卡爾卡拉林斯克區、西伯利亞哥薩克第六至第八團轄地。

第八條　阿克莫林斯克和塞米巴拉金斯克省之間的邊界大致被認為是從科魯托雅爾村（Крутоярский выселок）　筆直向南，將巴彥阿吾勒區和卡爾卡拉林斯克區與西伯利亞吉爾吉斯省其他各區劃分開來的一條線；由各省省長審議和協商決定。

第九條　烏拉爾斯克省的首府設於烏拉爾斯克市。

第十條　圖爾蓋省首府在遷入草原腹地之前，暫時駐留奧倫堡市。

　　　　注：奧倫堡總督負責選定圖爾蓋省的省公署駐地，規劃其開支預算。

第十一條　阿克莫林斯克省公署設於阿克莫林斯克市，但在那裏建設足夠的建築設施之前，省公署暫駐於鄂木斯克市。

　　　　注：西西伯利亞總督有義務規劃省公署遷往阿克莫林斯克市的開支預算。

第十二條　塞米巴拉金斯克省的省府設於塞米巴拉金斯克市。

第十三條　烏拉爾斯克省下分四縣，縣治分別位於烏拉爾斯克市、古裏耶夫、卡爾梅科夫、恩巴。亞歷山德羅夫要塞受烏拉爾斯克省管轄。為管理跨界的民眾，設立曼吉什拉克區段（Мангышлакское приставство），按照特殊的條例管理。

　　　　注：區段警長管轄民眾的權責由特殊的指令規定，而轄境內軍隊和要塞則依照《奧倫堡和西西伯利亞各省軍務管理條例》管理。

第十四條　圖爾蓋省分為四縣，縣治分別位於伊列茨克─紮希捷村、尼古拉耶夫斯克鎮、烏拉爾斯克要塞（更名為伊爾吉茲），奧倫堡要塞（更名為圖爾蓋）。後兩者獲得城市地位。

注：前兩者的縣治暫時在草原深處，如果更換縣駐地，縣名將更改。

第十五條　阿克莫林斯克省分為四縣，駐地分別在鄂木斯克市、彼得羅巴甫洛夫斯克市、阿克莫林斯克市、科克切塔夫鎮。最後一個獲得城市地位。

注：為有效管理阿克莫林斯克省南部，可能要新開設縣，位於薩雷蘇河畔。

第十六條　塞米巴拉金斯克省下分四縣，縣治為巴甫洛達爾市、塞米巴拉金斯克市、科克佩克特市、卡爾卡拉林斯克鎮。後者獲得城市地位。齋桑設立特殊區段，在變更之前作為縣級行政單位管轄。

注：齋桑區段在民事方面有特殊條例，軍事和要塞管理方面按照《奧倫堡和西西伯利亞各省軍務管理條例》管理。

第十七條　省和縣邊界劃分須盡可能考慮吉爾吉斯社會的土地使用情況。

第十八條　境內人口，包括哥薩克軍團，在本條例基礎上受警察和法院管轄。

注：哥薩克軍團的內部經濟生活和政治秩序都保持不變。

第十九條　哥薩克鎮的管理在此前基礎上保持不變。

第二節　省級機關

第二十條　每個省的管理機關直屬於總督領導，總督區下分省和縣。

第二十一條　省級機關由省督軍和省公署組成。

第二十二條　省督軍同時為轄境內駐軍的司令。

第二十三條　烏拉爾斯克省督軍同時為烏拉爾哥薩克阿塔曼；阿克莫林斯克省督軍和塞米巴拉金斯克省督軍為相應省份內西伯利亞哥薩克的首領，承擔相應義務。

第二十四條　省督軍的任免由沙皇批准，由內務大臣與總督和陸軍大臣商議

後提名。

第二十五條　如總督無特殊命令，在省督軍因患病或離任無法履職時，由副
　　　　　　督軍代理其職務。

第二十六條　烏拉爾斯克省和圖爾蓋省督軍與帝國其他地區州長職權相同。
　　　　　　阿克莫林斯克省和塞米巴拉金斯克省督軍的職權參照西伯利亞
　　　　　　條例，以及本條例的部分條款。

第二十七條　省督軍管理省內常備軍、軍事行政和哥薩克的經濟部門；省督
　　　　　　軍下設特別軍事管理機關。

第二十八條　省督軍依照特殊條例管理哥薩克軍團。

第二十九條　省督軍下設事務官員，具體職位參見附錄列表。

第三十條　　不設立專屬於省督軍的辦公廳。

第三十一條　省屬各機關的人員構成參照附表。

第三十二條　省公署的主席為副督軍。

第三十三條　副督軍的任免由內務大臣與總督預先協商，沙皇批准。奧倫堡
　　　　　　總督區下轄省份和縣其他官員任免依照帝國普通條例；西伯利
　　　　　　亞地區依照《西伯利亞諸省機構建制章程》。

第三十四條　省公署下設執行局、經濟局和司法局，各局由局長領導。

第三十五條　副督軍和其他省公署官員的職權由帝國普通行省條例規定。

第三十六條　省公署管轄以下事務：民政管理、國庫管理、民事和刑事司法
　　　　　　事務、國家財產管理等。上述各方面均專設部門。此外，省公
　　　　　　署下設草原地區民事建設部門。

第三十七條　醫療衛生、建築、礦物、林業等事業，安排省醫生，省建築師
　　　　　　和主管礦務和林業的官員。
　　　　　　注：省公署可以邀請專業人士提供幫助。

第三十八條　省公署負責起草省督軍簽發的公文。

第三十九條　在省督軍批准下，副督軍負責在各局之間分配工作。

第四十條　省公署的內務文件流程依照內務部指示運作，由內務部和總督合作領導，適用 1865 年 6 月 8 日沙皇諭准《關於行省機構編制增加的臨時條例》，只要與省公署管理吉爾吉斯人的需求相符。

第四十一條　省公署負責在草原諸省落實各類法令、以及在省城簽發證明。縣和縣城法令的落實和證明簽發由縣法院負責。

第四十二條　草原諸省依法設立檢察官。

第四十三條　財政、審計和郵政機關暫時保持之前狀態。副督軍與相應中央部門聯絡建立地方機構。

第三節　縣級機關

第四十四條　各縣的管理集中在縣長手中。

第四十五條　縣長有權領導縣警長，在帝國法律的基礎上管理警務。烏拉爾斯克省的縣長，以及伊爾吉茲、圖爾蓋、科克佩克特三縣的縣長掌握軍隊和要塞，軍事機關管理依照《烏拉爾斯克省、圖爾蓋省、阿克莫林斯克省、塞米巴拉金斯克省軍事管理條例》
注：對縣長行動指示的條例由總督起草，須徵得內務部同意。

第四十六條　縣長下設縣長助理和辦公室。

第四十七條　縣長無法履職，則縣長助理代理，縣長助理領導縣長辦公室工作。

第四十八條　縣長有權管轄縣內所有常駐居民、臨時居民和哥薩克軍團軍屬。

第四十九條　現存於烏拉爾斯克市、鄂木斯克市、彼得羅巴甫洛夫斯克市、塞米巴拉金斯克市、烏斯季—卡緬諾戈爾斯克市的市警察局保留原先狀態；為管理阿克莫林斯克市警務，設立警長職位。

第五十條　此前要塞線若干城市存在的城市經濟管理部門保持原狀。

第五十一條　在尚無城市管理機關的城市，縣長有權向商人或市民簽發經商執照。

第四節　醫療衛生制度

第五十二條　各省由省醫生負責監督省內醫療事業，其權責相當於內地各州
　　　　　　的州醫務官。

　　　　　　注：哥薩軍團的醫療事務由特殊法律規定，參見《哥薩克軍團
　　　　　　條例》。

第五十三條　每個縣安排一位縣醫生和助產士，提供醫療服務。

第五十四條　縣醫生和接生婆的職權由普通醫務條例規定。

第五十五條　縣醫生需要採取措施在吉爾吉斯人中推廣疫苗接種。

第五十六條　縣醫生為吉爾吉斯人免費提供醫療服務，免費提供藥品。此
　　　　　　外，縣醫生有義務在各鄉巡遊，為民眾提供醫療服務。

第五十七條　吉爾吉斯有權到所有軍民醫療機構接受治療。醫療機構可從特
　　　　　　別經費中免除無力支付醫療費用病人開銷，此項特別經費由省
　　　　　　公署確定。

第五節　地方機關

第五十八條　每個縣的游牧吉爾吉斯人劃分為鄉，鄉劃分為阿吾勒。

第五十九條　鄉和阿吾勒的劃界工作根據地方情況展開，由省督軍審批具體
　　　　　　是分階段還是一次性完成劃界。阿吾勒包含 100-200 帳，鄉包
　　　　　　含 1,000-2,000 帳。

　　　　　　注：在有特殊理由的情況下，各省省督軍劃分鄉和阿吾勒的規
　　　　　　模可與上述標準略有出入。

第六十條　　根據冬牧場土地使用的情況，鄉由鄰近的阿吾勒組成。

第六十一條　某一游牧帳更改阿吾勒或鄉的隸屬關係需要兩邊的長官同意，
　　　　　　以及相應員警區段長官批准。整個阿吾勒劃入另一個鄉則需要
　　　　　　縣長批准。

第六十二條　鄉長管鄉，阿吾勒長管村。

第六十三條　鄉長和阿吾勒長由選舉產生。

第六十四條　鄉長選舉大會在阿吾勒長選舉大會之前召開。

第六十五條　被選舉條件包括受人尊敬信任、未受法庭指控、未處於偵訊之中，且年齡須在 25 歲以上。

第六十六條　鄉和阿吾勒選舉大會時間地點由縣長決定。

第六十七條　鄉和阿吾勒選舉分開進行。

第六十八條　每 50 帳推舉一名選舉人，由選舉人選舉鄉長和鄉長候補。

　　　　　　注：在某一鄉中，按每 50 帳推舉尚有餘 25 帳以上，則從剩餘帳數推舉一名選舉人。

第六十九條　鄉長選舉需要縣長或縣長助理在場監督，但不得干預。

第七十條　　阿吾勒內，每 10 帳推舉一名選舉人，阿吾勒大會選舉阿吾勒長和阿吾勒長候選人。

　　　　　　注：在某一鄉中，按每 10 帳推舉尚有餘 5 帳以上，則從剩餘帳數推舉一名選舉人。

第七十一條　阿吾勒選舉大會需要鄉長在場，監督但不得干預。

第七十二條　鄉長和阿吾勒長的選舉由上述鄉和阿吾勒選舉人集會舉行。以投票球或其他形式標記選票；以簡單多數票決，得票最多者當選，第二多者為候選人。

第七十三條　鄉長和阿吾勒長的選舉每三年舉行一次。

第七十四條　鄉長和鄉長候選人需要省督軍批准；阿吾勒長及阿吾勒長候選人需要縣長批准。

第七十五條　鄉長濫用職權或履職不力，由縣長呈報，省督軍將其免職。緊急情況下，縣長有權臨時將鄉長免職，後上報督軍。

第七十六條　替換或免職阿吾勒長需要上報縣長。

第七十七條　鄉長選舉大會決定鄉長和阿吾勒長的薪資。鄉長薪資和雇傭書吏開支總計不低於 300 盧布；一鄉內各阿吾勒長的工資必須一

致，由鄉選舉大會的選舉人確定。

第七十八條　鄉長選舉大會編制鄉長薪資，需要由縣長批准。

　　　　　　注：嚴格禁止為維持鄉和阿吾勒經費而增設本條例規定以外的稅費名目。

第七十九條　鄉長選舉大會根據鄉社分攤的徵稅額度確定鄉長和阿吾勒長的工資，呈報縣公署；從各鄉稅收中按額發放給鄉長和阿吾勒長，由省長確定發放時間。

第八十條　發放給吉爾吉斯官員的薪資保存於縣管理機關；以特殊帳本依法記帳。

第八十一條　省督軍決定發放工資的時間和流程。

第八十二條　鄉長和阿吾勒長接受由縣長頒發的銅質徽標，須在履行公職時佩戴。縣長向鄉長和阿吾勒長頒發特殊印章和簽名章，用於簽發文件。

第八十三條　內務部決定印章和徽標的形制。印章和徽標的製作開支由國家財政負擔。鄉長或阿吾勒長離任或死亡後，印章和徽標交還縣長。

第八十四條　鄉長擔負警務和落實政令責任，保境安民，特別關注避免發生牲畜扣押案件，執行法令、徵收賦稅、分配勞役。

第八十五條　鄉長直接從屬於縣長，執行縣長的政令。

第八十六條　鄉長有義務執行司法判決和民間法庭的口頭決議。

第八十七條　對鄉境內的抗法和輕微違法事件，比如鬥毆和騷亂，鄉長有權監禁不超過 3 日及罰款不超過 3 盧布，擁有官銜或勳章的人除外。須向縣長呈報案件。

　　　　　　注：鄉長收繳的罰款呈交縣長，在省長指定下用於公共事業。

第八十八條　阿吾勒長從屬於鄉長，落實鄉長的任務。

第八十九條　如有村民輕微違法，由阿吾勒長上報鄉長處理。

注：鄉長和阿吾勒長的更多細節職責由其上司的指令規定。

第九十條　在鄉長選舉大會同意、縣長批准的情況下，鄉長可雇傭若干差役。其工資從公共帳戶支出。

注：發往縣公署的文書由鄉長的差役負責遞送。

第九十一條　夏天在不同省之間游牧的吉爾吉斯，其稅收和勞役依然受原屬省份管轄。

第二章　司法制度

第一節　管轄範圍

第九十二條　西伯利亞和奧倫堡管區上述省份的吉爾吉斯人由如下機構審理司法案件：以帝國法為基礎的軍事法庭和民間法庭。

第九十三條　軍事法庭審判如下案件：叛國、煽動反對政府、公然抗法、襲擊郵政和官方轉運隊、破壞電報、謀殺想皈依基督教的人、謀殺公職人員。

第九十四條　吉爾吉斯人根據帝國普通刑法受審：謀殺、搶劫、破壞、牲畜扣押，攻擊商旅，入侵他人宅地，縱火，偽造和使用假幣，搶劫官方財產，違反國家機關法令，地方吉爾吉斯人機關職務違法。

注 1：吉爾吉斯人的牲畜扣押指的是由某種原因引發的不滿導致盜竊牲畜或搶劫財物。在阿吾勒或鄉中，該行為往往伴隨著暴力，時常發生謀殺。

注 2：如果他們願意，吉爾吉斯被害者的親屬被允許在俄羅斯法庭上根據民族習慣聲索賠償。

第九十五條　在草原省份之外吉爾吉斯人犯罪，則依據案發地點的法律審判。

第九十六條　吉爾吉斯人與俄羅斯人之間以及與其他民族之間發生的案件，

無論刑事還是民事，都根據帝國普通法律審理。

第九十七條　所有其他不隸屬於軍事法庭或帝國普通法庭的吉爾吉斯人刑事案件，無論涉案金額大小，一律歸民間法庭審理。

第九十八條　哥薩克軍團軍屬在外勤期間所涉刑事、輕微違法和民事訴訟案件均依照帝國普通法審理。

第九十九條　哥薩克在外勤期間所涉違法和犯罪行為，以及在內務期間違反紀律和軍事義務均依軍事條例審判。

第一百條　涉及哥薩克的輕微民事案件和輕微違法案件交由鎮法庭《哥薩克軍團管理條例》審理。

第二節　司法機關

第一百零一條　司法權力隸屬於以下四類機構：（一）縣法官；（二）軍事司法委員會；（三）省公署；（四）樞密院。

一、縣法官

第一百零二條　為審理縣轄境內地方居民案件，根據本條例在每個縣設立縣法官。縣法官的職責相當於治安法官，依據 1864 年 11 月 20 日司法條例開展司法調查和案件審理。

第一百零三條　縣法官由總督提名、司法大臣批准。

第一百零四條　法官只能從獲得過中高級教育機構學歷的人士，或者在同類職位上服務過不少於三年，能獲得司法案件審理經驗的人士中選出。

第一百零五條　在生病、缺勤或臨時無法履職的情況下，臨時代理的人選由總督任命。

第一百零六條　省公署負責直接監督縣法官。

第一百零七條　縣法官一個月以內的假期由省公署批准，更長期限由總督批

准。

第一百零八條　對縣法官的懲罰由省公署法官依照行政流程執行：警告、記過、批評但不計入履歷、在司法條例第 458-560 條基礎上扣工資，停職（與總督、司法大臣協商）。所有其他類型的懲罰依照法院審理。

第一百零九條　縣法官移送法院，須由省公署與總督、司法大臣協商。

二、軍事司法委員會

第一百一十條　軍事司法委員會依據本條例審理、判決軍事法庭案件。

三、省公署

第一百一十一條　每個省的省公署承擔民事和刑事法庭職能，依據本條例審理並判決所有不屬於軍事法庭和縣法官刑事和民事案件，以及受理對縣法官的申訴。

第三節　俄羅斯法訴訟程序

一、刑事案件

第一百一十二條　縣法官受理縣境內所有違法犯罪和行政訴訟案件。

第一百一十三條　如發現與違法犯罪刑事案件相關的線索，警務和行政部門有義務及時通報法官。

第一百一十四條　不涉及剝奪或限制身份權利的罪行可由縣法官自行審理；涉及剝奪或限制身份權利的案件，由縣法官依法調查取證。

第一百一十五條　如審理案件需要展開調查，可以委託地方警務部門。

第一百一十六條　審理案件流程遵照《刑事訴訟條例》第一卷；依照相關法

律確定是否有罪及量刑。

第一百一十七條　縣法官受理的案件，其判決為下列刑罰的被認為是終審：警告、記過、批評、監禁不超過 3 天、罰款不超過 100 盧布。

第一百一十八條　在非終審判決上，訴訟雙方可根據司法條例規定的期限，上訴到省公署。

第一百一十九條　對縣法官拖延公務、玩忽職守、任意監禁被告等行為的個人申訴可提交省公署審理。

第一百二十條　涉及剝奪或限制身份權利的違法犯罪案件，依本條例由軍事法庭審理，由縣法官展開司法調查，向督軍呈報調查結果。調查結果及時提交軍事司法委員會。

第一百二十一條　軍事司法委員會在本條例基礎上依法審理。

第一百二十二條　須依據帝國普通法律和縣法官呈遞省公署的調查結果審理案件。

第一百二十三條　司法判決和法院關於刑事案件的規定由本地警務部門執行。

二、民事案件

第一百二十四條　縣法官的受理範圍包括：（一）涉案金額不超過 2000 盧布的個人義務合同、動產、不動產訴訟；（二）涉案金額不超過 2000 盧布、為損失或死亡要求賠償的訴訟；（三）關於個人名譽損害的訴訟案件。

注：在訴訟雙方一致同意的前提下，法官可以處理各類民事訴訟。在此類案件上法官判決為終審，沒有上訴機制。

第一百二十五條　縣法官的審理範圍不包括：（一）與國家財政部門利益有關的訴訟；（二）民間法庭審理的吉爾吉斯人之間的訴

訟；如訴訟雙方都同意，也可以由縣法官審理；（三）哥
薩克部門的輕微案件由哥薩克鎮法庭審理。

第一百二十六條　縣法官根據 1864 年 11 月 20 日頒佈的《民事訴訟條例》第
　　　　　　　　一卷司法流程審理。

第一百二十七條　在審理吉爾吉斯人案件時，雙方同意的情況下可以由縣法
　　　　　　　　官審理，法官根據本地習慣和普通民事法律審理，盡可能
　　　　　　　　調解雙方。

第一百二十八條　涉案金額不超過 100 盧布的案件，縣法官判決即終審。

第一百二十九條　涉案金額超過 100 盧布的案件，如當事人對縣法官判決不
　　　　　　　　滿，可以上訴到省公署。

第一百三十條　省公署審理對縣法官的申訴。

第一百三十一條　省公署根據本條例作為民事和刑事法庭審理案件。

第一百三十二條　涉案金額不超過 2,000 盧布的案件，省公署判決即終審。

第一百三十三條　如當事人對對省公署判決的不滿，上訴請求可以提交到樞
　　　　　　　　密院。在西伯利亞管區下屬省份，根據《西伯利亞諸省機
　　　　　　　　構建制章程》第 19 條、第 164-166 條（法律彙編第二卷第
　　　　　　　　二部分）上訴。

第一百三十四條　本地警務部門執行各級司法判決。

第四節　吉爾吉斯人的民間法庭

第一百三十五條　吉爾吉斯人之間的（參見本條例第 97 條）民事和刑事案
　　　　　　　　件、以及氏族間的各類訴訟均由民間法庭受理。每個鄉選
　　　　　　　　舉 4-8 名畢官。畢官選舉與鄉長選舉同一時間進行，由同
　　　　　　　　一批選舉人依據同樣的流程選出，任期同樣為三年。

第一百三十六條　畢官的數量根據鄉的帳戶數量確定。

第一百三十七條　畢官從受人尊敬和信任的人中選出，未受法庭指控，未處

於偵訊之中，且年齡須在 25 歲以上。

第一百三十八條　畢官當選需要得到省督軍批准；不發工資，但有權根據民族習慣，通過審案從被告處獲得特殊報酬；此種報酬的金額不得超過涉案金額的十分之一；涉及個人侮辱名譽的案件，其罰金數額根據民族習慣決定。

第一百三十九條　不履行義務和濫用職權的畢官移交法院，按照帝國普通法律審判其濫用職權罪責。

第一百四十條　畢官從縣長處獲得定製的銅製徽標，履行法官職務時佩戴。畢官也從縣長處獲得定製印章，在決議文件上蓋章。徽標和印章的形式由內務部審定。

第一百四十一條　畢官離職或去世，徽標由縣公署收回，轉交給新任畢官。

第一百四十二條　在訴訟雙方同意的情況下，除了官方批准的畢官之外，可到受人信任的人處解決糾紛。在這種情況下，此類判決帶有仲裁法庭性質，無論涉案金額大小，均視為終審。

第一百四十三條　訴訟雙方對畢官選擇意見不一致的時候，由原告指定被告所在鄉的畢官審理；被告有權兩次拒絕原告指定的畢官。

第一百四十四條　民間法庭根據民族習慣共公開透明審理案件。

第一百四十五條　吉爾吉斯人地方長官有義務將被告送到法庭，根據畢官的要求提供證人，但禁止干預法庭審理，違者開除公職。

第一百四十六條　畢官有權受理涉案金額不超過 300 盧布（相當於或 15 匹馬或 150 隻羊）的案件；對於涉案金額低於 30 盧布的案件，畢官的判決即為終審。

第一百四十七條　畢官的判決通告訴訟雙方，如果需要，可以簽發公文複件，加蓋畢官的公章。

第一百四十八條　畢官判決由鄉長執行；鄉長延緩或不執行，將依法遭受懲罰，並賠償因延遲執行而引起的損失。

第一百四十九條　　對畢官非終審的判決不滿的申訴可向鄉長提交，由鄉長呈遞鄉選舉人大會。提交申訴的時間期限為從宣佈判決開始的兩週內。

第一百五十條　　涉案金額超過 300 盧布的案件由定期召開的鄉會讞審理。鄉內所有畢官必須出席鄉會讞。如果少於一半的畢官參加，會議被認為無效。如果會期內有原告提起訴訟，會議也可以受理涉案金額為不超過 300 盧布的案件。

第一百五十一條　　鄉會讞準備審理的案件須由鄉長整理，在召開會議之前向鄉會讞呈遞。

第一百五十二條　　縣長根據游牧活動的週期決定鄉會讞的日期和地點。

第一百五十三條　　鄉長必須出席鄉會讞，但不得干預審理，否則將承擔相應責任。

第一百五十四條　　鄉會讞審理案件的範疇不受涉案金額限制，但涉案金額不超過 500 盧布（相當於 25 匹馬或 250 隻羊）以下的案件視為終審。

第一百五十五條　　對於涉案金額超過 500 盧布的案件（即非終審案件）不滿者，自判決之日起兩週內可將申訴呈遞縣長，附上判決書複件。縣長在上述期限內呈遞省公署，不得拖延。省公署或批准鄉會讞判決，或轉交特別會讞重新審理。

第一百五十六條　　為審理同一縣內的跨鄉案件，縣長下令召集特別會讞；如果涉及跨縣案件，則由涉案的縣統一召開會議。特別會讞由省公署下令召集，為解決上訴到省公署的非終審案件。

第一百五十七條　　訴訟雙方均指定一定人數的畢官組成特別會讞，由地方長官批准。每方不少於兩名畢官。

第一百五十八條　　縣長須出席特別會讞，或者在特殊情況下派遣代表官員出席，但禁止干預審判過程。

第一百五十九條　鄉會讞和特別會讞均按照民族習慣審理。

第一百六十條　特別會讞的判決為終審。

第一百六十一條　不能參加特別會讞的畢官，如無合法理由，罰款 10 盧布，
　　　　　　　　上交國庫。

第一百六十二條　涉及婚姻和家庭的案件由畢官按照民族習慣審理。

第一百六十三條　涉及婚姻案件中不滿於民間法庭判決的一方可以向縣長申
　　　　　　　　訴，由縣長審理。對縣長判決不滿，可以向省督軍上訴。

第一百六十四條　吉爾吉斯人之間的案件，在訴訟雙方同意的情況下，可以
　　　　　　　　由俄羅斯法庭審理案件。

第一百六十五條　商人和商販與吉爾吉斯人發生的訴訟案件，如果雙方同
　　　　　　　　意，也可以由畢官審理。

第一百六十六條　每年年初之前，省公署向縣長寄送用於記載司法判決的簿
　　　　　　　　冊；縣長自行保存一本，供記載特別會議決議；其餘簿冊
　　　　　　　　分發給各鄉鄉長保存。

第一百六十七條　當收到新的簿冊時，舊簿冊由縣長收集，交還省公署。

第三章　稅收和勞役

第一節　國家稅收

第一百六十八條　向奧倫堡和西西伯利亞管區的吉爾吉斯人徵收帳篷稅，額
　　　　　　　　度為每年每帳 3 盧布。

第一百六十九條　每三年一清點帳戶數量。
　　　　　　　　注：清點帳戶數量時，每個帳篷應該與一戶或某一名戶主
　　　　　　　　對應。

第一百七十條　鄉選舉大會上，由選舉人統計帳戶數量，形成報表，所有選
　　　　　　　　舉人簽字蓋印。俄官員須在場。

第一百七十一條　該報表須反映各鄉和各阿吾勒下屬帳戶數量，以及各阿吾勒分攤的帳篷稅數額。

第一百七十二條　鄉長在報表上簽字。如鄉長缺席或尚未選舉產生，則由氏族首領或段長簽字。

第一百七十三條　各鄉帳戶數量的報表經過各鄉選出的鄉長確認內容後上交縣長。

注：如果某人在當選鄉長之前已經確認過報表內容，則報表不再需要其簽字。

第一百七十四條　鄉長如認為報表資訊正確，則蓋印呈遞縣長；如對報表資訊有懷疑，應稟報縣長，縣長採取措施確認資訊準確性；如有必要，可再次召集鄉大會，俄官員須在場。之後，鄉長在修正後的報表上蓋章，遞交縣長審批。

第一百七十五條　報表和實際帳篷數額的差別，如果在第一年每個阿吾勒（100 至 200 帳）的差別僅在 2-4 帳，則不視為瞞報。超出該範圍而沒有正當理由，則視為瞞報。

第一百七十六條　如發現瞞報，將對涉案人員處以罰款，罰款數額為瞞報稅額的兩倍。

注：嚴厲禁止將罰款攤派到鄉或鄉選舉人。

第一百七十七條　若舉報鄉長或鄉選舉人隱瞞帳戶數量，則舉報人可以不交罰款。

第一百七十八條　每年帳戶稅額是帳戶數量乘以 3 盧布。鄉選舉人大會根據阿吾勒的經濟狀況和帳篷數量，在各阿吾勒間分配稅額。

注：阿吾勒的狀況根據牲口數量、農作發展水準和各類手工業決定。

第一百七十九條　鄉選舉人大會以鄉帳篷稅簿冊記錄關於在阿吾勒之間分配帳篷稅的決議。

第一百八十條　鄉長向阿吾勒長通告稅收數額。阿吾勒長召開阿吾勒選舉人大會，在各帳之間分配稅額。

第一百八十一條　阿吾勒選舉人大會根據經濟狀況給所有人分配稅金，大會有權給窮人免除稅金。

第一百八十二條　阿吾勒選舉人大會的決議中須登記各帳戶主的名字和相應稅額，以及免稅帳戶主的名字和免稅金額；決議記錄在阿吾勒帳篷稅簿冊上。

第一百八十三條　由阿吾勒選舉人大會向阿吾勒居民公告稅額統計的差錯及修訂情形。

第一百八十四條　鄉長和阿吾勒長無權干預稅收分配，只能監督兩級大會。可向縣長呈遞控告鄉長和阿吾勒長干預稅收分配的申訴。

第一百八十五條　鄉長和阿吾勒長的薪資由兩級大會制定，因此不能免除帳篷稅。

第一百八十六條　享受豁免繳納帳篷稅和免除勞役有以下人群：已故的希爾加孜‧艾楚瓦克夫汗家族、蘇丹拜穆哈麥提‧艾楚瓦克夫家族、蘇丹阿赫默德和阿爾斯蘭‧江秋林兄弟家族，以及 1844 年參加平定蘇丹肯尼薩爾‧卡瑟莫夫叛亂中死傷的吉爾吉斯官兵家庭。

第一百八十七條　瓦裏和布凱汗族的直系子嗣也享受豁免繳納帳篷稅，他們以前享受豁免一定規模牲畜的實物稅（ясак）。

第一百八十八條　為記錄鄉選舉人大會和阿吾勒選舉人大會關於帳篷稅分配的決議，省公署在清點帳篷期限之前，通過縣公署為鄉長和阿吾勒長提供帳篷稅簿冊。

第一百八十九條　省督軍在總督同意下規定繳納帳篷稅的期限。

第一百九十條　阿吾勒長徵稅帳篷稅，上交鄉長；後者轉交到縣庫，獲得相應收據。

第一百九十一條　縣長將稅收資訊報給財稅機構。省公署制定該流程規章。

　　　　　　　　注：省長應製定章程，明確縣級機關收取帳篷稅的財政制度，並上報審批。

第一百九十二條　鄉長和阿吾勒長遺失稅金將依法定罪。

第一百九十三條　地方長官應依照本地情況和地方習慣，採取措施徵收欠款。

第一百九十四條　在每三年中的第一年，可從各鄉徵收的帳篷稅中提取 10%作為鄉選舉人的工作獎勵，在選舉人之間平均分配。

第一百九十五條　以上獎金的分配的章程需要省督軍審核。

第二節　護照費

第一百九十六條　取消此前存在的從吉爾吉斯人收取的身份證費用。取而代之的是，奧倫堡和西伯利亞管區吉爾吉斯人進入草原地區和要塞線上的城市或村落務工者，需要繳納護照費。

第一百九十七條　鄉長給進城或村落務工的吉爾吉斯發放護照，不得延誤，除非是形跡可疑者。不得允許後者離開游牧牧地。

　　　　　　　　注：總督有權決定哪些人暫時不可獲得護照。

第一百九十八條　為發放護照，縣長須向鄉長提供已經編號的空白護照。

第一百九十九條　鄉長將收取的護照費上交縣長，由縣長依照財政制度封存。

第二百條　省督軍與審計部協商確定護照支出和收取工本費的核算方式。

第二百零一條　為更新吉爾吉斯人的護照，應直接向地區主官提請，或將舊護照呈遞給務工地點的員警機關，要求後者向地方主官辦理。

第二百零二條　地方警長須監督吉爾吉斯人持照居住。

第二百零三條　無護照或持有過期護照的吉爾吉斯人將視為犯罪，依法懲處。

第三節　地方賦役

第二百零四條　地方長官，即鄉長和阿吾勒長領導游牧民在其牧地修建水渠、橋樑、連接驛道的便道、提供夏季轉場時供醫治病患的氈房、以及為在阿吾勒辦差的差役提供燃料。

第二百零五條　為不使用驛道穿越草原地區的差役提供馬匹；如為非法穿越，則不予提供。

第二百零六條　和平時期軍隊運送物資須以自願雇傭方式；在調動軍隊或運送軍需的緊急情況下，省督軍和縣長有權徵調實物或資金支付軍隊調動後勤工作，由總督決定的價格補償。

第二百零七條　在地方員警的要求下，吉爾吉斯人有責任以實物或現金的方式維護驛站系統。工作和徵調物資通過選舉人大會討論分配。

第二百零八條　本條例之外的任何國家稅收或地方稅收均不合法。

第二百零九條　出於福利或集體利益目的，鄉和阿吾勒可在大會決議通過、省督軍批准的情況下徵集資金。

第四章　土地利用和產權

第二百一十條　作為吉爾吉斯人牧場的土地被視為國家所有，由吉爾吉斯人集體使用。

第二百一十一條　那些獲沙皇御賜土地的人，或持有合法地契的人被視為合法的土地所有者，享有完全土地所有權。

注：為驗證此前西西伯利亞地方機關和省公署發放的地契的有效性，持有地契的人員須在地方長官設定的時限前向省公署提交地契文件；省公署驗證地契的時效和合法性，之後上報總督批准。

第二百一十二條　吉爾吉斯人可使用的土地分為冬牧場和夏牧場。

第二百一十三條　冬牧場為各鄉集體使用，各鄉單獨使用當前牧場；當產生糾紛時，根據擁有的牲畜和戶口規模數量分配牧場。

第二百一十四條　為分配冬牧場、解決一縣內各鄉之間的土地利用糾紛，在省督軍同意下，召開特別會讞。不同縣的鄉發生糾紛，特別會讞需要隸屬上級機關同意。特別會讞由每個鄉各派三位鄉選舉人組成。特別會讞形成的決議由縣長提交省督軍，並登記在特別簿冊，由省公署保管。

第二百一十五條　阿吾勒之間冬牧場分配由鄉選舉人大會根據戶口規模和牲畜數量制定。分配方式登記在特別簿冊中，由鄉長保存。

第二百一十六條　阿吾勒內各帳之間冬牧場分配由阿吾勒選舉人大會根據戶口規模和牲畜數量制定。

　　　　　　　　注 1：根據鄉和阿吾勒大會以及牧戶的意願，不同層級群體所占地塊之間的邊界可以通過某種標記來確定。

　　　　　　　　注 2：各級長官須在合適時間進入草原，落實土地劃分。

第二百一十七條　每名吉爾吉斯人在分配給自己的冬牧場土地上有權建立自己的住宅或生產性建築，其社區不得要求拆除。上述建築將成為私人財產，可向他人出售。建築物所佔有土地將成為所有者的可繼承財產。直到建築物拆除，土地才歸還社區。

第二百一十八條　夏季游牧時，各鄉可依照習慣共同使用縣內土地。各鄉盡可能避免到縣域以外游牧。

　　　　　　　　注：錫爾河的吉爾吉斯人保留在夏季到前奧倫堡管區游牧的權利。

第二百一十九條　在社區相互同意的前提下，可根據習慣在冬牧場和夏牧場劃出特別地塊，作為耕地或乾草場。

第二百二十條　吉爾吉斯人有權放棄自己的全部或部分地塊，自願將使用權讓渡給俄羅斯人。轉讓需要縣級機關出具證明。

第二百二十一條　開鑿水渠或其他灌溉工程，須徵得涉及社區土地所有者的同意。

第二百二十二條　地方長官有義務採取措施消弭分歧；吉爾吉斯人之間的分歧由畢官處理。

第二百二十三條　在耕地上建立的建築與在冬牧場上建立的建築一樣，視為私人產權。

第二百二十四條　西伯利亞草原的俄羅斯和土著服役者土地產權在他們變更職位之後應該取消。

第二百二十五條　如吉爾吉斯人游牧到哥薩克軍團土地上，須在與所屬哥薩克軍鎮協商同意的基礎上繳納通行費或免費通過。

　　　　　　　　注：西伯利亞總督有義務研究西伯利亞哥薩克軍團暫時使用的 10 俄里帶的分配問題。

第二百二十六條　在縣級機關駐地，包括未來將搬遷至草原深處的縣公署，須由地方長官確定分配給縣公署使用的土地規模。

第二百二十七條　所有在縣級機關工作的定居者都可以獲得免費土地供建房。規模由地方長官確定。

第二百二十八條　縣機關駐地的定居者免費獲得用於建房的林木；林木來源地由省督軍確定，總督批准。

第二百二十九條　縣機關駐地的定居者有權從事商業、手工業和製造業，也可以從事農業；土地從定居點下轄土地中劃撥。

第二百三十條　俄羅斯族移居西伯利亞草原城市者將得到優待。

第二百三十一條　在城市或鄉村註冊登記的巴什基爾人、韃靼人和亞洲僑民（азиатские выходцы）被視為特殊的集團，不享受俄羅斯族的優惠政策。

第二百三十二條　驛站用地從公用土地撥出，其土地規模由總督根據需要確定。

第二百三十三條　在適於牧民放牧處建立草原集市。其地塊規模由總督確定。

第二百三十四條　若吉爾吉斯人所佔有的土地發現金礦或其他礦物，則由開發商和土地所有者自願談判，決定是否讓渡所有權。

第二百三十五條　礦產地塊如果有冬牧場和耕地，需要由開發商與吉爾吉斯人社區協商。

第二百三十六條　夏季游牧時，土地和時間的使用是公共的，吉爾吉斯人無需支付租金。

第二百三十七條　冬牧場的漁業資源由當時使用的吉爾吉斯社區佔有；夏季游牧時，任何階層的人均可前來從事捕魚業。

第二百三十八條　在吉爾吉斯草原上，森林是國家財產；除了那些位於哥薩克軍團上的森林以外。

第二百三十九條　省長在總督批准下採取措施保護草原林木，為以後俄羅斯村鎮和吉爾吉斯社區使用。

第二百四十條　吉爾吉斯人在草原上有權免費使用游牧道路。但牧民有責任採取措施避免牲畜踩踏冬牧場、農田和草場。由此發生的損失由牧戶賠償。

第二百四十一條　為便於牲畜免費通過俄羅斯村落地區，依法開闢一定寬度的牲畜過道。

第二百四十二條　牲畜經過俄羅斯村落缺少糧草時，牧戶須在與村落達成協議的前提下購買草料。

第五章　吉爾吉斯人的權利

第二百四十三條　吉爾吉斯人與帝國農村居民享有同等地位；吉爾吉斯人須依法獲得帝國其他階層的權利。

第二百四十四條　只要不與人道主義思想和本條例衝突，吉爾吉斯人的內部生活可依照民族習慣存續。

第二百四十五條　吉爾吉斯人無需服兵役。

第二百四十六條　吉爾吉斯人加入其他階層仍負有交稅義務，但享有終身豁免兵役和免除五年稅收的優惠。

第二百四十七條　皈依基督教但留在自己社區或加入草原上俄國村社的吉爾吉斯人，依然保留吉爾吉斯人的各種權利。

第二百四十八條　皈依基督教的吉爾吉斯，如果有意願，可以登記入任何城市或村落，無需對象社區預先同意。

第二百四十九條　吉爾吉斯人之間訴訟無需繳納印花稅；吉爾吉斯人與其他階層人群之間訴訟案件則須依法繳納印花稅。

第二百五十條　在各級政府中任職的吉爾吉斯人，若履職勤勉，可依法授予以下獎勵：榮譽市民、勳章、獎牌、榮譽長袍，禮品和現金。

第六章　吉爾吉斯人的宗教事務管理

第二百五十一條　宗教事務方面，吉爾吉斯人不屬於奧倫堡穆斯林宗教會議（Оренбургское магометанское духовное собрание）管轄。

第二百五十二條　吉爾吉斯的宗教事務由本地毛拉負責，屬普通民事管理，由內務部管轄。

第二百五十三條　吉爾吉斯社區一個或多個鄉可產生一位毛拉。

第二百五十四條　毛拉僅從俄國屬民的吉爾吉斯人中選舉出；條件是能暸解吉爾吉斯，未受法庭指控、未處於偵訊之中。

第二百五十五條　為選舉毛拉，必須起草鄉大會決議，呈報縣長，之後由省公署審核。

第二百五十六條　毛拉的任免由省公署和省督軍決定。

　　　　　　　　注：之前存在於西西伯利亞的稱號「官方毛拉」（указные муллы）現在廢除。

第二百五十七條　毛拉與普通吉爾吉斯人一樣須繳納稅款和服勞役；如果社區希望免除毛拉的稅款和勞役，那麼則改由社區承擔。

第二百五十八條　只有在總督許可下才能修建清真寺。

第二百五十九條　毛拉須得到縣長批准，才可教授牧民識字，或開辦清真寺附屬學校。

第二百六十條　清真寺、學校和毛拉的開支都由吉爾吉斯社區自行承擔，但社區不得違反意願，強迫個人參與集會。

第二百六十一條　不允許設立瓦克夫。

第七章　草原上的學校

第二百六十二條　為發展草原上的初等教育，最初須在縣機關駐地開辦面向所有民族的普通學校。

第二百六十三條　為支持開辦學校，省公署根據各縣地方需求劃撥特殊款項。

第二百六十四條　總督與教育部協調制定教學科目課程。

第二百六十五條　吉爾吉斯學童可以在哥薩克和俄羅斯村鎮的學校入學，前提是這些村鎮社區同意；可以免收學費也可以酌情收費。

第二百六十六條　學校正式聘任的老師可以在家教授吉爾吉斯學生；但私人教師不得進入學校授課，除非得到地方長官許可。

第二百六十七條　縣長和省督軍根據教育部相關規章監督學校教學和私人教學工作。

第二百六十八條　在改革之前，奧倫堡和西伯利亞管區的現有吉爾吉斯學校照舊運作

阿克莫林斯克省、塞米巴拉金斯克省、七河省、烏拉爾斯克省和圖爾蓋省管理條例[4]

序言

第一條　本條例界定如下省份的管理機構：阿克莫林斯克省、塞米巴拉金斯克省、七河省、烏拉爾斯克省和圖爾蓋省。

第二條　阿克莫林斯克省由五個縣構成：鄂木斯克縣、彼得羅巴甫洛夫斯克縣、阿克莫林斯克縣、科克切塔夫縣、阿特巴薩爾縣。

第三條　塞米巴拉金斯克省由五個縣構成：塞米巴拉金斯克縣、巴甫洛達爾縣、卡爾卡拉林斯克縣、烏斯季一卡緬諾戈爾斯克縣、齋桑縣。

第四條　七河省由六個縣構成：維爾內縣、科帕爾縣、列普辛斯克縣、普熱瓦利斯克縣、皮什佩克縣、紫爾肯特縣。

第五條　烏拉爾斯克省由四個縣構成：烏拉爾斯克縣、卡爾梅科夫縣、古裏耶夫縣、鐵米爾縣。

第六條　圖爾蓋省由四個縣構成：阿克糾賓縣、尼古拉耶夫斯克縣、伊爾吉茲縣、圖爾蓋縣。

第七條　省和縣的邊界依據通行條例劃定。

第八條　一省的管理機關包括以下各類：（一）阿克莫林斯克、塞米巴拉金斯克和七河省統轄機關；（二）各管區的直屬部門；（三）地方行政機關，包括省級、縣級、城市和鄉村機關；（四）司法機關。

第九條　阿克莫林斯克省、塞米巴拉金斯克省和七河省的統轄機關位於鄂木斯克市；阿克莫林斯克省的臨時首府位於鄂木斯克市，塞米巴拉金

---

[4] 該條例俄文標題為 Положение об управлении Акмолинской, Семипалатинской, Семиреченской, Уральской и Тургайской областями，頒佈於俄曆 1891 年 3 月 25 日，參見 Полное собрание законов (1881 - 1913), т. XI, No. 7574

斯克省的首府位於塞米巴拉金斯克市，七河省的首府位於維爾內市，烏拉爾斯克省的首府位於烏拉爾斯克市，圖爾蓋省的首府位於奧倫市，各縣的縣機關駐地均位於同名城市。

第十條　各中央部委管轄哥薩克軍團和各直屬部門：陸軍部、財政部、國家財產部、教育部以及審計部。

第十一條　各省的異族（инородцы），無論游牧或定居，享有與農村居民同等的權利。異族須依法獲得帝國其他階層的權利和特權。

第十二條　已皈依東正教的異族，如願意在城市或俄羅斯村莊登記註冊，無需對方社區同意，也無需獲得原籍社區的遷出決議；同時仍終身豁免兵役。

第一部分　行政制度

第一章　阿克莫林斯克省、塞米巴拉金斯克省和七河省統轄機關

第十三條　阿克莫林斯克省、塞米巴拉金斯克省和七河省的統轄機關是草原總督。其任免由沙皇諭准、參政院令宣佈。

第十四條　總督離職、死亡、重病或暫時無法履職，如沙皇尚未任命其他人選，其職務由下屬地方省督軍中最資深者代理。

第十五條　總督的權利、義務、行使權力的方式以及其與上級權力機關的關係由《普通行省章程》（Общее губернское учреждение）中的 415-462 條以及本條例的相關條款規定。

第十六條　總督有如下權力：（一）依法批准官方建築工程交易；（二）批准與私人簽訂的總價不超過 30000 盧布工程計畫、預算和合同；（三）依法選擇完成工程的辦法，避免工程開支超過規定額度。

第十七條　總督有權放逐政治上不可靠異族，在與內務部協商後，可將其放
　　　　　逐到帝國某一地點，期限不超過五年。每一案件均須由總督向內
　　　　　務大臣報備，注明必須驅逐的原因。

第十八條　總督下設辦公廳。

第二章　地方行政制度

第一節　省級機關

第十九條　省級機關由省督軍和省公署構成。七河省督軍和烏拉爾斯克省督
　　　　　軍兼任同名哥薩克軍團阿塔曼。

第二十條　省督軍的權責由《普通行省章程》第 489-657 條以及本條例的相
　　　　　關條款規定。

第二十一條　省督軍任免由內務大臣在與陸軍大臣協商下提名，由沙皇諭
　　　　　　准、參政院令宣佈。

第二十二條　副督軍、局長和省公署會議其他成員的任免依照《普通行省章
　　　　　　程》的第 79 條。

第二十三條　省督軍患病或無法履職時，其民政管理職權由副督軍代理；副
　　　　　　督軍患病或無法履職時，由草原總督在省機關中任命人員代
　　　　　　理；烏拉爾和圖爾蓋則由內務大臣任命人選代理。

第二十四條　督軍之下有專員（чиновники особых поручений）。

第二十五條　省公署承擔州公署的權責。此外，省公署自行處理所有尚無特
　　　　　　殊制度規定的省內事務。涉及異族村社與其他農村居民的管理
　　　　　　事務，省公署依照關於農民事務的州法律進行處理。

　　　　　　注：烏拉爾斯克和圖爾蓋省公署在管理省內的國家財產職能方
　　　　　　面隸屬於國家財產部。

第二十六條　省公署由公署會議（общее присутствие）和辦公廳組成。公

署會議的構成和成員的權責參照州公署確定。

注：省醫務官在與陸軍大臣和內務大臣協商後，可向哥薩克軍團醫生發佈政令。

第二十七條　辦公廳依照《普通行省章程》處理公文往來。

第二十八條　阿克莫林斯克省、塞米巴拉金斯克省和七河省參照普通省份印刷廠管理辦法，在省公署下設印刷廠。

第二節　縣級和城市機關

（一）縣級管理

第二十九條　除了有獨立行政管理機關的城市以外，各縣由縣長管轄。

第三十條　阿克莫林斯克省、塞米巴拉金斯克省、七河省的縣長的任免由各省督軍提名，草原總督決定。烏拉爾斯克省和圖爾蓋省各縣的縣長則由省督軍任免。

第三十一條　縣長享有縣警長的權責，領導縣警務機關。

第三十二條　在涉及哥薩克軍團的事務方面，縣長的職權僅限於警務。

第三十三條　在農村居民（包括游牧和定居）的社會管理方面，縣長的權責相當於（內地省份的）縣農村事務會議（уездное по крестьянским делам присутствие），以及以下條款（第 34-38 條）。

第三十四條　縣長應監督縣境內所有異族和其他農村居民管理機構，並監督撰寫地方機關報告，供縣長、省公署和省督軍審閱。

第三十五條　縣長有權審核境內各類鄉會、阿吾勒會和村會決議。

第三十六條　如果縣長認為上述各類決議不合法，或對社會有顯著危害，或危害社會成員的合法權益，則有權要求擱置決議，將意見上報省公署。省公署決定是否要撤銷鄉村大會的決議。

第三十七條　縣長審核關於將品行惡劣的成員驅逐出異族或農民社區的決議、以及不接受那些受法庭指控人的決議，並附上意見呈報省公署。同樣，縣長審核對上述各類決議的申訴，並附上意見呈報省公署。

第三十八條　如果認為有必要，縣長可以對將根據決議被社區驅逐的個人採取羈押措施。

第三十九條　縣長有權依法平定境內異族叛亂，處罰本條例闡明的輕罪；有權對涉案人員處以不超過七天拘留、不超過 15 盧布罰款。上述懲罰須由縣長簽發逮捕令。逮捕令即時生效，在拘留處留有附件。罰款納入特殊資本，用於加強省內拘留設施。

　　　　　　注：縣長可對異族的以下輕罪進行懲罰：打架鬥毆或其他形式的擾亂秩序行為、破壞公共場所的社會安定、不尊重公職人員、不服從或侮辱家長。

第四十條　　如對第 39 條所述縣長的逮捕令不滿，可在兩週內向省公署上訴。

第四十一條　縣長之下設縣長助理和辦公室。

第四十二條　縣長助理在縣長患病和無法履職時代理。

第四十三條　基層警務由縣長雇傭警員處理。

第四十四條　為管理與中華帝國邊境地區口岸（七河省的巴克圖、霍爾果斯、鐵列克提），邊境縣長下設瞭解地方語言的專員。

第四十五條　每個縣設縣醫生、醫助和助產士。

第四十六條　縣醫生有義務免費提供醫療服務，免費提供藥品，其經費由省公署酌情撥發。

第四十七條　縣醫生負責推廣疫苗接種，以及從本地居民中培養學徒。

第四十八條　為管理獸醫事務，各縣設置一名縣獸醫，接受省醫務官直接領導。

（二）城市管理

第四十九條　阿克莫林斯克省、塞米巴拉金斯克、七河省、烏拉爾斯克省和
　　　　　　圖爾蓋省的省和縣機關駐地均被認定為城市，除了塞米巴拉金
　　　　　　斯克市的科克佩克特。

第五十條　在那些公共市政管理還沒有建立的城市，其經濟和福利事務由縣
　　　　　長管理、市民代表參與，由省督軍和省公署監督。省督軍應在阿
　　　　　克莫林斯克省、塞米巴拉金斯克省和七河省（在草原總督同意
　　　　　下）、在烏拉爾斯克省和圖爾蓋省（內務大臣同意下）依照《普
　　　　　通行省章程》第 2109 條引入簡化管理機關。

　　　　　注：烏拉爾斯克、卡爾梅科夫和古裏耶夫在引入城市管理機關之
　　　　　前，由烏拉爾哥薩克軍團的軍團經濟局管理城市經濟事務。

第五十一條　在鄂木斯克、彼得羅巴甫洛夫斯克、塞米巴拉金斯克、維爾
　　　　　　內、烏拉爾斯克各城依照城市員警相關法律建立獨立的市警察
　　　　　　局。

　　　　　　注：市郊區的哥薩克定居點也歸市警察局管轄。

第五十二條　阿克莫林斯克、科克切塔夫、齋桑、巴甫洛達爾、烏斯季—卡
　　　　　　緬諾戈爾斯克、科克佩克特、紮爾肯特、科帕爾、列普辛斯
　　　　　　克、普熱瓦裏斯克、尼古拉耶夫斯克等城市設立城市警長
　　　　　　（городские пристава）管轄警務；城市警長由縣長管轄。

第五十三條　為處理基層警務，依照 1887 年版《普通行省章程》第 1293 條
　　　　　　注 3 雇傭警隊，經費由城市集籌資。

　　　　　　注 1：烏拉爾斯克、卡爾梅科夫和古裏耶夫各城在城市管理局
　　　　　　形成之前，其雇傭警員的開支由烏拉爾哥薩克軍團承擔。

　　　　　　注 2：維爾內市的警隊經費開支由 1889 年 12 月 14 日沙皇批准
　　　　　　國務會議意見（《法令彙編》1890 年第 155 件）規定。

第五十四條　在鄂木斯克、彼得羅巴甫洛夫斯克、塞米巴拉金斯克和維爾內

各城設立市醫生、醫助和助產士。在烏拉爾斯克市設立市醫生和醫助。這些人員的義務依照普通法律規定。

第三節　鄉村機關

（一）游牧人群管理

第五十五條　各縣的游牧人群劃分為鄉，鄉劃分阿吾勒社區（аульные общества）。

第五十六條　鄉和阿吾勒社區的游牧帳戶數量由省公署依照地方條件劃分。一鄉不超過 2000 游牧帳戶，一阿吾勒社區不超過 200 游牧帳戶。

注：每位擁有獨立居所（包括氈房、帳篷、地穴、石屋和木屋）的牧民被視為一個游牧帳戶主。

第五十七條　鄉由地理上便於組織、冬牧場位置接鄰的阿吾勒社區組成。

第五十八條　阿吾勒社區由共同使用土地的游牧帳戶組成。

第五十九條　游牧帳戶在同一縣內兩個阿吾勒之間變更隸屬由縣長審批，不同縣之間由遷出縣的縣長審批。須得到遷出和遷入的兩個阿吾勒社區同意，出具遷出和接收的決議。異動游牧帳戶的稅收和勞役到下一輪稅收戶口清點之前仍隸屬於遷出社區。上述異動均需呈報省公署。

第六十條　阿吾勒社區在鄉之間的異動須得到省公署批准。

第六十一條　跨縣、甚至跨省的冬夏季節轉場期間，牧團的警務關係從屬於所到縣，但其國家稅收、地方稅收和勞役依然歸原縣徵收。牧團內的負責人依然負有管理職責。牧團出發之前，鄉長或阿吾勒長從縣長處領取票照，注明游牧帳戶數量、遷徙目的地為冬牧場或夏牧場、是否跨越縣界或省界。阿吾勒長和鄉長有責任

通報遷徙目的地的地方長官，牧團在抵達後向其出示票照。

第六十二條　鄉長管轄鄉，阿吾勒長管轄阿吾勒社區。

第六十三條　鄉長和阿吾勒長由民眾選舉產生，每三年舉行一次選舉。

注：內務大臣（烏拉爾斯克省和圖爾蓋省）和草原總督（阿克莫林斯克省、塞米巴拉金斯克省、七河省）在特殊情況下有權批准更換鄉長人選而無需舉行選舉。

第六十四條　鄉和阿吾勒社區內的每位游牧帳戶主在符合以下條件的情況下均有資格當選為鄉長和阿吾勒長：隸屬於本鄉或阿吾勒社區、未被法庭指控、未被地方長官處以超過 7 天的拘留或超過 30 盧布的罰款、未處於偵訊之中、年齡 25 歲以上。

第六十五條　鄉（選舉人）大會選舉鄉長；鄉大會選舉人由阿吾勒大會選舉，每 50 名游牧帳戶主推選一人。

注：如果按每 50 帳推舉尚有餘 25 帳以上，則從剩餘帳數推舉一名選舉人。

第六十六條　阿吾勒大會推選鄉大會選舉人，所有游牧帳戶主均有權參與選舉，以簡單多數選出；參加人數不得少於阿吾勒游牧帳戶主數量的一半。

第六十七條　召開鄉大會的時間地點由縣長確定。

第六十八條　鄉大會需要不少於三分之二的鄉大會選舉人出席，方為有效。

第六十九條　鄉大會選舉二人，得票最多者為鄉長，得票第二者為鄉長候選人。二名人選由縣長附意見呈報省督軍批准。

第七十條　省督軍可批准或否決鄉選舉結果。若否決，省督軍或召開新選舉，或以鄉長候選人替換鄉長。

第七十一條　鄉大會根據鄉的人口規模和經濟狀況確定鄉長工資，金額在每年 300 至 500 盧布之間；並確定雇傭書吏（писарь）和差役（рассыльный）的開支，規模在每年 300 至 400 盧布。

注：書吏的雇傭須經過縣長批准。

第七十二條　鄉大會關於鄉長薪資的決議由縣長呈遞省公署批准。

第七十三條　阿吾勒長及其候選人由阿吾勒大會選出，以簡單多數形式投票，參與者不得少於阿吾勒游牧帳戶主的一半。

第七十四條　阿吾勒長及其候選人選舉結果須由縣長批准。

第七十五條　阿吾勒長薪資由阿吾勒大會根據其規模和經濟情況規定，不超過每年 200 盧布。阿吾勒大會的決議呈報縣長批准。

第七十六條　鄉大會和阿吾勒大會確定的地方長官、書吏和差役的薪資及籌款分配方式與稅收一道上報縣庫。薪資的發放時間和流程由省公署決定。

第七十七條　鄉長和阿吾勒長在履行公務時佩戴特殊徽標，以及獲得官方配發的印章，如長官不識字，則簽發文件時以蓋章代替。
　　　　　　注：徽標和印章的製作初期由公費開支。

第七十八條　鄉長、阿吾勒長和鄉大會、阿吾勒大會的權利、義務和職權範圍須遵照農村居民管理章程，以及本條例以下條款（第 79-85 條）。

第七十九條　鄉長的職責包括：執行政府政令和法庭判決、監督阿吾勒大會但不得干預其過程、編纂各阿吾勒游牧帳戶主名錄、監察鄉內人口異動，完成稅收工作，催繳欠稅。

第八十條　鄉大會其他議程包括：選舉民族法官、分配各村稅收和勞役。

第八十一條　阿吾勒長的職責包括：為推舉鄉大會選舉人而召集阿吾勒大會、須出席監督但無權干預會議、徵收稅款和攤派勞役、發放繳稅收據、上交稅款給鄉長。

第八十二條　對鄉長和阿吾勒長不當行為的申訴，可以呈遞縣長。

第八十三條　鄉長和阿吾勒長在履職不力或濫用職權的情形下，可以被撤職：鄉長須由督軍撤職，阿吾勒長可由縣長撤職。特殊情況

下，縣長有權臨時撤職鄉長，需要及時上報督軍。

第八十四條　鄉長、阿吾勒長或鄉長的書吏犯重罪時，移交省公署法庭。

第八十五條　鄉長或阿吾勒長犯輕微罪行時，可由縣長採取以下懲罰措施：
訓誡、口頭警告、罰款不超過 15 盧布或拘留不超過 7 天。罰沒
收入用於省內監獄建設。

第八十六條　鄉長和阿吾勒長履職勤勉，可授予榮譽長袍或獎金，在阿克莫
林斯克省、塞米巴拉金斯克省和七河省由總督審定，由特殊經
費支發；烏拉爾斯克省和圖爾蓋省由內務大臣審定。

（二）定居人群管理

1. 俄羅斯居民點管理

第八十七條　哥薩克軍團的村社管理和鎮法庭由特殊條例管轄。

第八十八條　俄羅斯村社管理機構的組建和運作依照農村居民管理章程，以
及本條例以下條款（89-90 條）。

第八十九條　當省督軍發現鄉和村機關公職人員有輕微違法或犯罪行為時，
可根據《普通行省章程》第 516 條懲治違法犯罪人員。在有特
殊正當理由的情況下，省督軍有權將上述所有人員解職。但省
督軍只能臨時將鄉長解職，向省公署提出永久解職的提議或移
送司法機關。

第九十條　省公署享有（內地省份）縣農村事務會議取消鄉法庭判決的權
力。當鄉法庭越權時，縣長可向省公署提交取消判決的申請。

2. 東幹和塔蘭奇人管理

第九十一條　東幹和塔蘭奇定居點分為鄉和村社（сельские общества）。

第九十二條　村社由鄰近的定居點組成，擁有共同的耕地和灌溉水渠。

第九十三條　鄉根據地方條件便利，由鄰近的村社組成。不宜通過分割村社
來成立鄉。

第九十四條　縣長審批個人或某一家庭在兩個村社之間變更隸屬事宜，須得到遷出和遷入的兩個村社的同意，出具遷出和接收的決議。異動個人或家庭的的稅收和勞役到下一輪稅收戶口清點之前仍隸屬於遷出社區。省公署審批村社在不同鄉之間的異動。

第九十五條　鄉長管轄鄉，村長管轄村社。

第九十六條　選舉的流程規則、鄉長、村長和鄉村兩級機關人員的權責，以及鄉村大會的職能均參照本條例游牧人群管理部分，即第 63 條以下。

（三）異族宗教事務管理

第九十七條　允許游牧和定居異族在每個鄉保留一名自己的毛拉。

第九十八條　毛拉必須由異族本群體中選出；其任免由省督軍批准。

第九十九條　阿克莫林斯克省、塞米巴拉金斯克省和七河省建立清真寺須由草原總督批准；烏拉爾斯克省和圖爾蓋省由內務大臣批准。清真寺及其附屬學校的經費由本社區承擔，但嚴禁社區強迫不願意集資的個人出資支持。

第一百條　不允許成立瓦克夫。

第二部分　司法制度

第一百零一條　阿克莫林斯克、塞米巴拉金斯克、七河、烏拉爾斯克和圖爾蓋省本的司法、公證和託管監護機關以及民間法庭依照在土爾克斯坦邊區司法制度組建和運行，並補充以下條款（第 102-118 條）。

第一百零二條　上述現行條例中涉及土爾克斯坦邊區土著（туземцы）的條款適用於適用於前述省份的異族。

第一百零三條　土爾克斯坦總督所享有的對司法和託管監護機關的相關權力，適用於草原總督在阿克莫林斯克省、塞米巴拉金斯克省和七河省。

第一百零四條　鄂木斯克縣、塞米巴拉金斯克縣、維爾內縣和烏拉爾斯克縣的縣域和城市均設立治安法官。

注：在圖爾蓋省尼古拉耶夫斯克縣設置的治安法官配有二名助理，其中一名助理領導案件調查，另一名審查案件。

第一百零五條　在圖爾蓋省，奧倫堡刑事和民事法庭（Оренбургская палата уголовного и гражданского суда）相當於內地省份的省法庭。

注：奧倫堡刑事和民事法庭任命一名治安法官助理，作為法庭成員參與司法工作，並在圖爾蓋省的伊列茨克縣、伊爾吉茲縣、圖爾蓋縣治安法官缺席或患病期間代理其職務。

第一百零六條　由司法部審批烏拉爾斯克省和圖爾蓋省的司法調查轄區邊界。

第一百零七條　各省內哥薩克軍團的居民如涉及民事和刑事訴訟案件，且非發生在作戰或執勤時，且與違反軍事紀律和義務無關，則依照普通法律由哥薩克鎮法庭審判。

第一百零八條　依照帝國法律定罪的罪案受害者如果沒有在法庭上要求賠償損失，則保留在民間法庭依照民族習慣申請賠償的權利。

第一百零九條　各治安法官和省法院不受理土爾克斯坦邊區管理條例第 141-142 條相關案件，即異族公職人員的違法犯罪案件。

第一百一十條　禁止在阿克莫林斯克省、塞米巴拉金斯克省、七河省、烏拉爾斯克省和圖爾蓋省冒充他人獲取土地所有權（第 136 條）。

第一百一十一條　如罪犯的資產不足以支付民間法庭判決的罰款，則罰款替

換為不超過三個月的拘留。

第一百一十二條　民間法庭數量由省公署在選舉之前確定，以免選出超過每個阿吾勒或村一名法官的數量。

第一百一十三條　所有符合以下條件的本鄉居民都有被選為民族法官的資格：受民眾尊敬和信任，未被曾被法庭判處拘留超過 7 天或罰款超過 30 盧布的處罰，未處於偵訊或庭審之中，年齡不小於 25 歲。在任何一所俄羅斯教育機構接受過教育的人可以在達到 25 歲的條件下獲得被選舉資格。

第一百一十四條　民族法官選任由省督軍批准；如未批准，則重新選舉。

第一百一十五條　民族法官頒授任職時佩戴的特殊徽標，此外尚有印章，以及用於登記案件判決的簿冊。

注：簿冊製作開支由省地方稅收承擔。

第一百一十六條　婚姻和家庭案件不可直接由法院受理（參見土爾克斯坦邊區管理條例第 244 條）。

第一百一十七條　在省督軍領導下，為審理跨縣域或跨鄉域案件而召集民族法官特別會讞。會讞由案件當事人所屬縣或鄉的法官組成，每個鄉不少於一名法官。

注：跨省域案件須由兩省省督軍協商指定特別會讞審理。

第一百一十八條　土爾克斯坦邊區管理條例的第 131 條注釋、第 161 條注釋以及第 196 條、211 條、235-237 條、252-254 條不適用於阿克莫林斯克省、塞米巴拉金斯克省、七河省、烏拉爾斯克省和圖爾蓋省。

第三部分　土地制度

第一章　游牧人群土地制度

第一百一十九條　作為牧場的土地和森林均被視為國家財產。

第一百二十條　作為牧場的土地由牧民依照習慣和本條例規定無限期公共使用。

注 1：對於牧民而言多餘的土地將由國家財產部管理。

注 2：生活在奧倫堡哥薩克軍團新伊列茨克區境內的吉爾吉斯人根據 1878 年 5 月 23 日沙皇諭准國務會議令（法令彙編全集，第 58551 件）獲得土地使用權，

第一百二十一條　牧民使用的土地分為冬牧場、夏牧場和開墾土地。

第一百二十二條　冬牧場和開墾土地可以由游牧鄉或阿吾勒依照習慣無限期公共使用。發生糾紛時，依照游牧帳戶和牲畜數量分配牧地。

第一百二十三條　為調節游牧鄉之間的土地糾紛，在省督軍批准下，縣內召集特別會議。不同縣之間的鄉發生土地糾紛，則由兩地對應機關協商同意召集會議。會議由縣長主持，糾紛雙方鄉各指派三名選舉人代表參會。參會選舉人代表由鄉選舉人大會選出。特別會讌的決議以特殊簿冊登記，提交省公署批准。

第一百二十四條　一鄉內阿吾勒之間土地糾紛，由鄉選舉人大會處理；游牧帳戶之間土地糾紛，由阿吾勒大會處理。

第一百二十五條　每位牧民都有權在自己使用的冬牧場地塊上開墾土地，開闢花園、果園和林地，建立住房和經濟建築。已經開墾、建有建築或種植作物的土地可以繼承，只要土地上有建築

或作物。建築物構成私人財產，但可以出於拆除目的轉讓給不屬於本社區的個人。

第一百二十六條　在查明屬於牧民的土地數量之前，游牧社區可出租冬牧場區域內的土地給俄羅斯族，期限不超過 30 年，用於農耕、作坊、工廠、磨坊或其他建築。此決議由鄉大會產生，省公署批准。

注：決議中應當注明出租收益所得金額的用途。

第一百二十七條　夏牧場由牧民依照習慣公共使用（第 121 條）。

第一百二十八條　在社區協商的情況下，在冬夏牧場的便利地點劃出特殊地塊為穀物和牧草種植之用。個人之間依照習慣和個人意願劃分地塊邊界。耕地上所立建築物為私人財產，依照上述冬牧場建築的相關條款（第 125 條）。

第一百二十九條　冬牧場的礦區和農墾地塊可以在與所屬社區達成自願協議基礎上租用開發。夏牧場地塊上開發礦藏的活動須依照在尚未佔用的國家土地上進行開發活動的相關規定。

第一百三十條　在建立牧場上的合法牲畜通道之前，牧民有權無償驅趕牲畜通過各地區，但需要對造成的損失負責，如牲畜踩踏冬牧場、耕地和割草場等。

第二章　定居人群土地制度

第一百三十一條　哥薩克軍團關於土地佔有和使用權利依照特殊法律。

第一百三十二條　城市土地由城市社區依法佔有和使用。依法向沒有牧場的城市劃撥未被使用的國家土地。

注：在國家財產部和內務部批准下，根據實際需求向鐵米爾市、伊爾吉茲市、圖爾蓋市、阿克糾賓斯克市和尼古拉

耶夫斯克市劃撥牧場，供願意從事農墾的人群開墾。

第一百三十三條　在國家土地上建立的俄羅斯族和異族村落由特殊條例規定其土地制度。

第一百三十四條　在國家財產部和內務部的同意下，向遠離定居區的驛站劃撥特殊的割草場地塊，其規模以冬季供養驛站馬匹所必須的草料為准。

第一百三十五條　村社土地和私人土地上劃出法定寬度的牧道，便於牧民驅趕牲畜免費通過。

注：牧團通過村社或私人牧道時缺乏草料，可與村民自願貿易；或由陸軍大臣及內務大臣協商，確定固定的通過費用。

第一百三十六條　禁止非俄羅斯臣民和除土著以外的所有非基督徒在草原諸省購買土地。

第四部分　賦稅和勞役

第一章　游牧人群賦稅

第一百三十七條　草原諸省游牧人口的國家稅收是向居住在各類住所（氈房、木屋、石屋、地穴）的人群徵收每年 4 盧布的帳篷稅。

注：冬夏牧場的兩處居住點視為同一游牧帳戶。

第一百三十八條　帳戶的清點每三年開展一次。在下一輪清點之前，每個阿吾勒社區的阿吾勒長和鄉選舉人有義務查驗游牧帳戶主名單，核實後簽字蓋章。

第一百三十九條　核實過的游牧帳戶主名單由阿吾勒長遞交鄉大會，由鄉大

會上再核實一遍；之後，鄉機關人員、所有鄉選舉人和阿吾勒長均在名單上簽字蓋章，呈遞縣長。

第一百四十條　縣長在稅收監察官參與下，校對游牧帳戶主名單和人員異動名單，之後編成報表呈遞省公署，彙報帳戶數目和應收稅額。

第一百四十一條　省公署在核實上報的帳戶清單和稅收數據後，將報表遞交到國庫，以編制稅收表單。

第一百四十二條　鄉長和阿吾勒長有義務監督游牧帳戶的遷入和遷出。

第一百四十三條　鄉選舉人如果未能如實上報帳戶數字，則省公署可處以未交稅金的兩倍罰款。除此之外，還要從未上報帳戶徵收未交稅金；如欠稅人無力繳納，則由其所屬的阿吾勒社區承擔。

第一百四十四條　阿吾勒長或鄉長刻意上報錯誤資訊，或因懶惰、粗心致訊息錯誤，都將被視為職務犯罪，承擔法律責任。

第一百四十五條　帳篷稅根據各游牧帳戶主的經濟情況分配，由鄉大會在阿吾勒社之間分配，由阿吾勒大會在游牧帳戶主之間分配。鄉大會和阿吾勒大會關於帳篷稅徵收分配的決議登記入簿冊。

第一百四十六條　阿吾勒長在阿吾勒社徵收帳篷稅，轉運至鄉長處獲得收據；由鄉長將帳篷稅轉運至縣庫。

第一百四十七條　阿克莫林斯克省、塞米巴拉金斯克省七河省的徵稅和轉運期限由草原總督確定；烏拉爾斯克省和圖爾蓋省由財政大臣與內務大臣協商確定。

第一百四十八條　如游牧帳戶主未能繳納帳篷稅，則由阿吾勒社根據阿吾勒大會分配情況支付欠繳金額；如阿吾勒社未能繳納帳篷稅，鄉內其他阿吾勒社根據向大會分配情況承擔。依照民族習慣明確對欠稅的處罰措施。

第二章　定居人群賦稅

第一百四十九條　草原諸省由俄羅斯農民、東幹、塔蘭奇在國家土地上組建的村社，須同國家農民一樣遵照以下條款（第 150-152 條）交納國家土地稅。

第一百五十條　國家土地稅依照立法程序設立和變更。

第一百五十一條　土地稅按照戶主名單中良地的面積徵收。在戶主名單尚未完成的地區，土地稅按照每個村使用土地面積的總數計算。

第一百五十二條　各村社依據村大會決議在納稅人之間分配土地稅；以同樣的形式確定徵收和保存土地稅金的程序，以及處理欠稅的措施。

第三章　地方賦役

第一百五十三條　在各省引入《地方機構章程》（Положение о земских учреждениях）之前，地方賦役都由省公署管理。縣級勞役的公文處理和會計工作由縣長領導。省公署和縣長依照《地方賦役條例》（Устав о земских повинностях）組織工作。

注：省公署審議地方賦役的全體會議須以下官員出席：省法院的主席，省郵傳工作的主任，哥薩克軍團代表和省會城市的市長。圖爾蓋省公署全體會議中，省法院主席由奧倫堡刑事和民事法院主席替代，或由後者挑選一位法院成員替代。受邀參加會議的成員審議勞役事務中涉及本機構工作。

第一百五十四條　地方賦役分為實物和現金兩類；現金勞役分為省和社區兩級。

　　　　　　　　注：哥薩克軍團的地方賦役由特殊法律管轄。

第一百五十五條　省級勞役的用途和來源由《地方賦役條例》和本條例第156和157條規定。

第一百五十六條　實物勞役服務於以下需求：（一）興修水利開支；（二）對付蝗蟲和其他病蟲害；（三）維護驛道，除雪；（四）維護重要隘口和邊境哨所；（五）維護驛道之外的牧民牲畜過道；（六）緊急情況下徵調帳篷、燃料和運輸牲畜的開支，支付價格由督軍批准。

第一百五十七條　省級貨幣勞役用於以下開支：（一）社會福利和救濟；（二）發展地方商業、手工業和畜牧業，以及各類種植業；（三）公共健康和疫苗接種；（四）預防牲畜倒閉或農作物歉收、除滅害蟲；（五）依照沙皇批准的編制，部分支持教育和民族學校。

第一百五十八條　社區貨幣勞役用於以下開支：（一）游牧、定居鄉村的鄉村集體管理人員工資；（二）異族社區疫苗接種；（三）異族社區水利灌溉管理人員。

　　　　　　　　注：俄羅斯族農村居民的勞役由特殊法令管轄。

第一百五十九條　省級貨幣地方賦役（參見第157條）從以下管道徵收：（一）游牧民；（二）俄羅斯和異族定居村社；（三）城市不動產；（四）作坊和工廠房舍；（五）商業和工業票照、專利和票據。

第一百六十條　從游牧民、定居社區和城市不動產稅收的規模（第159條第一至三）明年確定一次，與地方預算同時根據國家稅收的某一百分比確定。

第一百六十一條　作坊和工廠房產、商業和工業票照專利（第 159 條第四至五），其稅收額度根據《地方賦役條例》確定。

第一百六十二條　地方賦役由鄉大會、阿吾勒大會和村大會以與國家稅收相同的程序在牧民和定居居民中明確分配方案。

第一百六十三條　社區貨幣勞役（第 158 條）由各社區以書面決議徵收一定規模的特殊稅。

第一百六十四條　省級貨幣勞役每年由地方收支預算規定；地方賦役開支不得超出收入。

第一百六十五條　省級地方賦役預算根據《地方賦役條例》規定的程序制定。

注：地方預算草案同時向財政部和地方審計部門呈遞。

第一百六十六條　禁止任何地方預算之外的開支。

第一百六十七條　地方賦役經費的接收、保存和開支以及會計和報告遵照國家財政收支相關法律。

第一百六十八條　地方貨幣勞役與國家稅收同時徵收。

參考文獻

一、未出版檔案文獻和史料彙編

（一）相關檔案卷宗

哈薩克斯坦中央國立檔案館（Центральный государственный архив Республики Казахстан, ЦГА РК）

第 44 號卷宗　七河省公署（Ф. 44, Семиреченское областное правление, 1868-1918）

第 46 號卷宗　七河省軍區司令部（Ф. 46, Штаб войск Семиреченской области, 1882-1917）

第 64 號卷宗　草原總督辦公廳（Ф. 64, Канцелярия степного генерал-губернатора, 1882-1917）

第 354 號卷宗　科克切塔夫縣長（Ф. 354, Кокчетавский уездный начальник）

第 825 號卷宗　科爾帕科夫斯基（Ф. 825, Колпаковский, Герасим Алексеевич, 1819-1896）

俄羅斯聯邦國家檔案館（Государственный архив Российской федерации, ГАРФ）

第 730 號卷宗　伊格納季耶夫伯爵（Ф. 730, Игнатьев, Николай Павлович, Граф）

俄羅斯國家歷史檔案館（Российский государственный исторический архив, РГИА）

第 954 號卷宗　馮・考夫曼（Ф. 954, фон-Кауфман, Константин Петрович）

第 1396 號卷宗　帕倫伯爵（Ф. 1396, Пален, Константин Константинович, Граф）

俄羅斯國家軍事歷史檔案館（Российский государственный военно-исторический архив, РГВИА）

第 400 號卷宗　參謀總部亞洲司（Ф. 400, Главный штаб Азиатская часть, 1836-1918）

第 447 號卷宗　中國處（Ф. 447, Китай, 1737-1918）

第 752 號卷宗　西伯利亞哥薩克軍團（Ф. 752, Сибирское Казачье войско, 1760-1920）

第 1434 號卷宗　七河哥薩克軍團（Ф. 1434, Семиреченское Казачьи войско, 1867-1920）

（二）史料彙編

1. Академия наук КазССР. Казахско-Русские отношения в XVI-XVIII веках: сборник документов и материалов. Алма-Ата, 1961.

2. Академия наук КазССР. Казахско-Русские отношения в XVIII-XIX веках: сборник документов и материалов. Алма-Ата, 1964.

3. Койгелдиев М.К. ред. История Казахстана в русских источниках. Т. 1-10. Алматы, 2005.

4. Масевич М. Г. Материалы по истории политического строя Казахстана. Т. 1, Алматы, 1960.

5. Субханбердина Y. Киргизская степная газета: литературные образцы. Алма-Ата, 1990.

二、沙俄時期出版俄文文獻

1. Алтынсарин И. Киргизская хрестоматия. Оренбург, 1879.

2. Аничков И.В. Киргизский герой (батыр) Джанходжа Нурмухамедов // ИОАИЭК. Т. 12, Вып. 3. 1894.

3. Аристов Н.А. Опыт выяснения этнического состава киргиз-казаков Большой Орды и кара киргизов. СПб., 1894.

4. Аристов Н.А. Заметки об этническом составе тюркских племен и народностей и сведения об их численности // Живая старина, 1896, шестой, вып. 3-4. С. 277-456.

5. Бабков И.Ф. Воспоминания о моей службе в Западной Сибири (1859-1875 г.). СПб., 1912.

6. Бартольд В.В. Очерк истории Семиречья, Верный, 1898.

7. Бородин Н. Уральское казачье войско. Статистическое описание. Т. 1-2, Уральск, 1891.

8. Брокгауз Ф.А. и Ефрон И.А. Энциклопедический словарь Брокгауза и Ефрона. Т. 13. СПб., 1894.

9. Букейханов А.Н. Исторические судьбы Киргизского края и культурные его успехи // Семенов П.П. Россия. Полное географическое описание нашего Отечества. СПб., 1903.

10. Вельяминов-Зернов В.В. Исследование о касимовских царях и царевичах. Т. 1-4. СПб., 1863-1887.

11. Гейнс А.К. Собрание литературных трудов. СПб., 1897.

12. Добросмыслов А.И. Тургайская област // Известия оренбургского отдела Императорского Русского географического общества, вып. 17, Тверь, 1902.

13. Иакинф (Бичурин). Собрание сведений о народах, обитавших в

Средней Азии в древние времена. СПб., 1851.

14. Красовский М. Область сибирских киргизов. СПб., 1868.

15. Крафт И.И. Сборник узаконений о киргизах степных областей. Оренбург, 1898.

16. Кудайбердиев Ш. Родословная тюрков, киргизов, казахов и ханских династий. Оренбург, 1910.

17. Кузнецов В.К. ред. Сборник статистических сведений об экономическом положении переселенцев в Сибири: Материалы по обследованию типических переселенческих поселков. СПб., 1913.

18. Леденев Н.В. История Семиреченского казачьего войска. Верный, 1909.

19. Леонтьев А.А. Русская колонизация в степях Средней Азии // Северный вестник 1889, Но. 8, pp. 87-88.

20. Лёвшин А.И. Описание Киргиз-Казачьих или Киргиз-Кайсацких орды степей. Т. 1-3, СПб., 1832.

21. Мейер Л.Л. Киргизская Степь Оренбургского ведомства. СПб., 1865.

22. Обзор Акмолинской области. Омск, 1881-1915.

23. Обзор Семипалатинской области. Семипалатинск, 1894-1904.

24. Обзор Семиреченской области. Верный, 1882-1917.

25. Обзор Тургайской области. Оренбург, 1881-1902.

26. Пален К.К. Отчет по ревизии Туркестанского края. СПб., 1910.

27. Паллас П.С. Путешествие по разным провинциям Российского государства. СПб., 1773-1788.

28. Памятная книжка и адрес-Календарь Семиреченской области на 1900 год. Верный, 1900.

29. Потанин Г.Н. О рукописи капитана Андреева о Средней киргизской орде, писанной в 1785 году // ИзИРГО. Т. 9, вып. 2, 1875.

30. Переселенское управление. Азиатская Россия: люди и порядки за Уралом. Т. 1. 1914.

31. Радлов В.В. К вопросу об уйгурах. Рипол Классик, 1893.

32. Румянцев П.П. Киргизский народ в прошлом и настоящем. СПб., 1910.

33. Рычков Н.П. Дневные записки путешествия капитана Николая Рычкова в киргиз-кайсацкой степе, 1771 году. СПб., 1772.

34. Рычков П.И. История Оренбургская по учреждению Оренбургской губернии. Уфа, 1759.

35. Середа Н.А. Бунт киргизского султана Кенесары Касымова // Вестник Европы, no. 8-9, 1870; no. 9, 1871.

36. Середа Н.А. Из истории волнений в Оренбургском крае: Материалы для истории последнего киргизского восстания, 1869-1870 // Русская мысль. Т. 13, вып. 8. М., 1892.

37. Семёнов П.П. Значение России в колонизационном движении европейских народов // Известия РГО. 1892. Т. 28. Вып. 4. 1892.

38. Семиреченский областный статистический комитет. Памятная книжка и адрес-календарь. Семиреченской области на 1898 год. Верный, 1898.

39. Семиреченский Переселенческий район. Сельскохозяйственный обзор Семиреченской области за 1914. Верный, 1915.

40. Смирнов Е.Т. Султаны Кенесары и Садык. Ташкент, 1889.

41. Стеткевич, А. Убыточен ли Туркестан для России. СПб., 1899.

42. Стариков Ф.М. Историко-статистический очерк Оренбургского казачьего войска. Оренбург, 1891.

43. Стратонов В.В. Туркестанский календарь на 1904 год. Ташкент, 1904.

44. Терентьев М.А. История завоевания Средней Азии. СПб., 1906.

45. Тизенгаузен В.Г. Сборник материалов, относящихся к истории Золотой

Орды. СПб., 1884.

46. Троцкий В.Н. ред. Русский Туркестан. Т. 3. СПб., 1872.

47. Ушаков В.А. Киргиз-кайсак. М., 1830.

48. Федоров Д.Я. Чжунгарско-Семиреченский приграничный район. Т. 2.
    Ташкент, 1910.

49. Фишер. И.Е. Сибирская история. СПб., 1774.

50. Харузин А.Н. Киргизы Букеевской орды: антрополого-этнологический
    очерк. М., 1889.

51. Хорошхин М.П. Казачьи войска: опыт военно-статистического описания.
    СПб., 1881

52. Щербина Ф.А. ред. Материалы по киргизскому землепользованию. Т. 1-
    12. Воронеж, 1898-1909.

三、中文文獻

1. [哈]阿拜‧庫南巴耶夫著，艾克拜爾‧米吉提譯：《阿拜》，杭州：浙
   江文藝出版社，2020 年。

2. [哈]阿拜著，哈拜譯：《阿拜詩文全集》，北京：民族出版社，1993
   年。

3. 阿德爾等編，吳強等譯：《中亞文明史：走向現代文明：19 世紀中葉至
   20 世紀末（第 6 卷）》，北京：中國對外翻譯出版公司，2013 年。

4. 阿拉騰奧其爾，吳元豐：〈清廷冊封瓦裏蘇勒坦為哈薩克中帳汗始末
   ──兼述瓦裏汗睦俄及其緣由〉，《中國邊疆史地研究》（第 3 期），
   1998 年，第 52-58 頁。

5. [德]埃利亞斯《文明的進程：西方國家世俗上層行為的變化》，上海：
   上海譯文出版社，2013 年。

6. [俄]巴布科夫著，王之相譯，陳漢章校：《我在西西伯利亞服務的回

憶》，北京：商務印書館，1973 年。

7. [俄]巴托爾德著，張麗譯：《巴托爾德文集》第 2 卷第 1 分冊《吉爾吉斯簡史》，蘭州：蘭州大學出版社，2013 年。

8. 白建才：《世界帝國史話：俄羅斯帝國》，北京：中國國際廣播出版社，2015 年。

9. [澳] 佈雷特‧鮑登著，杜富祥、季澄、王程譯：《文明的帝國：帝國觀念的演化》，北京：社會科學文獻出版社，2020 年。

10. [俄]鮑維金、彼得羅夫著，張廣翔、王昱睿譯：《俄羅斯帝國商業銀行》，北京：社會科學文獻出版社，2018 年。

11. 編寫組：《哈薩克族簡史》，北京：民族出版社，2008 年。

12. 曹龍虎：〈近代中國帝國主義概念的輸入及衍化〉，《武漢大學學報（人文科學版）》，2017 年第 4 期。

13. 陳學惠：《俄羅斯軍事改革研究》，中國社會科學院研究生院博士論文，2002 年。

14. [英] 約翰‧達爾文著，黃中憲譯：《帖木兒之後：1405 年以來的全球帝國史》，北京：中信出版集團，2021 年。

15. [俄]尼‧費‧杜勃羅文著，吉林大學外語系俄語專業翻譯組譯：《普爾熱瓦爾斯基傳》，北京：商務印書館，1978 年。

16. [英]尼爾‧弗格森著，雨珂譯：《帝國》，北京：中信出版社，2011 年。

17. 傅正：〈顛倒了的中心與邊緣──地緣政治學的善惡之辨〉，《開放時代》，2018 年第 6 期，第 127-143 頁。

18. [英]格裏夫頓編著，胡欣、慕翼蔚譯：《俄羅斯帝國的興衰，1613-1917：羅曼諾夫王朝三百年》，北京：中國畫報出版社，2021 年。

19. [哈] 哈菲佐娃著，楊恕、王尚達譯：《十四—十九世紀中國在中央亞細亞的外交》，蘭州：蘭州大學出版社，2002 年。

20. [美]哈特、奈格裏著，楊建國等譯：《帝國》，南京：江蘇人民出版社，2005 年。

21. 米兒咱·馬黑德·海答兒著，王治來譯：《中亞蒙兀兒史——拉失德史（第一編）》，上海：上海古籍出版社，2013 年。

22. [美]亨利·赫坦巴哈等著，吉林師範大學歷史系翻譯組譯：《俄羅斯帝國主義：從伊凡大帝到革命前》，北京：三聯書店，1978 年。

23. 黃中祥：《哈薩克英雄史詩與草原文化》，伊寧：伊犁人民出版社，2010 年。

24. [英]約翰·阿特金森·霍布森著，盧剛譯：《帝國主義》，北京：商務印書館，2017 年。

25. [英]霍普柯克著，張望、岸青著：《大博弈：英俄帝國中亞爭霸戰》，北京：中國青年出版社，2016 年。

26. [英]傑弗裏·霍斯金，李國慶等譯：《俄羅斯史》（全 3 卷），廣州：南方日報出版社，2013 年。

27. 慧立（本），彥悰（箋）：《大慈恩寺三藏法師傳》，北京：中華書局，1983 年。

28. 強世功：《文明的終結與世界帝國：美國建構的全球法秩序》，香港：三聯書店，2021 年。

29. [俄]捷連季耶夫：《征服中亞史》（三卷本），北京：商務印書館，1980-1986 年。

30. [哈]格奧爾吉·瓦西裏耶維奇·坎著，中國社會科學院絲綢之路研究所等譯：《哈薩克斯坦簡史》，北京：中國社會科學出版社，2018 年。

31. [波斯]拉施特主編，餘大鈞、周建奇譯：《史集》第一卷，第一分冊，北京：商務印書館，1983 年。

32. [美]拉鐵摩爾著，唐曉峰譯：《中國的亞洲內陸邊疆》，南京：江蘇人民出版社，2008 年。

33. [美]拉伊夫著，蔣學禎、王端譯：《獨裁下的嬗變與危機：俄羅斯帝國二百年剖析》，上海：學林出版社，1996 年。

34. 藍琪：《16-19 世紀中亞各國與俄國關係論述》，蘭州：蘭州大學出版社，2012 年。

35. 藍琪：《中亞史》（第六卷），北京：商務印書館，2020 年。

36. 藍琪：〈論沙俄在中亞的統治〉，《貴州師範大學學報》2016 年第 1 期，第 77-90 頁。

37. [英]利芬著，蘇然、王橙譯：《走向火焰：帝國、戰爭與沙皇俄國的終結》，北京：社會科學文獻出版社，2020 年。

38. 李寧：《前蘇聯的遺產：哈薩克斯坦的糧食和能源產業》，瀋陽：白山出版社，2016 年。

39. 李琪：《中亞維吾爾人》，烏魯木齊：新疆人民出版社，2003 年。

40. 李偉麗：《尼‧雅‧比丘林及其漢學研究》，北京：學苑出版社，2007 年。

41. 李永全、王曉泉編：《「絲綢之路經濟帶」與哈薩克斯坦「光明之路」新經濟政策對接合作的問題與前景》，北京：中國社會科學出版社，2016 年。

42. 李友東：〈從「王朝」到「帝國」的轉移——西方學術範式中 「歷史中國」的意涵變化〉，《史學理論研究》，2020 年第 3 期。

43. 厲聲：《哈薩克斯坦及其與中國新疆的關係：15 世紀—20 世紀中期》，哈爾濱：黑龍江教育出版社，2004 年。

44. 厲聲：〈中俄「司牙孜」會讞制度研究〉，《新疆社會科學》，1988 年第 4 期，第 68-79 頁。

45. 聯共（布）中央特設委員會編，中共中央馬克思、恩格斯、列寧、史達林著作編譯局譯：《聯共（布）黨史簡明教程》，北京：人民出版社，1975 年。

46. [美]梁贊諾夫斯基、斯坦伯格著，楊燁、卿文輝主譯：《俄羅斯史》，上海：上海人民出版社，2007 年。

47. 列寧：《帝國主義是資本主義的最高階段》，北京：人民出版社，2014 年。

48. 劉禾主編：《世界秩序與文明等級》，北京：三聯書店，2016 年。

49. 劉顯忠：《近代俄國國家杜馬：設立及實踐》，北京：社會科學文獻出版社，2007 年。

50. 盧凌宇：〈西方學者對非洲國家能力（1970-2012）的分析與解讀〉，《國際政治研究》2016 年第 4 期，第 102-126 頁。

51. 羅新：《黑氈上的北魏皇帝》，北京：海豚出版社，2014 年。

52. 魯迅：《再論雷峰塔的倒掉》，《魯迅全集》第 1 卷，北京：人民文學出版社，1981 年。

53. 馬大正、成崇德編：《衛拉特蒙古史綱》，烏魯木齊：新疆人民出版社，2006 年。

54. 《馬克思恩格斯全集》，北京：人民出版社，2012 年。

55. [哈]馬薩諾夫等著，楊恕、焦一強譯：《哈薩克斯坦民族與文化史》，北京：民族出版社，2018 年。

56. [英] 麥金德著，林爾蔚、陳江譯：《歷史的地理樞紐》，北京：商務印書館，2008 年。

57. 孟楠：《俄國統治中亞政策研究》，烏魯木齊：新疆大學出版社，2000 年。

58. [俄]米羅年科著，許金秋譯：《19 世紀俄國專制制度與改革》，北京：社會科學文獻出版社，2017 年。

59. 米羅諾夫著，張廣翔、許金秋、鐘建平譯：《帝俄時代生活史》，北京：商務印書館，2013 年。

60. [哈]努‧納紮爾巴耶夫著，哈依霞譯：《前進中的哈薩克斯坦》，北

京：民族出版社，2000 年版。

61. [哈]努·納紮爾巴耶夫著，陸兵、王沛譯：《時代·命運·個人》，北京：人民文學出版社，2003 年版。

62. [哈]努·納紮爾巴耶夫著，徐葵等譯：《哈薩克斯坦之路》，北京：民族出版社，2007 年版。

63. [哈] 卡·托卡耶夫：《哈薩克斯坦：從中亞到世界》，北京：新華出版社，2001 年。

64. [蘇]潘克拉托娃等編：《蘇聯通史》第三卷，上海：三聯書店，1980 年。

65. 潘志平：〈評五十年代蘇聯對中亞歷史上抗俄民族主義的批判〉，《俄羅斯東歐中亞研究》，1984 年第 1 期，第 82-86 頁。

66. 彭柳：〈國家能力與蘇東地區的國家建構：理論和機制〉，《比較政治學研究》2021 年第 1 期，第 53-73 頁。

67. [哈]葉爾蘭·巴塔舍維奇·塞德科夫著，李喜長譯：《哈薩克草原之魂》，北京：中國社會科學出版社，2017 年。

68. [哈]邵英巴耶夫等著，蕭揚、羅焚譯：《為正確闡明蘇聯中亞細亞各民族的歷史問題而鬥爭》，北京：人民出版社，1954 年。

69. 施越：〈十九世紀後期沙俄政府在中亞的內外政策考慮：以七河省的隸屬變更為中心〉，《中亞研究》，2017 年第 2 期，第 1-20 頁。

70. 史達林：《史達林全集》，第六卷，北京：人民出版社，1956 年。

71. 斯特拉博著，李鐵匠譯：《地理學（下）》，上海：上海三聯書店，2014 年

72. 蘇北海：《哈薩克族文化史》，烏魯木齊：新疆大學出版社，1996 年。

73. 蘇力：《法治及其本土資源》，北京：中國政法大學出版社，2004 年。

74. 蘇力：《大國憲制：歷史中國的制度構成》，北京：北京大學出版社，2018 年。

75. 孫成木、劉祖熙：《俄國通史簡編（上、下）》，北京：人民出版社，1986 年。

76. [俄]塔格耶夫著，薛蕾譯：《在聳入雲霄的地方》，北京：商務印書館，1975 年。

77. [美]湯普遜著，楊德友譯：《帝國意識：俄國文學與殖民主義》，北京：北京大學出版社，2009 年。

78. [俄]特列寧著，韓凝譯：《帝國之後：21 世紀俄羅斯的國家發展與轉型》，北京：新華出版社，2015 年。

79. [哈]托卡耶夫：《哈薩克斯坦：從中亞到世界》，北京：新華出版社，2001 年。

80. 王國傑：《東幹族形成發展史：中亞陝甘回族移民研究》，西安：陝西人民出版社，1997 年。

81. 王明珂：《游牧者的抉擇：面對漢帝國的北亞游牧部族》，桂林：廣西師範大學出版社，2008 年。

82. 王明珂：《英雄祖先與弟兄民族：根基歷史的文本與情境》，北京：中華書局，2009 年。

83. 王紹光：〈國家治理與基礎性國家能力〉，《華中科技大學學報（社會科學版）》2014 年第 3 期，第 8-10 頁。

84. 王紹光：〈國家汲取能力的建設──中華人民共和國成立初期的經驗〉，《中國社會科學》2002 年第 1 期，第 77-93 頁。

85. 王治來：《中亞史（第一卷）》，北京：中國社會科學出版社，1980 年。

86. 王治來：《中亞國際關係史》，長沙：湖南出版社，1997 年。

87. 王治來：《中亞通史（古代卷）》，烏魯木齊：新疆人民出版社，2004 年。

88. 王治來：《中亞通史（近代卷）》，烏魯木齊：新疆人民出版社，2007

年。

89. 丁篤本：《中亞通史（現代卷）》，烏魯木齊：新疆人民出版社，2004年。

90. 徐景學主編：《西伯利亞史》，哈爾濱：黑龍江教育出版社，1991年。

91. 萬雪玉：〈1916年中亞各民族起義原因探討〉，《新疆大學學報（哲學社會科學版）》，1997年第4期，第78-82頁。

92. 汪金國：〈1916年中亞起義的性質及其歷史意義〉，《蘭州大學學報（社會科學版）》，2000年第6期，第98-102頁。

93. 王希隆、汪金國：《哈薩克跨國民族社會文化比較研究》，北京：民族出版社，2004年。

94. [德]馬克斯・韋伯著，馮克利譯：《學術與政治》，北京：三聯書店，1998年。

95. 韋進深、舒景林著：《哈薩克斯坦國家發展與外交戰略研究》，北京：中國出版集團世界圖書出版公司，2016年。

96. 吳宏偉：《中亞人口問題研究》，北京：中央民族大學出版社，2004年。

97. 吳築星：《沙俄征服中亞史考敘》，貴陽：貴州教育出版社，1996年。

98. 希羅多德著，王以鑄譯：《歷史：希臘波斯戰爭史（上冊）》，北京：商務印書館，1997年。

99. 項英傑主編：《中亞史叢刊》（第一至七期），貴陽：貴州師範大學，1983-1988年。

100. 辛華編：《俄語姓名譯名手冊》，北京：商務印書館，2014年。

101. 熊宸：〈19世紀羅馬「帝國主義」問題在西方學術界的緣起與發展〉，《世界歷史》2021年第2期，第122-124頁。

102. [俄]謝苗諾夫著，李步月譯：《天山遊記》，烏魯木齊：新疆人民出版社，2001年。

103. 徐海燕：〈清朝在新疆與沙俄在哈薩克斯坦的「軍政合一」管理體制比較〉，《俄羅斯中亞東歐研究》，2005 年第 3 期，第 75-79 頁。

104. 楊素梅：〈哥薩克的起源與社會屬性分析一種哥薩克學的研究視角〉，《俄羅斯研究》，2012 年第 3 期，第 90-102 頁。

105. 袁劍：《尋找「世界島」：近代中國中亞認知的生成與流變》，北京：社會科學文獻出版社，2020 年。

106. 曾向紅，楊恕：〈中國中亞研究 30 年來進展評估——基於觀察視角與研究主題的評估框架〉，《國際觀察》，2020 年第 6 期，第 66-98 頁。

107. 張保國：《蘇聯對中亞及哈薩克斯坦的開發》，烏魯木齊：新疆人民出版社，1989 年。

108. 張廣達：〈碎葉城今地考〉，《北京大學學報（哲學社會科學版）》，1979 年第 5 期。

109. 張宏莉：《當代哈薩克斯坦民族關係研究》；北京：世界知識出版社，2007 年。

110. 章永樂：《舊邦新造》，北京：北京大學出版社，2011 年。

111. 趙常慶主編：《列國志：哈薩克斯坦》，北京：社會科學文獻出版社，2004 年。

112. 趙華勝：〈中俄美在中亞的存在：上升和下降〉，《國際觀察》，2015 年第 6 期，第 87-103 頁。

113. 鄭振東：《阿拜——哈薩克草原上的北極星》，民族出版社，2003 年。

114. 竹效民：〈淺議 18 世紀中葉至 19 世紀中葉沙俄對哈薩克草原的侵吞和哈薩克人民的抵抗〉，《伊犁師範學院學報（社會科學版）》，2007 年第 3 期，第 11-15 頁。

115. 朱新光：《英帝國對中亞外交史研究》，南京：江蘇人民出版社，2002 年。

116. 莊宇、施越主編：《俄羅斯國家建構的道路選擇》，北京：商務印書

館，2021 年。

117. 祖博克著，李曉江譯：《失敗的帝國》，北京：社會科學文獻出版社，
2014 年。

四、外文文獻

（一）俄文和哈薩克文

1. Абдиров М.Ж. История казачества Казахстана. Алматы, 1994.

2. Абдыкалыкова М. и Панкратовой А. ред., История Казахской ССР, Алма-Ата, 1943.

3. Абылхожин Ж.Б. История Казахстана (с древнейших времен до наших дней). Т. 1-5, Алматы, 1997-2010.

4. Абдыкалыков М. и Панкратова А.М. ред. История Казахской ССР с древнейших времен до наших дней. Алма-Ата, 1943.

5. Акишев А.К. ред. История Казахстана с древнейших времен до наших дней (очерк). Алматы, 1993.

6. Алтынсарин И. Собрание сочинений в трех томах. Т. 2. Алма-Ата, 1976.

7. Алтынсарин Ы. Мұсылманшылықтың тұтқасы. Шараит-ул-ислам. Алматы, 1991.

8. Аполлова Н.Г. Присоединение Казахстана к России в 30-х годах 18в. Алма-Ата, 1948.

9. Аполлова Н.Г. Экономические и политические связи Казахстана с Россией в 18 - начале 19 в. М., 1960.

10. Асылбеков М.Х. Железнодорожники Казахстана в первой русской революции. Алма-Ата, 1965.

11. Басин В.Я. Казахстан в системе внешней политики России в первой

половине 18в// Казахстан в 15-18 вв. Алма-Ата, 1969.

12. Басин В.Я.   Россия и казахские ханства в 15-18 вв. Алма-Ата, 1971.

13. Баталина М. и Миллер А. Российская империя в сравнительной

    перспективе: сборник статей. М., 2004.

14. Бакунин Б. М. Описание калмыцких народов, а особливо из них

    торгоутского, и поступков их ханов и владельцев. Элиста, 1995.

15. Бейсембиев К. Очерки истории общественно-политической и

    философской мысли Казахстана (дореволюционный период). Алма-Ата,

    1976.

16. Бекмаханов Е.Б. Казахстан в 20-40 годы XIX века. Алма-Ата, 1947.

17. Бекмаханов Е.Б. Присоединение Казахстана к России. М., 1957.

18. Бекмаханова Н.Е. Формирование многонационального населения

    Казахстана и Северной Киргизии. Алма-Ата, 1980.

19. Бекмаханова Н.Е. Многонациональное население Казахстана и Киргизии

    в эпоху капитализма. 60-е годы XIX в.-1917 г. М., 1986.

20. Большакова О.В. Российская империя: система управления.

    Современная зарубежная историография. М., 2003.

21. Букейхан А. Тандамалы: Шығармалар жинағы. Алматы, 2002.

22. Валиханов Ч.Ч. Собрание сочинений в 5 томах. Алма-Ата, 1984-1985.

23. Верт П., Миллер А. и Кабытов П. ред. Российская империя в зарубежной

    литературе: работа последних лет. М., 2005.

24. Востров В.В., Муканов М.С. Родоплеменной состав и расследние

    казахов. Алма-Ата, 1968.

25. Вяткин М.П. Очерки по истории Казахской ССР. Т. 1. М., 1941.

26. Галузо П.Г. Аграрные отношения на юге Казахстана в 1867-1914

    гг. Алма-Ата, 1965.

27. Герасимова Э.И. Уральск. Исторический очерк (1613-1917) Алма-Ата, 1969.

28. Дильмухамедов Е.Д. Из истории горной промышленности Казахстана. Алма-Ата, 1977.

29. Евтухова Е. Казань, Москва, Петербург: Российская империя взглядом из разных углов. М., 1997.

30. Еренов А. Очерки по истории феодальных земельных отношеений у казахов. Алма-Ата, 1960.

31. Ерофеева И.В. Хан Абулхаир: полководец, правитель, политик. Алматы, 2007.

32. Ерофеева И.В. Символы казахской государственности (позднее средневековье и новое время). Алматы, 2001.

33. Ерофеева И.В. и др. Аныракайский треугольник: историко-географический ареал и хроника великого сражения. Алматы, 2008.

34. Зиманов С.З. Общественный строй казахов первой половины 19 в. Алма-Ата, 1958.

35. Зиманов С.З. Политический строй Казахстана конца 18 и первой половины 19 в. Алма-Ата, 1960.

36. Карнаухова Е.С. Размещение сельского хозяйства России в период капитализма, 1860-1914. М., 1951.

37. Касымбаев Ж.К. Семипалатинск в канун Октябрьской революции. Алма-Ата, 1970.

38. Кунанбаев А. Избранное стихотворения, поэмы, слова-назидания. М., 1981.

39. Құнанбаев Абай. Шығармаларының толық жинағы. М., 1945.

40. Ленин В.И. Переселенческий вопрос // Полное собрание сочинений. Т.

21. M., 1961.

41. Ленин В.И. Крепость цепь определяется крепостью самого слабого звена ее // Полное собрание статей. Т. 32. M. 1969.

42. Ливен, Д. Российская империя и ее враги с XVI века до наших дней. М., 2007.

43. Мавродина Р. М. Киевская Русь и кочевники: историографический очерк. Ленинград, 1983.

44. Маджун. Д.С. Культура и просвещение дунган Центральной Азии. Бишкек, 2008.

45. Маликов Ф. Февральская буржуазно-демократическая революция в Казахстане. Алма-Ата, 1972.

46. Масанов Н.Э. ред. История Казахстана: народы и культуры. Алматы, 2001.

47. Малтусынов С.Н. Аграрная история Казахстана (конец XIX-начало XX в.). Алматы, 2006.

48. Мацузато К. Генерал-губернаторство в Российской империи: от этнического к пространственному подходу // Новая имперская история постсоветского пространства. Сборник статей. Герасимова И. ред. Казань, 2004.

49. Милов Л.В. ред. История России 18-19 веков. М., 2006.

50. Муратова С.Р. На страже рубежей Сибири // Национальные культуры региона. Тюмень, 2007. С. 32-46.

51. Муратова, С. Р. Географическое описание Тоболо-Ишимской линии // Известия Российского государственного педагогического университета им. АИ Герцена. Т. 13, no. 36 (2007).

52. Муратова С.Р., Тычинских З.А. Фортификационные особенности

пограничных крепостей Урала и Западной Сибири XVIII в. // Проблемы востоковедения. Т. 77, no. 3, (2017). С. 33-38.

53. Невольник. Предание о киргиз-кайсацком хане Абулхаире // Тургайские областные ведомости. 1899. No 52.

54. Нусупбеков А.Н. История Казахской ССР с древнейших времен до наших дней в 5 томах. Алма-Ата, 1977-1981.

55. Оболенский (Осинский) В.В. Международные и межконтинентальные миграции в довоенной России и СССР. М., 1928.

56. Правилова Е.А. Финансы империи: деньги и власть в политике России на национальных окраинах, 1801-1917, М., 2006.

57. Рязанов А.Ф. Сорок лет борьбы за национальную независимость Казахского народа (1797-1838 г.): Очерки по истории национального движения Казахстана. Кзыл-Орда, 1926.

58. Рязанов А.Ф. Восстание Исатая Тайманова. Ташкент, 1927.

59. Рязанов А.Ф. Батыр Сырым Датов // Советская Киргизия. 1924.

60. Семёнов Тянь-Шанский П.П. Путешествие в Тянь-Шань в 1856-1857 гг. М., 1948.

61. Скляров Л.Ф. Переселение и землеустройство в Сибири в годы столыпинской аграрной реформы. Ленинград, 1962.

62. Стеблин-Каменская М.И. К истории восстания султана Кенесары Касымова // Исторические записки. No. 13. 1942.

63. Степняк К. (Букейханов А.Н.) Материалы к истории султана Кенесары Касымова. Ташкент, 1923.

64. Сулейменов В.С. Аграрный вопрос в Казахстане в последней трети 19 - начале 20 в. Алма-Ата, 1963.

65. Сулейменов В.С. Революционное движение в Казахстане в 1905-1907 гг.

Алма-Ата, 1977.

66. Сулейменов В.С. и Басин В.Я. Восстание 1916 года в Казахстане. Алма-Ата, 1977.

67. Султангалиева Г.С. Казахское чиновничество Оренбургского ведомства: формирование и направление деятельности (XIX) // *Acta Slavica Iaponica*, 27 (2009): 77-101.

68. Султанов Т.И. Поднятые на белой кошме: Ханы казахских степи. Астана, 2006.

69. Тажибаев Т.Т. Развитие просвещения и педагогической мысли в Казахстане во второй половине XIX века. Алма-Ата, 1958.

70. Толыбеков С.Е. Кочевое общество казахов в 17 - начале 20 в. Алма-Ата, 1971.

71. Торайгыров С. Избранное. Алма-Ата, 1971.

72. Тумайкина В.В. Основные направления военно-политической и административной деятельности Г.А. Колпаковского. Автореферат, Алтайский государственный университет, 2010.

73. Чулошников А.П. Очерки по истории казак-киргизского народа в связи с общими историческими судьбами других тюркских племен. Оренбург, 1921.

74. Чулошников А.П. К истории феодальных отношений в Казахстане XVII – XVIII вв. // Известия АН СССР. Отделение общественных наук, no. 3. 1936.

75. Шахматов В.Ф. Казахская пастбищно-кочевая община. Алма-Ата, 1964.

76. Шоинбаев Т.Ж. Прогрессивное значение присоединения Казахстана к России. Алма-Ата, 1973.

77. Центральное статистическое управление. Всесоюзная перепись

населения 1926 года. Т. 31.

78. Жиречин А.М. Из истории Казахской книги. Алма-Ата, 1987.

79. Якунин А.Ф. Восстание Кенесары Касымова // Большевик Казахстана. No. 8. 1939.

（二）英文和其他西文文獻

1. Akira, Ueda. "How did the Nomads Act during the 1916 Revolt in Russian Turkistan?" *Journal of Asian Network for GIS-based Historical Studies*, vol. 1, (Nov. 2013): 33-44.

2. Allworth, Edward. *Central Asia: A Century of Russian Rule*. New York: Columbia University Press, 1967.

3. Anderson, Benedict. Imagined Communities: Reflections on the Origin and Spread of Nationalism. London: Verso, 1983.

4. Bacon, Elizabeth. *Obok: a Study of Social Structure in Eurasia*. N.Y.: Wenner-Gren Foundation for Anthropological Research, 1958.

5. Barkey, Karen. *Empire of Difference: The Ottomans in Comparative Perspective*. Cambridge University Press, 2008.

6. Barkey, Karen. ed. *After empire: Multiethnic Societies and Nation-Building: The Soviet Union and the Russian, Ottoman, and Habsburg Empires*. Routledge, 2018.

7. Barrett, Thomas M. *At the Edge of Empire The Terek Cossacks and the North Caucasus Frontier 1700-1860*. Westview Press, 1999.

8. Bassin, Mark. *Imperial visions: Nationalist Imagination and Geographical Expansion in the Russian Far East. 1840–1865*. Cambridge University Press, 1999.

9. Becker, Seymour. "Russia between east and west: The intelligentsia, Russian

national identity and the Asian borderlands," *Central Asian Survey*, vol. 10, no. 4 (1991).

10. Bell, Duncan. *The Idea of Greater Britain Empire and the Future of World Order, 1860-1900*. Princeton, N.J.: Princeton University Press, 2007.

11. Bennigsen, Alexandre, and S. Enders Wimbush. *Mystics and Commissars: Sufism in the Soviet Union*. University of California Press, 1985.

12. Brower D. and Edward J. Lazzerini ed., *Russia's Orient: Imperial Borderlands and People, 1800–1917*. Bloomington, I.N.: Indiana University Press, 1997.

13. Burbank, Jane, David L. Ransel, *Imperial Russia: New Histories for the Empire*. Bloomington, I.N.: Indiana University Press, 1998.

14. Burbank, Jane, Mark von Hagen, and Anatolyi Remnev, eds., *Russian Empire: Space, People, Power, 1700–1930*. Bloomington, I.N.: Indiana University Press, 2007.

15. Burbank, Jane, and Frederick Cooper, *Empires in World History: Power and the Politics of Difference*. Princeton, N.J.: Princeton University Press, 2010.

16. Bustanov, Alfrid K. and Michael Kemper, "Russia's Islam and Orthodoxy beyond the Institutions: Languages of Conversion, Competition and Convergence." *Islam and Christian–Muslim Relations* 28, no. 2 (2017), pp. 129-139.

17. Campbell, Elena I. "Global Hajj and the Russian State." *Kritika: Explorations in Russian and Eurasian History* 18, no. 3 (2017): 603-612.

18. Campbell, Ian. *Knowledge and the Ends of Empire: Kazak Intermediaries and Russian Rule on the Steppe, 1731-1917*. Ithaca, N.Y.: Cornell University Press, 2017.

19. Campbell, I.W. "Settlement Promoted, Settlement Contested: the Shcherbina

Expedition of 1896–1903", *Central Asian Survey,* 2011, vol. 30, No. 3-4, pp. 423-436.

20. Castle. Jomal von der Aog. 1736 aus Orenburg zu dem Abul- Gheier Chan der Kirgis-Kaysak Tartarischen Horda // Matcrialen zu der Russischen Geschichte seit dem Tode Kaiser Peter der Grossen. Riga, 1784.

21. Castle, John. Into the Kazakh Steppe: John Castle's Mission to Khan Abulkhayir. Signal Books, 2014.

22. David-Fox, Michael Peter Holquist, Alexander M. Martin. "The Imperial Turn," *Kritika: Explorations in Russian and Eurasian History*, vol. 7, no. 4, (Fall 2006), pp. 705-712.

23. Demko, George. *The Russian Colonization of Kazakhstan: 1896-1916.* Bloomington I.N.: Indiana University, 1964.

24. Donnelly, A.S. "The Orenburg Expedition: Russian Colonial Policies on the Southeastern Frontier, 1734-1740". Ph. D. dissertation, University of California, Berkeley, 1960.

25. Frank, Allen J. *Muslim Religious Institutions in Imperial Russia: the Islamic World of Novouzensk District and the Kazakh Inner Horde, 1780-1910.* Leiden: Brill, 2001.

26. Ferguson, Niall. *Empire: How Britain Made the Modern World.* London: Allen Lane, 2003.

27. Gellner, Ernest. *Nations and Nationalism.* Oxford: Blackwell, 1983.

28. Hamalainen, Pekka. *The Comanche Empire.* New Haven: Yale University Press, 2008.

29. Hancock-Parmer, Michael. "The Soviet Study of the Barefooted Flight of the Kazakhs." *Central Asian Survey*, no. 3 (2015): 281-295.

30. Hardt, Michael, Antonio Negri. *Empire.* Cambridge: Harvard University

Press, 2000.

31. Jersild, Austin. *Orientalism and Empire: North Caucasus Mountain Peoples and the Georgian Frontier, 1845-1917*. McGill-Queen's Press, 2002.

32. Kane, Eileen. *Russian Hajj: Empire and the Pilgrimage to Mecca*. Ithaca, N.Y.: Cornell University Press, 2015.

33. Kappeler, Andreas. *The Russian Empire: A Multi-Ethnic History.* London: Longmans, 2001.

34. Khodarkovsky, Michael. *Russia's Steppe Frontier: the Making of a Colonial Empire, 1500-1800*. Bloomington, I.N.: Indiana University Press, 2002.

35. Kotkin, Stephen. "Mongol Commonwealth?: Exchange and Governance across the post-Mongol space." *Kritika: Explorations in Russian and Eurasian History*, vol. 8, no. 3, (2007), pp. 487-531.

36. Krader, Lawrence. *Social Organization of the Mongol-Turkic Pastoral Nomads*. The Hague: Mouton & Co. 1963.

37. Kudaibergenova, Diana, *Rewriting the Nation in Modern Kazakh Literature: Elites and Narratives*. Lanham, Maryland: Lexington Books, 2017.

38. LeDonne, John P. *The Russian Empire and the World, 1700–1917: the Geopolitics of Expansion and Containmen*t. Oxford: Oxford University Press, 1996.

39. Levi, Scott C. *The Rise and Fall of Khoqand, 1709-1876: Central Asia in the Global Age*. Pittsburg, P.A.: University of Pittsburgh Press, 2017.

40. Lieven, Dominic. ed., *The Cambridge History of Russia. Volume II. Imperial Russia, 1689-1917.* Cambridge, U.K.: Cambridge University Press, 2006.

41. Lieven, Dominic. *Empire: The Russian Empire and its Rivals*. Yale University Press, 2002.

42. Lieven, Dominic. "Empire on Europe's Periphery: Russian and Western

Comparisons", in Alexei Miller and Alfred J. Rieber eds, *Imperial Rule*, Budapest and New York: Central European University Press, 2004.

43. Mackenzie, David. "Kaufman of Turkestan: an Assessment of his Administration 1867-1881", *Slavic Review*, vol. 26, no. 2 (1969), pp. 265-285.

44. Malikov, Yuriy. "The Kenesary Kasymov Rebellion (1837-1847): a National-Liberation Movement or 'a Protest of Restoration'?," *Nationality Papers*, vol. 33, no. 4, (2005), pp. 569-597.

45. Malikov, Yuriy, *Tsars, Cossacks, and Nomads: The Formation of a Borderland Culture in Northern Kazakhstan in the 18th and 19th Centuries*. Berlin: Klaus Schwarz Verlag, 2011.

46. Marc Raeff, *Siberia and the Reforms of 1822*. Seattle: University of Washington Press, 1956.

47. Martin, Terry. *The Affirmative Action Empire: Nations and Nationalism in the Soviet Union, 1923-1939*. Ithaca, N.Y.: Cornell University Press, 2001.

48. Martin, Virginia. *Law and Custom in the Steppe: the Kazakhs of the Middle Horde and Russian Colonialism in the Nineteenth Century*, Surrey: Curzon Press, 2001.

49. Matsuzato, Kimitaka ed. *Imperiology: From Empirical Knowledge to Discussing the Russian Empire*. Sapporo: Slavic Research Center, 2007.

50. McKenzie, Kermit E. "Chokan Valikhanov: Kazakh Princeling and Scholar," *Central Asian Survey*, vol. 8, no. 3 (1989): 1-30.

51. Moon, David. "Peasant Migration and the Settlement of Russia's Frontiers, 1550-1897," *The Historical Journal*, 40 (No. 4, 1997): 859-893.

52. Morrison, Alexander. *Russian Rule in Samarkand 1868-1910: A Comparison with British India*. Oxford University Press, 2008.

53. Morrison, Alexander. "Metropole, Colony, and Imperial Citizenship in the

Russian Empire" *Kritika: Explorations in Russian and Eurasian History* 13, 2 (Spring 2012): 327-364.

54. Morrison, Alexander. "Russian Settler Colonialism" in Edward Cavanagh and Lorenzo Veracini eds, *The Routledge Handbook of the History of Settler Colonialism.* London: Routledge, 2017, pp. 313-326.

55. Morrison, Alexander. *The Russian Conquest of Central Asia. a Study in Imperial Expansion, 1814-1915.* Cambridge University Press, 2021.

56. Naganawa, Norihiro, "Transimperial Muslims, the Modernizing State, and Local Politics in the Late Imperial Volga-Ural Region." *Kritika: Explorations in Russian and Eurasian History* 18, no. 2, (2017), pp. 417-436.

57. Naganawa, Norihiro, "The Hajj Making Geopolitics, Empire, and Local Politics: A View from the Volga-Ural Region at the Turn of the Nineteenth and Twentieth Centuries," in Alexandre Papas, Thomas Welsford, and Thiery Zarcone, eds., *Central Asian Pilgrims: Hajj Routes and Pious Visits between Central Asia and the Hijaz.* Berlin: Klaus Schwarz Verlag, 2012, pp. 168-198.

58. Nishiyama, Katsunori. "Russian Colonization in Central Asia: A Case of Semirechye, 1867-1922," in Hisao Komatsu, et al. eds., *Migration in Central Asia: its History and Current Problems.* Osaka: The Japan Center for Area Studies, National Museum of Ethnology, 2000.

59. Noda, Jin. *The Kazakh Khanates between the Russian and Qing Empires: Central Eurasian International Relations during the Eighteenth and Nineteenth Centuries.* Leiden: Brill, 2016.

60. Olcott, Martha. *The Kazakhs.* Stanford, C.A.: Hoover Institution Press, 1987.

61. Papas, Alexandre, Thierry Zarcone, and Thomas Welsford, eds. *Central Asian Pilgrims.: Hajj Routes and Pious Visits between Central Asia and the Hijaz.* Vol. 308. Walter de Gruyter, 2020.

62. Payne, Matthew J. *Stalin's Railroad: Turksib and the Building of Socialism.* Pittsburgh, P.A.: University of Pittsburgh Press, 2001.

63. Pierce, Richard A. *Russian Central Asia 1867–1917.* University of California Press, 1960.

64. Pipes, Richard. *The Formation of the Soviet Union. Communism and Nationalism, 1917-1923*, Cambridge: Harvard University Press, 1954.

65. Penati, Beatrice. "The Cotton Boom and the Land Tax in Russian Turkestan (1880s–1915)." *Kritika: Explorations in Russian and Eurasian History*, vol. 14, no. 4 (2013), pp. 741-774.

66. Roshwald, Aviel. *Ethnic Nationalism and the Fall of Empires: Central Europe, the Middle East and Russia, 1914-1923.* Routledge, 2002.

67. Rywkin, Michael. ed. *Russia in Central Asia*, N.Y.: Collier, 1960.

68. Rywkin, Michael. ed. *Russian Colonial Expansion to 1917.* London: Mansell Publishing Limited, 1988.

69. Sabol, Steven. *Russian Colonization and the Genesis of Kazak National Consciousness.* Springer, 2003.

70. Said, Edward W. *Orientalism.* New York: Pantheon, 1978.

71. Seeley J. R. *The Expansion of England: Two Courses of Lectures.* London: Macmillan, 1883.

72. Schuyler, Eugene. *Turkistan: Notes of a Journey in Russian Turkistan, Kokand, Bukhara and Kuldja*, Praeger, 1966.

73. Sultangalieva, Gulmira. "The Russian Empire and the Intermediary Role of Tatars in Kazakhstan: The Politics of Cooperation and Rejection," in *Asiatic Russia: Imperial Power in Regional and International Contexts*, 2012, pp. 52-80.

74. Sultangalieva, Gulmira. "The Role of the *Pristavstvo* Institution in the

Context of Russian Imperial Policies in the Kazakh Steppe in the Nineteenth Century", *Central Asian Survey*, vol. 33, no. 1, (2014), pp. 62-79.

75. Suny, Ronald G. and Terry Martin, eds. *A State of Nations: Empire and Nation-making in the Age of Lenin and Stalin*. Oxford University Press, 2001.

76. Tomohiko Uyama, ed., *Empire, Islam, and Politics in Central Eurasia*. Sapporo: Slavic Research Center, 2007.

77. Uyama, Tomohiko, "The Geography of Civilizations: A Spatial Analysis of the Kazakh Intelligentsia's Activities, from the Mid-Nineteenth to the Early Twentieth Century," in ed. Kimitaka Matsuzato, *Regions: A Prism to View the Slavic-Eurasian World*. Sapporo, 2000, pp. 70-99.

78. Uyama, Tomohiko "A Strategic Alliance between Kazakh Intellectuals and Russian Administrators: Imagined Communities in *Dala Walayatïnïng Gazetï* (1888–1902)," in Tadayuki Hayashi ed. *The Construction and Deconstruction of National Histories in Slavic Eurasia,* Sapporo: Slavic Research Center, 2003, pp. 249-251.

79. Uyama, Tomohiko, "A Particularist Empire: The Russian Policies of Christianization and Military Conscription in Central Asia." In Uyama, Tomohiko ed., *Empire, Islam, and Politics in Central Eurasia*. Sapporo: Slavic Research Center Hokkaido University, 2007, pp. 23-63.

80. Weeks, Theodore. Nation and State in Late Imperial Russia: Nationalism and Russification on the Western Frontier, 1863-1914. DeKalb, 1996.

81. Werth, Paul. *At the Margins of Orthodoxy: Mission, governance, and Confessional Politics in Russia's Volga-Kama Region, 1827-1905*. Ithaca, N.Y.: Cornell University Press, 2002.

82. Wortman, Richard. *Scenarios of Power: Myth and Ceremony in Russian Monarchy*. Princeton, N.J.: Princeton University Press, 1995, 2000.

83. Yaroshevski, Dov. "Empire and Citizenship," in ed. Daniel Brower and Edward J. Lazzerini, *Russia's Orient: Imperial Borderlands and People, 1800–1917*, Bloomington, I.N.: Indiana University Press, 1997, pp. 69-70.

後　記

　　這部作品完成於新冠疫情常態化防控之下的北京。2020 年以來的內外形勢使得我有了長期在書桌打磨書稿的機會。自 2011 年負笈海外至今，一晃已有十餘年。在克服初到大洋彼岸的種種困難之後，我大致選定了以中亞草原地區的近代轉型為研究方向，嘗試以中亞地區的現狀為問題的出發點，理解塑造當代中亞國家政治經濟和社會文化的源流。西域和南洋自古為中國對外交通的主要管道，當下借「一帶一路」倡議的歷史機遇更為人所知。西域在近代歐洲列強的地緣政治博弈中劃分為中亞、南亞和西亞，而中亞在 1991 年末之後形成獨立的五個國家。儘管該地區在跨洋航海技術成熟之後逐漸失去了國際政治和全球貿易層面的重要性，但對於關心中國近代轉型和邊疆時局的學人而言，中亞歷史和當代問題無疑具有獨特的吸引力。

　　今日的中亞在地緣上處於歐亞大陸腹地，在國際經濟格局中地位相對邊緣，故各界投入的研究資源有限，基礎研究相對較為薄弱。但這一地區自古希臘時代至今長期為周邊文明所敘述。故而中亞歷史文化脈絡龐雜，文史研究涉及對多個文明傳統的把握，往往需學習多種語言，熟諳多語種文獻，考訂大量官職、史地、年代和版目細節，以重構文字背後的事件和歷史進程。

　　得益於在喬治敦大學的長期學習，我在研究語言、史料文獻和學術史三方面均取得了顯著的進步，對美國學界的俄羅斯史和區域研究都有了一些切身的感受。在社會科學諸領域學說主導歷史書寫的時代，語言學習的枯燥重複、史料文獻的龐雜浩渺和學術共同體的勢單力薄使得攀登書山的道路尤為曲折。中亞文史的學術訓練無疑是對心性的考驗。

　　赴俄羅斯和哈薩克斯坦訪學的兩年幫助我釐清了研究思路。如果說兩國

城市的大街小巷能使年歲稍長的中國遊客回憶改革開放初期大城市和工礦中心居民區的街景，那麼莫斯科、聖彼得堡和阿拉木圖的各家檔案館和圖書館則彷彿時空穿梭機器，幫助我與 19 世紀以降的歷代前人學者建立對話。至今，位於阿拉木圖市中心的哈薩克斯坦中央國立檔案館閱覽室的牆上還掛著 1898 年維爾內市（今阿拉木圖）的市區街道地圖。圖上清晰標注著阿拉木圖老城區各條街道在沙俄時期的名稱。在閱覽室之外的廣闊世界，西伯利亞大鐵路上的綠皮車廂穿梭在茫茫白雪覆蓋的森林之間。18-19 世紀沙俄的遠征官兵、逃亡農奴和流放人犯、20 世紀初向草原東路遷徙的歐俄移民沿著類似的路線向沙俄西伯利亞南緣的山麓和河谷地區尋求生計。沿中亞草原東西兩路旅行期間所見迥異的氣候、地形和植被則使我更為直觀地認識到區域差異和游牧部落分化的史地因素。結合檔案文獻中記載的人物、機構、地點和事件，田野經歷使得數百年前的研究對象逐漸與我產生了關聯。在理解了研究主題所涉文獻的種類、來源和史料性質之後，此前由理論生發的各類問題經由實踐檢驗變得更加「接地氣」。即便如此，面對浩如煙海的史料文獻和有限的寫作時間，我不得不放棄了寫作計畫中的一些章節。這些缺憾只能期待在未來的學術生涯中彌補。

本書的構思、寫作的修訂獲得了諸多機構的支持和師友的指教。我有幸受聘於北京大學外國語學院國別和區域研究專業，在博士畢業之後繼續從事以中亞地區為焦點的教學和科研工作。我在此誠摯感謝北京大學外國語學院的各位領導和同事。他們從不同角度為本書的完成提供了支持和鼓勵。感謝陳明、羅新、侯艾君、昝濤、袁劍、孔元、傅正、康傑等諸位師友閱讀或點評書稿的早期版本，為最終版本的修訂指明了方向。感謝莊宇、謝維寧、李海鵬、尹旭等同事幫忙解決書中涉及的諸多翻譯問題。

北京大學「人才創新啟動專案」和北京大學「區域與國別學術基金」為本書的研究提供了慷慨的資助。本書在寫作過程中得到了北京市社科基金青年專案立項支持。燕園密集的學術活動幫助我重新尋找作品的定位和架構、

思考史料的歷史研究價值和現實意義。感謝北京大學人文社會科學研究院邀請我就本書的部分內容作專題講座「俄國對中亞草原的征服與現代中亞的形成」。感謝章永樂、陳一峰等諸位老師發起的「帝國與國際法史研討會」。在早年論題構思和搜集資料的過程中，喬治敦大學的諸位師友為我提供了無私的幫助，此處不再一一羅列。需要特別感謝的是 Alexander Morrison 教授和 Beatrice Penati 教授在為我赴哈薩克斯坦訪學作出的不懈努力，以及在哈薩克斯坦開展檔案研究方面提供的無私指導。同樣需要感謝的是 Michael David-Fox 教授對我赴俄羅斯訪學提供的支持，以及 Svetlana Kozhirova 教授為 2019 年夏季赴哈國調研活動的組織協調工作。

　　本書的部分章節內容曾以期刊論文和編著章節形式發表，感謝朱永彪、魯大東、李文博、李碧妍、李欣芳等各位老師的編校工作。感謝呂成敏、陸元貞、馬萍和籍春蕾在書稿校訂方面給予的幫助。

　　最後，自攻讀博士至完成書稿，我的父母和妻子為我提供了方方面面的支持。走筆至此，我不禁想起蘇力教授的經典問題：「什麼是你的貢獻？」可能是接續中國學界前輩學者開創的中亞近代史研究傳統，結合當代中亞研究的問題意識，整理出一些或許對於人文社科學者、當代國際問題研究者、實務領域從業者和普通讀者有一定參考價值的觀點吧。

2022 年 2 月

北京大學燕園

國家圖書館出版品預行編目（CIP）資料

城牆與戰馬：俄羅斯與18-20世紀初的中亞草原/施
越著. -- 初版. -- 臺北市：元華文創股份有限公
司, 2023.12
面；　公分

ISBN 978-957-711-340-5 (平裝)

1.CST: 區域研究　2.CST: 國際政治　3.CST: 歷史
4.CST: 俄國　5.CST: 中亞
748　　　　　　　　　　　　　　　112016385

城牆與戰馬—俄羅斯與18-20世紀初的中亞草原

施 越 著

發 行 人：賴洋助
出 版 者：元華文創股份有限公司
聯絡地址：100 臺北市中正區重慶南路二段 51 號 5 樓
公司地址：新竹縣竹北市台元一街 8 號 5 樓之 7
電　　話：(02) 2351-1607　　傳　　真：(02) 2351-1549
網　　址：www.eculture.com.tw
E-mail：service@eculture.com.tw
主　　編：李欣芳
責任編輯：立欣
行銷業務：林宜葶
出版年月：2023 年 12 月 初版
定　　價：新臺幣 580 元

ISBN：978-957-711-340-5 (平裝)

總經銷：聯合發行股份有限公司
地　址：231 新北市新店區寶橋路 235 巷 6 弄 6 號 4F
電　話：(02)2917-8022　　　　傳　真：(02)2915-6275